高等院校"十二五"规划教材 / 食品科学与工程系列

# 高等微生物学

- 主　编　崔艳华
- 副主编　曲晓军　代翠红

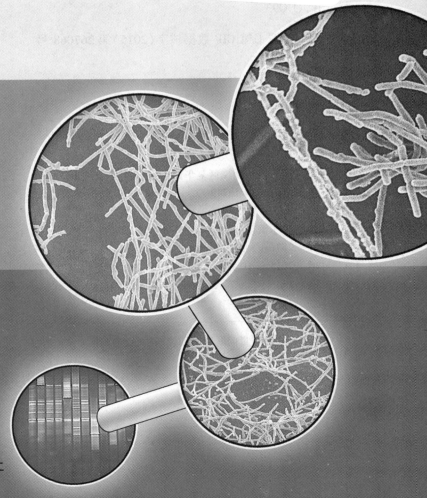

哈尔滨工业大学出版社

## 内 容 简 介

本书从微生物基因组学、极端环境微生物、微生物与环境、微生物代谢产物及其分子调控、微生物进化与多样性、微生物菌种选育等方面,就当前微生物学研究领域的最新研究进展进行了系统性的阐述。

本书可作为食品科学与工程、食品质量与安全、生物学等专业的硕士研究生教材,也可作为相关研究人员的参考用书。

**图书在版编目(CIP)数据**

高等微生物学/崔艳华主编. —哈尔滨:
哈尔滨工业大学出版社,2015.10
(食品科学与工程系列)
ISBN 978-7-5603-5707-2

Ⅰ.①高… Ⅱ.①崔… Ⅲ.①微生物学-研究生-教材 Ⅳ.①Q93

中国版本图书馆 CIP 数据核字(2015)第 267068 号

| | |
|---|---|
| 策划编辑 | 杜 燕 |
| 责任编辑 | 郭 然 |
| 出版发行 | 哈尔滨工业大学出版社 |
| 社 址 | 哈尔滨市南岗区复华四道街10号 邮编150006 |
| 传 真 | 0451-86414749 |
| 网 址 | http://hitpress.hit.edu.cn |
| 印 刷 | 哈尔滨工业大学印刷厂 |
| 开 本 | 787mm×1092mm 1/16 印张 16.75 字数 381 千字 |
| 版 次 | 2015年10月第1版 2015年10月第1次印刷 |
| 书 号 | ISBN 978-7-5603-5707-2 |
| 定 价 | 39.80元 |

(如因印装质量问题影响阅读,我社负责调换)

# 前　言

微生物学是生命科学领域内重要的学科之一,是现代高新生物技术理论与技术的基础。随着分子生物学研究的飞速发展,以微生物为材料的研究成果层出不穷,使整个微生物学研究发生了深刻的变化。本书从微生物基因组学、极端环境微生物、微生物与环境、微生物代谢产物及其分子调控、微生物进化与多样性、微生物菌种选育等方面,就当前微生物学研究领域的最新研究进展进行了系统性的阐述。本书在内容安排上本着由浅入深、循序渐进、理论联系实践的原则,注重系统性、广泛性、前沿性和实用性。本书可作为食品科学与工程、食品质量与安全、生物学等专业的硕士研究生教材,也可作为相关研究人员的参考用书。

本书由崔艳华(哈尔滨工业大学)担任主编,曲晓军(黑龙江省科学院微生物研究所)、代翠红(哈尔滨工业大学)担任副主编。第一、四、五章由崔艳华编写,第二、三章由代翠红编写,第六章由曲晓军、崔艳华共同编写,附录由曲晓军编写。全书由崔艳华统稿,并对各位参编人员编写的内容进行了部分修改和调整。

本书在编写过程中参考了大量的教材、专著和相关资料,在此向各位专家表示衷心的感谢。由于参考文献数量较多,受篇幅限制,仅选列了部分重要参考文献,如有疏漏之处,敬请各位专家批评指正。本书的编写倾注了每位编者的心血,但限于编者能力和水平有限,书中疏漏和不足之处在所难免,敬请专家和读者批评指正。

编　者
2015 年 9 月于哈尔滨

# 目　　录

## 第一章　微生物基因组学 … 1
　　第一节　基因组学研究概述 … 2
　　第二节　基因组学的基础知识 … 8
　　第三节　微生物基因组 … 35
　　第四节　微生物结构基因组学 … 52
　　第五节　微生物功能基因组学 … 59
　　参考文献 … 67

## 第二章　极端环境微生物 … 70
　　第一节　极端环境微生物概述 … 70
　　第二节　极端嗜热菌 … 72
　　第三节　极端嗜冷菌 … 75
　　第四节　极端嗜酸菌 … 80
　　第五节　极端嗜碱菌 … 83
　　第六节　极端嗜盐菌 … 87
　　第七节　嗜压菌 … 92
　　第八节　极端微生物与古细菌的关系 … 96
　　参考文献 … 100

## 第三章　微生物与环境 … 102
　　第一节　微生物与环境污染 … 102
　　第二节　微生物与环境监测 … 107
　　第三节　污染环境的微生物治理与修复 … 109
　　第四节　污水的微生物处理 … 112
　　第五节　废气与固体废物的微生物处理 … 117
　　参考文献 … 119

## 第四章　微生物代谢产物及其分子调控 … 121
　　第一节　微生物代谢概述 … 121
　　第二节　微生物的代谢产物 … 132
　　第三节　微生物代谢的自动调节 … 139

  第四节 微生物的总体调控 …………………………………………………… 154
  第五节 微生物代谢的人工控制 ………………………………………………… 170
  参考文献 ………………………………………………………………………………… 178
**第五章 微生物进化与多样性** …………………………………………………………… 180
  第一节 微生物进化 ……………………………………………………………… 180
  第二节 微生物多样性 …………………………………………………………… 187
  第三节 微生物分类鉴定技术 …………………………………………………… 198
  参考文献 ………………………………………………………………………………… 214
**第六章 微生物菌种选育** …………………………………………………………………… 216
  第一节 微生物传统选育方法概述 …………………………………………… 216
  第二节 原生质体融合育种 …………………………………………………… 226
  第三节 基因工程育种 …………………………………………………………… 232
  第四节 分子定向进化育种 …………………………………………………… 238
  参考文献 ………………………………………………………………………………… 248
**附录** …………………………………………………………………………………………… 251

# 第一章　微生物基因组学

**本章引言**　提到基因组，人们立刻会想到国际人类基因组计划（Human genome project，HGP）。人类基因组计划是由多国科学家共同完成的庞大的科研计划，耗资约30亿美元，历时10年，测序工作量高达30亿碱基对，成绩斐然，令世人瞩目。人类基因组计划的完成对人类有着非常深远的影响。与人类基因组相比，人们对于微生物基因组却了解甚少。但这并不意味着微生物基因组研究无足轻重，恰恰相反，微生物基因组研究具有举足轻重的地位。

由于微生物个体微小，基因组相对较小，易操作，因此对于它的研究往往是先行一步。早在1985年，人类基因组计划启动之前已经完成了数个病毒的全基因组测序。在微生物基因组学研究过程中所取得的理论和技术的进展，为人类基因组计划提供了极为有利的借鉴。在最初的人类基因组研究中，研究者选择了包括大肠杆菌和酵母在内的5个模式生物先行研究。同时，人类基因组计划的巨大资金投入也极大地促进了微生物基因组研究的飞速发展。

自1995年12月完成了第一个微生物（流感嗜血杆菌）全基因组测序以来，微生物基因组研究发展迅猛，并促进了其他生命形式（包括人类）的基因组学的发展，开创了生物基因组研究时代。互联网数据库中各种生物基因组数据日益增长。1998年2月20日，美国 *Science* 杂志评选的当年世界十大科技进展，将微生物基因组图谱的构建列为其中第6项。同年3月27日，*Science* 杂志编者指出：生物基因组革命可以同工业革命和计算机革命所带来的变化相比，是"第三次技术革命"。

微生物全基因组测序，不仅是人类开始的最早和首先完成的第一种生物的全基因组分析，也是迄今为止完成测序基因组种类最多的领域。截至2015年9月，已经测得了5 899种微生物基因组，并且这个数字正以惊人的速度不断增长。

美国国家能源部（Department of energy，DOE）和国立卫生研究院（National institutes of health，NIH）是美国微生物基因组计划（Microbial genome project，MGP）的启动和发展者，两个部门所关注的领域分别是资源微生物和病原微生物，其研究发展策略对全球MGP研究发展趋势起着决定性的影响及作用。已经完成基因组测序的微生物包括多种重要病原微生物以及资源微生物，其中包含人们熟知的引起胃炎、胃溃疡的幽门螺杆菌，引发结核病的结核杆菌等病原菌。这些病原微生物全基因组序列的完成，有利于人们更加深入地认识这些病原菌的致病分子机制，从而为疾病的诊断、预防和治疗开辟了新的途径。

资源微生物基因组的测序完成，将获得更多的关于微生物有用代谢产物调控的信息，为利用微生物生产更多有用代谢产物提供可能，进而为解决当前能源紧张的困境提供新的途径。同时,人们对人类健康有益的一系列的乳酸菌进行了全基因组测序。人们希望从全基因组的信息中,挖掘乳酸菌的代谢调控机制,发现关键的功能基因,更好地为人类的健康服务。微生物基因组学在人类的健康、能源、环境等方面起着重要作用。微生物基因组研究正以惊人的速度向前发展,势必对人类产生极其深远的影响。本章主要分为两部分:第一部分是基因组学概论,介绍基因组学的基本知识;第二部分是阐述微生物基因组的研究进展,主要包括微生物结构基因组学、微生物的功能基因组学以及当今微生物基因组研究的最新进展。

**本章要点** 近年来,微生物学研究已经进入了全基因组研究时代。本章系统阐述微生物基因组学研究发展的历史、基因组学研究的基础知识和研究方法、微生物结构基因组学和功能基因组学研究概况,并结合当前科学家最新的研究成果,重点阐述当前食品微生物基因组学的最新研究进展。主要内容包括:基因组学的基本概念,基因组学研究的关键支撑技术,基因组学研究策略,微生物的结构基因组学和功能基因组学,微生物基因组的研究概况、特点以及代表性微生物基因组。

## 第一节 基因组学研究概述

### 一、基因组学的基本概念

#### (一)基因组

关于遗传物质,科学家们早有所臆测。1860—1870 年,奥地利科学家遗传学奠基人孟德尔(Gregor Johann Mendel,1822—1884)根据豌豆杂交实验提出遗传因子概念,并总结出孟德尔遗传定律。孟德尔提出,生物的每个性状是通过"遗传因子"(Hereditary factor)进行传递的,遗传因子是一些独立的遗传单位。孟德尔把可观察的表观性状和控制它的内在的遗传因子区分开来。由此,遗传因子作为基因的名词雏形诞生了。

1909 年,丹麦遗传学家约翰逊(Wilhelm Johannsen,1859—1927)在《精密遗传学原理》一书中根据希腊语"给予生命"之义,创造"基因"(Gene)一词来代替孟德尔假定的"遗传因子"。从此,基因便成为遗传因子的代名词一直沿用至今。在孟德尔的成果获得承认后,生物界普遍观点是遗传因子(即基因)决定了生物的性状。但是,基因究竟在细胞内的什么位置?不得而知。摩尔根(Thoman Hunt Morgan,1866—1945)以果蝇为实验对象,做了大量的研究,回答了这一问题——基因在染色体上。摩尔根于 1926 年出版的《基因论》中首次完成了当时最新的基因概念的描述:基因是在染色体上呈线性排列的遗传单位,它不仅是决定性状的功能单位,也是一个突变单位和交换单位。至此,人们对基因概念的理解更加具体和丰富。

德国汉堡大学 Hans Winkler 教授于 1920 年首次提出基因组(Genome)这一概念。基因组是基因和染色体(Chromosome)两个词组合而成的,代表生物的全部基因和染色体组成,即基因组包含了生物的全部遗传信息。

(二)基因组学

尽管基因组的概念提出很早,但是当时对基因的认知很肤浅,只知道基因是决定生物性状的遗传单位,其化学本质完全是一个未知数,因此谈不上基因组学的研究。直至通过肺炎双球菌转化实验、噬菌体侵染实验、烟草花叶病毒重组实验等3个经典实验证明DNA是遗传信息的载体,人们对基因才有了进一步的认识。美国分子生物学家詹姆斯·沃森(James Dewey Watson,1928—)和英国物理学家佛朗西斯·克里克(Francis Harry Compton Crick,1916—2004)于1953年根据英国分子生物学家莫里斯·威尔金斯(Maurice Wilkins,1916—2004)和英国物理化学家与晶体学家罗莎琳·富兰克林(Rosalind Franklin,1920—1958)所进行的DNA晶体X射线衍射分析,提出了著名的DNA双螺旋结构模型。进一步研究证明,基因是DNA分子的一个区段。每个基因由成百上千个脱氧核苷酸组成,一个DNA分子可以包含几个乃至几千个基因。基因的化学本质和分子结构的确定具有划时代的意义,它为基因的复制、转录、表达和调控等方面的研究奠定了基础,开创了分子遗传学的新纪元。至此,人们才真正了解了基因的本质。随后在1973年发明的DNA测序技术、1985年发明的PCR技术,为基因组学的出现提供了必要的理论知识和技术手段。

在理论知识不断完善和技术手段不断涌现之后,1986年美国科学家Thomas Roderick首先提出了基因组学(Genomics)的概念。次年,Thomas创办了以 *Genomics* 命名的杂志。现今 *Genomics* 已成为基因组学研究领域的顶级期刊。

基因组学是对生物的所有基因进行基因组作图、核苷酸序列分析、基因定位和基因功能分析的科学。基因组学研究包括两部分内容:一部分是全基因组测序;另一部分是基因功能的鉴定。前者属于结构基因组学(Structural genomics)研究的范畴,后者以基因功能鉴定为目标的研究,为功能基因组学(Functional genomics)研究的内容。

(三)结构基因组学

结构基因组学为基因组分析的早期阶段,是基因组学的一个重要组成部分和研究领域,它是以全基因组测序为目标,通过基因作图、核苷酸序列分析以确定基因组成、基因定位的科学,以建立具有高分辨率的生物体基因组的遗传图谱、物理图谱、序列图谱以及转录图谱为主要内容。结构基因组学的研究为后期功能基因组学的研究奠定了基础。

(四)功能基因组学

功能基因组学是利用结构基因组学所提供的信息及产物,系统地研究基因的功能及调控机理的一门科学,是以高通量、大规模实验方法、统计与计算机分析为主要特征。功能基因组学的一个近期的目标是采用高通量、大规模、自动化的方法,加速遗传分析进程;长远目标是避开传统遗传分析的局限,采用系统化的途径及数据采集方法阐明复杂的生物学现象。

功能基因组学为基因组分析的后期阶段，因此也被称为后基因组学。多种模式生物，比如大肠杆菌、酿酒酵母、秀丽线虫已经进入了功能基因组学，也就是后基因组学的研究阶段。自 2000 年，人类基因组工作草图完成以来，人类基因组研究也已进入了所谓的后基因组时代。

### （五）比较基因组学

比较基因组学（Comparative genomics）是在基因组图谱及测序的基础上，即在结构基因组的基础上，对来源不同生物的基因和基因组结构进行比较，以了解基因的功能、表达机理及物种进化的科学。

例如，利用比较基因组学，揭示人类的疾病基因在动物中的同源基因，为人类疾病研究提供动物模型。同时，可以利用比较基因组学研究物种的进化。水稻的起源研究是一个很好的例子。水稻分为粳稻和籼稻两个亚种。人们一直对是粳稻先出现还是籼稻先出现这个问题争论不休。但一直苦于没有更加切实的实验证据验证结论的正确性。2002 年，人们分别获得了两个亚种的全基因组序列。通过比较基因组的研究发现，研究人员断言，这两个亚种起源相同，因为它们之间的基因关系比它们与在印度或中国发现的任何野生稻品种之间的基因关系都更为密切，并认为粳稻和籼稻的分化是在大约 3 900 年前。

比较基因组学在德氏乳杆菌保加利亚亚种（*L. delbrueckii* subsp. *bulgaricus*）和嗜热链球菌（*S. thermophilus*）的共生关系上也得以应用。长久以来，人们就认识到上述两个菌株在牛奶发酵过程中彼此促进生长并产生酸化，但是这个过程涉及的机制并不十分清楚。最为普遍接受的观点是：*L. delbrueckii* subsp. *bulgaricus* 具有一个胞外细胞壁结合蛋白酶，可以降解牛奶蛋白。通常 *S. thermophilus* 不具有此类蛋白酶，进而 *L. delbrueckii* subsp. *bulgaricus* 分解牛奶蛋白为 *S. thermophilus* 能提供肽和氨基酸。同时 *S. thermophilus* 产生的甲酸和 $CO_2$，将促进 *L. delbrueckii* 的生长。

研究者通过 *L. delbrueckii* subsp. *bulgaricus* 与 *S. thermophilus* 的全基因组比较分析，发现还存在着其他因素在二者协作上扮演着重要角色。*L. delbrueckii* subsp. *bulgaricus* 基因组序列编码了一整套合成叶酸的基因。叶酸是许多代谢反应的辅助因子，也是人类所需的重要维生素。然而，*L. delbrueckii* subsp. *bulgaricus* 没有产生叶酸的组成成分 PABA（对氨基苯甲酸）的途径，而 *S. thermophilus* 拥有合成 PABA 和叶酸所必需的酶。因此，二者共培养时可以产生较高水平的 PABA 和叶酸。

同时研究者发现，*S. thermophilus* 基因组具有较低的 GC 含量（39.1%），而 *L. delbrueckii* subsp. *bulgaricus* 基因组的 GC 含量则为 49.7%。基因组分析表明，*S. thermophilus pepD* 基因中含有一个发生基因水平转移的 GC 含量异常区域。该区域内的 3 600 bp 大小片段，与 *L. delbrueckii* subsp. *bulgaricus* 的 DNA 区域同源性高达 95%，编码了独特的含硫氨基酸代谢相关基因簇 *cbs* – *cblB*（*cglB*） – *cysE*（又称 *cysM2* – *metC* – *cysE2*），该基因簇是含硫氨基酸（如甲硫氨酸、半胱氨酸）合成所必需的。以上发现表明，*S. thermophilus*

与 *L. delbrueckii* subsp. *bulgaricus* 长期存在一个生境中，基因组之间发生了基因水平转移，便于相互协作和共生。

## 二、基因组学研究的历史与现状

### （一）人类基因组计划回顾

基因组学和人类基因组计划是相伴产生的，因此基因组学研究的历史要从人类基因组计划谈起。人类基因组计划与曼哈顿原子弹计划、阿波罗登月计划并称为人类自然科学史上的三大计划，其规模和意义超过了曼哈顿原子弹计划和阿波罗登月计划，被公认为是生命科学发展史上的里程碑。

之所以提出人类基因组计划，源于人们对健康的考虑。其实，早在20世纪60年代，美国总统肯尼迪（John Fitzgerald Kennedy，1917—1963）就提出了两个科学计划，一个是阿波罗登月计划，另一个就是与人类健康相关的攻克肿瘤计划。阿波罗登月计划最终得以实现，但是由于人类遗传信息的复杂性，攻克肿瘤这个难题一直悬而未决。人们一直在寻找攻克这一难题的方法和途径。毫无疑问，人类全基因组序列的获得，将为人们提供人类全部的遗传信息，进而在整体上破解人类遗传信息的奥秘，从DNA的层面上找出致癌的原因。由此，人类基因组计划应运而生。

该计划旨在获悉人类基因组的全部DNA碱基序列，进而为阐明人类所有基因在染色体上的位置以及其结构与功能，破译人类遗传信息，解码人类生命的奥秘奠定基础。1984—1990年，美国能源部组织召开了多次会议，对人类基因组计划实施的可行性进行了讨论，并且成立了国家人类基因组研究中心。DNA双螺旋的发现者之一詹姆斯·沃森担任了该中心的第一任主任。

自20世纪70年代起，英国生物化学家弗雷德里克·桑格（Frederick Sanger，1918—2013）等研究者已开始进行病毒的全基因组测序，到1985年已经完成了噬菌体ΦX174（5 386 bp）、Epstein-Barr病毒（172 281 bp）、T7噬菌体（39 937 bp）、花叶病毒基因组（8 024 bp）、大肠杆菌丝状噬菌体Ike（6 883 bp）和人线粒体基因组（16 000 bp）全基因组的测序。尽管它们的基因组只有几千个到十几万个核苷酸，不及人类基因组的万分之一，却已经激发了科学家们破译人类基因组全序列的巨大信心。随后在1985年发明的PCR技术，更为基因组学研究注入了新的活力。在基本理论知识和必要的技术手段具备之后，人类基因组计划在1990年10月正式启动。

经过近10年的努力，在2000年6月26日，由美国国家人类基因组研究中心和塞莱拉（Celera）遗传公司同时宣布人类基因组工作草图完成，测出人类基因组约含30亿碱基对，预测编码基因5万~8万个。时任美国总统克林顿在白宫发表讲话，向世人宣布人类基因组工作草图完成。Celera遗传公司的人类基因组计划的领导人Craig Venter和国家人类基因组研究中心的负责人Francis Collins也出席了会议。

人类基因组计划是一个跨国的国际科研计划，由美国、日本、德国、法国、英国、中国等六国科学家协作完成。1999年，中国加入人类基因组计划，承担1%的测序任务，成为参与这一国际科研计划的唯一发展中国家。

2001年2月,在国际顶级学术刊物 Nature 和 Science 杂志上分别发表了国际公共领域和 Celera 遗传公司及其合作者完成的人类基因组工作草图以及初步分析结果,报告人类基因组共有 30 亿个碱基对,预测编码基因 31 000 个,比最初预测的 10 万个编码基因数大大减少。

人类基因组计划重要时间表见表 1.1。

表 1.1 人类基因组计划重要时间表

| 时间 | 事件 |
| --- | --- |
| 1984 年 | 在犹他州(Utah)的 Alta 城,R. White 和 M. Mendelsonhn 受美国能源部的委托主持召开了一个小型专业会议讨论,测定人类整个基因组 DNA 序列的意义和前景 |
| 1985 年 5 月 | 在加利福尼亚州 Santa Cruz 由美国能源部的 R. L. Sinsheimer 主持的会议上提出了测定人类基因组全序列的提议,形成了美国能源部的"人类基因组计划"草案 |
| 1986 年 3 月 | 在新墨西哥州的 Santa Fe 讨论了这一计划的可行性,随后美国能源部宣布实施这一计划 |
| 1986 年 | 诺贝尔奖得主杜尔雷纳托·杜尔贝科(Renato Dulbecco)在 Science 周刊撰文回顾肿瘤研究的进展,指出要么依旧采用"零敲碎打"的策略,要么从整体上研究和分析人类基因组 |
| 1988 年 | 美国成立了"国家人类基因组研究中心",由 James Dewey Watson 出任第一任主任 |
| 1990 年 10 月 | 美国能源部与国立卫生研究院共同启动了被誉为生命科学的"阿波罗登月计划"国际人类基因组计划,总体计划在 15 年内投入至少 30 亿美元进行人类全基因组的分析 |
| 1994 年 | 中国人类基因组计划在吴旻、强伯勤、陈竺、杨焕明的倡导下启动,最初由国家自然科学基金会和"863"高科技计划的支持下,先后启动了"中华民族基因组中若干位点基因结构的研究"和"重大疾病相关基因的定位、克隆、结构和功能研究" |
| 1998 年 | 在上海成立南方人类基因组中心 |
| 1998 年 5 月 | 一批科学家在美国罗克威尔组建 Celera 遗传公司,目标投入 3 亿美元,到 2001 年绘制完整的人体基因组图谱,与国际人类基因组计划展开竞争 |
| 1999 年 3 月 15 日 | 英国威尔科姆基金会宣布,由于科学家加快工作步伐,人类基因组工作草图将提前至 2000 年输出 |
| 1999 年 | 在北京成立北方人类基因组中心 |

续表1.1

| 时间 | 事件 |
|---|---|
| 1999年7月 | 中国积极加入这一研究计划,负责测定人类三号染色体短臂上约30 Mb区域的测序工作,该区域约占人类整个基因组的1%。中国是继美国、英国、日本、德国、法国之后第6个国际人类基因组计划参与国,是参与这项计划的唯一的发展中国家 |
| 1999年12月1日 | 国际人类基因组计划联合研究小组宣布,他们完整地破译出人体第22对染色体的遗传密码,这是人类首次成功地完成人体染色体基因完整序列的测定 |
| 2000年3月14日 | 美国总统克林顿和英国首相布莱尔发表联合声明,呼吁将人类基因组研究成果公开,以便世界各国的科学家都能自由地使用这些成果 |
| 2000年4月6日 | 美国Celera遗传公司宣布破译出人类的完整遗传密码。但是不少欧美科学家对此表示质疑,认为该公司的研究"没有提供有关基因序列的长度和完整性的可靠参数",因而是"有漏洞的" |
| 2000年4月底 | 中国科学家按照国际人类基因组计划的部署,完成了1%的人类基因组的工作框架图 |
| 2000年5月8日 | 由德国和日本等国科学家组成的国际科研小组宣布,他们已基本完成了人体第21对染色体的测序工作 |
| 2000年6月26日 | 科学家公布人类基因组工作草图 |

### (二)模式生物基因组测序

人类基因组计划从1990年启动到2000年人类基因组工作草图完成,历时10年得以完成。在人类基因组计划实施的初期,也就是在该计划启动后的前5年的时间里,科学家们选取了大肠杆菌、酿酒酵母、秀丽线虫、果蝇和小鼠5种模式生物作为人类基因组测序的先行生物,为后期人类基因组测序积累经验。在1996年率先完成了酿酒酵母的全基因组测序,随后在1997年大肠杆菌的全基因组序列测序完成。接着,在1998年、2000年和2005年分别完成了秀丽线虫、果蝇、小鼠的全基因组测序。至此,最初选定的5种模式生物的基因组测序工作全部完成。5种模式生物基因组测序信息见表1.2。

表1.2　5种模式生物基因组测序信息

| 名称 | 基因组大小/Mb | 预测基因数量/个 | 平均基因长度/kb | 完成时间/年 |
|---|---|---|---|---|
| 大肠杆菌(*Escherichia coli*) | 4.6 | 4 288 | 1 | 1997 |
| 酿酒酵母(*Saccharomyces cerevisiae*) | 12.16 | 6 352 | 1.9 | 1996 |
| 秀丽线虫(*Caenorhabditis elegans*) | 97 | 18 424 | 5.3 | 1998 |
| 果蝇(*Drosophila melanogaster*) | 130 | 13 601 | 10 | 2000 |
| 小鼠(*Mus musculus*) | 3 000 | 40 000~100 000 | 30~70 | 2005 |

同时,人类基因组计划的实施也带动了其他生物的基因组测序工作的展开。例如,在2000年,完成了模式植物拟南芥的全基因组测序。这是第一个完成的植物全基因组

测序工作。在2002年,完成了水稻即籼稻和粳稻基因组全基因测序。值得一提的是,我国科学家在生物基因组测序领域走在了国际前列,已经完成了水稻、家鸡、家蚕以及大量微生物基因组测序工作。但在基因功能研究上,我国与发达国家相比还有很大差距。基因测序工作有专门的仪器和程序化的流程,其科学原创性较小,与其说是科学研究,倒不如说是一个项目工程。而基因功能的研究是一个原创性的新发现,当然有知识产权保护,从而可以控制下游研究(如基因药物研发、基因诊断、基因治疗等),具有重要的科学意义和巨大的商业开发前景。目前,新基因的发现与日俱增,功能基因的研究处于蓬勃发展的时代,竞争日趋激烈,因此应加强这方面的研究。

(三)微生物基因组的研究概况

由于微生物基因组相对较小,通常在几百万个碱基对左右,易于操作,故对微生物基因组的研究先行一步,起到"先行官"的作用。但作为微生物基因组计划的正式开始,是在1994年由美国能源部立项启动的。这项计划一经启动,其发展就甚为神速。1995年7月,*Science* 首次刊登了 TIGR(The institute for genomic research)采用全新测序方法完成的流感嗜血杆菌(*Haemopophilus influenzae*)的全基因组测序的论文,这是人类完成的第一个单细胞微生物的全基因组序列的测定,标志着基因组时代的真正开始。由于微生物种类的多样性,微生物基因组计划将扩展至数以万计的微生物基因组。可以预计,今后微生物基因组计划的总投入和测序工作都将可能超越人类基因组计划。它对本学科、其他学科以及人类本身产生的深远影响不言而喻。

研究者对与人类健康、能源开发、环境保护、食品等方面密切相关的微生物展开了一系列的基因组研究。与人类健康相关的多种病原微生物如生殖器支原体、幽门螺杆菌、包柔螺旋体、结核杆菌、梅毒螺旋体、金黄色葡萄球菌、幽门螺杆菌等已经测序完成,为揭示其致病分子机制,设计诊断、预防和治疗新方法、新途径开辟了无限可能。大量的资源微生物,如产谷氨酸的谷氨酸棒杆菌、产抗生素的天蓝色链霉菌、产丙酮丁醇的丙酮丁醇梭菌、产乙属还原固定能力的微生物,如荧光假单胞菌、恶臭假单胞菌、金属还原地杆菌等被测序,揭示了生物降解相关基因,为利用基因工程方法改造微生物,更好地为人类服务成为可能。大量的食品微生物,如酿酒酵母、乳酸乳球菌、嗜热链球菌、植物乳杆菌等均已测序完成,为更好地开发食品微生物的优良特性提供了参考与借鉴。

# 第二节 基因组学的基础知识

## 一、基因组学研究的支撑技术

基因组学和人类基因组计划的提出并不是空穴来风,它们是建立在人们对基本理论知识足够的认识,同时掌握必要技术手段的基础之上的。如果人们没有对DNA化学本质、DNA双螺旋结构的认识,没有DNA测序技术、PCR技术,就不可能进行基因组学研究,无法开展人类基因组计划。

在基因组学研究的前期阶段,即结构基因组学研究中主要有4个关键技术,分别为PCR技术、DNA测序技术、DNA自动化测序技术以及生物信息学分析技术。

## （一）PCR 技术

PCR（Polymerase chain reaction）是聚合酶链反应的简称，PCR 技术是基因组测序的基础，为基因组测序提供足够的测序样品。

PCR 技术是在核酸研究的基础上发展起来的。早在 1869 年瑞士的年轻医生 Miescher 就开始对核酸进行研究，至今已经有 100 多年的历史。自 1930 年正式提出 DNA 和 RNA 两种核酸的概念后，人们对核酸的化学组成、结构及其功能进行了更为深入的研究，特别是 1953 年詹姆斯·沃森（James Dewey Watson）和佛朗西斯·克里克（Francis Harry Compton Crick）根据 DNA 晶体 X 射线衍射图形、各种化学分析数据提出的 DNA 双螺旋结构以及克里克半保留复制模型，是生物科学史上的一个飞跃，这使得对基因在体外克隆、表达、调控等方面的研究取得了长足的进展，并由此拉开了基因工程的序幕。

20 世纪 70 年代以来，人们采用两种思路尝试建立基因的无性繁殖体系。一种思路是重组 DNA 技术，它是从基因文库中分离出单个的目的基因，将其拼接到载体中构建成重组 DNA。因载体是具有独立复制能力的质粒或噬菌体，当重组 DNA 引入细菌细胞后，经多次复制便可得到足够数量的 DNA 克隆片段。DNA 的连接酶和限制性内切酶的发现，为重组 DNA 技术和基因克隆铺平了道路，现已经成为最为常用的基因克隆技术。

另一种思路是生物化学家科兰纳（Har Gobind Khorana，1922—2011）等在 1971 年提出的，其观点是：DNA 在体外经变性后，与适当引物结合，再用 DNA 聚合酶延伸引物并且不断重复该过程便可克隆 DNA。这种核酸体外扩增的设想由于当时不能合成寡聚核苷酸的引物，同时很难进行 DNA 测序而渐渐被人们所忽略。利用美国生物化学家 Arthur Kornberg（1918—2007）在 1958 年发现并分离的 DNA 聚合酶，美国 PE-Cetus 公司人类遗传研究室的年轻科学家凯利·穆利斯（Kary Banks Mullis，1944—）在 1983 年实现了具有划时代意义的聚合酶链反应，使得 Khorana 的这一设想终于付诸实现。1987 年，第一台 PCR 仪问世，使该技术自动化成为现实，进而得以广泛推广和应用。由于 PCR 技术具有特异性强、简便快速、灵敏度高等优点，赢得了研究者的广泛认可和使用。现在，PCR 技术已经成为生命科学实验室获得某一目的 DNA 片段的常规技术。PCR 技术的发明者凯利·穆利斯也因此获得了 1993 年的诺贝尔化学奖。

PCR 技术的原理与细胞内发生的 DNA 复制过程十分类似。首先是在临近沸点的温度下，双链 DNA 分子解链，分离成两条单链的 DNA 分子，然后 DNA 聚合酶以单链 DNA 分子为模板，并且利用反应混合物中的 4 种脱氧核苷三磷酸（dNTPs）合成新生的 DNA 互补链。此外，DNA 聚合酶同样需要一小段双链 DNA 来启动"引导"新链的合成。因此，新合成的 DNA 链的起点，实际上是由加入在反应混合物中的一对寡聚核苷酸引物在模板 DNA 链两端的退火位点决定的。

在为每一条链均提供一段寡核苷酸引物的情况下，两条单链 DNA 都可作为合成新生互补链的模板。由于在 PCR 反应中所选用的一对引物，是按照与扩增区段两端序列彼此互补的原则设计的。因此，每一条新生链的合成都是从引物的退火结合位点开始，并沿着相反链延伸。这样，在每一条新合成的 DNA 链上都具有新的引物结合位点。然后，反应混合物经再次加热使新、旧两条链分开，并加入下一轮的反应循环，即引物杂交、DNA 合成和链的分离。PCR 反应的最后结果是，经过 $n$ 次循环后，反应混合物中所含有的双链 DNA 分子数,即两条引物结合位点之间的 DNA 区段的拷贝数,理论上是 $2^n$。

PCR 反应只需要模拟 DNA 的体内复制条件,在试管中提供 DNA 合成所需要的物质以及适合的温度和作用时间,就可以完成 DNA 在体外的复制。PCR 反应需要模板 DNA、一对上下游引物、DNA 聚合酶、底物(即 4 种脱氧核糖核苷酸)以及合适的缓冲体系。设置邻近沸点的温度作为变性温度。退火温度主要取决于引物的解链温度($T_m$ 值)。延伸温度一般为 72 ℃,该温度主要取决于 PCR 所用的 Taq 酶的来源。

简述 PCR 反应的过程如下:首先,由一个双链 DNA 充当模板。在邻近沸点的温度即变性温度下,一般采用 94 ℃,双链 DNA 会分离成两条单链的 DNA 分子,充当扩增的模板;然后当温度下降达到退火温度以下时,上、下游引物分别与两条 DNA 模板相结合。温度略有升高,达到延伸温度(72 ℃),在 DNA 聚合酶作用下,引物沿着模板链方向,利用反应混合物中的 4 种脱氧核苷三磷酸作为底物,合成新生的 DNA 互补链。如此进行反复循环,从而得到大量的 PCR 产物。PCR 产物的量取决于 PCR 的循环数。

## (二) DNA 测序技术

DNA 测序的方法很多,主要有链终止法、化学降解法、焦磷酸法等,前两种快速、有效的 DNA 测序方法于 20 世纪 70 年代中期建立,二者几乎同时出现,但存在明显的差异。链终止法是利用 DNA 聚合酶合成与模板互补的标记拷贝;而化学降解法是利用一套碱基专一的化学试剂作用于标记好的 DNA 链。两种方法开始时都很受欢迎,但是链终止法后来成为主要的测序方法,特别是在基因组测序当中。其中的原因主要有两方面,一方面是因为化学降解法中的化学试剂具有毒性,另一方面是链终止法更容易自动化。基因组计划需要大量的测序反应,手工测序将花费很多年的时间。因此在可接受的时间内完成测序计划,就必须有自动测序方法。

### 1. 链终止法

链终止法(The chain termination method)又称 Sanger 双脱氧末端终止法,是由英国生物化学家弗雷德里克·桑格(Frederick Sanger,1918—2013)建立的(图 1.1)。在利用 PCR 进行 DNA 复制过程中,脱氧核糖核苷酸(dNTPs)通过与模板碱基的特异性配对,被掺入到新合成的 DNA 链中。链的延伸是通过引物生长端的 3′-羟基与被掺入的脱氧核糖核苷酸的 5′-磷酸基反应形成 3′,5′-磷酸二酯键。新链由 5′向 3′方向延伸。链终止法测序中,在 PCR 反应体系中加入 4 种单脱氧核糖核苷酸(即 dATP,dCTP,dGTP,dTTP)的同时,还分别加入 2,3-双脱氧核糖核苷酸(即 ddATP,ddCTP,ddGTP,ddTTP)。在加入 ddATP 的反应中,ddATP 会随机地代替 dATP 参加反应,一旦 ddATP 加入了新合成的 DNA 链,由于其 3 位的羟基变成了氢,不能继续延伸,所以反应中所产生的 DNA 链都是到 A 就终止了;同理,当反应中分别加入 ddCTP,ddGTP 或 ddTTP 时,链的延伸分别终止于 C,G,T,最终分别获得以 C,G,T 为末端的一系列长短不一的引物延伸链。

由此,通过合成与单链 DNA 互补的多核苷酸链,因为 2,3-双脱氧核糖核苷酸的加入,合成的互补链可在不同位置随机终止反应,产生只差一个核苷酸的 DNA 分子,进行变性聚丙烯胺凝胶电泳,读取 DNA 的核苷酸顺序。变性聚丙烯酰胺凝胶电泳能够把长度只差一个核苷酸的单链 DNA 分子区分开。这就意味着在长 10～1 500 个核苷酸的范围内,所有分子经电泳后可成为一系列可分辨的条带。链终止法测序产物的平均链长取决于 ddNTP 与 dNTP 的比例，比例高时得到较短的产物。

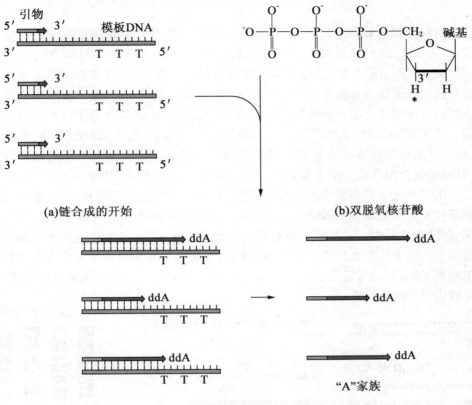

图 1.1　链终止法测序

注　(a)链终止法测序包括合成与单链模板互补的新链 DNA；(b)链合成不能持续地进行，因为体系中含有少量的 4 种双脱氧核苷酸，由于它们的 3′碳原子上连接的是氢原子，而不是羟基，故能阻断进一步延伸；(c)ddATP 的掺入引起合成链在与模板中 T 相对的位置上终止，这就产生了"A"家族终止分子，掺入其他类型的双脱氧核苷酸就产生了"C""G"以及"T"家族。＊代表 dNTP 中的—OH 被—H 所代替

### 2. 化学降解法

化学降解法又称为 Maxam–Gilbert 化学法，是 Allan Maxam 和 Walter Gilbert 于 1977 年发展起来的化学测序方法。化学降解法与链终止法的区别在于得到分子的 A，C，G，T 系列的方法不同。在化学降解法中，不是通过酶促合成，而是利用在特定核苷酸位置特异切割的化学试剂处理而得到这样的一系列分子。起始样品可以是双链 DNA，但是开始测序前必须转变为单链，并且每个分子都必须在一端标记。

其基本原理是在选定的核苷酸碱基中引入化学基团，再用化合物处理，使 DNA 分子在被修饰的位置降解。首先将双链 DNA 样品变为单链，每个单链的同一方向末端都用放射性同位素标记，以便显示 DNA 条带。接着分别用不同的化学方法修饰和裂解特定碱基，从而获得一系列长度不一的、只差一个核苷酸，且一端被放射性标记的 DNA 片段群体。这些以特定碱基为末端的片段群，通过变性聚丙烯酰胺凝胶电泳分离，再经过放射性自显影,确定各片段末端碱基,从而读取 DNA 的核苷酸顺序,确定 DNA 序列信息(图 1.2)。

起始材料为双链 DNA,首先通过在每条链的 5′端连接一个放射性的磷基团对 DNA 进行标记(图1.2(a)),然后加入二甲基亚砜(DMSO)并将 DNA 加热到 90 ℃。这能打破链之间的碱基配对,使它们能够通过凝胶电泳而相互分离,产生这种情况的基础是其中一条链可能比其他链含有更多的嘌呤核苷酸,因此就稍微重一些,电泳过程中就迁移得慢。从凝胶电泳中纯化出一条链后,分成 4 份样品,每份样品都分别用一种切割试剂进行处理。下面以"G"反应为例阐述这一过程(图1.2(b))。首先,用硫酸二甲酯处理分子,硫酸二甲酯能在嘌呤环的 G 核苷酸处连接一个甲基基团。加入有限量的硫酸二甲酯,其目的是每个多聚核苷酸上能修饰一个 G 残基。在此阶段,DNA 链仍然保持完整。直到加入第二种化学试剂哌啶才能出现断裂。哌啶去除修饰的嘌呤环,并在紧邻所产生的无碱基位置上游的磷酸二酯处切割 DNA。结果产生一系列断裂的 DNA 分子,一些 DNA 分子有标记,一些没有标记。所有标记的分子都有一个由切割位点决定的相同的末端。运用相同的方法产生断裂分子的其他家族,尽管因为在发展化学方法来特异切割 A 或者 T 中遇到问题,通常情况下是"G""A+T""C""C+T"。这使情况变得复杂,但是不影响待确定序列的正确性。

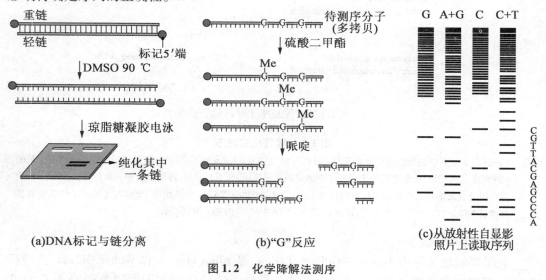

(a)DNA标记与链分离　　　　(b)"G"反应　　　　(c)从放射性自显影照片上读取序列

图 1.2　化学降解法测序

将每个反应所产生的分子家族加样到聚丙烯酰胺平板凝胶的一个泳道上,电泳后条带在凝胶上的位置通过放射性自显影来观察。移动最远的条带代表最小的 DNA 片段。如图 1.2(c)所示的例子中,移动最远的条带位于"A+G"泳道中。在"G"泳道中没有大小相匹配的带,因此序列中的第一个核苷酸是"A"。下一个大小位置位于两个泳道中,一个在"C"泳道,一个在"C+T"泳道。因此第二个核苷酸是"C",得到的序列就是"AC"。序列的读取可以持续到单一条带不能在胶上分离的位置。

化学降解法不需要进行酶催化反应,因此不会产生由于酶催化反应而带来的误差;对未经克隆的 DNA 片段可以直接测序;化学降解法特别适用于测定含有如 5-甲基腺嘌呤 A 或者 G,C 含量较高的 DNA 片段,以及短链的寡核苷酸片段的序列。化学降解法既可以标记 5′末端,也可以标记 3′末端。可从两端分别测定同一条 DNA 链的核苷酸序列,相互参照测定结果,得到准确的 DNA 链序列。

表1.3 化学降解法所用的化学技术

| 碱基 | 特异修饰方法 | 化学反应 | 断裂部位 |
| --- | --- | --- | --- |
| G | pH 为 8.0,用硫酸二甲酯对 $N_7$ 进行甲基化,使 $C_8$—$C_9$ 键对碱基裂解有特殊的敏感性 | 甲基化 | G |
| A + G | pH 为 2.0,哌啶甲酸可使嘌呤环的 N 原子化,从而导致脱嘌呤,并因此消弱腺嘌呤和鸟嘌呤的糖苷键 | 脱嘌呤 | G 和 A |
| C + T | 肼可打开嘧啶环,后者重新环化成五元环后易除去 | 打开嘧啶环 | C 和 T |
| C | 质量浓度为 1.5 mol/L NaCl 存在时,可用肼除去胞嘧啶环 | 打开胞嘧啶环 | C |

**3. 焦磷酸法**

焦磷酸法是一种基于聚合原理的 DNA 测序方法。它依赖于核苷酸掺入中焦磷酸盐的释放,而非双脱氧核苷三磷酸参与的链终止反应。该技术是由 Mostafa Ronaghi 等人于 1996 年建立的。焦磷酸法用来快速确定很短的序列,该技术不需要电泳或者其他任何片段分离程序,因此比链终止法及化学降解法更快。它在每个实验中只能产生几十个碱基对,适用于在必须尽可能快地产生许多短序列的情况,如单核苷酸多态性(Single nucleotide polymorphism,SNP)分型、等位基因频率测定、细菌和病毒分型等中。

焦磷酸法的基本原理如下:焦磷酸测序是由 DNA 矣合酶(DNA polymerase)、ATP 硫酸化酶(ATP sulfurylase)、荧光素酶(Luciferase)和双磷酸酶(Apyrase)4 种酶催化同一反应体系的酶级联化学发光反应。反应底物为 5′-磷酰硫酸(Adenosine 5′- phosphor sulfate,APS)和荧光素。第 1 步,1 个特异性的测序引物和单链 DNA 模板结合,然后加入酶混合物和底物混合物(包括 APS 和荧光素)。第 2 步,向反应体系中加入 1 种 dNTP,如果它刚好和 DNA 模板的下一个碱基配对,则会在 DNA 聚合酶的作用下,添加到测序引物的 3′末端,同时释放出一分子的焦磷酸(PPi)。第 3 步,在 ATP 硫酸化酶的作用下,生成的 PPi 可以和 APS 结合形成 ATP;在荧光素酶的催化下,生成的 ATP 又可以和荧光素结合形成氧化荧光素,同时产生可见光。通过 CCD 光学系统,即可获得一个特异的检测峰,峰值的高低则和相匹配的碱基数成正比。第 4 步,反应体系中剩余的 dNTP 和残留的少量 ATP 在双磷酸酶的作用下发生降解。第 5 步,加入另一种 dNTP,使第 2~4 步反应重复进行,根据获得的峰值图即可读出准确的 DNA 序列信息。

在焦磷酸法测序中,直接对模板进行复制而不需要加入双脱氧核苷酸。随着新链的合成,链上掺入的脱氧核苷酸的顺序也被检测了。因此随着反应的进行,序列就能被读出。加入到正在合成链末端的脱氧核苷酸是可以检测到的,因为它伴随着释放一个焦磷酸盐分子,焦磷酸盐分子可以被 ATP 硫酸化酶和荧光素酶转变为闪烁的化学发光物。当然,如果 4 种脱氧核苷酸都是立刻加入,就一直会看到闪烁光,也就不会得到有用的序列信息。因此,每个脱氧核苷酸都是一个接着一个单独加入的,反应混合物中也存在核苷酸酶,如果一个脱氧核苷酸没有被掺入到多聚核苷酸中,那么在加入下一个核苷酸之前它就会迅速降解(图1.3)。这个过程能够使脱氧核苷酸按照一定的顺序掺入到合成链中。焦磷酸法测序只需要精确地向反应混合物中不重复地连续加入核苷酸,这种程序就可以很容易地自动进行。化学发光的检测很灵敏,因此每个反应的体积可以很小,可能只需要 pL ( 1 pL = $10^{-12}$ L)。这就表明在 6.4 cm$^2$ 的板上可以平行进行 160 万个反应,在 4 h 之内就可以得到序列中的 2 500 万个核苷酸,有时序列产生的速度可能比链终止法快 100 倍。

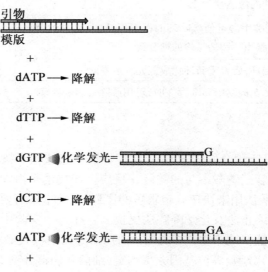

图 1.3 焦磷酸法测序

链合成反应在不存在双脱氧核苷酸的情况下进行,每种脱氧核苷酸分别加入,如果脱氧核苷酸未掺入到正在合成的链中,就被反应体系中核苷酸酶降解。通过脱氧核苷酸上释放的焦磷酸盐所引起的化学发光来检测核苷酸的掺入,就可以得到脱氧核苷酸加入到合成链上的顺序。

### (三) DNA 自动化测序技术

从 20 世纪 70 年代到 20 世纪 80 年代,生物学实验室主要采用链终止法序、化学降解法两种测序方法中的任何一种,对长达几千个碱基的 DNA 片段进行测序。但是化学降解法不如链终止法简便,因此很快被淘汰了。标准的链终止法使用同位素标记,通过放射自显影可以看到聚丙烯酰胺凝胶上的带型。

DNA 标记是 DNA 测序的关键环节,它通过检测标记物发出的信号来确定特定 DNA 分子的位置。放射性标记物常用于标记 DNA 分子。放射性信号可用闪烁记数器来检测。但大多数分子生物学实验需要获得 DNA 分子定位信息,因此可将其暴露于 X 射线敏感胶片(放射自显影)或者放射性敏感的磷光屏(磷光显影)中来检测。根据实验的需要可以选择不同的放射性标记物。使用 $^{32}$P 可以得到高灵敏度,因为该同位素具有高放射能,但是高灵敏度也伴随着由于信号散射而引起的分辨率降低。低放射能同位素 $^{33}$P

或$^{35}$S 所产生的灵敏度较低,但是分辨率较高。

出于对健康和环境的考虑,在一些实验中已经大量选用非放射性标记物取代同位素,包括地高辛、生物素、荧光素等。其中荧光标记物最常用,具有不同发射波长(即具有不同颜色)的荧光物掺入到核苷酸中或直接连接到 DNA 分子上,利用适合的胶片、荧光显微镜或荧光探测器来检测。非放射性标记方法还有化学发光法,但是缺点在于此类信号不是由标记物直接产生,而必须用化学试剂处理标记分子才产生。例如使用碱性磷酸酶标记 DNA 时,需加入化学试剂二氧杂环丁烷用以检测,它被碱性磷酸酶去磷酸化而产生化学发光。

进入大规模 DNA 测序阶段后,人工测序已经不能满足 DNA 测序要求,迫切需要自动测序技术。荧光标记的检测系统,使自动读取序列变为可能。用不同的荧光色彩标记 ddNTP,如 ddATP 标记红色荧光,ddCTP 标记蓝色荧光,ddGTP 标记黄色荧光,ddTTP 标记绿色荧光。由于每种 ddNTP 带有各自特定的荧光颜色,因此可以在一个管中同时进行 A,C,G,T 4 种测序反应,并且把所有的 4 种终止产物加到聚丙烯酰胺的一个泳道,同时读取 4 种碱基。因此电泳条带通过检测仪时,就能够读出其序列,也可以打印肉眼可读出的表格形式,或者直接储存到计算机中。荧光检测系统大大提高了测序的通量,同时避免了人工读序和人工输入计算机时可能产生的错误。

1. 第 1 代自动化测序技术——基于链终止法

计算机软件技术(尤其是计算机图像识别技术)、仪器制造和分子生物学研究的快速发展,使用荧光分子标记代替传统的同位素标记,测序由手动向自动化发展。20 世纪 80 年代中期,Wilhelm Ansorge 等人基于链末端终止法原理,设计出了 DNA 自动化荧光测序仪。自动化测序仪的出现,使凝胶电泳、DNA 条带检测和分析过程全部自动化。自动化测序仪具有快速、安全、精确等优点,逐渐成为 DNA 序列分析的主流,几乎完全取代了手工测序。

最初,商品化 DNA 自动化测序仪的设计主要是以酶法(即链终止法)测序反应产生荧光标记或放射性标记的测序产物为基础,它们都具有数据收集的能力,并含有进一步分析处理的程序。荧光标记物通过引物或 ddNTP 掺入到测序产物中。4 种碱基分别产生 4 种不同颜色的荧光反应,所以以单泳道或毛细管电泳就可以分辨出相应的寡核苷酸产物。

Perkin Elmer(PE)Applied Biosystems 公司生产的 377 型全自动 DNA 测序仪就是此类自动化测序仪的代表。它采用专利的 4 种荧光染料标记,并采用激光检测方法,具有测序精确度高、每个样品判读序列长(700 bp)、一次电泳可测定样品数量多(64 个)、不需要同位素标记、方法灵活多样等特点,在人类基因组测序和 cDNA 文库测序研究中应用极其广泛。此外,该仪器在各种应用软件的辅助下还可以进行 DNA 片段大小分析和定量分析,应用于基因突变分析、DNA 指纹图谱分析、基因连锁图谱的表达水平分析等方面的研究,有着极其广泛的应用范畴。该仪器的原理是采用 4 种荧光染料标记终止物 ddNTP 或引物,经 Sanger 测序反应后,产物 3′端(标记终止物 ddNTP 法)或 5′端(标记引物法)带有不同荧光标记,一个样品的 4 个测序可以在一个泳道内电泳,提高了效率,并降低了测序泳道间迁移率差异对精确性的影响。由于增加了一个电泳样品的数目,可一次测定 64

个或更多样品。经电泳后各个荧光谱带分开,同时激光检测器同步扫描,激发出的荧光经光栅分光后打到 CCD 摄像机上同步成像,也就是代表不同碱基信息的不同颜色荧光经光栅分光,经 CCD 成像,因而一次扫描可检测出多种荧光,传输到电脑。其测序速度高达 200 bp/h,比 373 型 DNA 测序仪的速度大大提高。最后,经过软件分析后输出结果。

20 世纪 90 年代中后期,毛细管电泳技术取代了聚丙烯酰胺凝胶电泳,应用到自动化测序仪中。测序用 PCR 产物可在一根毛细管内电泳,从而避免了泳道间迁移率差异的影响,大大提高了测序的精确度。同时集束化的毛细管代替平板后,极大地提高了序列测定的产出率。通过更高程度的并行化使得同时进行测序的样品数量增加。使用毛细管替代凝胶电泳取消了手工上样,降低了试剂的消耗,并极大提升了分析的速度。另外,紧凑的毛细管电泳设备的形式更易于实现并行化,可以获得更高的通量。此类测序仪以 PE 公司的 ABI 3730 测序仪和 MD 公司的 Mega – BACE 为代表,二者分别可以在一次运行中分析 96 个或 384 个样本。第一代测序仪在人类基因组计划 DNA 测序的后期阶段起到了关键作用,加速了人类基因组计划的完成,而且由于其在原始数据质量以及序列读取长度方面具有的优势,目前还在使用之中。

2. 第 2 代自动化测序技术——循环阵列合成测序法

随着人类基因组计划的完成,基因组学研究进入到了后基因组学时代,即功能基因组时代,传统的测序方法已经不能满足深度测序和重复测序等大规模基因组测序的需求,这促使了新一代 DNA 测序技术的诞生。

第 2 代测序技术包括了大量基于不同技术的方法。尽管从模板文库制备、片段扩增到测序,这些方法采用的技术相当多样,但是都采用了大规模矩阵结构的微阵列分析技术——阵列上的 DNA 样本可以被同时并行分析。此外,测序是利用 DNA 聚合酶或连接酶以及引物对模板进行一系列的延伸,通过显微设备观察并记录连续测序循环中的光学信号实现的。新一代测序技术呈现了几个关键特点:第一,通过有序或者无序的阵列配置可以实现大规模的并行化,因此更具高通量性。理论上,只有光的衍射极限会限制并行化的提高(即用来检测独立光学事件的半波长),这极大地提高了总的测序数据产出通量。第二,不采用电泳,设备易于微型化。相对于第 1 代测序技术,样本和试剂的消耗量得以降低。

第 2 代测序技术通过随机打断基因组 DNA 获得 DNA 文库片段(长度为数十到数百碱基),或者构建控制距离分布的配对末端片段。在双链片段的两端连上接头序列,然后变性得到单链模板文库,并固定在固体表面,固体表面可以是平面或是微球的表面。克隆的扩增通过以下几种方式之一进行,如桥式 PCR、微乳滴 PCR 或原位成簇等。在芯片上形成 DNA 簇阵列的 DNA 簇或扩增微球,利用聚合酶或者连接酶进行一系列循环的反应操作,通过显微检测系统监控每个循环生化反应中产生的光学事件,用 CCD 相机将图像采集并记录下来。对产生的阵列图像进行时序分析,获得 DNA 片段的序列,然后按照一定的计算机算法将这些片段组装成更长的重叠群。

广泛使用的商业化平台是 Illumina Genome Analyzer、罗氏 454 基因组测序仪以及 AB Life Technologies 的 SOLiD 系统。它们基本都是在 20 世纪 90 年代末被发明和开发出来,在 2005 年前后商业化。Polonator G.007 该仪器最初由哈佛大学 George Church 实验室开发,现在由 Dover Systems 公司制造。Complete Genomics 公司最近推出了基于其专利技术的测序服务平台,但该公司并没有表示要在市场销售这一设备。这些仪器都采用了合成测序法,只是在 DNA 阵列的排布、DNA 簇扩增,以及基于酶的测序生化反应方面存在差异。

(1) Illumina Genome Analyzer。Illumina Genome Analyzer 单链文库片段的扩增是通过所谓"桥式扩增"过程实现的。单链 DNA 两端加上非对称的接头,并利用两端的接头将片段固定在芯片表面形成寡核苷酸桥。芯片具有 8 个独立的道,每条道的表面均可固定寡核苷酸。固定了寡核苷酸桥的芯片放置于流通池内。经过多个 PCR 循环,成千上万的复制产物制备出来,每一簇都分别固定在芯片表面一个单一的物理位置上。流通池中芯片表面的 8 个道中,每条道上都可以独立产生数百万这样的簇(这样可以在一个反应中对 8 个不同的文库并行测序)。然后,测序引物杂交到扩增产物中的通用序列上,开始测序反应。

Illumina 公司的测序仪采用合成测序法,使用荧光标记的核苷酸以及可逆的终止子。在每一轮测序循环中,标记不同荧光基团的 4 种核苷酸以及 DNA 聚合酶同时加入流通池通道中,按照碱基互补配对的原则进行 DNA 链的延伸。每个核苷酸的 3′-羟基被封闭以防止额外的延伸。采集荧光图像,碱基特异的荧光标记揭示了这一轮中新加入的核苷酸是什么,也就获得模板中这一位置的 DNA 序列。然后,打开 3′端,继续进行下一轮反应。这一过程重复多次,到 50 个循环,产生 50 个碱基的 DNA 序列。

该平台的测序通量是第 1 代测序仪的数千倍。其主要缺点是由于光信号衰减和移相的原因致使序列读取长度较短。由于要记录每个 DNA 簇的光学信号,因此每一簇中所有 DNA 链的延伸保持同步至关重要。但是,测序中每一步化学反应都可能失败,例如不能将荧光标记物切掉,或者未能去除封闭基团。这将导致一个簇中的一些 DNA 链过长,而另一些 DNA 链却可能没有得到同步延伸,进而引起信号衰减或荧光信号相位移。此外,错误率是累积的,即 DNA 链越长,错误率越高。这些都限制了读长的增加。

(2) 罗氏 454 基因组测序仪。罗氏 454 基因组测序仪(简称 454)用微乳滴 PCR(emulsion PCR,emPCR)来合成扩增产物。将固化引物的微球与单链 DNA 文库模板以及必要的 PCR 反应化合物一起混合,微球与文库片段的比例适当,以确保大多数微球结合的单链 DNA 分子不超过一个。水溶液与油混合形成油包水结构乳滴。每个乳滴充当了一个进行后续 PCR 反应的微型化学反应器。经过多轮热循环,每个微球表面都结合了数千个相同的 DNA 拷贝。然后富集微球,转移并放置到刻有规则微孔阵列的微孔板上。每个微孔只能容纳一个微球。微孔板被安装成流通池的一部分。其中一面可以通过测序反应的化合物,另一面则与 CCD 光学检测系统的光纤部件相接触。

碱基测定采用边合成边测序,利用焦磷酸法产生的光学信号来进行检测。通常所说的焦磷酸法测序是利用 ATP 硫酸化酶和荧光素酶。在三磷酸核苷结合到 DNA 链上时释放焦磷酸,通过 ATP 硫酸化酶和荧光素酶,产生一系列级联反应,导致生物化学发光放出光信号。测序是顺次向流通池中加入 4 种 dNTP 中的一种。每个微孔之中有或是没有光信号释放出来,分别表明 dNTP 连接到片段上或者不是互补的核苷酸,这样也就确定了 DNA 模板上的互补碱基。

焦磷酸法测序的主要优势是它的速度和读长,其读长将近 500 碱基。与这里讨论的其他新一代测序技术不同,除了 DNA 聚合酶反应所需化合物,焦磷酸法并不需要额外的化合物用于 DNA 链的延长。例如,并不需要去掉标记基团或解除终止子的封闭,这就降低了化学反应出现意外的概率。但是这种非同步的处理方式也导致了焦磷酸法测序技术一个局限,由于没有终止基团可以停止 DNA 链的延伸,在测定同核苷酸聚合物区域时,如一连串的 GGGGGG,焦磷酸法测序会遇到问题,不得不依靠光信号的强度来推断同聚核苷酸的长度,这就容易产生错误。因此,这一技术平台主要的错误类型就是插入 - 缺失,而不是碱基的替换。454 的另一个缺点是由于它依赖于包含一系列酶的焦磷酸检测,与其他新一代测序技术相比,其试剂价格相对较高。

(3) AB Life Technologies 的 SOLiD 系统。与 454 的情况相同,SOLiD 系统也采用了微乳滴 PCR 与微球相结合的策略来扩增 DNA 模板。打破微乳滴后,扩增微球被收集并固定在一个平的玻璃基板上,形成一个无规则的阵列。它的边合成边测序采用的是连接反应而不是 454 平台所采用的聚合反应。另外,它采用了双碱基编码策略来协助检测错误。一段与 DNA 文库模板连在微球上的接头序列互补的通用引物杂交到接头区域上,然后进行一系列连接反应。每个连接反应都发生在延伸链和有荧光标记的变性八核苷酸探针池中的探针(荧光标记在第 8 碱基上)间。八核苷酸探针池设计成在核苷酸的碱基识别位点,其第 1 和 2 位的碱基与特定的荧光颜色有明确的对应关系。连接反应后,获取荧光图像。然后在第 5 和 6 位碱基之间切开八核苷酸,将最后 3 个碱基以及荧光基团去除。

接下来,每一轮连接反应都可以获得延伸链上第 1 和 2 位碱基的信息(即模板序列的第 1~2,6~7,11~12,16~17,21~22,26~27 以及第 31~32 位上的碱基)。7 轮连接反应后,已经获得的延伸链变性脱落,系统重置。第 2 个引物结合到接头区域。第 2 个引物在 DNA 模板上的起始位置与第 1 个引物相比提前一个碱基。接下来有另外 7 轮的上述连接循环。这样就可以读取一组新的位置 0~1,5~6 等的信息。这一过程继续进行,重置后所用的引物都比上一个引物提前一个碱基,直到所有位置上的序列信息均被读取。这种方法虽然听上去较复杂,但实际上,整个系统都是在计算机控制下自动运行的。由于每个碱基都被测定了两遍,即在两个独立的连接反应中被测定,这个方法使该测序技术具有可以确定错误识别碱基的优点。该技术的主要缺点是序列读长相对较短。这是由于同一簇扩增产物中存在移相造成的。

(4) Polonator G.007。Polonator G.007 是另外一款使用连接测序技术的下一代测序仪。它采用的是单碱基探针,而不是 SOLiD 系统采用的双碱基编码的策略。测序是通过在结合到经微乳滴 PCR 扩增的 DNA 簇上的通用引物与九碱基探针之间的一系列连接反应进行的。每次连接反应,将一个九碱基探针池与 DNA 连接酶一起加入,以进行引物 - 探针连接。九碱基探针池中包括很多荧光标记的变性寡核苷酸探针。荧光标记与每个读取位置对应(即荧光颜色与读取位置的碱基相对应),每次连接之后获取荧光图像,然后延伸的引物 - 探针链经变性进行系统重置。接下来,对下一个读取位置进行引物与第 2 个九碱基探针池之间的连接。这一重置—连接—获取图像的过程重复进行,直到所有位置的信息被读取。

这一系统中,系统重置后并不需要进行连串的连接反应,因此测序错误也不会累积,这是该系统的一个优点。但是,这就使引物间可能的读取位置受到限制,读长更短。这一缺陷在某种程度上可以通过在文库序列中使用多重锚定位置来扩展读取区间。与其他商业化的下一代测序仪相比,Polonator G.007 的价格明显低得多,而且是一个开源的技术平台,就是说它允许最终用户变更并且改进测序操作或化学试剂。

(5) Complete Genomics。Complete Genomics 所采用的连接测序方法基本与 Polonator G.007 相同。不同的是它采用了独特的设计,增加芯片表面 DNA 簇的密度,以降低试剂的消耗。为了增加读长,在基因组片段两侧加上了多个(4 个)接头以形成环状 DNA 模板。模板序列通过环形 PCR 扩增,以获得包含源于模板序列的 200 个拷贝的串联体。这种串联体折叠成球状结构,被称为 DNA 纳米球(DNB)。每个球自动聚集在水平基质表面的黏性(活化)点上,形成高密度的纳米球阵列。纳米球不会黏在芯片上活化点中间的区域,这样就形成了一个规则排布的纳米球矩阵。纳米球可以更加有效地利用三维空间,与 DNA 簇或者微球相比,纳米球可以形成密度更高的阵列。这一技术还取消了在其他下一代测序仪中都使用的流通池。

该测序技术采用连接测序,使用单碱基读取特定位置信息。Complete Genomics 创造了组合探针锚定连接(Combinatorial probe-anchor ligation,cPAL)的方法。cPAL 的变性寡核苷酸探针库中的探针用荧光标记,4 种不同颜色的荧光分别与给定位置上 4 种不同的碱基相对应。读取每一个位置,都有一个单独的探针库。根据碱基互补配对原则,一个特定的探针库与锚定序列在读取位置处连接起来,通过荧光颜色对应读取出相应的碱基信息。每次读取后,探针与锚定序列复合体被洗去。另一个锚定序列与模板杂交,针对另外一个位置的探针库加入循环。这一过程重复进行直到读取所有位置的信息。Complete Genomics 通过测定 3 个人类基因组,展示了其测序的准确度以及成本效益。

由于没有使用 SOLiD 系统的连续性探针,使得该技术具有以下优点:没有记忆效应,前面连接循环中产生的错误不会带到后面的循环中,具有更高的容错能力;另外,每个循环中连接产量不高,降低了如探针以及锚定序列等试剂的用量。但是,由于寡核苷酸探针的长度限制(9 个碱基),从每个锚定序列位置获得的读长依然很短。对每个文库片段,使用 4 个锚定位置以获取全部序列。

与第 1 代测序仪相比,以合成测序为基础的第 2 代测序平台速度显著提高,成本明显降低。每台设备每天产出千兆碱基的序列不足为奇。但是,除了 454 平台外,读取序列长度较短成了第 2 代测序平台的致命缺点,这主要是由于 DNA 簇中存在的光学信号移相造成的。应运而生的单分子测序技术是解决这一问题的一种方案。

3. 第 3 代自动化测序技术——单分子测序技术

为克服第 2 代测序平台读取序列长度较短这一主要缺点,研究者开发出了单分子测序技术(Single-molecule sequencing),也被称为第 3 代测序技术(Third-generation sequencing),其共同特征是通过在单一 DNA 分子组成的阵列上进行合成测序。在一个限定的表面上,使用单个分子可以增加独立分析的 DNA 片段的数量,数据产出量大幅度提高,同时不需要昂贵的 DNA 簇扩增步骤,从而降低了测序成本。

第3代测序技术主要包括 Pacific Biosciences（PacBio）公司的单分子实时（Single-molecule real time，SMRT）测序技术、Oxford Nanopore 公司的单分子纳米孔测序技术（The single-molecule nanopore DNA sequencing）和 Helicos 公司的真正单分子测序技术（True single-molecule sequencing，tSMSTM）等。

目前，大部分第3代测序技术尚处于研发阶段，只有 PacBio 公司的 RS（Real-time sequencing）系列测序仪已经商业化，其采用的就是 SMRT 测序技术。SMRT 测序技术具有超长读长，还拥有不需要模板扩增、运行时间较短、直接检测表观修饰位点、较高的随机测序错误等优点。它弥补了第2代测序读取序列长度短、受 GC 含量影响大等局限性，已在小型基因组从头测序和组装中有较多应用。

SMRT 的原理如下：当 DNA 模板被聚合酶捕获后，4 种不同荧光标记的 dNTP 通过布朗运动随机进入检测区域并与聚合酶结合，与模板匹配的碱基生成化学键的时间远远长于其他碱基停留的时间。因此统计荧光信号存在时间的长短，可区分匹配的碱基与游离碱基。通过统计 4 种荧光信号与时间的关系图，即可获得 DNA 模板序列信息。

SMRT 测序有两个核心技术，其一是零级波导技术（Zero mode waveguide，ZMW）。ZMW 是一个直径只有 10~50 nm 的孔，远小于检测激光的波长（数百纳米）。因此当激光打在 ZMW 底部时，激光无法穿过，而是在 ZMW 底部发生衍射，只能照亮很小的区域。DNA 聚合酶就被固定在这个区域。只有在这个区域内，碱基携带的荧光基团才能被激活进而被检测到，大幅地降低了背景荧光干扰。每个 ZMW 只固定一个 DNA 聚合酶，当一个 ZMW 结合少于或超过一个 DNA 模板时，该 ZMW 所产生的测序结果在后续数据分析时被过滤掉，由此保证每个可用的 ZMW 都是一个单独的 DNA 合成体系。15 万个 ZMW 聚合在一个芯片上，称为一个 SMRT Cell。PacBio RS II 测序仪一个流程内可同时完成 8 个 SMRT Cell 的测序，产生 3.2 GB 的数据。

SMRT 测序的另一个核心技术是荧光基团标记在核苷酸 3′端磷酸基团上。在 DNA 合成过程中，3′端的磷酸键随着 DNA 链的延伸被断开，标记物被弃去，减少了 DNA 合成的空间位阻，维持 DNA 链连续合成，延长了测序读长。而第二代测序技术中荧光基团都标记在 5′端甲基上，在合成过程中，荧光标记物保留在 DNA 链上，随 DNA 链的延伸会产生三维空间阻力，导致 DNA 链延长到一定程度后出现错读，这是限制第2代测序读长的原因之一。SMRT 测序最大限度地保持了聚合酶的活性，是最接近天然状态的聚合酶反应体系。在实时监控系统下，DNA 链以 10 个碱基/秒的速度合成。从建库到测序，整个过程可在 2 d 内完成。

目前，SMRT 测序技术已应用在基因组组装、转录组测序、甲基化分析和基因组重测序等方面，尤其是在基因组组装和甲基化研究中有着独特优势。

SMRT 测序具有超长的读长，对于组装大型基因组很有帮助。但是，由于其价格较高，通常用第2代测序数据加 SMRT 测序数据混合组装的策略来组装大型基因组。与混合组装大型基因组不同，单独使用 SMRT 测序数据即可很好地完成小型基因组组装。研究者比较了仅用 SMRT 测序数据组装和混合组装大肠杆菌基因组（4 639 675 bp）：混合组装用 130 × Illumina 数据和 133 × SMRT 测序数据,采用 ALLPATHS – LG 软件组装得到 1 个连锁群(Contig),长度为 4 638 970 bp;仅用 99 × SMRT 测序数据,使用 HGAP 软件组装得到 2 个连锁群,N50 为 4 648 564 bp,接近基因组全长。只用 SMRT 测序数据组装得到与混合组装相差无几的结果。应用 SMRT 测序数据已经组装了许多微生物基因组,包括根囊鞭菌属 C1A 菌株(*Orpinomyces* sp. C1A)、噬菌体 P70(Bacteriophage P70)、链霉菌属 PAMC 26508(*Streptomyces* sp. PAMC 26508)和大肠杆菌 O104∶H4(*E. coli* O104∶H4)等。同时该技术也非常适用于组装低 GC 含量的叶绿体基因组。

SMRT 测序系统不需要进行重亚硫酸盐处理等额外实验步骤,就能够直接进行表观遗传学分析。研究者利用 PacBio RS 系统对 6 种细菌基因组进行了重测序,不仅鉴定出细菌基因组中新的胞嘧啶和腺嘌呤甲基化位点,还鉴定出介导这些表观遗传学标志的甲基转移酶。该系统可以同时对碱基序列和碱基修饰两方面测序信息进行分析,这为表观遗传学及疾病基因组学开辟了新的研究思路。

(四)生物信息学分析技术

基因组学的研究引发了一系列相关学科的产生和发展,生物信息学就是其中发展迅速的新兴学科。在基因组测序过程中涉及序列的比对、拼接、基因的注释等,都需要利用相关的生物学软件进行分析。表 1.4 至表 1.7 列出了一些相关的生物学分析软件的信息。

表 1.4 基因开放阅读框/基因结构分析识别软件

| 工具 | 网址 | 备注 | 用途 |
| --- | --- | --- | --- |
| ORF Finder | http://www.ncbi.nlm.nih.gov/gorf/gorf.html | Web | ORF 识别 |
| BestORF | http://www.softberry.com/all.htm | Web | ORF 识别 |
| FgeneSB | http://www.softberry.com/all.htm | Web | 细菌 ORF 识别 |
| ORF | http://bioinformatics.org/sms/orf_find.html | Web | ORF 识别 |
| GENSCAN | http://genes.mit.edu/GENSCAN.html | Web/Linux | 脊椎动物、拟南芥、玉米基因识别 |
| GeneMark | http://opal.biology.gatech.edu/GeneMark/ | Web | 原核生物、真核生物、质粒基因识别 |
| Gene Finder | http://rulai.cshl.org/tools/genefinder/ | Web | 人类、鼠、拟南芥、裂殖酵母基因识别 |
| FGENESH | http://www.softberry.com/all.htm | Web/Linux | HMM 为基础的基因结构预测 |
| GlimmerM | http://www.tigr.org/tdb/glimmerm/glmr_form.html | Linux | 拟南芥、水稻、寄生虫基因识别 |
| FgeneSV | http://www.softberry.com/all.htm | Web | 病毒基因识别 |
| Prodigal | http://compbio.ornl.gov/prodigal/ | Web | 原核生物基因识别 |
| GRALL | http://grail.lsd.ornl.gov/grailexp/ | Web/Linux | 人类基因识别 |

表 1.5 启动子数据库分析软件

| 工具 | 网址 | 用途 |
| --- | --- | --- |
| Promoter 2.0 | http://www.cbs.dtu.dk/services/Promoter/ | 脊椎动物启动子分析 |
| EPDnew | http://epd.vital-it.ch/EPDnew_study.php | 人类、酿酒酵母等启动子 |
| SCPD | http://rulai.cshl.edu/SCPD/ | 酿酒酵母启动子 |
| CEPDB | http://rulai.cshl.edu/cgi-bin/CEPDB/ | 线虫启动子 |
| DBTSS | http://dbtss.hgc.jp/index.html | 人类、小鼠、红藻等启动子 |
| CSHLmpd | http://rulai.cshl.edu/cshlmpd/ | 哺乳动物启动子 |
| Human | http://zlab.bu.edu/~mfrith/HPD.html | 人类启动子预测 |
| FPROM | http://www.softberry.com/berry.phtml?topic=fprom&group=programs&subgroup=promoter | 人类启动子预测 |
| Human Core | http://rulai.cshl.org/tools/genefinder/CPROMOTER/human.htm | 人类启动子预测 |
| PlantProm | http://www.softberry.com/berry.phtml?topic=plantprom&group=data&subgroup=plantprom | 植物启动子预测 |
| PLACE | http://www.dna.affrc.go.jp/PLACE | 植物启动子预测 |
| TSSP | http://www.softberry.com/berry.phtml?topic=tssp&group=programs&subgroup=promoter | 植物启动子预测 |
| GRAIL | http://grail.lsd.ornl.gov/grailexp/ | |
| BPROM | http://www.softberry.com/berry.phtml?topic=bprom&group=programs&subgroup=gfindb | 细菌基因启动子预测 |
| PROMH(G) | http://www.softberry.com/berry.phtml?topic=promhg&group=programs&subgroup=promoter | 使用同源序列预测启动子 |
| Neural Network Promoter Prediction | http://fruitfly.org:9005/seq_tools/promoter.html | 真核生物、原核生物启动子预测 |

表 1.6 启动子结合位点分析软件

| 工具 | 网址 | 备注 |
| --- | --- | --- |
| PromoterScan | http://www-bimas.cit.nih.gov/molbio/proscan/ | Web |
| Promoser | http://biowulf.bu.edu/zlab/PromoSer/ | Web |
| Neural Network Promoter Prediction | http://www.fruitfly.org/seq_tools/promoter.html | Web |
| AtProbe | http://rulai.cshl.edu/cgi-bin/atprobe/atprobe.pl | Web |
| CpGProD | http://doua.prabi.fr/software/cpgprod | Windows/Linux |

表1.7 CpG Island 分析软件

| 工具 | 网址 | 备注 |
| --- | --- | --- |
| CpG finder | http://www.softberry.com/berry.phtml?topic=cpgfinder&group=programs&subgroup=promoter | Web |
| GrailEXP | http://grail.lsd.ornl.gov/grailexp/ | Windows |
| CpG Island Search | http://epigenome.usc.edu/resources/software_tools/cpg_island.html | Web |
| EMBOSS Cpgplot | http://www.ebi.ac.uk/Tools/seqstats/emboss_cpgplot/ | Web |
| CpG Islands | http://bioinformatics.org/sms/cpg_island.html | Web |
| CpG island Finder | http://dbcat.cgm.ntu.edu.tw/ | Web |
| CgiHunter | http://cgihunter.bioinf.mpi-inf.mpg.de/ | Web |

由于在基因组研究中涉及海量的数据处理,因此在数据处理过程需要专业的生物信息学软件的同时,还需要能够处理大量数据的服务器。

## 二、基因组测序的策略

基因组测序是一个庞大的线性工程。人类基因组的任务约30亿个碱基,细菌基因组一般为数百万个碱基。如果用一台自动测序仪从头至尾测序,完成一个测序反应(通常可读出500~600 bp),再根据读出序列设计新测序引物,往前一步一步走,按此办法,测出人类基因组大约需要900年,测出大肠杆菌基因组约需30年。因此,基因组测序必须有一套巧妙的战略。

如何采用新技术和新方法进行DNA序列测定以及基因功能的表达模式的确定,成为人们积极探索的问题。全基因组的测序策略大致有两种,即全基因组鸟枪法和逐步克隆法。

### (一) 全基因组鸟枪法

全基因组鸟枪法(Whole genome shot-gun)测序又称为全基因组随机测序(Whole-genome random sequencing),是指直接将整个基因组DNA打断成小片段后,将其克隆到质粒载体上,然后随机挑取克隆,对插入片段进行测序,并以获得的测序序列构建重叠群(图1.4)。在此基础上进行序列拼接,搭建序列的构架,直接得到待测基因组的完整序列。这一策略一提出就受到质疑,并不为主流的公共领域所采纳。

1994年4月,Johns Hopkins大学的Hamilton Othanel Smith和Craig Venter等人合作,开始利用基因组鸟枪法测序对流感嗜血杆菌(H. influenzae)进行全基因组序列测定。在完全依靠鸟枪法而没有借助任何遗传或者物理图谱信息的情况下,不到一年时间即完成了这一项工作。流感嗜血杆菌基因组全长1 830 kb,该基因组序列信息的公布,证实了全基因组鸟枪法测序的能力,也打消了研究者对该测序策略的顾虑。

接着,基因组研究所(The Institute of Genomic Research,TIGR)的Claire Fraser等人利

用这一方法仅仅利用 8 周的时间完成了尿道支原体(*Mycoplasma genitalium*)580 kb 基因组的测序工作。这表明全基因组鸟枪法测序是成功的、快速准确的测序策略。现在普遍认为,任何小于 5 Mb 的基因组序列,即使没有基因组的任何信息,几个月的时间足以获得它的全部序列。全基因组鸟枪法,其优点在于测序速度快,并能在遗传或者物理图谱不存在的情况下进行工作。全基因组鸟枪法测序策略随后在对包括枯草芽孢杆菌(*Bacillus subtilis*)、大肠杆菌等 20 多种微生物的基因组测序中得到了成功的应用。

尽管如此,人们对这种方法能否应用于人类基因组等包含有高度复杂的重复序列的基因组测序仍然持怀疑态度。1998 年,TIGR 和 PE 公司联合组建了一个新的 Celera 遗传公司,宣布计划采用全基因组鸟枪法测序策略,在 2003 年底前测定人类的全部基因组序列。接着,Celera 遗传公司与加州大学伯克利果蝇计划(BDGD)合作,仅用了 4 个月的时间,就用全基因组鸟枪法测序策略完成了果蝇基因组 120 Mb 的全序列测定和组装,证明了这一技术路线的可行性,成为利用同一策略进行人类基因组测序的一次预实验。

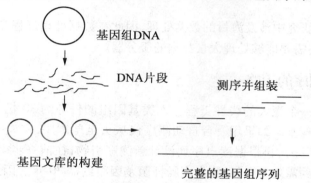

图 1.4  全基因组鸟枪法测序策略示意图

全基因组鸟枪法测序的基本原理是在基因组随机文库的基础上,直接对随机文库的各个克隆进行测序,即对质粒载体中所插入的 DNA 片段,同时从 3′和 5′两端进行测序,获得大量的两端序列已知而中间部分未知的克隆群,然后通过专门的计算机软件将测得的序列拼接成连续的序列图。

各克隆片段中间未测定的总碱基数,即缺口(Gap)与测定的总碱基数密切相关,其规律遵从泊松(Poisson)公式的一个推论:$P_0 = e^{-m}$。式中,$P_0$ 为基因组中某个碱基未被测定到的概率;$m$ 为所测定的碱基总数与基因组碱基总数相比的倍数,$m$ 越大,$P_0$ 值越小。那么,当所测定的碱基数越大,基因组中未被测定到的碱基数就越少。当 $m=1$ 时,$P_0 = e^{-1} = 0.37$,即基因组中有 37% 的碱基未测定到。当 $m=5$ 时,$P_0 = e^{-5} = 0.0067$,即当所测定的碱基数是基因组总碱基数的 5 倍时,基因组中有 0.67% 的碱基未被测定到。同时,当基因组 DNA 总长度为 $L$,测定的随机克隆的插入片段数为 $n$ 时,总缺口长度为 $Le^{-m}$,每个缺口平均大小为 $L/n$。

基于以上原理,单细胞微生物全基因组鸟枪法测序主要包括下列步骤:

第一,基因组 DNA 的制备。高质量的基因组 DNA 是基因组测序的基础,测序要求基因组 DNA 具有较高的纯度和完整性。采用超声波将 DNA 分子随机剪切为长约 2 kb 的片段,用于构建文库。

第二,基因文库的构建。将上述剪切获得的 DNA 片段插入到测序载体上,转化细菌,建立 DNA 文库。基因文库的高度随机性是测序的基础,构建的文库克隆需要达到一定数量,以保证经末端测序的克隆片段的碱基总数大于基因组碱基总数的 5 倍以上。因此需对文库的随机质量和容量进行鉴定。

第三,高通量测序。随机从构建的文库中最大限度地挑取克隆制备测序模板。使用多台自动化测序仪进行高通量测序。利用正向及反向引物,在质粒模板上进行测序反应,对所测定的克隆的插入片段通过一次反应对 3′和 5′两端测序。

第四,序列组装与拼接。将所测得的序列通过专门的计算机软件(如 Phred – Phrap 软件等)进行序列组合,根据序列的重叠序列可以确定相邻序列的位置,从而将相邻序列融合成连锁群。随着测序量的增多,连锁群的数量会越来越少,但是每个重叠群的碱基数会越来越大。通常,测序量达到目的基因组大小的 6~8 倍覆盖量时,就可能覆盖 90% 以上的基因组范围。

第五,缺口填补。接着对连锁群进行排序和缺口填补。物理缺口(没有模板 DNA 与之对应的缺口)的填补有 4 种策略:印迹法、肽链连接法、λ 克隆排序法和 PCR 法等。其中 PCR 法最为常用,该方法根据缺口两边的序列设计引物,以完整 DNA 为模板,用 PCR 扩增,制备补缺模板,再用引物步移法(Primer walking)补缺。对于序列缺口和低质量薄弱区域,可直接根据两侧已测出序列,设计测序引物,重复测序,直至获得满意结果。

第六,编辑。在填平缺口获得全基因组序列之后,再用专门软件进行建立序列的图形交互界面、基因组数据组合编辑等工作。

第七,注释。使用计算机软件鉴定出基因组中的各种可以解读其意义的区域,如开放阅读框(Open reading frame,ORF)、编码序列(Coding sequences,CDS)、调控序列、重复序列、复制起始点、已知基因的识别等。

(二)逐步克隆法

传统测序法是采用克隆到克隆的策略,即逐步克隆法(Clone by clone)。这一策略是按照大分子 DNA 克隆绘制的物理图,分别在单个大分子 DNA 克隆内部进行测序与序列的组装,然后将彼此相连的大分子克隆按排列次序搭建支架,最终获得全基因组序列。这一测序策略中间步骤多,测序速度慢,在测序前需要首先对拟测序的区域构建物理图谱。简单地说,逐步克隆法是先构建生物基因组的物理图谱,然后从物理图谱中挑选出一组重叠效率较高的克隆群,进行全基因组鸟枪法随机测序。

逐步克隆法测序中,基因组通常经过部分酶切而被分割成 1.5 Mb 长的大片段,并把这些大片段 DNA 克隆到高容量载体,如细菌人工染色体(Bacterial artificial chromosomes,BAC)中。通过鉴定出包含重叠片段的克隆而建立起克隆群,然后通过全基因组鸟枪法对克隆群进行分别测序。理想的情况是克隆片段定位在基因组遗传图谱和(或者)物理图谱上,以便能够通过寻找在特定区域存在的已知特征(如 STS、SSLP、基因)对来源于重叠群中序列数据进行检查和解释。

公共领域的人类基因组计划就是采用逐步克隆法的测序策略来完成的。由于在测序中每个克隆都是相对独立的,这样计算机在处理时就相对容易一些,也减少了补洞阶段的工作难度。这种方法在对基因组较大的物种进行测序时具有优势,同时有利于不同的实验室之间开展合作,在早期的微生物全基因组测序中应用广泛。

### (三)全基因组鸟枪法与逐步克隆法比较

与传统的逐步克隆法相比,全基因组鸟枪法不需要明确的遗传背景,省去了许多中间步骤,能快速地对基因组进行测序(图1.5)。相对而言,全基因组鸟枪法费用较低,由于该测序策略是以整个基因组DNA为单位进行序列的拼接整合,因此对计算机的性能要求很高。全基因组鸟枪法适用于工作框架图的构建,目前已采用该方法完成了大量微生物基因组的测序工作,同时也完成了果蝇、水稻等较为复杂生物的基因组测序。逐步克隆法需要明确的遗传背景,因此测序速度相对较慢、费用较高。由于逐步克隆法测序策略是以DNA片段为单位进行序列的拼接,因此对于计算机性能的要求较低,适用于精细图谱的构建,已完成人类基因组、线虫等基因组的测序工作。

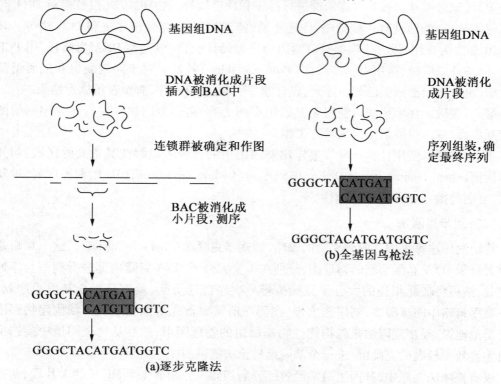

图1.5 全基因组鸟枪法与逐步克隆法比较图

## 三、基因组测序中的序列拼接和注释

### (一) 拼接

目前用于全基因组拼接的软件较多,例如 Phrap(http://www.phrap.org),Phred(http://www.phrap.org),Consed(Http://www.phrap.org),TIGR_Assember(http://www.tigr.org/software/assembler/),CAP3、STROLL(http://genetics.med.harvard.edu/tchen/STROLL/)等。其中 Phrap,Phred,Swat,Crossmatch 等一起构成了一个十分稳定的拼接软件包,在拼接基因组比较小、重复序列含量又较少的微生物基因组时比较实用。

一般测序微生物基因组需要达到大约 10 倍覆盖率的测序量,这需要测定几万到十几万甚至更多的反应,视不同物种而定。通常测得的序列中会混杂了一些无用的序列,例如在转化时插入片段过短或没有插入片段、模板不纯等原因都可导致反应中污染载体和宿主菌基因组序列,这些污染的载体和宿主菌基因组序列在拼接前应屏蔽掉,污染较严重的可不参与拼接。同时在拼接前,对质量较低的测序反应可以事先去除,这样可以减少参加拼接的反应量,进而加快拼接速度,却不影响拼接效果。拼接后形成一组克隆群,这时一些拼接问题会在这些克隆群中出现,如片段间存在空隙、有些区域覆盖率太低(例如,只有仅仅 1×)、一些序列的质量太低(例如,仅测定 1 个方向反应;多次测序结果拼接后不一致等)和拼接错误(图 1.6)等。对于出现空隙的部分,应根据其上下游片段信息设计引物,进行测序,补全序列;覆盖率低的区域可适当增加该区域的测序反应数;低质量测序区域应重测;拼接错误区域可以用 Consed 软件来手工编辑改正,或在错误拼接区域的两端设计一对引物,进行 PCR 扩增,将产物测序并与错误拼接区域序列对照以确定拼接正确与否。低质量区和低覆盖率区域也可以放在全基因组测序的最后阶段来纠正。

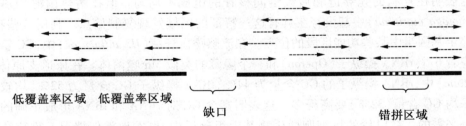

图 1.6 拼接过程中出现的问题示意图

### (二) 注释

基因组学研究中,测序工作仅仅是一个技术性问题,只要具备相应设备,建立了技术方法,就只是一个工作量的问题了。只要有一批经过训练的熟练实验人员,按照技术方案执行,就可以完成任务。但是,测序工作的完成仅仅是解决了从字母到字母排列问题,得到的只是一部没有空格、没有标点符号、没有词及词组、没有句子、没有段落的"天书"。要读懂这部"天书"的意义,就需要解读构成这部天书的"词""词组""句子"、"段落"乃至"全文"的意义。这一过程就是对全基因组的注释过程。相对而言,注释问题要复杂得多。通常，对一个微生物基因组进行注释需要微生物学、遗传学、生物化学、分子生物学、生物信息学等各个学科领域的相关专家共同努力。例如，嗜热链球菌 CNRZ1066 和 LMG18311 菌株，全基因组分析注释由 23 位专家完成；铜绿假单胞菌基因组的注释由 64 位专家共同完成。

由于当前现有分析手段以及研究成果认知的限制，对于基因组还是只"部分注释"或"相对注释"。在目前阶段尚未解析的问题有赖于新技术、新软件、新理论的出现与积累才能解决。"完全注释"需要长期努力才能完成。在现阶段，一个微生物基因组完成测序之后，通常需要做以下注释工作，包括碱基组成分析、密码子使用偏嗜性分析、ORF 分析、移框分析、编码序列分析、tRNA 基因检索、rRNA 基因的鉴定、重复序列等特殊元件的检索、复制原点鉴定、同源基因检索等。

### 1. 碱基组成分析

碱基组成分析是最基本的工作。通过这种分析，可以清楚一个基因组的 GC 含量。GC 含量是一个物种的特征，在微生物分类学中常常把 GC 含量作为分类参数之一。应该注意在微生物基因组中，碱基的分布常常可能是不均一的。衡量碱基分布均一性有一个参数叫"GC 倾斜度"（GC skew = G − C/G + C）。对于基因组中 GC 含量的不均一性有两种解释：一是认为具有明显不同 GC 含量区段的 DNA，可能在近代进化中有着不同的来源。遗传物质的侧向转移（Lateral transfer）或水平转移（Horizontal transfer）与重组现象在微生物基因组中是非常常见的，是个体获得新的基因和功能的重要途径。这可能是微生物物种多样性的基础和进化的源泉，但有时又使得分类学上物种的界限变得模糊。二是某些特殊的碱基不均一性区域往往是特殊功能所在区，如 TATA 框常常预示着启动子（Promoter）的所在；又如复制起始点和 tRNA 基因都有它们特征性的碱基不均一性。这在枯草芽孢杆菌（*B. subtilis*）和古细菌詹氏甲烷球菌（*Methanococcus jannaschii*）中均得到证实。这表明在复制的先导链和后续链间核苷的组成不均匀。但在嗜热菌海栖热袍菌（*Thermotoga maritima*）中却没有在具有这一特征的区域发现复制始点。利用这些特征，可以鉴定基因组中某些功能区段的位点。在流感嗜血杆菌（*H. influenzae*）中，GC 富含区内对应着 6 个 rRNA 操纵子（Operon）和一个隐藏的类似 Mu 噬菌体。在尿道支原体（*M. genitalium*）中，rRNA 操纵子的 GC 含量为 44%，tRNA 操纵子 GC 含量为 52%，均较其基因组平均 GC 含量（32%）要高得多。这表明富含 GC 对 rRNA 和 tRNA 形成正确的二级结构是必需的。在以后的单细胞微生物基因组分析中，也发现类似情况。嗜热高温菌 *Aquifex aeolicus* 和海栖热袍菌（*T. maritima*）的 16S−23S−5S rRNA 操纵子的 GC 含量比其基因组 GC 含量高得多，16S−23S−5S rRNA 高 GC 含量是嗜热细菌的特征之一。在 *B. subtilis* 的几个 GC 含量低的区域，即 AT 富含区，则含有前噬菌体或其他插入序列。

通过对基因组分析，发现基因组内存在重复序列、插入因子、前噬菌体和前噬菌体部分残余 DNA。*B. subtilis* 基因组中至少包含 10 个前噬菌体或前噬菌体的部分残余 DNA。*E. coli* 的基因组中也发现多个前噬菌体。基因组中的前噬菌体已经失去溶源性生长所必需的基因，但仍然携带有具有一些其他功能的基因。这表明在物种进化过程中前噬菌体对基因水平转移起重要作用。基因组中的重复单位的大小可以是数十个 bp 至数百个 bp 不等，重复次数也是大小不同。

## 2. 密码子使用偏嗜性（Codon usage bias）分析

20 种氨基酸各有其特定的密码子，一种氨基酸具有多个密码子，这种现象称为简并密码。对于存在于不同物种体内的同一蛋白质，尽管它们的氨基酸序列相同，但在基因水平上，核苷酸序列可能不一样。这是因为不同物种在编码同一氨基酸时对密码子使用的偏嗜性不一样。密码子使用的偏嗜性是物种的特征。在富含 AT 的生物（如单链 DNA 噬菌体 fX174）基因组中，密码子第 3 位上的 U 和 A 出现的频率较高；而在富含 GC 的生物（如链霉菌）基因组中，第 3 位上含有 G 或 C 的简并密码子占 90% 以上的绝对优势。

已知 *dnaG* 和 *rpoD*（编码 RNA 聚合酶亚基）及 *rpsU* 属于大肠杆菌基因组上的同一个操纵子，而这 3 个基因产物在数量上却大不相同，每个细胞内仅有 *dnaG* 产物 50 拷贝，而 *rpoD* 为 2 800 拷贝，*rpsU* 则高达 40 000 拷贝之多。研究 *dnaG* 序列发现其中含有不少稀有密码子，也就是说，这些密码子在其他基因中利用频率很低，而在 *dnaG* 中却很高。许多调控蛋白如 LacI，AraC，TrpR 等在细胞内含量也很低，编码这些蛋白的基因中密码子的使用频率和 *dnaG* 相似，而明显不同于非调节蛋白。高频率使用这些密码子的基因翻译过程极容易受阻，影响了蛋白质合成的总量。细胞内对应于稀有密码子的 tRNA 较少，高频率使用这些密码子的基因翻译过程容易受阻，影响了蛋白质合成的总量。

对基因组中某些基因的密码子偏嗜性进行分析，有可能揭示微生物基因组中通过侧向转移而获得的基因。密码子数据为多元变量，通常使用多元统计方法进行分析，如假设检验、对应分析、因子分析、主成分分析、聚类分析等。相关分析工具见表 1.8。Codon W 是目前广泛应用的密码子分析软件，它基于对应分析的方法对基因密码子的使用的频度、偏嗜性进行统计分析。Codon W 可对 GC 含量，GC3s 含量（密码子第 3 位上 GC 的含量），A3s、T3s、C3s、G3s 含量（密码子第 3 位上的 A，T，C，G 的含量），有效密码子数，相对同义密码子使用度，最优密码子等指标进行估算。

表 1.8　密码子使用偏嗜性分析工具

| 工具 | 网址 | 备注 |
| --- | --- | --- |
| Codon W | http://www.molbiol.ox.ac.uk/cu | Windows/Web/Linux |
| Codon usage | http://bioinformatics.org/sms/codon_usage.html | Web |
| CUB－DB | http://web-dev.cs.umt.edu/lsdb.php | Web |
| Codon Usage Database | http://www.kazusa.or.jp/codon/ | Web |

## 3. 开放阅读框（ORF）的分析

开放阅读框即核苷酸序列的编码区域，它包含了从 5′端翻译起始密码子（ATG）到终止密码子（TAA，TAG 或者 TGA）的编码蛋白的碱基序列。当一个 DNA 序列被测定后，通常可以使用 ORF 这一术语来代表潜在的蛋白质编码区域。开放阅读框的鉴定是基因组注释中一项非常重要且必不可少的工作。

由于蛋白质序列是由三联体密码子编码，同时 DNA 序列在两个方向上都有可能转录表达，因此一段双链 DNA 序列在理论上有 6 个潜在的开放阅读框，正链上的 3 个阅读框被称为"正向"(Forward)阅读框,而负链(或互补链)上的阅读框被称为"反向"(Reverse)阅读框。原核生物中多数基因的编码序列都在 100 个氨基酸以上,真核生物的编码区由内含子和外显子组成,其外显子的平均长度约为 50 个氨基酸,而内含子长度变化范围非常大,这使真核生物基因结构的测序十分困难。

开放阅读框的预测工作可以借助多种软件(表1.4),目前应用于这项工作的测序工具有数十种,预测方法、对象、内容和结果各有侧重。按预测方法主要可分为两类:第一,以统计学分析和模式识别为基础的方法。此类方法是从基因序列本身进行预测,不需要与大规模的数据库比对,因而预测速度快,当缺少待分析物种的相关数据库信息时,这类方法是较好的选择。GENSCAN,GeneMark,GRALL II 等预测工具就是基于这一基础发展起来的。当前,此类方法应用广泛,预测效率较高。第二,以同源比对为基础的方法。此类方法依赖于已知的数据库来源、数量和质量,预测的正确性比第一类方法高,但是目前仍有许多物种缺乏相应的数据库,所以会导致预测结果偏少或者无法识别基因的开放阅读框。GeneBuilder 就是利用同源比较方法在线预测的分析工具。而 FGENESH + ,FGENESH + + ,GenomeScan 等工具则综合了以上两种方法,首先通过序列比对筛选出候选蛋白质,再结合统计学方法,可以提高预测的准确度,但是不利于新基因的发现。

无论是统计分析或者同源比对为基础的方法都是针对特定物种而设计的,比如 GENSCAN 最初是对人类基因的预测软件,而后扩展到对脊椎动物、果蝇、拟南芥、玉米基因的预测,而对其他物种,其预测准确率就会下降。GlimerM 工具主要应用到恶性疟原虫、拟南芥、曲霉菌和水稻 4 个物种,也适用于其他近物种,但对其他物种进行预测则结果不理想,说明在预测基因开放阅读框时,需要根据研究对象和目的选择正确的方法和工具。

对于 mRNA,cDNA,EST 或是来自原核生物的 DNA,RNA 序列,宜选用 GetOrf,ORF finder,Plotorf,BestORF 等工具;真核生物基因组序列具有更多的基因结构信息(如内含子和外显子剪切位点信号等),使用 GENSCAN,GRAIL II,GeneMark 较为合适,可同时预测开放阅读框和基因内部结构;原核生物基因组可选用 GlimmerM,FGENESB,FGENESV,Generation 等工具。

NCBI 网站中的 ORF finder 是利用同源比较方法在线预测的分析工具之一,较为常用。ORF 的鉴定是根据起始密码和终止密码来进行的。在输入分析序列之后,有几个分析参数需要选择:一是根据序列的物种来源选择遗传密码,数据库中共有 22 套不同物种的遗传密码可供选择。比如标准码选"1",细菌码选"11"。二是限定最短 ORF 的长度。默认值是 100,这时给出的结果中都是大于 100 个核苷酸的 ORFs。作为基因的 ORF 大多数是大于 100 个核苷酸的,但在实际中可能会有例外,特别是编码一些小肽的基因。如欲检出更小的 ORFs,可以根据需要选定此项参数。在分析结果的报告中,将会给出 6 框(Six frame)分析结果。这里的"Frame + 1"是指该 ORF 位于正链上,表明的"读框位置"是从第 1 号碱基开始依次进行记数。"Frame – 1"是指该 ORF 位于负链上,表明的"读框位置"是从负链上的第 1 号碱基开始依次进行记数。其余依此类推,可以知道各 ORF 的起点、终点和它们位于哪一条链上以及是第几框的分析结果。

值得注意的是,不同软件中如果使用不同检索参数,如使用的起始密码子(ATG,

GTG,TTG)或终止密码子(TGA,TAA,TAG)不同,输出的结果将有一定差异。由于不同物种对密码子使用有一定偏嗜性,在 ORF 检测中应该注意起始密码子及终止密码子使用。

在进行某种生物基因组的转录翻译水平分析前,首先对该物种已知的基因所编码的蛋白质进行分析,考察其密码表,设定起始密码子和终止密码子,然后利用专门软件,从整个基因组中寻找 ORF 即蛋白质的可能编码区域。在对 *H. influenzae* 的 ORF 的考察中发现,在 1 743 个 ORF 中,通过与 GenBank 数据库中其他物种的已知基因比较,仅有 1 007 个 ORF 的功能已知,另有 736 个 ORF 所编码的蛋白质功能未知,这些未知的 ORF 一部分是在 GenBank 等数据库找到相应的蛋白质序列与之匹配,但蛋白质功能未知,另一部分则是在数据库中找不到相应的蛋白质与之匹配。在以后的基因组 ORF 分析中,均有相当一部分 ORF 功能未知。在 *E. coli* 的 4 288 个 ORF 中,有 1 630 个功能未知(占其 ORF 总数的 38%);而在 *B. subtilis* 的 4 100 个 ORF 中,有 1 722 个 ORF 功能未知(占其 ORF 总数的 42%);即使是基因组最小的尿道支原体 *M. genitalium*,在其 470 个 ORF 中,也有 96 个在 GenBank 中没有找到任何其他生物体的已知的蛋白质序列与之匹配。对于已知功能的 ORF,根据其生物学功能,按 Riley 分类法进行功能类群分类,共分为 14 个类群,或者按照 COG 法(Clusters of orthologous groups)将所有 ORF 分为 18 个功能类群。

在 ORF 的起始密码子中,使用频率最高的是 ATG,78% 的 *B. subtilis* 和 85% 的 *E. coli* 的 ORF 均以 ATG 为起始密码子,TTG,GTG 的使用频率较低,在 *B. subtilis* 中这两种起始密码子的使用频率分别为 13% 和 9%,在 *E. coli* 中则分别为 3% 和 14%。另外,*E. coli* 中有 15 个 ORF 使用稀有起始密码子 ATT 和 CTG。

4. 移框(Frame-shift)检测与校正

"移框"是指 ORF 上的某一点上增加(或减少)了 1 个或 2 个碱基,从而导致发生点下游整个氨基酸序列的改变。这种情况既可以发生在自然情况下 DNA 复制之时(移码突变),也可以发生在基因组测序及组装的过程中。后者是人为造成的,并不反映基因组的真实情况,需要予以矫正。移框检测可以在网站(http://genio.informatik.uni-stuttgart.de/GENIO/frame)上通过计算机软件来完成。

5. 编码序列(Coding sequences,CDS)分析

编码序列分析软件在确定一段序列为编码序列的过程中,除了考虑起始密码子与终止密码子之外,还要考虑:①编码序列上、下游的"语法结构"(Grammatical structure)特征。例如,作为原核生物的编码序列的 ORF,在其上游 -4~-19 区域内通常应有核糖体结合位点(Ribosomal binding site,RBS)及通常所说的启动子(Promoter)。②编码序列以及非编码序列中使用核苷酸语汇(Nucleotide words),如 6 核苷酸(Hexamer)语汇的差异进行判断。编码序列的分析有助于确定哪些 ORF 可能是真正的基因。CDS 的分析鉴定也有现成的软件,例如 Genemark(http://topaz.gatech.edu/GeneMark/genemarks.cgi)就是其中之一。

6. tRNA 基因检索

tRNA 有特殊的"三叶草"结构特征,通常具有"四环"(二氢尿嘧啶核苷环即 DHU 环、反密码子环、额外环及 TψC 环),三柄(DHU 柄、反密码子柄、TψC 柄),上述两臂(可

变臂及氨基酸臂),且氨基酸臂的3'端均为"– C – C – A – OH"结构。根据上述结构特征,tRNA 基因不难鉴定。现已有专门用于鉴定 tRNA 基因的软件,例如 ARAGORN 在线分析软件(http://130. 235. 46. 10/ARAGORN/)和 FindtRNA 在线分析软件(http://www. bioinformatics. org/findtrna/FindtRNA. html)。利用 DNAStar 软件中的 GeneQuest 还可进行 tRNA 的二级结构折叠模拟。

7. rRNA 基因的鉴定

原核生物的 rRNA 具有不同于真核生物 rRNA 的结构特征,利用细菌 rRNA 的序列结构特征,已经发展了专门技术用于细菌的鉴定与分类,网站 http://www. midilabs. com 就是专门从事这一服务的。该网站的 MicroSeq 16S rRNA Gene Kits 提供了 16S rRNA 基因的序列资料。一旦基因组全序列测序完成后,可以用现在已知的 16S rRNA 序列鉴定基因组中含有的 rRNA 基因。但是由于 rRNA 基因的多样性,目前鉴定 rRNA 基因的方法远不如鉴定 tRNA 基因那么成熟。

8. 重复序列、插入序列、转座子、致病岛等特殊元件的检索

重复序列(Repeated sequence,RS)、插入序列(Inserted sequence,IS)、转座子(Transposon,TN)、致病岛(Pathogenicity island,PAI)等特殊序列是不同生物基因组中的常见现象。如重复序列、插入序列几乎存在于各种生物基因组中,它们有着复杂的生物学意义。

微生物基因组不像真核基因组有那么多的冗余序列,编码序列通常占用了全基因组序列的 85% 以上(大肠杆菌为 87.5%,绿脓假单胞菌为 89.4%)。重复序列分为中度重复序列和高度重复序列。中度重复序列一般是非编码序列,有十个到百个拷贝,约占基因组的 10% ~ 40%,如 rRNA 基因和 tRNA 基因等。这类重复序列的平均长度大约为 300 bp,往往构成序列家族,常以回文序列的形式出现在基因组的许多位置上,有些中度重复序列同单一序列间隔排列。大部分中度重复序列与基因表达的调控有关,包括开启或者关闭基因的活性,调节 DNA 复制的起始,促进或者终止转录等。它们可能是与 DNA 复制和转录的起始、终止等有关的酶和蛋白质因子的识别位点。高度重复序列的重复次数高达几百万次,一般是少于 10 个核苷酸残基组成的短片段或异染色质上的卫星 DNA,它们是不翻译的片段,其功能尚不十分明确。

插入序列和转座子属于转座因子(Transposible element)。转座因子最早是在 20 世纪 40 年代美国细胞遗传学家 Barbara McClintock(1902—1992)对玉米的种皮色遗传研究时发现的。研究者发现了染色体易位,打破了基因是固定在染色体 DNA 上的一些不可移动的核苷酸片段的说法。有些 DNA 片段不但可在染色体上移动,而且还可以从一个染色体跳到另一个染色体,从一个质粒跳到另一个质粒或染色体,甚至还可以从一个细胞转移到另一个细胞。在这些 DNA 顺序的跳跃过程中,往往导致 DNA 链的断裂或重接,从而产生重组交换或使某些基因启动或关闭,结果导致突变的发生。目前把在染色体组中或染色体组间能改变自身位置的一段 DNA 序列称为转座因子,也称作跳跃基因(Jumping gene)或可移动基因(Movable gene)。转座因子包括插入序列、转座子和 Mu 噬菌体等。转座因子在真核生物和原核生物中都有存在。

插入序列 IS 能在染色体上和质粒的许多位点上插入并改换位点,相对分子质量较小(仅 250 ~ 1 600 bp),只有引起转座的转座酶基因而不含其他基因,具有反向末端重复

序列。已在染色体、F因子等质粒上发现IS序列。因IS在染色体组上插入的位置和方向不同,其引起的突变效应也不同。IS被切离时引起的突变可以回复,如果因切离部位有误而带走IS以外的一部分DNA序列,就会在插入部位造成缺失,从而发生新的突变。

转座子是能够插入染色体或质粒不同位点的一般DNA序列,大小为几个kb,具有转座功能,既可移动至不同位点上去,本身也可复制。转座后在原来位置仍保留1份拷贝。转座子两末端的DNA碱基序列为反向重复序列。转座子上携带有编码某些细菌表型特征的基因,如抗卡那霉素和新霉素的基因,且本身也可自我复制。转座子的相对分子质量居中(一般为2~25 kb)。除了与转座作用有关的基因外,还携带着授予宿主某些遗传特性的基因,主要是一些抗性基因(对抗生素、某些毒物)、乳糖发酵基因等,含有几个至十几个基因。从结构来看,Tn有两种类型:复合转座子(Ⅰ型转座子)和复杂转座子(Ⅱ型转座子)。末端反向或顺向重复的IS,抗性基因位于中间,IS提供转座功能,连同抗性基因一起转座,如Tn5转座子。末端为短的反向重复的序列,其长度一般为30~50 bp,中间为编码转座功能和抗性的基因,如Tn3转座子。Tn虽能插到受体DNA分子的许多位点上,但并不完全是随机的,某些区域更易插入。

20世纪80年代后期,自致病岛首次在泌尿道致病性大肠杆菌基因组中被发现和命名以来,相关领域的研究者对致病岛进行了深入研究。许多与致病相关的基因都是成串排列。大量研究显示,这些基因簇起源于基因的水平转移(Horizonytal gene transfer,HGT)。致病岛的概念可以扩展到其他遗传组分。这些遗传组分具有致病岛的结构特征,但与毒力无关。因此这些组分统称为基因组岛,如次级代谢岛、抗生素抗性岛及分泌岛。所有这些遗传组分可为生物提供功能优势,致病岛中的致病基因能促使微生物成功地感染人体。

基因组岛的特征包括侧翼重复序列、移动基因(整合酶基因、转座酶基因)、近侧转运核糖核酸和异常GC含量。转运核糖核酸是噬菌体的整合位点,也可能是移动遗传组分的整合位点,这些移动遗传组分整合后就成为岛。GC含量和种特异性DNA特征有助于岛的鉴定。因此,岛内特征通常与基因组的其他部分明显不同。

转座子及致病岛是细菌基因组中常有的特殊结构。这些序列在结构上极富多样性,因比对序列的鉴定增加了难度。但目前已有许多针对不同特殊序列的软件(尤其是检索重复序列的软件),用户可根据自己的特殊目的进入不同网站选用不同软件。IslandPath是一种网上工具,可以综合多个特征搜索岛,可以列举全基因组中与岛相关的特征,显示预测可读框的GC含量、基因簇的二核苷酸偏向性(一项独立的基因组组分指标)、已知或者可能的移动基因以及转运核糖核酸(http://www.pathogenomics.sfu.ca/islandpath/update/IPindex.pl)。该工具可以根据用户需要而设定不同的GC含量阈值,其界面与美国国家生物技术信息中心(National Center for Biotechnology Information,NCBI)的有关注释和分析网页相链接。IslandPath旨在快速预览某一生物的基因组,找到感兴趣的岛以便进一步计算和实验分析。

9. 复制原点鉴定

原核生物的复制原点有其特殊结构特征,如大肠杆菌的复制原点称为 *oriC*,为一段245 bp的序列,其中包括4个核苷酸9聚体"TTATCCACA",4个9聚体有两个按同一方向排列,另外两个按相反方向排列。9聚体序列是DnaA蛋白的结合位点,9聚体结构称为DnaA框,根据这些特征,可以鉴定复制原点。基因组序列中的"1"号碱基通常从复制原点开始。

10. 同源性基因检索

同源性(Homology)基因搜索是通过将被研究的DNA序列与数据库中其他所有的DNA序列进行比较来定位基因。同源性搜索的基础是相关的基因具有相似的序列。因此可以通过与不同物种中已测序的同源基因具有的相似性来确定和发现新基因。对于基因组中的每一个ORF都有必要进行同源性检索,进而初步确定它的功能,以便对其进行注释。

同源性基因搜索通常采用美国国家生物技术信息中心NCBI的BLAST(Basic local alignment search tool)软件来完成。BLAST是一个"局域相似性比对分析工具"。可以采用两种查询方式:第一种是核酸序列检索;第二种是用核酸序列比对蛋白序列。两种方法均以FASTA格式输入核酸序列。标准的BLAST程序能够有效鉴别出序列相似性大于30%~40%的同源基因,但如果相似性低于这个数值,BLAST程序识别进化相关性的效率就比较低。改良后的方法PSI-BLAST(位点特异的重复BLAST),通过将标准BLAST搜索的同源序列组合成一个序列谱,能鉴别出相关性差别更大的序列,运用该序列谱的特征能鉴别出在起始搜索中没有检测到的另外的同源序列。

同源性搜索在基因组学研究中占有极其重要的作用,在分析和确定基因的功能中占有不可替代的作用。例如,同源性搜索在人类疾病基因的确定中发挥了重要作用。为了研究人类疾病,同源基因不一定非要存在于紧密相关的物种中。酵母基因 *sgs*1 是人类基因的同源基因,该人类基因与Bloom's和Werner's综合征有关,这类疾病的特征是生长障碍。酵母基因 *sgs*1 参与编码了一对酵母的DNA解旋酶的中一个。DNA解旋酶是rRNA基因转录和DNA复制所必需。研究发现 *sgs*1 基因突变后,酵母的存活时间比正常酵母短,并表现出不育等快速衰老的指征。因此由同源性搜索获得的 *sgs*1 基因与Bloom's和Werner's综合征相关基因之间的联系揭示了人类疾病可能的生物化学基础。研究发现,人类基因组中,酵母基因 *sod*1 的同源基因,与人类疾病肌肉萎缩性脊髓侧索硬化相关;酵母基因 *tel*1 的同源基因,与运动失调性毛细血管扩张症有关;酵母基因 *ypk*1 的同源基因,与肌强直性营养不良相关;酵母基因 *ycf*1 的同源基因,与囊性纤维化有关;酵母基因 *ira*2 的同源基因,与I型多发性神经纤维瘤有关。

需要注意的是,同源检索存在局限性。例如,基因组数据库中存在所描述的基因功能或许是不正确的,如果一个新的基因被鉴定与其同源,那么不正确的功能就会被赋予这个新的基因,引起误导。同时,有的情况下,即使基因具有相似的序列,却没有明显的进化相关性。同源性分析并不能完全确定新基因的功能,需要实验来补充和扩展同源性研究的结果。

11. 垂直同源蛋白质的聚类(Cluster of orthologous groups of protein)分析

垂直同源蛋白质的聚类是通过对基因或蛋白质的序列分析来确定它们的种系发生关系(phylogenetic analysis)的聚类方法,对预测基因功能非常有用。种系发生分析也是通过同源比较来实现的。在种系聚类分析中将同源性基因分为垂直同源性基因(Orthologous gene)和平行同源性基因(Paralogous gene)(图1.7)。垂直同源性基因,又称为定向进化同源基因,是指那些不同生物体间存在的同源物,通常具有相同或者类似的功能。例如,人类和黑猩猩的肌红蛋白基因即为垂直同源基因。平行同源性基因,又称为平行进化同源基因,是指存在相同生物体中,进化史上种内平行传递的两个复本基因。例如,人类肌红蛋白和β-球蛋白基因,即为平行同源性基因,它们起源于5.5亿年前祖先基因的复制。

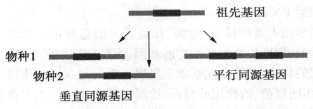

**图1.7　平行同源基因与垂直同源基因**

垂直同源蛋白质的聚类是通过全基因组对全基因组比较(All-against-all sequence comparison)来实现的。将来自某一基因组的每个蛋白,依次对另一个基因组来源的每一个蛋白进行比较,找出"最佳命中(Best hit)"的蛋白。如此循环在各个已完成全基因组测序的微生物基因组中进行,每一个都需找到"彼此最佳同源(Reciprocal best hit)"蛋白。那些彼此最佳同源蛋白就构成一个COG(垂直同源簇)类。但是,构成一个COG中的任何一个蛋白都必须至少出现在3个种系发生的微生物中,才能构成一个COG类。同一个COG类中的蛋白质是垂直进化的关系(Verical evolutionary descent)。值得注意的是,这种垂直进化关系不仅仅指"一对一(One-to-one)"的传递关系,当进化产生出"谱系特异性基因复本(Lineage-apecific gene duplications)"时,这种关系也可表现为"一对多(One-to-many)"及"多对多(Many-to-many)"的关系。

## 第三节　微生物基因组

### 一、微生物基因组研究

#### (一)微生物基因组计划

微生物广泛地存在于自然界中,与人类关系密切。从分子水平上对微生物进行基因组研究为探索微生物个体以及群体间作用的奥秘提供了新的线索和思路。自1995年12月完成了第一个微生物(流感嗜血杆菌)全基因组测序以来,微生物基因组研究发展迅猛,并促进了其他生命形式(包括人类)的基因组学的发展,开创了生物基因组研究时代。

自1994年起,DOE项目转向对那些可能为DOE所用的非病原性微生物的完整基因组序列进行测定。这些微生物包括:①环境或能源相关的;②系统发生学相关的;③潜在商业应用性的。DOE召集一系列小规模工作会议,邀请来自基因组学、微生物学和环境科学领域的专家们参加,请他们建议和提出优先候选对象用于微生物基因组测序。1999年11月举办的主题论坛是"纤维素降解微生物"。纤维素是地球上数量最多的生物多聚物,是几乎所有植物性生命形式的重要组成部分,而绝大多数动物都没有必需的酶类来降解纤维素,它们通常依靠细菌的酶类来提供,如牛瘤胃和白蚁后肠等。加强这个领域的研究,将促进 DOE 利用巨大生物量的研究开发步伐。随后许多微生物种类已被纳入 MGP,遴选标准也逐渐扩展为以下几点:①非人类病原菌;②环境相关性,即能源生产、废物整治、生物兴趣、工业过程;③基因组较小(特别是小于 10 Mb);④遗传背景好,便于探讨遗传工程对 DOE 的应用;⑤科学兴趣,如在进化树中系统发育学位置;⑥可培养性,易于扩增和纯化基因组 DNA。

微生物基因组学在人类的健康、能源、环境等方面起着重要作用。通过研究完整的基因组信息,开发和利用微生物重要的功能基因,不仅能够加深对微生物的致病机制、重要代谢和调控机制的认识,更能在此基础上发展一系列与我们的生活密切相关的基因工程产品,包括接种用的疫苗、治疗用的新药、诊断试剂和应用于工农业生产的各种酶制剂等。通过基因工程方法的改造,促进新型菌株的构建和传统菌株的改造,全面促进微生物工业时代的来临。资源微生物基因组的信息,将获得更多的关于微生物有用代谢产物调控的信息,为利用微生物生产更多有用代谢产物提供可能,进而为解决当前能源紧张的困境拓展新的途径。

微生物全基因组测序,不仅是人类开始最早和首先完成的第一种生物的全基因组分析,也是迄今为止完成测序基因组种类最多的领域。截至 2015 年 9 月,已经测得了 5 899 种微生物基因组,并且这个数字正以惊人的速度不断增长,势必对人类产生极其深远的影响。

**(二)微生物基因组的特点**

1. 微生物染色体结构

基因组是指单倍体细胞中所含的全套遗传物质,就大多数细菌和病毒而言,它们的基因组是指单个染色体上所含的全部基因,而二倍体真核生物的基因组则是单倍体(配子或者配子体)细胞核内整套染色体所含有的 DNA 分子及其所携带的全部基因。

原核微生物基因组较小,没有核膜包裹且形式多样。细菌染色体基因组则常为环状双链 DNA 分子,并与其中央的 RNA 和支架蛋白构成一致密的区域,称为类核(Nucleoid)。除比较常见的环状闭合双链 DNA 外,还有少数原核微生物具有其他形式的染色体结构,例如霍乱弧菌(*Vibrio cholerae*)具有两条环状闭合双链 DNA,I-1300 菌株的两条 DNA 链的大小分别为 2.96 Mb 和 1.07 Mb;包柔螺旋体(*Borrelia burgdorferi*)B31 为线状染色体,大小为 0.91 Mb。

真核微生物主要包括霉菌、酵母和蕈菌。不同的真核微生物的染色体数差别很大,如酿酒酵母(*S. cerevisiae*)含有 16 条染色体,构巢曲霉(*Asperigillus nidulans*)为 8 条染色体,粗糙脉孢菌(*Neurospora crassa*)含 7 条染色体,双孢蘑菇(*Agaricus bisporus*)为 13 条染色体等。

非细胞型微生物病毒,其基因组可能是 DNA,也可能是 RNA;可能是单链的,也可能是双链的;可能是闭环分子,也可能是线性分子。例如,玉米条纹病毒的核酸为线状 ssDNA,大肠杆菌的 M13 噬菌体为环状 ssDNA,大肠杆菌的 T 系噬菌体为线状的 dsDNA,花椰菜花叶病毒为环状 dsDNA,骨髓灰质炎病毒为线状 ssRNA,玉米矮缩病毒为线状

dsRNA 等。

**2. 微生物基因组的大小**

原核微生物基因组较小，大多数原核生物基因组小于 5 Mb。基因组较小的原核微生物在 0.5～1.0 Mb 之间，例如尿道支原体(*Mycoplasma genitalium*) G-37B0 基因组为 0.580 Mb。基因组较大的原核微生物在 5～10 Mb 之间，例如，*E. coli* O157:H7. Sakai 为 5.996 Mb，巨大芽孢杆菌(*Bacillus megaterium*) DSM 319 菌株为 5.1 Mb，铜绿色假单胞菌(*Pseudomonas aeruginosa*) PAO1 菌株基因组为 6.26 Mb，大豆慢生根瘤菌(*Bradyrhizobium japonicum*)为 9.1 Mb。

乳酸菌基因组相对较小，一般为 2 Mb 左右，平均 2 000 个基因。当前已经测序完成的基因组中，植物乳杆菌(*Lactobacillus plantarum*) WCFS1 菌株的基因组最大为 3.39 Mb。我们熟悉的嗜热链球菌 LMG18311(1.80 Mb)、德氏乳杆菌保加利亚亚种 ATCC11842(1.87 Mb)、乳酸乳球菌乳脂亚种 MG1363(2.53 Mb)、嗜酸乳杆菌 NCFM(1.99 Mb)的基因组都在 2 Mb 左右。

真核微生物基因组相对于原核微生物而言较大。例如构巢曲霉(*A. nidulans*) 8 条染色体的大小分别为 3.7 Mb，4.01 Mb，3.41 Mb，2.83 Mb，3.15 Mb，3.35 Mb，4.49 Mb，4.88 Mb，即该菌的整个基因组大小为 29.82 Mb；酿酒酵母基因组为 12.07 Mb；粗糙脉孢菌(*N. crassa*)为 40.47 Mb，双孢蘑菇(*A. bisporus*)为 30.23 Mb。

值得注意的是，同种微生物不同菌株，为了适应不同的生境，其基因组大小可能存在差异。

**3. 微生物基因组的编码序列(CDS/ORF)**

通常，原核生物基因组中编码序列占总序列的 90% 左右。例如超嗜热菌 *Aquifex aeolicus* 基因组为 1.55 Mb，含有 1 512 个 ORF，每个基因平均大小为 956 bp，编码序列的比例为 93%。越高等的生物，编码序列占基因组的比例越小。例如真核微生物酿酒酵母基因组为 12.07 Mb，含有 6 294 个 ORF，每个基因平均大小约为 1 092 bp，编码序列的比例为 57%；拟南芥基因组为 115.43 Mb，含有 25 498 个 ORF，编码序列比例为 29%；人类基因组 3 000 Mb，含有 30 000 个 ORF，编码序列比例小于 2%。

确定编码序列，可以通过采用序列同源性比较的方法，如 BLAST；或者是采用概率型方法，例如基于隐马尔可夫模型的 GENSCAN 方法。

**4. DNA 链组成的非对称性**

先导链和后随链中密码子存在差异。在先导链，以 G 或 T 开头或结尾的密码子显著地多于后随链，常见的有 GTG、GCG 和 GAG。在后随链以 C 或 A 开头或结尾的密码子多于先导链，如 CTC、GCC、CCC、ATC 和 ACC。在大肠杆菌中含有富含 G 的 8 核苷酸序列(GCTGGTGG)被称为 chi 序列，在基因组中共 1 000 多拷贝，其中 75% 位于前导链，存在着明显的 DNA 链组成的非对称性。

**5. 最小基因组**

细胞能够自我复制所必需的最小基因组是多大呢？研究者选择了支原体作为研究对象。

支原体(*Mycoplasmas*)属于柔膜体纲(Mollicutes)，是一类无细胞壁的原核生物，是整个生物界中,目前所知的最小的自养微生物。它们的寄主范围广泛,包括人类、动物、昆虫和植物。支原体最显著的特征是其精简的基因组和对密码子的偏爱,其基因组只有 0.5~1.0 Mb。

科学家利用生殖道支原体和肺炎支原体的转座子突变体库,来定义支原体在体外生存时所必需的最小基因组。研究者将转座子 Tn4001 插入到生殖道支原体和肺炎支原体的染色体上,并在体外培养。如果在非必需基因内或在不同基因之间的非编码区域插入转座子,并不能引起细胞的死亡。最终研究者确定支原体在体外复制所必需的核心基因组为 265~350 个。分析表明,这些核心基因参与编码了 DNA 复制和基因转录所必需的蛋白质、细胞从环境中吸取营养所必需的转运蛋白质、细胞产生 ATP 和还原力所必需的酶类以及细胞保持内环境稳定所必需的组分等。研究者采用相似的策略,研究发现枯草芽孢杆菌的必需基因为 300~560 个;酿酒酵母的必需基因约为 1 000 个。

## 二、重要微生物的基因组学研究

### (一)人类病原微生物基因组

微生物对人类最重要的影响之一是导致传染病的流行。在人类疾病中有 50% 是由病毒引起。世界卫生组织公布资料显示:传染病的发病率和病死率在所有疾病中占据第一位。由于新老传染病的流行和再现,病原微生物的变异和致病机制更加复杂和多样化。因此,迫切需要人们从更深层次去了解和研究它们。基因组研究则在分子水平上,为深入研究病原菌的致病机制奠定了坚实的基础。在遗传信息解析的前提下,为临床治疗中寻找更灵敏特异的诊断分型手段、发展高效的基因工程疫苗及筛选新型药物提供了线索和保障。

科学家认为,人类病原微生物基因组研究最重要的价值就在于其对疫苗的设计以及新型抗微生物药物的开发所产生的巨大推动。从反向疫苗学的角度首先对全基因组序列进行生物信息学分析,预测开放阅读框,发现新的外膜蛋白基因,筛选表达保护性抗原,以制备高效疫苗。这种思路已在衣原体的研究中取得成功。在一系列研究中发展起来的新技术和新方法,对于促进功能基因的发现和重要功能基因的研究显得尤为重要。通过这些方法的应用发现了一系列与毒力、耐药和定殖等相关的基因,并且可以在此基础上深入研究病原体与宿主的相互作用。

科学家们希望发现病原生物致病相关的关键基因或基因群,从而有针对性地发展更为有效的防治对策,而微生物在宿主组织中生长所需要的物质合成、分解代谢以及调节相关基因都可以作为抗微生物药物设计的候选靶位。完整的微生物基因组序列提供了丰富的信息资源,为发现新的、更有效的药物靶位和保护性抗原提供了最大的可能。

大量基因组序列的积累,促进了比较基因组学的发展。以微生物序列信息为杠杆,加快了其他种类生物测序,同时也促进了微生物本身独特核苷酸序列的发现,为临床治疗发展更灵敏特异的诊断分型方法奠定了基础;微生物与人类相似的致病相关蛋白的发现,也为人类遗传病的研究提供了线索。

将不同微生物间进行基因组结构和功能基因的比较,可促进对结构改变与功能变异之间的相关性研究,不断引导发现新的核心序列、特异序列及耐药位点,推动致病因子存在、发生、变异和调节规律的研究。毒力基因的改变将导致微生物致病性的改变,如霍乱弧菌由自由生活的环境生物转变为人类病原菌的关键因素,就是毒力基因的水平转移;而基因在不同种属甚至不同域之间转移,就更增加了生物的多样性和进化的复杂性。从整体的角度以完整基因组序列为基础结合功能基因组学研究的实验方法,如芯片技术、二维电泳技术、各种功能基因的筛选技术等快速、大量地鉴定新的致病相关因子,结合生物信息学构建各种生理过程的数学模型进行研究,将深化对致病机制、耐药机制的认识,为防病、治病奠定基础。

1. 肺炎链球菌

肺炎链球菌($Streptococcus\ pneumoniae$)是儿童的主要致病菌,常常引发中耳炎和急性呼吸道感染,从而导致全球每年约 1 100 000 人死亡。肺炎链球菌对青霉素的抗性的增加,以及抗多种抗生素菌株的出现,给肺炎链球菌引起传染病的临床治疗带来极大困难。对于肺炎链球菌血清型 IV 毒性分离株 TIGR4 和非毒性分离株 R6 的基因组测序已经完成,这为研究肺炎链球菌的致病机制研和探究其所致疾病的新治疗方法提供了方便。

分离株 TIGR4 基因组大小为 2 160 837 bp 环状染色体,平均 GC 含量为 39.7%,推测有 2 236 个 ORF。分离株 R6 的染色体为 2 038 615 bp 环状染色体,平均 GC 含量为 40%,推测 ORF 为 2 043 个。两菌株最大差别是,在分离株 R6 基因组中与荚膜生物合成有关 18 kb 区段有 7 kb 缺失。肺炎链球菌基因组中含有较为丰富的插入序列(IS)。例如分离株 TIGR4 基因组中插入序列(IS)占全基因组 5%,这为与两边序列的同源重组提供了同源区段。有趣的是,分离株 TIGR4 和分离株 R6 基因组中,都没有鉴定到前噬菌体序列,这与 A 族链球菌形成了明显的对比。在 A 族链球菌基因组中,前噬菌体序列占全基因组 7%~12%,从而导致不同链球菌间的基因组间的差异和某些菌株毒性的增加。肺炎链球菌还有 3 个明显特点:一是糖类运输装置的数量很多;二是与寄主组织降解有关的胞外酶系具有双重作用;三是完全没有三羧酸循环(TCA)代谢途径。首先,肺炎链球菌 30% 以上的运输装置转运糖类,这可能是该菌生长在富含糖蛋白和胞壁多糖的呼吸道环境的反映;其次,肺炎链球菌基因组可编码胞外水解酶类和唾液酸酐酶类,这些酶类可能参与寄主组织和多聚物的降解,从而有利于菌体对寄主的侵染,同时这些降解物又可转运回细菌细胞内,充当基本生物合成的底物,这样肺炎链球菌基因组所编码的胞外酶类执行双重功能。类似的双重功能胞外酶系统,在无乳链球菌、金黄色葡萄球菌和产气荚膜梭菌中也存在,而且其他革兰氏阳性致病菌中也可能存在;最后,因为肺炎链球菌完全没有 TCA 循环代谢途径,所以不能合成大部分氨基酸前体物质。

2. A 族链球菌

A 族链球菌(GAS)是严格的人类致病菌,能引起咽炎、猩红热、急性风湿热、脓包病、败血病、坏死性筋膜炎和中毒性休克综合征等多种人类疾病。A 族链球菌主要依据 M 蛋白质血清学差异进行菌株分类,M 蛋白质是菌体细胞表面抗噬菌细胞吞噬的蛋白分子,带有特定的 M 血清型,并决定不同菌株的选择性感染类型。

血清型 M1 菌株 SF370、血清型 M3 菌株 MGAS315、血清型 M18 菌株 MGAS8232 已经完成基因组测序。血清型 M1 菌株 SF370 能引起咽炎和侵入性感染,血清型 M3 菌株 MGAS315 常引起死亡率极高的严重传染病,血清型 M18 菌株 MGAS8232 曾在美国引发急性风湿热的爆发流行。

这3种A族链球菌菌株的基因组大小均为1.9 Mb左右,平均GC含量为38%左右,推测有1 752~1 889个ORF。且以上3个基因组中,有一段1.7 Mb核心区域在结构上有共线性,这段核心区域编码链球菌已知的一些毒性因子,如链球菌溶血素O和荚膜透明质酸。这3种基因组的差异,发生在这段核心区域外的原噬菌体序列上,这些原噬菌体序列在3种菌株基因组中的数量、核苷酸组成和整合位点均不同。3种A族链球菌典型的原噬菌体序列大小为30~50 kb,但其数量在不同基因组间有差异,血清型M3菌株MGAS315基因组中6个原噬菌体,占全基因组的12.4%;血清型M18菌株MGAS8232基因组中5个原噬菌体,占全基因组的10.8%;血清型M1菌株SF370基因组中4个原噬菌体,占全基因组的7.0%。这些原噬菌体序列可编码多种毒性因子,如链球菌致热外病毒K(SpeK),赋予了每个菌株独特的毒性因子。根据其他相关细菌基因组序列分析,原噬菌体序列对不同A族链球菌基因组间差异性的产生有很大影响。

3. B族链球菌

无乳链球菌(*Streptococcus agalactiae*)属于B族链球菌(GBS),它首先确认能引起牛乳腺炎。无乳链球菌是典型的妇女肠道和生殖道共生菌,25%~40%的健康女性生殖道和胃肠道中存在此细菌。无乳链球菌为机会致病菌,能引起孕妇、新生婴儿和易感人群的传染性疾病甚至能危及生命。免疫缺陷通常是成人感染无乳链球菌所致严重传染病的主要病因,无乳链球菌和其他致病链球菌有共同的毒性决定因素,科学家对无乳链球菌的基因组进行了测序,以求能鉴定到特有的毒性基因。因为正是这些毒性基因与独特致病性和基因组进化分离机制密切相关,所有这些问题的解决,将会进一步阐明无乳链球菌如何成为人类的一大主要致病菌。

B族链球菌两个分离株基因组测序已经完成,包括无乳链球菌血清型Ⅲ菌株NEM316和血清型Ⅳ菌株2603V/R,前者基因组为2 211 485 bp环状染色体,GC含量为35%,推测有2 082个ORF;后者基因组为2 160 267 bp环状染色体,GC含量为35%,推测有2 175个ORF。无乳链球菌有多种代谢途径,这反映了它具有适应多种不同寄主环境的能力。首先,与肺炎链球菌相似,在无乳链球菌基因组中,鉴定到一系列依赖磷酸烯醇式丙酮酸的糖特异性磷酸转移酶系统——酶Ⅱ复合物基因,它们编码的酶类可能具有很广泛的分解代谢能力;其次,与肺炎链球菌胞外酶双重功能类似,菌株NEM316编码4种胞外肽酶、3种寡肽特异性ABC运输装置和多种胞内多肽酶,这些酶类的协同作用可将寄主蛋白质降解,并将降解产物——寡肽转运回菌体细胞作为基本营养成分;最后,与其他链球菌相比,无乳链球菌基因组能编码更多的双组分信号转导系统,这也许反映了它具有更强监控多种寄主环境的能力以及控制毒性因子表达的能力。

不同B族链球菌基因组间的差异是由各种可移动遗传元件引起,其中包括致病岛、原噬菌体序列和在无乳链球菌NEM316基因组中鉴定的新型整合质粒。无乳链球菌特有的315个基因和主要毒性因子,都分散在基因组多个致病岛中。与B族链球菌基因组中可移动元件使不同GBS菌株产生多样性类似,A族链球菌基因组中可移动遗传元件也使不同GAS菌株获得不同外源基因,从而产生基因组多样性。

#### 4. 痢疾杆菌

2002年12月,中国疾病预防控制中心等6个单位共同完成了我国流行的痢疾杆菌优势菌福氏志贺氏菌(*Shigella flexneri*)2a 301菌株的全基因组测序。全基因组环形染色体全长4.83 Mb,GC含量为50.7%,预测蛋白数为4 338个。该菌株含有1个质粒,全长221 618 bp,其中新基因500多个。研究者对新基因进行结构模拟和功能预测后,所获数十个编码外膜蛋白的基因可作为有效免疫组分和新药物靶点的候选基因,为研制新型疫苗、进行有效防治奠定了基础。研究者在对基因组进行功能注释的过程中发现,Sf2a 301是目前已知含IS序列最多的微生物,并在染色体上发现许多"基因组岛",鉴别了9个可能的"毒力岛",其中7个为国际上首次报道。Sf2a 301染色体上存在着多个大片段的倒置和移位,可能影响细菌的侵袭与致病性。

#### 5. 金黄色葡萄球菌

金黄色葡萄球菌(*Staphylococcus aureus*)不同菌株的基因组大小为2.8~2.9 Mb,均为环状染色体,平均GC含量为30%,推测可编码近2 600个基因。该菌基因组中,80%基因序列与其他低GC含量革兰氏阳性菌的基因组同源。该菌不同菌株的共同特点是基因组中有多种IS元件、原噬菌体序列和致病岛等可移动元件。这些可移动元件的插入,使该菌不同菌株获得不同的致病基因和抗生素抗性基因。这些基因能在不同该菌菌株之间转移,导致不同菌株基因组间的差异性和高毒菌株的产生。

该菌基因组可编码多种致病蛋白因子,其中包括各种蛋白酶、降解酶、肠毒素、外毒素、溶血素和一些起黏附寄主作用的表面蛋白,在该菌的基因组中至少鉴定了70多种新致病蛋白基因,其中许多致病蛋白基因位于致病岛中。这些致病基因编码的一种致病蛋白因子大小约为1 kDa黏附蛋白Ebh,可能是一种内皮细胞黏附素或纤维素结合蛋白,在菌体感染人类并引发心内膜炎疾病的过程中发挥一定作用,在表皮葡萄球菌基因组中也证实了存在类似黏附蛋白。

该菌致病蛋白因子的表达受3方面调控:附属基因调节子(*agr*)、与附属基因调节子相关的双组分信号转导系统以及葡萄球菌附属调节子(*sar*)家族。在金黄色葡萄球菌基因组中总共有16个类似附属基因调节子的双组分信号转导系统和10个葡萄球菌附属调节子家族成员。总之,金黄色葡萄球菌基因组中原噬菌体序列、致病岛和其他可移动元件都可能增加菌体细胞的适应性,使菌体能适应多种寄主环境并抵抗杀菌剂的攻击。

### (二) 工业微生物基因组

工业微生物涉及食品、制药、冶金、采矿、石油、皮革、轻化工等多种行业。通过微生物发酵途径生产抗生素、丁醇、维生素C以及一些风味食品的制备等;某些特殊微生物酶参与皮革脱毛、冶金、采油采矿等生产过程,甚至直接作为洗衣粉等的添加剂;另外还有一些微生物的代谢产物可以作为天然的微生物杀虫剂广泛应用于农业生产。工业微生物基因组研究有利于不断发现新的特殊酶基因,加速其应用于工业生产。

#### 1. 丙酮丁醇梭菌

丙酮丁醇梭菌(*Clostridium acetobutylicum*)典型菌株ATCC 824的基因组大小为3 940 880 bp,平均GC含量为30%,推测有3 740个可读框。除了染色体DNA外,菌株ATCC 824还有2个隐秘噬菌体DNA和一个200 kb质粒pSOL1,该质粒编码与溶剂产生有关的许多基因,分析表明,该质粒含有 178 个可读框,与菌体细胞产生丁醇、乙醇、丙酮等有机溶剂的机制有关。通过与其他细菌基因组比较表明,丙酮丁醇梭菌基因组与枯草芽孢杆菌之间有密切进化关系,二者的主要差别是,枯草芽孢杆菌基因组中含有数目不等与芽孢形成有关的大片段基因,其中包括许多与芽孢的形成与结构有关的调节基因。

通过对丙酮丁醇梭菌基因组进行分析,发现了与多糖降解有关的一组完整的基因,其中包括纤维素降解基因、木聚糖降解基因、果聚糖降解基因、果胶降解基因和淀粉降解基因。最值得注意的是,在该菌基因组中发现了与有机多聚物胞外水解有关的独特代谢系统基因簇,簇内所有成员都有独特的 ChW 重复疏水序列,其内含有保守的色氨酸密码子,ChW 重复序列位于几个能编码多糖水解酶和蛋白水解酶的可读框中,框内的酶基因很可能与多糖降解和蛋白质水解有关。

2. 枯草芽孢杆菌

枯草芽孢杆菌(*B. subtilis*)菌株 168 基因组为 4 214 810 bp 环状染色体,平均 GC 含量为 43.5%,推测可编码 4 100 个基因。在与大肠杆菌基因组比较中发现,它们的基因组中大部分基因具有相似的功能,而且推断约 100 个操纵子在它们的基因组间高度保守。

通过对枯草芽孢杆菌的基因组研究,发现了一系列与抗生素及重要工业用酶的产生相关的基因。枯草芽孢杆菌基因组特有的基因,包括与植物(如瘿碱)来源大分子降解有关的酶基因,这些基因或许是枯草芽孢杆菌与其生存环境(土壤和植物)有关系的反映。枯草芽孢杆菌基因组中含有多种原噬菌体序列,其中包括 SPβ、PBSX 和 skin 原噬菌体或隐秘质粒,所有这些可移动遗传元件,在基因转移和基因组多样性发生的过程中发挥重要作用。

3. 耐盐芽孢杆菌

耐盐芽孢杆菌是一类嗜碱细菌,最适 pH > 9.5,对于它的研究兴趣主要有两大领域:其一,碱性环境适应机制;其二,商业产品的持续开发,如蛋白酶和纤维素酶等。耐盐芽孢杆菌菌株 C - 125 的基因组测序已经完成。

基因组为 4 202 353 bp 环状染色体,平均 GC 含量为 43.7%,推测可编码 4 066 个基因。耐盐芽孢杆菌基因组与枯草芽孢杆菌基因组进行比较发现,大约有 1 500 个管家基因位于两个基因组共有的 DNA 区段上。与枯草芽孢杆菌 168 基因组不同,耐盐芽孢杆菌基因组中没有完整的原噬菌体序列,而枯草芽孢杆菌基因组中至少有 3 个完整的原噬菌体序列。而耐盐芽孢杆菌基因组中至少有 15 个独特的 IS 元件,这些元件主要插入在基因组的非编码区域,在该菌中还鉴定到一些与嗜碱特性有关的蛋白因子,其中包括许多独特的 σ 因子,推测它们可能调节和控制着菌体在碱性环境中基因的转录。

4. 乳酸乳球菌

乳酸乳球菌(*Lactococcus lactis*)主要用作干酪的发酵剂。它分为乳酸乳球菌乳酸亚种(*L. lactis ssp. lactis*)和乳酸乳球菌乳脂亚种(*L. lactis ssp. cremoris*),它们都具有发酵性能稳定、抗噬菌体并产生独特的风味物质,前者适用于软质奶酪的制作,而后者适用于硬质奶酪的制作。出于工业应用的兴趣,乳酸乳球菌代谢机制、生理、遗传、分子生物学方面得到了广泛而深入的研究。乳酸乳球菌已经成为乳酸菌研究的模式菌。在 2001 年,乳酸乳球菌乳酸亚种 IL1403 全基因组测序工作率先完成,是第一株完成全基因组测序的乳酸菌。

*L. lactis* ssp. *lactis* IL1403 基因组为 2.37 Mb,GC 含量为 35.3%,预测含有 2 310 个基因,平均每个基因长度为 879 bp,其中有 209 个基因位于插入片段和原噬菌体 DNA 上。2 310 个基因中,1 482 个 ORF(64.2%)可通过基因注释而预测其生化和生物学功能,465 个 ORF(20.1%)和未知功能的预测的编码序列相似,其余 363 个 ORF(15.7%)和已知的蛋白均无同源性,预测为乳球菌特有基因。编码区占基因组的 86%,RNA 为 1.4%,非编码区为 12.6%。基因组中含有 6 个 rRNA 操纵子、62 个 tRNA 基因。该基因组含有 6 种不同的插入序列 IS981、IS982、IS983、IS904、IS905 和 IS1077,拷贝数分别为 10,1,15,9,1,7 个,总计长度为 42 kb。插入序列随机分布于染色体中,该菌株可能是两个亲缘关系相近基因组发生基因重组的产物。该基因组涵盖了 6 个原噬菌体,其中 pi1~pi3 的相对分子质量较大,长度为 35~44 kb,编码蛋白为 49~60 个。另外 3 个噬菌体 ps1~ps3 的相对分子质量较小,长度为 11~15 kb,编码蛋白为 16~23 个,由于缺乏编码噬菌体结构的相关基因,可能作为其他噬菌体的辅助噬菌体。

基因组分析表明,该菌株可合成全部 20 种氨基酸;可合成叶酸、维生素 K、维生素 B2、硫氧化还原蛋白等生长因子;未见合成细菌素基因。菌株 IL1403 基因组中和遗传信息传递有关的编码基因有 67 个,转录机制的基因除 σ 因子外有 30 个,和枯草芽孢杆菌很相似。但枯草芽孢杆菌具有 18 个 σ 因子,而菌株 IL1403 只有 3 个,推测可能与乳酸乳球菌没有细胞分化有关。

乳酸乳球菌的许多特征和细胞壁的结构有关,如对噬菌体的敏感性、细胞自溶等。IL1403 的基因组中有 29 个基因编码合成细胞壁的主要成分——肽聚糖,其中 3 个编码氨基酸消旋酶:*dal*(编码丙氨酸消旋酶)作用于丙氨酸;*murI*(编码谷氨酸消旋酶)作用于谷氨酸;*racD*(编码天冬氨酸消旋酶)作用于天冬氨酸。在奶酪生产中引入作用于肽聚糖的酶能够加快奶酪的后熟。IL1403 有 6 个基因作用于肽聚糖,如编码丙氨酸-丙氨酸羧肽酶的 *dacA* 和 *dacB* 以及编码 4 个溶菌酶的 *acmA*,*acmB*,*acmC* 和 *acmD*,它们均参与肽聚糖的分解。胞外多糖的合成对许多工业用乳酸菌至关重要,直接影响发酵产品的质量。在 IL1403 的基因组中有 20 多个基因参与胞外多糖的合成。

厌氧糖酵解是乳酸乳球菌主要的能量产生过程,只有 5% 的糖发酵能量用于细胞的生物合成反应。在菌株 IL1403 的基因组中含有从葡萄糖到丙酮酸转化的全部基因。但是该基因组中没有与三羧酸循环、糖异生和许多补充反应相关的基因。有趣的是 IL1403 的基因组中有与好氧呼吸相关的基因,如编码合成萘醌的 *men* 基因和细胞色素 d 生物合成的 *cytABCD* 操纵子,推测该菌能够进行氧化磷酸化作用。实验证明,在培养基中加入血红素时能够促进其生长。

在了解乳酸菌不同发酵类型转变的分子基础的前提下,可对其代谢工程进行改造。在菌株 IL1403 的基因组中还检测到依赖于磷酸转移酶系统(PTS)和一定的糖类发酵谱的编码基因。分析认为当发酵半乳糖、木糖、麦芽糖、葡萄糖酸、核糖和乳糖时,菌株 IL1403 进行异型发酵,发酵产物为混合酸,但这些糖都不是由 PTS 转运的。而当乳酸乳球菌携带含有乳糖特异性的 PTS 时,乳糖发酵则变成同型发酵。因此,当 PTS 存在时糖消耗速率最高。基因组信息分析和发酵产物分配的实验数据的相关性表明:通过碳源利用和转运系统的分析可能找到调控发酵终产物平衡的关键因子。

5. 嗜热链球菌

嗜热链球菌(S. thermophilus)被广泛用于奶制品的生产,每年市场价值约为400亿美元。由于嗜热链球菌和其同属的病原菌种具有亲缘关系,因此它必然在基因组水平上发生了和病原菌方向不同的进化。为了解这种差异,法国国家农业研究所、美国系统基因组学研究所及比利时的卢文天主教大学合作,对2株用于酸奶发酵的嗜热链球菌进行了全基因组分析。

嗜热链球菌 CNRZ1066 和 LGM18311(NCBI 登录号 CP000023.1 和 CP000024.1)分别分离于法国和英国的酸奶中,均含有一个单一的环状染色体,长1.8 Mb,含有约1 900 个ORF。其中有1 500 个ORF(80%)和其他的链球菌基因相似。2 株嗜热链球菌的基因组有3 000 个核苷酸的差异(0.15%),170 个单一核苷酸的漂移,42 个序列差异大于50 个碱基的片段(插入删除片段),占基因组长度的4%。两株菌所具有的共同编码序列超过了总数的90%。二者的主要差别在于胞外多糖的合成基因(eps,rps)、细菌素合成和免疫有关的基因、遗留的前噬菌体等。嗜热链球菌基因组中有10%的基因无功能,这个比例在已测定的链球菌基因组中是最高的。这些基因或读码框架漂移、或无义突变、或删除、或截断。

病原链球菌有两个重要特征:一是能够广泛利用各种碳水化合物;二是具有抗抗生素的潜力。而嗜热链球菌基因组中和碳水化合物代谢相关的基因大多无功能,也没有任何修饰抗生素的基因。在酿脓链球菌和肺炎链球菌基因组中约有1/4的毒力基因,但在嗜热链球菌中没有发现。说明这些毒力基因在祖先基因组中存在,但在进化过程中从嗜热链球菌中丢失。肺炎链球菌的另一个特征是利用表面蛋白黏附到寄主的黏膜表面。而肺炎链球菌的28个和毒力相关的表面蛋白基因中,只有4个在嗜热链球菌的基因组中找到了同源基因。因此认为,在嗜热链球菌基因组中没有或很少有毒力基因。

除基因退化和丢失外,基因横向转移对嗜热链球菌的基因组进化也有很大贡献。在两株菌的基因组中有50多个插入序列,它们的GC含量异常并且和牛奶环境的适应能力相关。S. thermophilus pepD 基因中含有一个发生基因水平转移的GC含量异常区域。该区域内的3.6 kb 大小片段,与德氏乳杆菌保加利亚亚种的DNA区域同源性高达95%,编码了独特的 metC 基因,该基因为甲硫氨酸合成所必须,而牛奶中缺乏此种氨基酸。

当前已完成了10余株嗜热链球菌的全基因组测序,主要为乳源性菌株,除了上述提到的 CNRZ1066 和 LMG18311 菌株外,还有同样分离于酸奶的 LMD-9(NCBI 登录号 CP000419.1);MN-ZLW-002 菌株(NCBI 登录号 CP003499.1,分离于中国传统发酵乳);ND03 菌株(NCBI 登录号 CP002340.1,来自青海自然发酵牦牛乳);JIM8232 菌株(NCBI 登录号 FR875178.1,分离于牛奶且产黄色素);ASCC1275 菌株(NCBI 登录号 CP006819,高产胞外多糖)。近期分离于山羊奶的 TH1435 和 TH1436 菌株(NCBI 登录号 AYSG00000000,AYTT00000000),来自印度干酪的 MTH17CL396 和 M17PTZA496(NCBI 登录号 AZJS00000000,AZJT00000000)菌株的全基因组序列也已完成。同时 CNCM I-1630,DGDD7710,MTCC5460,MTCC5461,DGCC7710 等多个菌株正处于基因组测序中。多个菌株基因组序列的公布,为在分子水平上阐述该菌生理及代谢机制、加速优良菌种的选育和改造、提高发酵食品工业化控制水平,奠定了理论基础;并为从基因水平上揭示不同菌株之间生产特性差异的机制,提供了理论依据和实验参考。

近年来基因组分析发现,具有高产胞外多糖性能的 ASCC1275 菌株,与其他已测序的 *S. thermophilus* 菌株(LMD-9,CNRZ1066,LMG18311,ND03,MN-ZLW-002)相比,含有独特的胞外多糖生物合成系统,具有高度保守的胞外多糖生物合成调控基因 *epsA-epsB*,但是 eps 基因簇的组成与其他菌株较为不同。在其 eps 基因簇中有 2 对基因,即 *eps1C-eps1D* 和 *eps2C-eps2D*,决定着 EPS 链的长度。同时表明,该菌株可以生产不同相对分子质量的胞外多糖,同时该菌株具有更有效的蛋白分解系统及更为复杂的压力反应系统。ASCC1275 菌株含有 4 个独立的 CRISPR/Cas 后天免疫系统,该系统用于消灭外来的噬菌体。该菌株是目前发现的含有该系统最多的 *S. thermophilus* 菌株。这一特性是该菌株在工业生产上发挥效能的有力保障。

6. 嗜酸乳杆菌

嗜酸乳杆菌(*Lactobacillus acidophilus*)最早是从婴儿粪便中分离获得,属于同型乳酸发酵菌。该菌 NCFM 菌株是一株已被广泛应用的商业化菌株,自 20 世纪 70 年代从人体中分离获得后,已经广泛地应用于液态奶、酸奶、固态液化食品、婴幼儿食品和果汁中,是公认的应用最具经济价值的益生菌。

嗜酸乳杆菌 NCFM 基因组为 1.99 Mb,GC 含量为 34.71%,含 6 个插入片段和 3 个原噬菌体 DNA,预测含有 1 864 个基因,占染色体总长的 89.9%。对基因功能的研究显示:该菌株可编码 1 种膜蛋白酶和 20 种以上肽酶,有助其摄取氨基酸;可合成 2 种胆盐水解酶,帮助其提高胆盐耐受性;含有 2 个参与调控低聚果糖利用的操纵子;可合成 2 种细菌素。9 个双组分信号转导系统被预测,其中一些与细菌素的合成和耐酸性有关。与其他的嗜酸菌相比,嗜酸乳杆菌缺乏大多数维生素和氨基酸的生物合成能力,但是编码了大量的转运蛋白,具有很强的发酵能力。因其属法国罗地亚(Rhodia)公司商业用菌,详细的基因组资料没有公开。

7. 植物乳杆菌

植物乳杆菌(*L. plantarum*)WCFS1 菌株分离于人体肠道,染色体 DNA 基因组为 3.39 Mb,GC 含量为 44.4%,含 12 个插入片段和 4 个原噬菌体 DNA,已知基因 3 246 个,其编码的蛋白中有 2 120 个已预测出功能,其中能量代谢相关酶 8%,细胞膜物质 8%,转运蛋白 13%,调节功能蛋白 9%。对基因功能的研究显示:该菌株可合成除亮氨酸、异亮氨酸和缬氨酸以外的全部氨基酸;可合成叶酸和辅助因子;有 4 个合成多糖的基因簇;可编码 62 种 tRNA,并有 5 个调控 rRNA 合成的操纵子;可合成细菌素——Plantaricin。研究还发现,该菌株的染色体编码了大量糖类转运系统,包括多达 25 种依赖于磷酸烯醇式丙酮酸(PEP)的磷酸转移酶系统(PTS),在复制起点两侧 250 kb 范围内分布着大量这类基因,这从基因的水平解释了植物乳杆菌可广泛利用各种糖源的特性。

8. 约氏乳杆菌

约氏乳杆菌(*Lactobacillus johnsonii*)NCC533 是从人类肠道分离的一株益生菌,因具有拮抗有害菌、调节免疫等功能,被广泛用于研究。为了进一步了解其生理学和与寄主相互作用的基因,瑞士的 Nestle 研究中心、美国北卡罗来纳州立大学的东南乳品研究中心和美国佐治亚大学微生物系联合对菌株 NCC533 进行了全基因组序列分析。其染色体 DNA 长 1.99 Mb,GC 含量为 34.6%,含 15 个插入片段和 3 个原噬菌体 DNA,已知基因 1 821 个,可编码 87 种 tRNA,并有 6 个调控 rRNA 合成的操纵子;可合成细菌素——Lactacin F。

基因注释的结果表明,菌株 NCC533 的基因组中具有嘧啶核苷酸(dTMP,UMP,CMP)从头合成的所有基因,但没有从头合成氨基酸、嘌呤核苷酸和多数辅因子途径的整套基因。作为补偿,其基因组中含有异常大量的氨基酸通透酶(20 多种,比其他乳酸菌多 2 倍)、肽酶和 16 种磷酸转移酶(PTS)类的转运蛋白,但缺少分解多糖的酶系,表明菌株 NCC533 主要依赖寄生或其他肠道微生物来获得简单的单体型营养物质。

细胞表面蛋白和多糖在微生物黏附到黏液膜面的过程中起关键作用。从菌株 NCC533 的基因组中鉴定出 42 个可能的细胞表面蛋白,其中 16 个编码和 ABC 转运蛋白相关的通道结合蛋白。值得一提的是,蛋白 LJ1816 和单核细胞增生利斯特氏菌(*Listeria monocytogenes*)的 $CD4^+$ T 细胞激发抗体 LJ0577 的相似性达 38%,和血链球菌(*Streptococcus sanguis*)的唾液结合蛋白的相似性达 25%。另外 2 个细胞表面蛋白 LJ0391 和 LJ1711 在它们的 C 端细胞壁锚定域的上游有一段富含丝氨酸的 600 个氨基酸重复片段,和副血链球菌的糖基化的 Fap1 纤毛黏附素相似。菌株 NCC533 富含细胞表面蛋白的特性与肠道细菌在肠道的生存能力密切相关。在约氏乳杆菌的基因组中还鉴定出 3 个胆盐水解酶和 2 个胆酸转移蛋白的基因,这些蛋白质对细菌在肠道中的生存很关键。生物信息学对 95% 的基因组分析显示,菌株 NCC533 中有大量的同系基因,它们显然来源于单个基因或操纵子的插入或删除。这些插入的不同片段似乎编码一些赋予细菌在胃肠道生态系中的竞争力或与相互作用相关的代谢或结构基因。

9. 长双歧杆菌

长双歧杆菌(*Bifidobacterium longum*)NCC2705 染色体 DNA 为 2.26 Mb,GC 含量为 60.1%,但存在 6 个 GC 含量极低的区域,含 16 个插入片段,已知蛋白 1 727 个,占染色体全长的 86%,基因平均长度为 1.1 kb。对基因功能的研究表明,该菌株可合成除色氨酸、甲硫氨酸外的全部氨基酸,其中精氨酸和苏氨酸的合成途径不同于其他细菌;可合成叶酸、烟碱、维生素 $B_1$ 等生长因子;有 1 个合成多糖的基因簇;可编码 57 种 tRNA,并有 4 个调控 rRNA 合成的操纵子;未见合成细菌素基因。针对益生菌的功能研究分析发现:染色体上有超过 8.5% 的基因可编码特殊的碳水化合物转运-代谢系统及其调控系统,主要可分解利用低聚糖和植物纤维素,如基因可编码 200 多种含丝氨酸型信号肽蛋白,其中 59 种已经证实为细胞表面的信号感受器,另外 26 种证实为碳水化合物转运系统的结合-释放蛋白。此外,还发现一种基因可编码针对真核生物丝氨酸类蛋白酶的抑制剂,显示其与调节宿主免疫有关。

(三)农业微生物基因组

据资料统计,全球每年因病害导致的农作物减产可高达 20%,其中植物的细菌性病害最为严重。除了培植在遗传上对病害有抗性的品种以及加强园艺管理外,积极开展经济作物致病微生物的基因组研究,从分子水平上掌握致病规律,进而建立防御机制尤为重要。同时积极开展固氮微生物的基因组研究,减少化肥和农药的使用,有利于不断提高农产品的产量和质量,促进传统农业的现代化改造。

### 1. 苛养木杆菌

苛养木杆菌(*Xylella fastidiosa*)基因组是最先完成的植物细菌性病原菌基因组,由巴西"核酸测序和分析组织(Organization for Nucleotide Sequencing and Analysis, ONSA)"完成,于2000年7月公布。苛养木杆菌是限制木质部的细菌,可导致几种重大经济损失的疾病,特别是菌株9a5c,它是柑橘花斑缺绿症的病原,可导致感染柑橘植物萎缩和感染叶片坏死。细菌由昆虫传播,当前的控制方法是修剪感染植株,通过使用杀虫剂减少或消除昆虫媒介。它是一种很难在实验室操作的病原菌。因此,很难在生理和物种水平上了解该病原菌和疾病。该菌基因组的完成是植物病理研究的主要转折点,也是通过基因组促进植物病理深入了解的成功例证。

苛养木杆菌9a5c的基因组包括2.68 Mb染色体和两个大小分别为51.1 kb和1.28 kb的质粒,它们的GC含量分别是52.7%,49.6%,55.6%。该染色体和两个质粒共编码2 848个ORF。根据数据库中已知基因的相似性,可以推测出共有1 314(46%)个ORF的功能,其代谢和转运体系可从基因组注释中推测,并与木质部的限制性营养环境一致。

9a5c基因组序列分析促进了对该病原菌的生理和毒理的进一步认识。在一些革兰氏阴性病原菌中,名为超敏感反应和致病调控元基因(Hypersensitive response and pathogenicity, *hrp*)对细菌在植物中的生长是必须的,*hrp*基因编码分泌系统类型Ⅲ组分,通过横跨内外膜的分泌器官,分子被传到寄主细胞,从而决定植物与微生物相互作用的结果。通过类型Ⅲ分泌传输的一群分子被认定为效应子,并包括来自无毒基因的产物。令人吃惊的是,9a5c的基因组中并没有无毒基因或分泌系统类型Ⅲ基因,这说明苛养木杆菌的寄主特异性并不是由典型的"基因对基因"的模型决定。然而9a5c的基因组中,已确定了对毒理和病理可能有作用的其他的一些基因,包括纤维素酶基因和涉及将细菌黏附到寄主细胞壁的蛋白质基因,例如胞外多糖产物、类型四菌毛纤维及非菌毛黏附。这些发现为该品种的毒理机制进行系统研究提供了平台。

### 2. 根癌土壤杆菌

根癌土壤杆菌(*Agrobacterium tumefaciens*)在最近30年被广泛研究,因为它能将外源DNA转移到植物细胞核中构建转基因植物。传统分子生物学研究,已经解析了根癌土壤杆菌转移DNA的机制,并将其进一步应用于生物工程领域。

两个独立研究组分别对同一根癌土壤杆菌菌株进行了测序。根癌土壤杆菌C58基因组由4个复制元组成:2.8 Mb环状染色体、2.1 Mb线状染色体、543 kb质粒(pATC58)和214 kb质粒(pTiC58),基因组共编码5 419个蛋白质,其中64.1%的蛋白已推测出其功能。复制子的GC含量相似,从56.7%到59.4%,然而该菌向真核植物寄主细胞核转移DNA(T-DNA)的GC含量却很低,pTiC58质粒T-DNA的GC含量仅为46%。

### 3. 黄单胞杆菌

野油菜黄单胞杆菌野油菜致病变种(*Xanthomonas campestris* pv *campestris*)导致十字花科植物变黑腐烂,属于维管病原菌。变黑腐烂病是全世界范围内十字花科植物的重大病害,所有商品生产的这类植物都容易受该病原菌侵袭,对该病害的控制很复杂,这是由于该病原菌由种子携带,而这类种子又缺乏抵抗力。

地毯黄单胞杆菌柑橘致病变种(*Xanthomonas axonopodis* pv *citri*)导致柑橘腐烂,柑橘腐烂是全世界柑橘的重要病害,唯一的控制措施就是隔离和移走销毁感染的树木。与野油菜致病变种不同,柑橘致病变种感染的是非维管组织,导致叶及果实的损伤和腐烂。

巴西 ONSA 研究组报告了两个品种的基因组序列,即野油菜黄单胞杆菌野油菜致病变种 ATCC33913 和地毯黄单胞杆菌柑橘致病变种 306。这两种病原菌的基因组大小相似,前者有一个 5.1 Mb 环状染色体,后者有一个 5.2 Mb 环状染色体以及两个大小分别为 34 kb 和 65 kb 小质粒,两个种的基因组中分别含有 4 182 个和 4 313 个可读框,两个基因组出现了高度保守的基因序列和基因排列顺序,大约 82% 的可读框在氨基酸水平上有 80% 以上的等同性。在共线性方面,来自一个基因组的大约 70% 非转座因子基因(Non-transposable element gene)能够与另一个基因组中相应的直系同源基因(Orthologous gene)线性排列。每个基因组中都至少有少量品种专一性基因,野油菜致病变种有 646 个,柑橘致病变种有 800 个。

以上两个黄单胞杆菌的毒理和病理机制高度保守,都含有编码 *hrp* 调节子、效应物分子、蛋白酶和细胞壁降解酶基因。然而,这两个病原菌在特定类型的毒理和病理因素的数量和代表性不同。例如,野油菜致病变种比柑橘致病变种有更多涉及细胞壁的降解基因,这表明这些附加降解基因的数目和特异性导致了柑橘腐败和变黑霉烂等不同症状的形成。两种菌编码效应物分子类型的基因也不同,野油菜致病变种编码效应物分子的类型范围更广。显然,对每一品种特定基因的鉴定,其中病理和毒理基因只是一个分支,提供了系统解剖细菌病原菌生长繁殖需求的良好资源,这些病原菌定居在两个不同的生态位(维管系统和叶肉组织)并导致了两个不同的病害症状(腐烂和溃疡)。

我国学者钱韦等人完成了野油菜黄单胞杆菌野油菜致病变种 Xcc8004 的基因组测序工作。该菌株基因组为 5 148 708 bp,GC 含量为 65%,预测基因数为 4 368 个,蛋白为 4 271 个。获得了 2 500 多个基因的突变体。它为深入研究植物病原菌的致病分子机理,开辟完全高效的植物病害防治途径,打下了坚实的基础。

**(四)环境保护微生物基因组**

在全面推进经济发展的同时,滥用资源、破坏环境的现象也日益严重。面对全球环境的一再恶化,提倡环保成为全世界人民的共同呼声。而生物除污在环境污染治理中潜力巨大,微生物参与治理则是生物除污的主流。微生物可降解塑料、甲苯等有机物;还能处理工业废水中的磷酸盐、含硫废气以及土壤的改良等。微生物能够分解纤维素等物质,并促进资源的再生利用。对这些微生物开展的基因组研究,在深入了解特殊代谢过程的遗传背景的前提下,有选择性地加以利用,例如找到不同污染物降解的关键基因,将其在某一菌株中组合,构建高效能的基因工程菌株,一菌多用,可同时降解不同的环境污染物质,极大地发挥其改善环境、排除污染的潜力。

**1. 沼泽红假单胞菌**

有少数光合微生物本身具备代谢芳香烃化合物的能力,其中主要是沼泽红假单胞菌(*Rhodopseudomonas palustris*),它能在有氧和厌氧光合条件下代谢安息香酸盐衍生物。

当前沼泽红假单胞菌多个菌株,如 TIE-1,BisA53,BisB18,BisB5,DX-1 等均已经完成基因组测序。不同菌株基因组大小为 4.89~5.74 Mb,GC 含量为 64.4%~66%,基因数目为 4 492~5 382 个,蛋白数目为 4 397~5 246 个。该菌基因组中有大量基因编码代谢安息香酸盐衍生物所需的酶,有氧降解编码了 4 种独特裂解环途径,分别特异性针对原儿茶酸、同型原儿茶酸、2,5 二羟苯乙酸和乙酸苯酯,每条途径包括一种特异的加双氧酶。在基因组中还发现了另外 15 种酶推测是单加氧酶、双加氧酶或者是 P450,预计可能更多的复合物能被转化。有一种单加氧酶可能与硫的获得有关,它位于一个操纵子中,该操纵子与恶臭假单胞菌(*Pseudomonas putida*)S313 的脂肪磺酸酯代谢有关的操纵子非常相似。

在厌氧条件下,芳香族化合物通过已经研究得很透彻的途径——苯(甲)酰辅酶 A(CoA)降解途径降解,其中利用了一种新还原酶和类似 β 氧化途径的催化剂。对沼泽红假单胞菌基因组的分析也表明,这种微生物在厌氧代谢过程中还能利用许多目前还不了解的酶,除了与苯甲酰 CoA 降解途径有关的酶外,它还编码 42 种 CoA 连接酶和 8 个 β 氧化基因簇,推测这种遗传多态性保证了该菌能更广泛地利用常存在土壤中植物来源的芳香族复合物,使这种微生物在这样的环境中得以广泛分布。

2. 红球菌

红球菌在一些生物转化和生物降解过程中起重要作用,它可以降解多种底物,如小分子气体化合物、燃料添加剂甲基叔丁醚、萜类化合物(Terpenes)及除草剂莠去津。此外,对红球菌的兴趣是其在生物工程中的应用,实际上,用红球菌的一个菌株把丙烯腈转化为丙烯酰胺是生物催化领域产量最大的工艺过程之一。工业界生产丙烯酰胺,用铜做催化剂的传统化学合成法,因催化剂带来的高成本和产品杂质所困扰。用红球菌产生的腈水合酶生产就可避免这些问题,并适合丙烯酰胺的大量生产,日本日东化学公司完全利用微生物催化剂开发了一套商业生产线。

红球菌还能用作生物催化剂对化石燃料进行脱硫处理,化石燃料含有不同程度的有机硫,燃烧后产生二氧化碳并导致酸雨,用化学催化剂脱硫味道难闻又相当昂贵,红球菌为大规模生物处理解决上述问题创造了条件。研究发现,几株红球菌可将杂环上的硫通过氧化除去,目前面临的挑战是如何把这一反应规模化,以适应石油化工业对燃料的大规模需求。

红球菌 *Rhodococcus aetherivorans* I24 菌株基因组测序正在进行,正在研究用它生产精细化工产品——光学构象纯 1 - 氨基 - 2 - 羟基茚满(1 - amino - 2 - hydroxyindan),该化学物质是茚地那韦(Indinavir,一种治疗人类免疫缺陷病毒的新药)的关键结构组成。红球菌 I24 菌株是少数可将茚(Indene)氧化为顺 - 1,2 - 二氢二醇(Cis - 1,2 - dihydrodiol)菌株之一。用化学合成法可以把顺 - 1,2 - 二氢二醇转化为 1 - 氨基 - 2 - 羟基茚满,关键问题是茚满二醇(Indandiol)的立体化学纯度和氧化茚满(Indan)产生的其他副产品氧化物。随着对控制化合物立体特性(Stereospecificity)的控制因素——酶的深入了解,基因组学将会在这些领域发挥越来越大的作用。

*Rhodococcus erythropolis*,*Rhodococcus opacus*,*Rhodococcus jostii* 等红球菌已经完成基因组测序,基因组大小为 8~9 Mb,GC 含量在 65% 以上。

### 3. 耐辐射异常球菌

耐辐射异常球菌具有耐辐射的特性，其具有应用于特殊环境中有机污染物的潜能。耐辐射异常球菌菌株 R1 的基因组由 4 个分别长为 2 649 kb，412 kb，177 kb 和 45 kb 的复制元(Replicon)组成，两个最大复制元含有必需基因，而所有 4 个复制单元都稳定存在。基因组注释显示，基因组 91% 是编码区，共编码 3 187 个可读框，有 69% 的可读框与数据库中的序列相吻合。

耐辐射异常球菌能编码全套糖酵解(Glycolysis)、糖异生(Gluconeogenesis)、磷酸戊糖旁路(Pentose phosphate shunt)、三羧酸循环(Tricarboxylic acid cycle)、乙醛酸旁路(Glycoxylate shunt)等代谢途径的基因。乙醛酸旁路在许多原核生物中不存在，但它却在耐辐射异常球菌中能强烈表达。耐辐射异常球菌极其缺乏代谢有机污染物(如芳香族碳水化合物)的酶，因此，天然耐辐射异常球菌不可能用来降解美国能源部的有机污染物，在室内实验也证明，野生型耐辐射异常球菌 R1 缺乏生物降解能力，但为构建能降解有机和无机毒性化合物的耐辐射异常球菌的代谢工程菌提供了有价值的材料。

耐辐射异常球菌的优点是很容易转化进外源 DNA，而载体也能在该菌体内复制，研究者设计了一种 DNA 盒式系统(DNA cassette system)，他们把抗生素抗性标记和一系列重复序列放在外源 DNA 的左右两侧，这些重复序列可以和耐辐射异常球菌的基因组重组，在菌的生长期中，不断增加培养基中抗生素浓度，DNA 框就可以在基因组中不断扩增，从而提高基因的拷贝数。用这种方法已经得到高达 200 个拷贝数的 DNA 框，假设一个拷贝 mer 操纵子(Mercury resistance operon，抗汞操纵子)约 20 kb，那么，200 个拷贝相当于把耐辐射异常球菌的整个基因组扩大了一倍。

通过以上途径，已经把 mer 操纵子和甲苯代谢基因克隆到耐辐射异常球菌中，并在菌体内扩增和表达。mer 操纵子编码一种可溶的汞还原酶和几种汞离子转运蛋白。虽然 $Hg^{2+}$ 对细菌有高毒性，但是，一些细菌可以把 $Hg^{2+}$ 转运到细胞内还原成金属汞(Hg)，金属汞的毒性小得多，而且有足够挥发性使它很容易从细胞中逃逸出去。野生耐辐射异常球菌对汞无抗性，基因组注释也未发现它有能解除汞毒性的基因，用上述方法，把大肠杆菌的整个汞操纵子和一个氨苄青霉素抗性基因一起克隆到耐辐射异常球菌中。

正如所料，提高培养基中氨苄青霉素浓度，每个细胞 mer 基因的拷贝数也相应增加，这就提高了菌体对汞离子的抗性。而且，含有 mer 操纵子和与甲苯氧化有关酶的重组耐辐射异常球菌，可以在对野生菌有毒的高汞离子浓度下氧化甲苯。美国能源部管辖的污染点均含有相当量的汞，因此，对准备在这些点实施生物治理的细菌，mer 基因是必不可少的。野生耐辐射异常球菌还可以还原某些金属，如铀(Uranium)和锝(Technitium)，它们是美国能源部管辖污染点重要的放射性核素(Radionuclide)，还原这些金属离子，降低它们在土壤中的迁移能力，从而减少它们污染周围环境的概率。

### (五) 极端环境微生物基因组与古细菌基因组

地球上存在着高温、低温、高盐、高碱、高酸性等极端异常环境，限制了一般微生物的生长，但有些微生物却能在这些异常环境下逐步适应，形成了独特的机能、结构和遗传基因而得以生存下来。这些能在极端异常环境下生存的微生物称为极端环境微生物(Extreme environmental microorganism)，简称极端微生物(Extreme microorganism)。这些微生物间并无亲缘关系,但其中的一些如极端嗜热菌(Extreme thermophiles)、极端嗜盐菌(Extreme halophiles)和在严格厌氧条件下生长的产甲烷菌在很多方面有相似之处,特别是16S rRNA寡核苷酸序列研究表明,它们在生物系统进化上关系密切,均属古细菌(Archaebacteria)。

由于极端环境微生物的生理习性特异,是一般微生物所不具备的,可应用于不同领域。来自极端微生物的极端酶,可在极端环境下行使功能,将极大地拓展酶的应用空间,是建立高效率、低成本生物技术加工过程的基础,例如嗜碱菌的胞外酶具有耐高碱特性,可用于工业酶制剂生产,并可处理碱性工业污水。极端微生物可用于传统能源开采和新能源的开发,如嗜酸菌已广泛用于金属矿物的溶浸,目前铜、铀等金属已把该法用于生产;嗜盐菌的紫膜具有特殊光能转化作用,可作为生物能电池。极端微生物的研究与应用将是发挥现代生物技术优势的重要途径,其在新酶、新药开发及环境整治方面应用潜力极大。此外,极端微生物的生态、机能生理、生化反应和遗传基因等理论方面的研究,将扩大并加深人们对生命本质及生物进化等方面的了解。

基因组遗传信息的解析推动了生命进化的研究。目前广泛被人接受的是伯杰氏分类法,它将生物分为三域:真核生物、真细菌和古细菌。古细菌与真核生物的关系要比与真细菌的关系更为密切。微生物基因组的序列信息进一步验证了生命进化的三域理论。

古细菌作为分类上的一个特殊类群,由于其在进化研究中的特殊地位,近年来受到科学家们的格外关注。1996年,詹氏甲烷球菌成为第一个完成全基因组测序的古细菌,其基因组序列分析发现,甲烷球菌不像任何已知细菌。这一现象支持和肯定了古细菌的确是一个独立的域,也进一步支持了三域划分的正确性。古细菌的大部分分支为嗜热菌,其嗜热酶多数可应用于工业生产中的生物催化。古细菌的研究还是一门新兴学科,一些基本的生物学知识还非常贫乏。对古细菌开展基因组研究,将从遗传基础方面加深对古细菌的认识,以便于更好地开发和利用古细菌。以下以盐杆菌为例做详细说明。

盐杆菌(*Halobacterium*)菌株NRC-1为极端嗜盐菌,现已完成了基因组测序。该菌是大盐湖和晒盐场等多种高盐环境中的常见菌。种系进化分析表明,该菌属于古细菌,其最适生长盐度为4.5 mol/L NaCl,接近饱和点,胞内还含有高浓度$K^+$。菌株NRC-1是一株嗜中温古细菌,最适生长温度为42℃。尽管盐杆菌属的生理能力有限,但是NRC-1的代谢富于多样性,可以有氧、厌氧或靠光合作用生长。光合作用生长是通过细菌视紫红质的光驱动质子泵介导,它在紫质膜中形成两维晶格结构,菌株NRC-1有很强的抗紫外线和γ射线的能力,并表现出复杂的运动性反应,包括趋光、趋化、气泡介导的漂浮。

菌株NRC-1基因组大小为2.57 Mb,GC含量为65.9%,基因2 674个,蛋白质2 622个;该菌株含有质粒pNRC100和pNRC200,大小分别为191 346 bp和365 425 bp。有趣的是,pNRC100与pNRC200有一段长度为145 428 bp的100%同源区,包括33~39 kb的反向重复,该重复序列介导了倒位异构化;还包括小单拷贝区和大单拷贝区的一部分。这个独特大单拷贝区在pNRC100中为45 918 bp,而在pNRC200中为219 997 bp。在pNRC100和pNRC200中,约有40种基因编码的蛋白对细胞生存是必要或重要的,如一种DNA聚合酶,TBP和TFB转录因子以及精氨酰tRNA合成酶,表明这两种复制子应属于小染色体而非大质粒。

菌株 NRC-1 的最重要特征是它有一个高度酸性蛋白质组,这对蛋白质维持在高盐环境中的溶解性和功能是必不可少的。有意义的是,该菌适于用现代遗传学方法,如基因敲除、表达载体和互补系统等研究分析,这使得该菌株成为研究极端生物和古细菌功能基因组的良好模式生物。

从菌株 NRC-1 基因组中发现了编码一个古细菌的异二聚体 D 型 DNA 聚合酶、许多类似真核的复制蛋白、两种 B 类 DNA 聚合酶。有趣的是,还发现了编码真核复制起始识别复合体蛋白 Orc1/Cdc6 基因的多个拷贝,其中 3 个散布于大染色体上,表明存在多复制起始的可能性。该基因组中包含了许多修复基因,对修复由环境中强太阳辐射造成的 DNA 损伤是必需的。

与其他古细菌相似,该基因组中发现了类似于真核 RNA 聚合酶 II 转录系统的简化本,包括 Rpo 亚单位 A、C、B′、B″、E′、E″、H、K、L、N 和 M。菌株 NRC-1 的翻译系统具有真核和细菌的杂合性,但是像其他古细菌一样,它的所有核糖体蛋白与真核生物类似,特别是它的核糖体蛋白基因排成类似细菌操纵子的多基因簇。其分泌机制也是真核生物与细菌的杂合体。

## 第四节 微生物结构基因组学

结构基因组学(Structural genomics)是基因组学的一个重要组成部分和研究领域,它是一门通过基因作图、核苷酸序列分析确定基因组成、基因定位的科学。染色体不能直接用来测序,必须将基因组这一巨大的研究对象进行分解,使之成为较易操作的小的结构区域,这个过程就是基因作图;根据使用的标志和手段不同,作图有 4 种类型,即遗传图谱、物理图谱、转录图谱以及序列图谱(图 1.8)。

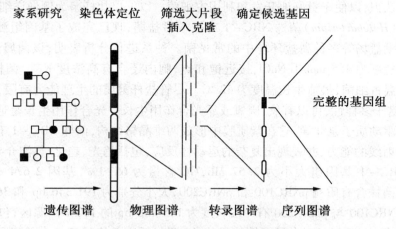

图 1.8 基因组研究中的图谱

## 一、遗传图谱

遗传图谱(Genetic map)又称连锁图谱(Linkage map)或遗传连锁图谱(Genetic linkage map),是指基因组内基因和专一的多态性 DNA 标记(Marker)在染色体上的相对位置的图谱。该图谱是通过计算连锁的遗传标志之间的重组频率,确定遗传标志的相对距离,一般用厘摩(cM,1cM 即每次减数分裂的重组频率为 1%)来表示。cM 值越大,二者之间距离越远。

构建遗传图谱的基本原理是真核生物遗传过程中会发生减数分裂,此过程中染色体要进行重组和交换,这种重组和交换的概率会随着染色体上的任意两点间相对距离的远近而发生相应的变化。根据概率大小,人们就可以推断出同一条染色体上两点间的相对距离和位置关系。正因为如此,得到的这张图谱也就只能显示标记之间的相对距离。这一距离(概率)被称为遗传距离(cM),由此构建的图谱也称为遗传图谱。

遗传图谱构建研究经历了从经典的基因连锁图谱到现代的 DNA 标记连锁图谱的过程。遗传图谱的"路标"(遗传标记)已经历了几次从"粗"到"细"的大的演变,或者说,从第 1 代标记向第 2 代、第 3 代标记的过渡。经典的遗传标记(第 1 代标记)最初主要是利用蛋白质或免疫学等的标记。20 世纪 70 年代中后期建立起来的限制性片段长度多态性(RFLP)方法成为第 1 代的 DNA 标记,这类标记在整个基因组中确定的位点数目可达 $10^5$ 以上。第 2 代标记为简单序列长度多态性(Simple sequence length polymorphism,SSLP),包括微、小卫星(Microsatellite/minisatellite)标记等。第 3 代标记是一类称作 SNP(Single nucleotide polymorphysm)的遗传标记系统,即单核苷酸多态性标记。

**(一)基因标记**

最初的遗传图谱是在 20 世纪初针对果蝇等生物使用基因作为标记构建的。一个基因必须以两种分别指定一个表型的替换形式存在或以等位基因形式存在,才能用于遗传学分析。如孟德尔在研究豌豆性状的遗传规律时就选用了如植株高矮这种相对性状,每个相对性状都由一个不同的等位基因控制。最初人们识别的指令表型的基因都是通过肉眼观察辨认的,如果蝇遗传图上显示的躯体颜色、翅膀形状等标记都可在低倍显微镜下或者直接用肉眼进行分辨。这些研究虽然在遗传学发展的早期阶段取得了很好的成果,但很快遗传学家意识到可见的表型性状数目十分有限,尤其是当多个基因影响同一性状时,遗传分析往往陷入困境。为了使遗传图谱具有更强的综合性,必须发现大量易于区分、较为单一的性状,具有生化特征的表型具备上述要求。微生物如细菌以及酵母菌遗传学研究中,依赖于生化表型的分析已将一些生化性状基因进行作图。人类中如血型系列(ABO)分析、血清蛋白和免疫蛋白(人类白细胞抗原,HLA)变异研究都是利用生化表型的例子。这些生化特征较之可见表型的最大优点在于:它们属于多等位基因。例如 HLA - DRBI(Human leukocyte antigens - DRBI,人类白细胞抗原 DRBI)基因位点有至少 59 个等位基因,HLA - B 位点至少有 60 个等位基因。

**(二)DNA 标记**

1. 限制性片段长度多态性(Restriction fragment length polymorphism,RFLP)

RFLP 是第一种用于研究的 DNA 标记。限制性核酸内切酶是一种在特定序列上切割 DNA 分子的酶,用它处理一个 DNA 分子时产生限制性片段。这种序列特异性意味着用一种限制性核酸内切酶处理一种 DNA 分子总会产生同样的片段。但是对于同源 DNA

来说并不总是如此。因为有些限制位点可能以两种等位形式存在,一种等位形式有正确的限制位点序列,能被酶切开;另一种等位形式的序列有改变,该限制性内切酶对其不能识别。后者的结果是在核酸内切酶处理后,两个相邻的限制片段仍然连接在一起,从而导致了长度多态性。如同用基因作为标记一样,RFLP 在基因组图谱上的位置可以通过追踪其等位基因的遗传而得到。

2. 简单序列长度多态性(Simple sequence length polymorphism, SSLP)

SSLP 是一系列不同长度的重复序列,不同的等位基因含有不同数目的重复单位。与 RFLP 不同,由于每个 SSLP 可以有很多不同长度的变异体,所以它可以是多等位基因的。SSLP 有两种类型,即小卫星和微卫星。小卫星又称为可变数量串联重复序列(Variable number tandem repeat, VNTR)重复单位可以长至 25 个核苷酸。微卫星或简单串联重复(Short tandem repeat, STR),是以几个(1~6 bp)核苷酸为单位,多次串联重复的序列,广泛分布于真核生物基因组中,大约每 10 kb 就有一个微卫星,由于重复次数和重复程度的不完全而造成每一个位点的多态性。

微卫星序列的应用较之小卫星序列的应用普遍得多,原因有二:其一,小卫星序列在基因组中的分布很不均匀,大多集中在染色体的端部,而微卫星序列在整个基因组中分布广且密度高;其二,微卫星序列便于 PCR 分析,当 PCR 扩增的 DNA 长度少于 300 bp 时,反应快速且精确。小卫星序列因其重复单位较长,加之许多重复顺序往往串接在单个顺序中,不利于 PCR 对样品的扩增。

3. 单核苷酸多态性(Single nuleotide polymorphysm, SNP)

基因组中存在大量的单个碱基的突变,有些能产生 RFLP,但是许多突变并不能产生,这是由于其所处的序列不能被限制性内切酶识别。人类基因组中至少含有 400 万个 SNP,其中只有 10 万个可以形成 RFLP,可见 SNP 更具多态性。SNP 不再以长度的差异为检测手段,而直接以序列的变异作为标记。因为所有遗传多态的分子基础都是核苷酸的差异,所以在理论上,SNP 有可能在核苷酸水平上将序列图、物理图与遗传图最终有机地整合、统一起来。

## 二、物理图谱

仅依靠遗传图谱无法指导基因组测序工作,主要有两个原因:①遗传图谱的分辨率依赖于所得到的交换数目。这对于微生物来说不是主要问题。因为研究时可以利用大量的微生物,获得大量的遗传交换体,从而产生高度精细的遗传图谱,其分子标记彼此间隔仅仅几 kb。例如,1990 年开始进行大肠杆菌基因组测序计划时,其遗传图谱中已有超过 1 400 个标记,平均每 3.3 kb 就有一个标记。这对于指导基因组测序已经足够详细,而不必进行进一步的物理作图。与之相似,酿酒酵母的基因组测序计划也有精细的遗传图谱的支持,约含有 1 150 个遗传标记,平均每 10 kb 就有一个标记。但是对于人类及其他大多数高等真核生物来说,很显然不可能获得巨大数量的后代。因此,可用于研究的减数分裂体相对少得多,连锁分析的作用也受到限制。这就意味着相隔几十个 kb 的基因可能位于遗传图谱的同一位置。②遗传图谱的准确率有限。Sturtevant 的假说认为交换沿染色体随机发生。但是由于重组热点的存在,使得这一假说不完全正确,它意味着染色体上某些部位比其他部位更容易发生交换。1992年酿酒酵母第3号染色体全序列发表,人们第一次能够直接比较遗传图谱与DNA测序所显示的标记的实际位置,从而揭示出重组热点的存在对遗传作图精确性的影响。两种图谱具有相当大的差异,在遗传分析图谱中,甚至出现一对基因的顺序被颠倒的情况。由于遗传图谱的局限性,对于大多数真核生物来说,在进行大规模DNA测序前,需要其他作图方法来检验和补充遗传图谱。

物理图谱(Physical map)是以一段已知核苷酸序列的DNA片段即序列标签位点(Sequence tagged site,STS)为位标,以碱基对(bp)、千碱基对(kb)或者兆碱基对(Mb)为测量单位,确定遗传标志之间物理距离的图谱。1 cM的遗传距离大致相当于1 Mb的物理距离。

以人类基因组物理图谱为例,它包括两层含义:一是获得分布于整个基因组的30 000个序列标签位点(STS);然后将获得的目的基因的cDNA进行克隆及测序,确定两端的cDNA序列,约200 bp设计合成引物,并分别利用cDNA和基因组DNA做模板扩增,比较并纯化特异带;利用STS制备放射性探针与基因组进行原位杂交,使每隔170 kb就有一个标志。二是在此基础上构建覆盖每条染色体的大片段DNA文库,以YAC(酵母人工染色体)或BAC(细菌人工染色体)为载体,对YAC/BAC DNA文库进行作图;得到重叠的连续克隆系,被称为低精度物理作图;然后在几十个kb的DNA片段水平上进行,将YAC/BAC随机切割后装入黏粒,黏粒的作图称为高精度物理作图。

物理图谱是进行DNA分析和基因组织结构研究的基础。目前,已经有多种物理图谱的作图方法,其中主要有以下3类:限制性作图(Restriction mapping),该方法在DNA分子上定位限制性内切核酸酶切点的相对位置;荧光原位杂交(Fluorescent in situ hybridization,FISH),将分子标记与完整染色体杂交来确定标记的位置;序列标记位点(STS)作图(Sequence tagged site mapping),通过对批量的基因组片段进行PCR和(或)杂交分析来对短序列进行定位作图。

### (一)限制性作图

1. 限制性作图的基本方法

限制性作图最简单的方法是比较一个DNA分子被两种识别不同靶序列的限制酶切割所产生的片段的大小。如图1.9所示的例子使用了限制酶 *Eco* RI 和 *Bam* HI。首先,用两种限制酶中的一种对DNA分子进行消化,产生片段的大小通过琼脂糖凝胶电泳来检测。然后用第二种酶消化DNA分子,再用琼脂糖凝胶电泳检测片段大小。这些结果可以确定每种酶的限制性切点数目,但是切点之间的相对位置还不能确定。将DNA分子用两种限制性内切酶同时切割可以获得更多的信息。

双酶切后获得的0.2 kb和0.5 kb片段,肯定是来自内含一个 *Eco* RI 位点的0.7 kb的 *Bam* HI 片段,如图1.9(a)所示;1.0 kb 片段,肯定是一个内部不含 *Eco* RI 位点的 *Bam* HI 片段。如果将1.0 kb的片段如图1.9(b)所示放置就能够说明该1.5 kb 的 *Eco* RI 片段;1.2 kb 和 2.0 kb 片段,这些肯定也是内部不含 Eco RI 位点的 Bam HI 片段,它们肯定位于 3.4 kb 的 Eco RI 片段内,这就有两种可能,如图 1.9(c)所示。

图 1.9 的例子中,这种双限制酶消化定位了 3 个切点,但较大的 Eco RI 片段由于含有两个 Bam HI 切点而产生了问题,其中一个切点具有两种排列的可能性。为了解决这一问题,可以将原 DNA 分子只用 Bam HI 消化,但这次应利用较短反应时间或者使用亚最适反应温度等方法,使消化进行不完全,这被称为部分限制性酶切(图 1.10)。这样会产生更为复杂的产物,除了完全消化的片段,还有部分消化产物,它们含有一个或者多个未切割的 Bam HI。由此,通过测定一个不完全消化片段的大小,进行构建正确的图谱。通过部分酶切的结果,最终确定第二种情况是正确的。

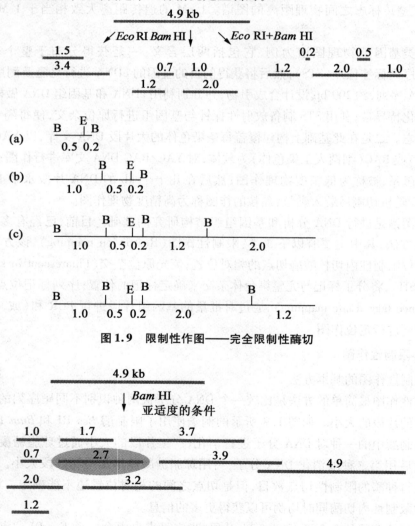

图 1.9 限制性作图——完全限制性酶切

图 1.10 限制性作图——部分限制性酶切

通常,部分限制性酶切为构建完整的图谱提供了必需的信息。但如果有多个限制位点,片段太多,这种分析方法就显得笨拙。一个较简单的变通策略可以忽略大量的片段。这种方法是在部分消化前将放射性或者其他类型的标记物加到待分析的 DNA 分子两端,结果很多部分限制性消化产物成为"不可见的",因为它们不含有末端片段,因此在琼脂糖凝胶上对标记物进行筛选时不会显现。因此,可以根据"可见的"部分限制性酶切片段的大小,确定那些未定位的切点与 DNA 分子末端的相对位置。

2. 限制性作图的规模受限于限制性片段的大小

如果使用的限制酶在 DNA 分子上切点相对较少,构建限制性图谱就比较容易。但是如果切点较多,构建图谱时所需要测定的片段大小和需要比较的单酶消化、双酶消化和不完全消化片段的数量也会增加。即使引入计算机分析,问题仍然存在。当消化产物中含有的片段多到一定程度时,琼脂糖凝胶中一些单一条带会重叠在一起,使一个或者多个片段被错误检测或完整遗漏的可能性大大增加。解释所有的片段都能够被确定,如果存在大小相似的片段,也不可能将它们组成一个清晰的图谱。

因此,限制性作图更适用于小分子,其长度依赖于 DNA 靶分子中限制性位点出现的频率。实际应用中,如果 DNA 分子小于 50 kb,通常可以选用六核苷酸识别序列的限制酶来构建清晰的限制性图谱。50 kb 肯定低于细菌或者真核生物的染色体的最小长度,但是一些病毒和细胞器的基因组位于这一范围内。在对这些小分子进行测序时,它们的全基因组限制性图谱发挥了重要的指导作用。细菌或者真核生物基因组 DNA 被克隆后,其片段通常小于 50 kb,此时限制性作图也同样有用,但限制了限制性作图在大的基因组测序计划中的应用。通过选择靶 DNA 分子中的稀有酶切位点的酶可以克服限制性作图的局限。这些"稀有酶"分为两类:①一些限制性内切核酸酶可以对 7 个或者 8 个甚至 18 个核苷酸识别序列进行切割;②可以使用识别序列所含靶 DNA 中稀少的酶。基因组 DNA 分子含有的序列并不是随机的,有些基因组明显缺失某些基序。稀有酶的使用增加了限制性作图的应用潜力。虽然目前仍不能构建动植物的大基因组限制性图谱,但对于原核生物和较低等的真核生物,如酵母和真菌的较小染色体 DNA 分子,应用这一技术还是可行的。如果使用稀有切割酶,就需要使用一种特殊的琼脂糖凝胶电泳来检测产生的限制性酶切片段。这是因为 DNA 分子的长度与它在电泳凝胶中的迁移率并不呈线性关系,DNA 分子越长,电泳分辨率会随之降低,长度大于 50 kb 的 DNA 分子在标准琼脂糖凝胶中形成一条缓慢移动的条带,因而不能相互分离。正交变电场凝胶电泳,两对电极间的电场可以改变,每对电极与凝胶长度方向成 45°角。DNA 分子仍穿过凝胶移动,但是电场的每个改变都迫使 DNA 分子重新排列。较小的分子比较大的分子重新排列得快,因此在胶中移动得更快,最终使得常规凝胶电泳难以分开的大分子得以分辨。其他相关的技术包括等高加压均匀电场和电场转化凝胶电泳。

(二)荧光原位杂交(FISH)作图

荧光原位杂交就是用标记有荧光分子的一小段 DNA 序列(探针),在合适的湿度和盐离子浓度条件下,与染色体上的互补序列特异性地退火结合而不破坏染色体的整体形态,以便在显微镜下观察到此特异的 DNA 序列的存在及其在染色体上的位置。

同位素标记探针用于原位杂交的敏感性非常高,曾在物理作图中起到很大作用。但因其放射性废液对环境的污染和操作者健康的危害,且放射自显影需要曝光显影的时间较长而被废弃。1977年,Bauman和Langer首次分别应用荧光素和生物素标记核苷酸探针进行原位杂交获得成功。近年来,由于方法学的不断进步,FISH检测的灵敏度大大提高,不仅能够检测高度重复的序列,还可以在单细胞中检测到1 kb的单拷贝基因。FISH已经完全取代了用同位素标记的染色体原位杂交。FISH的敏感性与同位素杂交不相上下,其空间分辨率和基因定位的准确性却大大提高。可将一组不同颜色的荧光标记探针与单个变性的染色体或者染色质杂交,分辨出每种杂交信号,从而测定出各探针序列的相对位置大大提高了效率。由于克隆的探针片段确定了DNA序列,因此探针之间位置关系的确定提供了DNA序列与基因图谱间的直接联系。

### (三) 序列标记位点(STS)作图

限制性作图和FISH作图均存在一定的局限。限制性作图快速、简便,能提供详细定位信息,但它不适用于大基因组。FISH作图能应用于大基因组,而且使用改进的方法如纤维FISH作图,可以得到高分辨率的数据,但是FISH作图难以操作,数据积累慢,一次实验只能获得不超过3个或者4个标记的图谱位点。STS作图通过对基因组片段进行PCR和杂交分析,来对短序列进行定位作图,是最有效的物理作图方法。STS标记是染色体上位置已定的、核苷酸序列已知的且在基因组中只有一个拷贝的DNA短片段,一般长度在200~500 bp。从人类的DNA中鉴定出数千种STS,首先构建含有人类基因组DNA片段的酵母人工染色体库(YAC),通过PCR技术筛选这些STS标记,并最终确定这些STS标记在基因组上的顺序。

一个DNA序列要成为序列标记位点(Sequence tagged site, STS),需要满足两个条件。首先,它的序列必须是已知的,以便使用PCR方法检测该STS在不同的DNA片段中存在与否。第二个要求是STS必须在拟研究的染色体上仅有唯一的定位,或当DNA片段群覆盖全基因组时,STS在整个基因组中具有唯一的定位位点。如果STS序列具有多个定位点,那么作图数据将不明确。因此,必须确保STS不包含重复DNA的序列。以上两个条件易于满足,可以通过多种途径获得STS,例如表达序列标签(Expressed sequence tag, EST)、随机基因组序列(Random genomic sequence)等。

## 三、序列图谱与转录图谱

序列图谱(Sequence map)是基因组图中分子水平的、最详尽的物理图,是基因组中所有碱基序列的一维排列图。其绘制方法是在遗传图谱和物理图谱的基础上,精细分析各克隆的物理图谱,将其分割成易于操作的小片段,构建YAC或者BAC文库,得到DNA测序模板,测序得到各片段的碱基序列,再根据重叠的核苷酸顺序将已测定序列依次排列,获得全基因组的序列图谱。人类基因组计划的目的是测定出人类基因组的全部碱基序列,这种序列测定不同于只对某一个特定的感兴趣的区域进行DNA序列分析的工作,它要求一种更高效的规模测序,并将测出的每一个DNA片段按其染色体位置进行准确地排列,从而得到人类基因组DNA序列碱基排列的全貌。人类基因组的序列图谱构建工作已宣告完成,随同开发更新的序列分析技术和计算机信息处理系统也成为人类基因组计划的一个重要组成部分。

转录图谱(Transcription map)又称cDNA图或表达序列图谱,是指具有表达能力的

DNA 序列图谱,占基因组的 1%～2%,它是"基因图"的雏形,构建转录图的前提是获得大量基因转录本(mRNA)序列。所有生物的性状都是由蛋白质决定的,而蛋白质又是由 mRNA 编码的,如果将基因转录产物(mRNA)进行反转录,构建 cDNA 文库,文库中包含的 cDNA 绝大部分为 EST。这些 EST 不仅为基因组遗传图谱的构建提供了大量的分子标记,而且来自不同组织和器官的 EST 也为基因的功能研究提供了有价值的信息;此外,EST 计划同时还为基因的鉴定提供了候选基因。对 cDNA 随机测序有时难以获得那些低丰度表达的基因和那些在特殊环境条件下(如生物胁迫和非生物胁迫)诱导表达的基因,为了弥补其不足,人们开展了基因组测序,通过分析基因组序列能够获得基因组结构的完整信息,如基因在染色体上的排列顺序、基因间的间隔区结构、启动子结构、内含子的分布以及基因的可变剪接等。

## 第五节 微生物功能基因组学

随着多种微生物基因组测序工作的不断完成和序列信息的积累,微生物基因组学研究的重点已由结构基因组学向功能基因组学转移。微生物功能基因组学研究不仅要阐明微生物基因组内每个基因的作用或功能,还要研究基因的调节及表达谱,进而从整个基因组及其全套蛋白质产物的结构、功能、机理的高度去了解微生物生命活动的全貌,揭示微生物世界的各种前所未知的规律,并使之为人类和社会服务。

### 一、微生物功能基因组学研究的意义

功能基因组学是利用全基组测序——结构基因组学提供的结果和信息,在全基因组水平上分析相关基因的功能(包括生化功能、细胞学功能、生态学功能等),使得生物学研究从单一基因或蛋白质的研究转向对多个基因或蛋白质同时进行系统研究;通过功能基因组学研究,可以从基因组整体水平上对生物的活动规律进行阐述。

微生物功能基因组学在基因组水平研究基因的功能及表达特征、基因间的相互作用等,旨在从更深层次上揭示微生物基因组遗传信息的逻辑构架,基因结构与功能的关系,个体发育、生长、衰老、死亡以及代谢调控机理,细胞增殖、分化和凋亡机理,信息传递和作用机理,从而有助于揭示生命的本质,理解病原微生物与动植物、人类的相互关系以及病原微生物的致病机理;有助于理解病原微生物的生理和进化、耐药机制和天然缺陷、基因功能等,以利于直接筛选新药、研制新型抗生素,从而促进临床诊治和新药开发研究;也有助于深入了解有关微生物响应环境的调控机制,从而应用微生物整治和清除废物等,有益于能源的利用和生产、生物修复;微生物基因的功能及表达研究结果也能为研究复杂生物的基因功能提供参考等。

### 二、微生物功能基因组学研究的挑战

功能基因组学研究已经成为微生物学研究的新亮点,逐步揭开了微生物深奥的生命规律,促进了生物工程产业发展,给微生物产业带来了新的契机,也伴随着巨大的挑战。

### (一)鉴别和表征生命的分子机制

细胞是所有生命系统的基本工作单元,它们是生物"工厂",利用由不同蛋白质和其他分子构成的分子"机器"来执行和整合成千上万的分散而高度专业化的代谢过程。蛋白质很少单独工作,它们经常组合成庞大的多蛋白复合体。一些组合体行为很像复杂的机器,执行着基本的细胞功能和代谢过程(如 DNA 复制、转录、翻译、蛋白质降解等),在细胞内、间及其所处的环境间传递着信息流(如信号转导、能力转化、细胞运动等)或构成细胞结构。许多蛋白质机器在组成和功能上表现出高度保守性,因此对一种生物蛋白质性质的认识,也可以应用到其他生物。尽管蛋白质机器的不同类型的具体数量还不清楚,但是全基因组序列分析推测其数量是有限的,可能每个细胞有几千个左右。

全基因组测序和蛋白质结构测定的新进展为我们提供了模式生物中许多蛋白质的组成信息,但是这里存在的最大挑战是全面认识和表征存在于生物系统中分子机制的全部功能,并且认识蛋白质是如何使细胞具有它们的性能、结构和高度有序性等特点。

### (二)描绘遗传调节网络

所有的生命系统都有能力在空间和时间上做出快速变化来响应细胞内外环境的刺激和变化。这些能力是通过许多个个体蛋白质和蛋白质组成物在不同调节控制下进行复杂的相互协作得到的。个体蛋白质和其他大分子用"电线"连接起来,像电子线路,形成复杂的遗传调节网络,它是细胞的"大脑"。该网络通过传导途径从细胞内外接收信息、处理信息,做出"决定",决定哪些基因表达及合成多少产物,以及启动合适的细胞和生理响应。遗传调节网络的协调行动决定了活细胞的生理学特性,并且对细胞存活、生长和繁殖至关重要。

基因组序列比较分析表明,一个人的基因数量是一只简单昆虫的 2~3 倍,是一个单细胞微生物的 5~10 倍。然而,人类却具有很多种不同的类型、不同功能的细胞、组织和器官。因此,仅从基因数量上的简单差别不能解释存在于人与昆虫或微生物之间巨大的表型差别。这种表型差别主要是归因于遗传调节网络的结构和复杂性。简单生物进化为多细胞生物可能是通过发展更复杂、独特的能够巧妙控制复杂的组合基因模式的调节网络,同时基因的功能和数量也有适当的发展。如果这个假设正确,在这样的调节网络中连接和接点的变化可能戏剧性地改变生物系统的生理性质和行为。然而,认识作为一个整体的基因功能如何使生命体在复杂的自然历史过程进行生活,是一项更大的挑战。

### (三)系统水平上而非单个细胞水平上对生物系统的认识

生物彼此间以及它们与环境之间的相互作用产生了比较复杂的生物系统,如种群、群落、生态系统和生物圈。将基因组引入生命研究所面临的挑战有:利用基因组序列信息去认识从微米到大洲际空间范围内遗传能力和相互作用的结果,在生物系统中将机理研究的遗传水平与功能执行的系统水平联系起来(如个体、群体、生态系统和生物圈等)。

已知生物中微生物的种类最多,在地球上任何可以想象的环境中都有微生物的存在。地球上细菌细胞的总量估计有 $(4~6) \times 10^{30}$ 个,这些细胞的碳含量有 $(3.5~5.5) \times 10^{14}$ kg。同时细菌也含有最大量的生物氮和生物磷。然而,相对于动植物而言,微生物多样性的范围大部分还是未知的。在自然界中发现的大部分微生物处于不可培养状态,因此关于它们的遗传性质、代谢特征和功能知之甚少。认识和表征不可培养的微生物是一个巨大的挑战。

功能稳定性和适应性是生物系统的两个重要特征。在大生物体的生态中最活跃、最易引起争论的研究领域之一是生物多样性和生态系统的功能性质之间的关系。其根本问题是维持任何特定的生态系统过程的适当功能或稳定性需要多少物种。争论围绕着相互冲突的数据阐释展开,有些观点认为许多物种功能与其他物种关系密切(如生物质产生),而有些研究表明,生物多样性低的群落也能具有与生物多样性高的群落相同的产率。目前主要的难点在于在实验中无法测量不同物种的功能及作用。

一个关键的问题是不同生物的功能特性如何相互作用产生出许多不同类型生物组成的群落的总的功能性和稳定性。一般假设认为,生物系统功能的稳定性和适应性是由个体种群遗传和代谢多样性决定的,包括它们对环境变化的响应能力。基因组时代的早期阶段不可能检验这种假设,因为得到遗传信息很困难。近年来基因组学和基因组技术的迅猛发展,使人们有机会能将亚细胞代谢过程与复杂自然环境中生物群落功能表现联系起来。

### (四)计算上的挑战

新陈代谢驱动细胞过程的生化引擎以及它的组成可以通过注释基因组序列数据来定义。一个巨大的挑战是利用一个怎样的基本数量的"组件目录",并且利用模拟生物细胞功能的计算机模型来合成这些组件。

在单一生物水平之上,多种个体(物种)的相互作用驱动着影响进化和生态系统动力学的生态过程。个体生物是进化和生态过程的基本单元。挑战之二是将计算模型和模拟得到的细胞水平过程的知识进行综合,去认识种群、群落和生态系统水平动力学,以便获得通过认识个体生物或种群不能解释的进化和生态过程的新知识。

### (五)多学科协作

为了预测在理想环境条件下生物系统全部范围的功能和行为动力学,在所有水平上进行全面认识是必要的。这一艰巨任务至少需要花费数十年的时间,甚至更长的时间。没有一个实验室、研究所或政府机构能包含如此广泛和精深的生物学知识和技术专长来对基因组序列的综合功能以及它们在不同规模上生物系统功能执行的相互关系进行表征。来自许多研究所的不同研究领域的研究之间的协作需要面临这些挑战。然而,形成如何庞大而有效的研究队伍本身也是一种挑战。

## 三、功能基因组学的主要研究内容

传统上,可以通过以下途径研究微生物基因的功能:①通过研究基因的时空表达模式确定其细胞学或生理学功能。例如在不同时期、不同环境下 mRNA 和(或)蛋白质表达的差异;②研究基因在亚细胞内的定位和蛋白质的翻译后调控等;③利用基因敲除(Knock-out)技术进行功能丧失(Loss-of-function)分析,或通过基因的过量表达(转基因)进行功能获得(Gain-of-function)分析,进而研究目的基因与表型之间的关系;④对突变体与其野生型菌株在特定环境下基因表达的差异进行比较研究,从而获取基因可能功能的信息。

随着微生物基因组测序计划的不断深入以及高通量实验技术的引进,传统的单基因、单位点分析研究基因功能的方法已不能满足需求,人们开始运用综合的思路和分析手段重新研究这些基因功能。而功能基因组学就是利用基因组学所提供的信息和产物,发展和采用新的实验手段,在基因组或系统水平上全面分析基因的功能,使得生物学研究从对单一基因或蛋白质的研究,转向对多个基因或蛋白质同时进行系统地研究。

### (一)基因功能的研究

在基因组的水平上,人们运用表达序列标签法和基序(Motif)结合直系同源簇(COG)的方法分析相似编码基因的功能。这一方法的原理是:利用功能相关的生物进化留下的保守分子序列标记,即家族特异基因序列和直系同源簇特异基因序列组成的功能特异基因序列,构建家族,并借助已有的信息形成功能基因序列库。每一个未知基因的功能,可以通过搜索该功能基序库而高效、准确地获得,进而采用基因突变、表型分析等方法,最终确定基因的功能。

### (二)基因组的表达及时空调控的研究

一个细胞的转录表达水平能精确而特异地反映其类型、发育阶段以及存在状态。因此,功能基因组学的一个主要研究内容就是比较不同组织和不同发育阶段、正常状态和疾病状态,以及体外培养的细胞中基因表达的差异。

### (三)蛋白质组及蛋白质组学

大部分细胞生命活动发生在蛋白质水平而不是 RNA 水平,转录不是基因表达的最终结果,基因在生物体整体的功能最终由其编码的蛋白质在细胞水平上体现。因此,蛋白质表达及其功能的研究是功能基因组学的重要研究内容。

蛋白质组(Proteome)是由澳大利亚学者 Wasinger 等人于 1995 年提出的,是指由基因组编码的全部蛋白质。蛋白质组学(Proteomics)就是指在整体水平上研究细胞内所有蛋白质及其动态变化规律的科学,其涵盖内容包括从整体角度分析组织或细胞内代表值组成,不同生理或者病理条件下蛋白质表达水平、蛋白质修饰状态,了解蛋白质之间相互作用与联系,解释蛋白质功能与细胞生命活动的规律等。与传统的针对单一蛋白质进行的研究相比,蛋白质组学具有高通量和大规模的研究特点。

基因组基本上是固定不变的,而蛋白质组是动态的,具有时空性和可调节性,能反映基因的表达时间、表达量以及蛋白质翻译后的加工修饰和亚细胞分布等。功能蛋白质组(Functional proteome)是指在特定时间、特定环境和试验条件下基因组活跃表达的蛋白质,研究这些蛋白质及其功能的学科即为功能蛋白质组学(Functional proteomics)。很显然,功能蛋白质组只是总蛋白质组的一部分。

### (四)代谢物组学

与基因组学、转录组学和蛋白质组学相对应,代谢物组学是一门对某一生物或细胞所有低相对分子质量代谢产物进行定性和定量分析,以监测活细胞中化学变化的科学。通过代谢物组学分析阐明基因功能具有多种优势。像蛋白质一样,代谢物在细胞中也组成功能实体,并且代谢物的总量和类型随着细胞、组织、器官,或生物的生理、发育、病理状态的不同而不同。代谢物的数量比基因或基因产物少得多,因此代谢物分析没有mRNA和蛋白质分析那么复杂。例如,酿酒酵母约有6 000个蛋白编码基因,但是低相对分子质量中间产物不到600种。在代谢组学的水平上,人们可以利用代谢组学模型技术和生物信息学技术等研究表型及基因之间的关系,最终获得基因功能的明确阐释。

代谢组学作为新兴的研究领域,其相关的理论与技术还有待完善。主要存在的问题有:①分离分析手段有限,尚未有一种分析技术能够同时对所有代谢产物进行分析;②缺乏有效的数据分析手段将所得的全部数据进行分析和解释;③缺乏完整的代谢组数据库;④有效解决代谢组学与基因组学、转录组学和蛋白质组学技术的联用问题。

随着研究的深入,代谢组学分析系统的软硬件技术都将进一步提高和完善,并向着整合化、自动化和高通量方向发展。代谢组学研究在功能基因组研究领域将发挥更为重要的作用。

### 四、功能基因组学研究中所使用的方法

#### (一) 基因打靶

基因打靶(Gene targeting)又称为基因敲(剔)除(Gene knock-out),是研究工程基因组学最直接有效的方法之一。该方法是一种通过同源重组按预期方式改变生物活体遗传信息的实验技术。基因打靶是指外源DNA与受体细胞染色体DNA上的靶序列之间发生序列依赖的同源重组,并代替靶序列整合在预定的特异位点,从而改变细胞遗传特性的遗传操作方法。该方法是反向遗传学的基础工具,利用基因打靶,可将整个基因剔除,使之失去功能,继而通过表型分析研究基因编码的特异蛋白的功能;利用基因打靶,也可实现定点原位突变等精细的遗传操作。

应用同源重组技术,研究者已实现对酵母所有基因缺失突变体的构建。同理,应用条件化基因剔除技术,已达到对任何基因在不同发育阶段和不同器官、组织的选择性剔除(Selective knock-out)。但这一技术也存在一些缺点,例如费用太高、周期较长,而且许多基因在剔除后并未产生明显的表型改变,可能是这些基因的功能为其他基因代偿所致。近年来,研究者利用组合化学的方法尝试针对蛋白质的化学"剔除"试剂,用来激活或失活各种蛋白质。

#### (二) 基因诱变及突变体的PCR筛选

基因诱变技术是遗传学研究中最重要的手段之一,也是研究基因功能的方法之一。用于功能基因组学研究的基因诱变技术包括定向诱变(Targeted and directed mutagenesis)、表型诱变(Phenotype drive mutagenesis)及克隆DNA的体外定点诱变。定向诱变技术是反向遗传学(Reverse genetics)研究最常用的方法之一。所谓反向遗传学是在已知基因序列的基础上研究基因的生物学功能,一般是通过创造功能丧失突变体并研究突变所造成的表型效应来研究基因的功能。定向诱变方法用于研究已知基因的功能,它是利用同源重组技术,使目的基因产生定点突变。也可以利用克隆DNA的体外定点诱变创造缺失、插入、碱基置换等不同类型的突变体。这一方法又称寡聚核苷酸定点诱变技术,其发明者Michael Smith博士与PCR的发明者Kary B. Mullis博士共同荣获1993年诺贝尔

化学奖。突变体筛选最常用的方法是利用 PCR 技术。其原理是根据目的基因序列设计一个引物,再根据插入元件的序列设计另一个引物,用这一对引物对突变体群体进行 PCR,扩增目的基因片段,出现 PCR 产物时说明目的基因已成功地插入元件。

表型诱变主要用于未知基因,其主要优点是无需知道哪个基因的何种突变导致特定的表型或疾病。用表型诱变剂进行诱变后,可以用筛查整个基因组的办法来寻找新的显性或隐性突变。这一技术的缺点是工作量较大,比较费时、费事。

近年来有人报道了一种新的基因剔除技术,取名为基于 PCR 的剔除技术(PCR based knock-out technology)。该技术是除 RNA 干涉外的另一种在基因组水平阐明基因功能的有效方法,即用 PCR 来分离在某一特定基因含有缺失的突变体。如鉴别带有缺失突变的秀丽新杆线虫虫体时,在设计 PCR 引物时应使 2 个引物在某一基因上分得较开,才能在特定的 PCR 条件下不产生野生型 PCR 产物,然后将经过化学诱变的秀丽新杆线虫群体用 PCR 技术筛选,鉴定带有缺失突变的个体。这样的突变个体使 2 个 PCR 引物之间的距离缩短,而出现一个短的缺失带的 PCR 产物。然后将阳性群体再分为不同的组,重复进行 PCR 筛选,直到鉴定出在某一特定基因上带有缺失突变的单个虫体为止。目前由 3 个实验室成立了一个秀丽新杆线虫基因剔除协作组,该协作组用这一方法,每年可产生数百个秀丽新杆线虫等位基因突变体。

### (三) RNA 干涉

RNA 干涉是双链 RNA 介导的干涉(Double stranded RNA mediated interference,RNAi)的简称,这一现象是 1998 年由美国学者 Fire 等人在秀丽新杆线虫中发现的,现已发展为一种研究基因功能的新方法。该方法通过导入的双链 RNA 的介导,特异性地降解内源相应序列的 mRNA,从而导致转录后水平的基因沉默(Post transcriptional gene silencing),迄今已在线虫、真菌、植物、锥虫、果蝇、斑马鱼、小鼠等真核生物中都发现存在这一基因沉默机制。

RNA 干涉具有以下几个重要特征:①RNA 干涉是转录后水平的基因沉默机制。研究发现,只有导入基因外显子序列的相应双链 RNA 才能特异性地降解内源相应基因的 mRNA,从而抑制该基因的表达;而导入相应基因内含子或启动子序列的双链 RNA 不产生干涉效应。②RNA 干涉具有很高的特异性,只特异地降解与之序列相应的单个内源基因的 mRNA。③RNA 干涉抑制基因表达具有很高的效率,例如对秀丽新杆线虫的表型可达到基因剔除后功能几乎完全丧失的程度;对于内源 mRNA,很少量的双链 RNA 分子即能完全抑制相应基因的表达。④RNA 干涉抑制基因表达的效应可以穿过细胞界限,在不同细胞间长距离传递和维持,例如在秀丽新杆线虫其干涉效应甚至可以传递给后代。⑤与传统的研究基因功能的方法如基因剔除、基因诱变技术相比,RNA 干涉技术具有简便、快速、高效的优点,例如在秀丽新杆线虫,可通过显微注射、浸泡或饲喂转基因大肠埃希氏菌的方法将双链 RNA 导入虫体。除显微注射技术要求较高外,其他两种将双链 RNA 导入虫体的方法都非常简单。正因为 RNA 干涉技术具有上述特征及优点,在功能基因组学研究中的应用越来越广泛。

秀丽新杆线虫是开展功能基因组学研究的极好模型,约 35% 的秀丽新杆线虫基因在人体具有同源基因。在利用 RNA 干涉这一方法研究基因功能之前,仅有 8%~9% 的秀丽新杆线虫基因在生化或遗传学水平上进行了研究。应用 RNA 干涉技术及 PCR 剔除技术以来,秀丽新杆线虫基因的功能已有 1/3 以上被基本阐明。秀丽新杆线虫基因剔除协作组计划将所有的秀丽新杆线虫基因剔除,并将剔除基因的虫株全球共享。

### (四)转录组水平的研究技术

在转录组水平上,人们可以利用基因表达连续分析(Serial analysis of gene expression,SAGE)、差异显示反转录 PCR 技术(Differential display reverse transcription - PCR,DDRT - PCR)、DNA 微阵列分析(Microarray assay)、遗传足迹法(Genetic footprinting)等转录组学技术和突变技术对基因功能进行研究。转录组分析即研究在某一特定时期特定细胞内转录的所有基因及其表达丰度。

基因表达连续分析是由 Velculescu 等人于 1995 年报道的一种快速、详细研究基因表达的新技术。SAGE 技术的基本原理是:用来自 cDNA 的 3′端特定位置 9~10 bp 长的序列所含有的足够信息鉴定基因组中的所有基因。这一段特异的序列被称为 SAGE 标签(SAGE tag)。通过对 cDNA 制备 SAGE 标签并将这些标签串联起来,形成大量多联体,然后对每个克隆到载体的多联体进行测序,并应用 SAGE 软件分析,可确定表达的基因种类。该技术可显示各 SAGE 标签所代表的基因在特定组织或细胞中是否表达,而且还可根据所测序列中各 SAGE 标签出现的频率,来确定其所代表的基因的表达丰度。

表达谱基因芯片又称微点阵或微阵列(DNA microarray),其基本原理也是核酸杂交,是用于研究基因功能的一种应用芯片。它的基本构件是 DNA 片段或寡核苷酸组成的芯片(Chip)或微点阵。该芯片把成百上千甚至几万寡核苷酸或 DNA 片段(例如每个基因的 PCR 产物)精确、自动地排列在硅片、玻璃片、聚丙烯或尼龙膜等固相载体上,将来自不同细胞、组织或不同发育阶段的 mRNA 反转录为 cDNA,并用不同颜色的荧光染料标记作为探针,探针混合后与微点阵上的 DNA 片段或寡核苷酸进行严格杂交,再用不同波长的荧光扫描芯片,经软件处理,得出每个点在不同波长的荧光强度值及其比值(Ratio),同时计算机也给出直观的显色图。目前常用的荧光标记是 Cy3(绿色)及 Cy5(红色)。如果用 Cy3 dUDP 标记线虫雄虫的 mRNA,用 Cy5 dUDP 标记雌虫的 mRNA,杂交后那些在雄虫中高度表达的基因或只在雄虫中表达的基因的杂交点就会显绿色;而那些在雌虫中高度表达的基因或只在雌虫中表达的基因的杂交点就会显红色;而在雌虫、雄虫表达水平相当的基因则为黄色;在雌虫、雄虫均不表达的基因则应无色。由此可知道哪些基因只在雄虫表达,哪些基因只在雌虫表达以及表达水平的高低,而且还可以通过聚类分析推测未知基因的功能。

近年来出现一种新的技术——亲和捕获辅助转录物分析(Transcript analysis with the aid of affinity capture,TRAC)。这种方法的原理是:首先用双荧光团和生物素标记的不同大小的探针库与靶 RNA 杂交,然后由链霉亲和素包被的磁珠亲和吸附固定,最后用毛细管电泳鉴定探针。这样就保证了该方法具有高效性和较高灵敏度。它避免了由于微芯片中杂交质量导致的低精确度,也减少了反应时间,同时还可直接用细胞裂解液进行分析。

### (五)蛋白质组学

由于基因和蛋白之间并不存在着绝对的线性关系,mRNA 水平并不一定与蛋白质的表达水平完全对应,翻译后修饰及同型蛋白质(Isoform)等现象在基因水平无法表现,蛋白质与蛋白质的相互作用在基因水平难以预知等因素的存在,转录组研究基因功能需要通过蛋白质组学作为补充的有效方法。

基因表达的第 2 个阶段,是将 mRNA 翻译成蛋白质。生物的最终表型是通过蛋白质来实现的,它们包括催化细胞内各种生化反应的酶类以及结构成分。细胞中蛋白质的全部内容称之为蛋白质组。研究蛋白质组结构与功能的领域称为蛋白质组学,包括分析全部蛋白质组所有成分以及它们的数量,确定各种组分所在的空间位置、修饰方法、互作机制、生物活性和特定功能。

蛋白质组学研究主要涉及两个方面,即蛋白质的分离及对分离所得蛋白质的鉴定。分离蛋白质需要配置具有强大图像分析功能的双向凝胶电泳系统(Two dimensional polyacrylamide gel electrophoresis,2DE)。双向电泳仍然是目前分离蛋白质或者多肽最好的方法,随后再测定每个电泳斑点蛋白质或者多肽的氨基酸组成。

鉴定蛋白质的方法通常用生物质谱技术(Biological mass spectrometry,BMS),用 Edman 降解法测 N 端序列及氨基酸组成分析等。由于质谱技术的改进,分析的样品可达到纳克级。将这些信息与基因组中编码蛋白的所有基因序列进行比较,从而分辨哪个基因编码哪个斑点。

蛋白质组分析是一个比基因组测序和转录物组研究困难得多的任务,其复杂性表现在:①蛋白质的修饰方式形式多样,种类繁多,如磷酸化、糖基化、乙酰基化、泛素化、法尼基化和二硫键等,这些加工方式均与蛋白质的功能密切相关;②由于 mRNA 的可变剪接、程序系移码和可控突变,一个基因可编码许多不同的蛋白质,常常表现为组织特异性;③蛋白质之间存在大量的相互作用,如形成同源或者异源二聚体、三聚体或者多聚体,不同的结合状态有不同的活性;④一种蛋白质可参与多种反应,或多种蛋白质参与一种反应。蛋白质组学专家认为,由于转录、转译调控和转译后加工,蛋白质组的复杂性比基因组要扩大一个数量级。

### (六) 生物信息学

生物信息学(Bioinformatics)是以计算机为工具,用数理及信息科学的理论和方法研究生命现象,对生物信息进行储存、检索和分析的一门学科。生物信息学将多种组学,包括转录组学、蛋白质组学、代谢物组学等产生的大量数据进行有序的整理和注释,并以一定的方式组织起来。在基因组方面,科学家已经编写了许多使基因组数据可视化的软件,如 GenomePlot, GenoMap, GenomeAtlas, GenoStar 和 DNASTAR 等。2003 年,Kerkhoven 编写了基因组可视化软件 MGV(Microbiol genomes view),该软件可以进行交互式操作。目前有数百个分析生物学数据库:包括大分子序列与结构、分子化学性质、基因组图谱与多态性、分类与系统发育等。另外还有很多相关的应用软件,包括核酸与蛋白序列搜索、结构比较、结构预测、蛋白质域、测序、发育与进化分析、双向电泳成像分析、质谱蛋白质鉴定、三维蛋白结构建模与成像、基因组图谱比较、基因预测、非编码区功能位点识别、基因组重叠群集装、后基因组功能分析等。

以上这几个层次的系统生物学技术只有整合在一起使用时,才能发挥其巨大作用,并增加结果的准确度和精确性。而这其中使用的策略可归结为两种途径,即从序列到功能和从网络到功能。从序列到功能主要包括通过基因组序列比对分析和数据挖掘、蛋白质结构和功能序列比对、构建系统发育树来研究基因功能;从网络到功能包括蛋白质相互作用网络、表达调控网络、代谢网络等各种网络的构建和结构特征分析,从而预测网络中未知单元的功能。

Anglade 等人首先做了这方面的尝试。根据已经发表的全基因组序列数据,研究者计算并绘制了乳酸乳球菌 NCDO763 菌株基因组编码的理论蛋白质 2-DE 图谱,并与实际 2-DE 图谱比较,发现在实际 2-DE 凝胶上只能看到酸性蛋白质组,而不能观察到碱性蛋白质组;此外通过数据计算在 pH 为 4~7 范围内应存在 1 297 种蛋白质,但在 2-DE 凝胶上只观察到 450 个斑点。由此可见,要检测到通过基因组测序推知的所有 2 310 种蛋白质,必须克服 2-DE 的局限性,采用改进的电泳技术并与层析技术相结合。

功能基因组学等生物技术的飞速发展,大大推动了工业生物技术的基础和应用研究。系统分析结合比较研究和多种学科的交叉分析仍是功能基因组学研究的重点。生物科技产业一直致力于开发改进微生物菌株发酵过程的新方法。近来的研究都集中于功能基因组学全新的全基因组范围内的建模方法,而这种方法正是在充分利用基因组序列、转录组、蛋白质组和代谢组数据的前提下进行的菌种改造。全局代谢模型和遗传调控模型的整合,能够对改良菌株中的代谢工程实践起到一定的推动和促进作用。

**思考题**

1. 阐述基因组测序的两大策略,试比较二者的优缺点以及应用范围。
2. 阐述基因组测序的基本技术。
3. 试论述微生物基因组学研究的意义。
4. 试比较功能基因组、结构基因组和比较基因组的概念。
5. 举例说明微生物研究在基因组学研究中的重要作用。
6. 阐述功能基因组学研究的范畴。
7. 试比较遗传图谱、物理图谱、转录图谱和序列图谱的概念。

# 参考文献

[1] 弗雷泽,里德,纳尔逊. 微生物基因组[M]. 许朝晖,喻子牛,译. 北京:科学出版社,2006.
[2] 布朗. 基因组3[M]. 袁建刚,彭小衷,强伯勤,译. 北京:科学出版社,2009.
[3] 布朗. 基因组[M]. 袁建刚,周严,强伯勤,译. 北京:科学出版社,2002.
[4] 陈三凤,刘德虎. 现代微生物遗传学[M]. 2版. 北京:化学工业出版社,2011.
[5] 崔艳华,徐德昌,曲晓军. 乳酸菌基因组学研究进展[J]. 生物信息学,2008,6(19):85-89.
[6] 郭兴华. 益生乳酸细菌——分子生物学及生物技术[M]. 北京:科学出版社,2008.
[7] 胡福泉. 微生物基因组学[M]. 北京:人民军医出版社,2002.
[8] 胡松年,薛庆中. 基因组数据分析手册[M]. 杭州:浙江大学出版社,2003.

[9] 柳延虎,王璐,于黎. 单分子实时测序技术的原理与应用[J]. 遗传,2015,37(3):259-268.

[10] 沈桂芳,丁仁瑞. 走向后基因组时代的分子生物学[M]. 杭州:浙江教育出版社,2005.

[11] 宋方洲. 基因组学[M]. 北京:军事医学科学出版社,2011.

[12] 喻子牛,邵宗泽,孙明. 中国微生物基因组研究[M]. 北京:科学出版社,2012.

[13] 张刚. 乳酸细菌——基础、技术和应用[M]. 北京:化学工业出版社,2007.

[14] 周集中. 微生物功能基因组学[M]. 张洪勋,译. 北京:化学工业出版社,2007.

[15] 周晓光,任鲁风,李运涛,等. 下一代测序技术:技术回顾与展望[J]. 中国科学(生命科学),2010,40(1):23-37.

[16] GOH Y J, GOIN C, OFAHERTY S, et al. Specialized adaptation of a lactic acid bacterium to the milk environment: the comparative genomics of *Streptococcus thermophilus* LMD-9[J]. Microbial Cell Factories, 2011, 10(1):22.

[17] KUNST F, OGASAWARA N, MOSZER I, et al. The complete genome sequence of the gram-positive bacterium *Bacillus subtilis*[J]. Nature, 1997, 20, 390(6657):249-256.

[18] LI Q S, Li Y, SONG J Y, et al. High-accuracy de novo assembly and SNP detection of chloroplast genomes using a SMRT circular consensus sequencing strategy[J]. New Phytologist, 2014, 204(4):1041-1049.

[19] LIU M, SIEZEN R J, NAUTA A. In silico prediction of horizontal gene transfer events in *Lactobacillus bulgaricus* and *Streptococcus thermophilus* reveals protocooperation in yogurt manufacturing[J]. Applied and Environmental Microbiology, 2009, 75(12):4120-4129.

[20] MAKAROVA K, SLESAREY A, WOLF Y, et al. Comparative genomics of the lactic acid bacteria[J]. Proceedings of the National Academy of Sciences, 2006, 103(42):15611-15616.

[21] MURRAY I A, CLARK T A, MORGAN R D. The methylomes of six bacteria[J]. Nucleic Acids Research, 2012, 40(22):11450-11462.

[22] RONAGHI M, UHLÉN M, NYRÉN P. A sequencing method based on real-time pyrophosphate[J]. Science, 1998, 281(5375):363-365.

[23] SCHMUKI M M, ERNE D, LOESSNER M J, et al. Bacteriophage P70: unique morphology and unrelatedness to other *Listeria* bacteriophages[J]. Journal of Virology, 2012, 86(23):13099-13102.

[24] SHIN S C, AHN D H, KIM S J, et al. Advantages of single-molecule real-time sequencing in high-GC content genomes[J]. PLoS One, 2013, 8(7):68824.

[25] WINSOR G L, LAM D K, FLEMING L. *Pseudomonas* genome database: improved comparative analysis and population genomics capability for *Pseudomonas* genomes[J]. Nucleic Acids Research, 2011, 39:596-600.

[26] WU Q L, TUN H M, LEUNG F C C, et al. Genomic insights into high exopolysaccharide-producing dairy starter bacterium *Streptococcus thermophilus* ASCC 1275[J]. Scientific Reports, 2014(4):4974.

[27] YOUSSEF N H, COUGER M B, STRUCHTEMEYER C G, et al. The genome of the anaerobic fungus *Orpinomyces* sp. strain C1A reveals the unique evolutionary history of a remarkable plant biomass degrader[J]. Applied and Environmental Microbiology, 2013, 79(15): 4620-4634.

[28] ANGLADE P, DEMEY E, LABAS V, et al. Towards a proteomic map of *Lactococcus lactis* NCDO 763 [J]. Electrophoresis, 2000, 21:2546-2549.

[29] BOLOTIN A, QUINQUIS B, RENAULT P, et al. Complete sequence and comparative genome analysis of the dairy bacterium *Streptococcus thermophilus* [J]. Nature Biotechnology, 2004, 22(12):1554-1558.

[30] CHAMPOMIER V C, MAGUIN E, MISTOU M Y, et al. Lactic acid bacteria and proteomics: current knowledge and perspectives [J]. Journal of Chromatography B, 2002: 329-342.

[31] 罗春清, 杨焕明. 微生物全基因组鸟枪法测序[J]. 遗传, 2002, 24(3):310-314.

[32] 赵春雨, 崔艳华, 曲晓军, 等. 嗜热链球菌关键生产特性分子水平的研究进展[J]. 中国乳品工业, 2015, 43(10): 31-33, 64.

[33] 赵春雨, 曲晓军, 崔艳华, 等. 德氏乳杆菌保加利亚亚种与嗜热链球菌共生关系[J]. 乳品科学与技术, 2015, 38(4): 21-24.

# 第二章 极端环境微生物

**本章引言** 在生物圈中,微生物几乎无处不在,大多数微生物只能在条件温和的中性环境下生活,但有些微生物却能在十分特殊的环境中生存,例如高温、低温、高酸、高碱、高盐、高压等极端异常环境。在这些异常环境中,某些微生物逐步适应,形成了独特的机能、结构和遗传基因而得以稳定地生存下去,这些能在极端异常环境下生存的微生物被称为极端环境微生物(Extreme environmental microorganism),简称极端微生物(Extreme microorganism)。

科学家们相信,极端微生物是这个星球留给人类独特而珍贵的生物资源。开展极端微生物的研究,对于揭示生物圈起源的奥秘,阐明生物多样性形成的机制,认识生命的极限及其与环境的相互作用的规律等,都具有极为重要的科学意义,而且在环境保护、人类健康和生物技术等领域也将有着广泛的应用前景。

**本章要点** 极端环境微生物是特殊的微生物群体,在自然界的物质循环中起到重要的作用。本章介绍了极端微生物的类型,重点阐述了极端微生物适应特殊环境的生理机制以及极端环境微生物在食品工业领域中的应用前景;并阐述了极端环境微生物与古细菌的关系。

## 第一节 极端环境微生物概述

微生物广泛存在于地球上且种类繁多,目前已记载过的微生物超过10万种,随着分离、培养技术的改进和研究领域的拓宽,微生物的新种、新属、新科不断被发现,这些数字还在急剧增长。在以前曾被认为是生命禁区的极端环境中,人们也陆续发现了许多种微生物,它们以其特有的生理机制和生命行为悄然地繁衍生息,这些微生物就是极端环境微生物。

### 一、极端环境微生物的多样性

生活在极端自然环境中的微生物是生命的奇迹,它们蕴涵着生命进化历程的丰富信息,代表着生命对于环境的极限适应能力,是生物遗传和功能多样性的宝库,也是人类认识生命本质的重要途径。目前人们发现的极端环境微生物种类繁多,主要包括嗜热菌、嗜冷菌、嗜酸菌、嗜碱菌、嗜盐菌、嗜压菌、嗜盐嗜碱菌、嗜金菌、抗辐射菌、耐干燥菌和极端厌氧菌等多种类型。

#### (一)嗜热菌

嗜热菌俗称高温菌,根据它们的耐热程度,可分为耐热菌、兼性嗜热菌、专性嗜热菌、极端嗜热菌和超嗜热菌等几类,它们的生长温度一般都高于40℃。发现嗜热菌之前,生物学中一般把48 ℃视为生命存活的最高温度,人们很难想象在更高温度的环境中会有生物存在。但20世纪初期以来,微生物学家就陆续在温泉、堆肥、火山等地域发现了一些能在高温环境下滋生的细菌。而迄今为止保持耐热最高纪录的要数在海底热液口发现的,生长在温度高达113 ℃环境之中的一种能产生甲烷的细菌,但由于其生活的环境温度高,盐浓度大,压力也非常高,所以在实验室很难分离和培养。已发现的嗜热菌有真细菌、古细菌,绝大多数嗜热菌也是厌氧菌。

(二)嗜冷菌

在地球的南北极地区、冰窖、终年积雪的高山、深海和冻土地区里滋生着一些与温度有密切关系的极端微生物——嗜冷菌,它们必须生活在低温条件下,温度稍高就会死亡。嗜冷菌分为专性嗜冷菌和兼性嗜冷菌。专性嗜冷菌适应低于20 ℃以下的环境且对温度变化很敏感,高于20 ℃很快死亡。有一种专性嗜冷菌,在温度超过22 ℃时,其蛋白质的合成就会停止。兼性嗜冷菌生长的温度范围较宽,最高温度达到30 ℃时还能生活。嗜冷菌所涉及的范围十分广泛,在真细菌、酵母、蓝细菌和古细菌中,均已发现嗜冷微生物的存在。最常见的嗜冷菌种有耶氏菌、李斯特菌和假单胞菌(*Pseudomonas*)。嗜冷微生物的存在是导致低温保藏食品腐败的根源。

(三)嗜酸菌

大多数微生物的最适 pH 为 5.0~9.0,而嗜酸微生物可以在极低的 pH 环境下生长,有些甚至可以生活在 pH 低于 0 的环境中。一般来说,将最适生长 pH < 3.0 的微生物称为嗜酸微生物。嗜酸微生物种类丰富,它们广泛地分布在酸性矿山废水、生物沥滤堆以及含硫温泉和土壤中。根据不同分类的标准可将嗜酸菌分为不同的类群。以最适生长温度为标准,可将嗜酸菌分为中温菌、中度嗜热菌和极度嗜热菌 3 个类群;若以碳源为标准,则可分为化能自养菌和化能异养菌。

(四)嗜碱菌

嗜碱菌是一类生长于盐碱环境中的特殊微生物,与嗜酸菌恰好相反,它们必须在 pH 为 8.0 以上的环境里才能生长,而它们最佳生存环境的 pH 一般在 9.0 以上。迄今为止,嗜碱菌尚未明确定义,主要因为有些微生物对特殊的营养、金属离子和温度等生长条件的敏感性不同,导致它们生长的最适 pH 也不同。Kroll(1990)认为嗜碱菌是在 pH 在 6.5 以下不能生长或生长极为缓慢,通常最适 pH 在 10.0~12.0 之间的一类微生物,嗜碱藻青菌甚至能够在 pH 为 13.0 的环境里生长。有些嗜碱菌在 pH 为 7.0 或 7.0 以下环境中不能生长,称为专性嗜碱菌;而有些嗜碱菌则既能在 pH > 7.0,又能在 pH < 7.0 的微酸性环境中生长,这类菌称为兼性嗜碱菌。大量不同类型的嗜碱菌已从土壤、碱湖、碱性泉甚至海洋中分离出来,包括细菌、真菌和古细菌。

(五)嗜盐菌

嗜盐菌是一类可以在高盐环境下生存的极端微生物,一般分布在腌制品、盐湖和海洋等环境中。嗜盐菌最显著的特征是绝对依赖高浓度 NaCl,当 NaCl 的质量浓度降低到 1.5 mol/L 的时候,该类菌的细胞壁会呈现出不完整状态,所以嗜盐菌仅仅生长在高盐的环境中。在我国内蒙古、新疆、西藏、青海等地区的高盐湖泊、盐地等环境均有存在。目前发现的嗜盐菌主要有嗜盐需氧菌、嗜盐厌氧菌、嗜盐硫还原菌以及嗜盐古细菌、嗜盐真核生物、嗜盐真细菌和嗜盐甲烷菌等。

### (六) 嗜压菌

需要高压才能良好生长的微生物称为嗜压菌,最适生长压力为正常压力,但能耐受高压的微生物称为耐压菌。嗜压菌与耐压菌不同,它们必须生活在高静水压的条件下。嗜压微生物仅分布在深海底部和深油井等少数地方,多为古细菌,多数生长在 0.7~0.8 MPa 的环境中,有的在高达 1.04 MPa 以上也能生长,而在低于 0.4~0.8 MPa 则不能生长。目前报道的最耐压的是美国海洋学家发现的一些菌种,能够生长在 1.3~1.4 MPa 环境中。

### (七) 嗜盐嗜碱菌

嗜盐嗜碱菌是嗜盐古细菌中的一个类群,对高浓度的盐和高 pH 具有适应性,为双因子极端环境微生物。嗜盐嗜碱菌在高盐和碱性条件下能良好生长,在盐的质量分数低于 10% NaCl 或中性环境中不生长。它们由于长期适应了环境的特殊性,所以具有极为特殊的结构和生理机制。嗜盐嗜碱菌的研究起步较晚,因为在嗜盐菌的早期研究中所采用的分离条件都为中性或接近中性,这使得嗜盐嗜碱菌一直没有被人们发现,直到 20 世纪 70 年代后期,人们从非洲碱湖中分离到极端嗜盐嗜碱菌,对嗜盐嗜碱菌的研究才真正开展起来。

## 二、极端微生物的应用

极端微生物代表了生命适应环境的多样性及其可能的范围,这对探究生命的起源、生命的进化或地外生命都具有非凡意义。极端微生物的特殊功能和代谢产物也具有自身独特的优点:极端嗜盐菌的质子泵"紫膜"蛋白,能够通过构型的改变储存信息,将有望用于光学信息处理生物芯片等高科技产业领域;嗜热菌产生的 Taq DNA 聚合酶,可以使 DNA 的体外复制变得异常简单,大大提高了基因工程等分子生物学研究的进程;秸秆、废渣等在高温、酸、碱等条件下更易于处理,而极端微生物能够在此类极端环境中实现普通微生物不能完成的对纤维素、半纤维素的有效转化。

随着极端微生物资源的不断发掘与深入研究,其实际应用范围会越来越广,这将会为工业、农业、医药、食品、人类健康等领域的发展提供新的途径,为现代生物技术带来革命性的进步。

# 第二节 极端嗜热菌

生物的一个基本特征是就对环境的适应性,而微生物对高温的适应能力尤为惊人。Williams 在 1975 年把曾把嗜热菌定义为最高生长温度高于 60 ℃,最适生长温度高于 50 ℃ 的微生物;而最高生长温度超过 90 ℃,最适生长温度高于 65 ℃ 的微生物定义为极端嗜热菌。现在较公认的划分是:最适生长温度在 15 ℃ 以下的菌称为嗜冷菌;15~60 ℃ 的菌称为中温菌;60~80 ℃ 的菌称为中度嗜热菌;80 ℃ 以上的菌称为超嗜热菌,也称为极端嗜热菌。

## 一、极端嗜热菌的生态分布及一般习性

嗜热菌(Thermophiles)属于极端微生物中的一大类,广泛分布在各种自然和人为的高温生物圈中,例如草堆、厩肥、温泉、煤堆、工厂高温废水排放区、火山地、地热区土壤及海底火山附近等处。嗜热菌种类繁多,不仅形态各异,而且也有自养营养型和异养营养型之分;不同嗜热菌对氧的需求也有差别,有的是需氧型,有的是厌氧型,但以专性厌氧型为主。

已知的大多数嗜热微生物是中度嗜热菌,目前发现的中度嗜热微生物分属于许多不同的真核和原核的分类群,如原生动物、真菌、藻类、蓝细菌、梭菌和杆菌。而生命最高上限温度的代表极端嗜热菌,主要生长在陆地和海洋的高温环境中,在这些地方它们形成了生物群落。

## 二、耐高温机制

近40年来,人们对嗜热菌的生理、生化、生态、遗传等性质进行了广泛和深入的研究。嗜热菌的生长温度远远超过一般中温菌的生长范围,它们能在如此高温下生活,说明其构造及生理上具有一定特点。目前研究工作认为嗜热菌耐热机制与其生物大分子蛋白质、核酸、类脂密切相关,总结如下:

### (一)嗜热菌细胞膜的组成成分

嗜热菌细胞膜的脂质双分子层中有很多结构特殊的复合脂类,主要是甘油脂肪酰二酯。随着温度的升高,复合类脂中烷基链彼此间隔扩大,而极性部分作为膜的双层结构则保持整齐的液晶态。嗜热菌的细胞膜通常通过调节磷脂组分而维持膜的液晶态,以获得更高的熔点。嗜热菌的细胞膜中饱和脂肪酸的含量远高于不饱和脂肪酸,增加磷脂酰烷基链的长度或是增加脂肪酸饱和度都可维持膜的液晶态,从而使嗜热菌的细胞膜耐受高温。此外,嗜热菌的细胞膜具有更多的支链饱和脂肪酸和糖脂,细胞膜中形成大量的甘油-醚键,而不是常温菌细胞膜的甘油-酯键,这也会增加膜的稳定性。

### (二)嗜热菌遗传物质的热稳定性

DNA双螺旋结构的稳定性主要是由配对碱基之间的氢键以及碱基堆积力维持的。而人们比较芽孢杆菌属中常温菌和嗜热菌的DNA组成时,发现生长上限温度和GC含量之间存在正相关的关系。嗜热栖热菌(*Thermus thermophilus*)DNA的GC含量高达60%~70%,DNA构型为A型的DNA-RNA杂合分子,A构型的DNA相邻碱基重叠偏差大,有利于较多氢键的维持。此外,组蛋白和核小体在高温下均有聚合成四聚体甚至八聚体的趋势,这能保护裸露的DNA免受高温降解。有资料表明,嗜热古细菌中存在一种特殊的机制对抗热变性,例如反解旋酶结合在DNA双螺旋上,使DNA产生更能耐受高温的正超螺旋结构。

tRNA也是对热比较稳定的核酸分子,栖热菌属的tRNA的GC含量就明显高于大肠杆菌。另外,嗜热菌中的tRNA周转率大于常温菌tRNA的周转率,tRNA是蛋白质生物合

成中的运载工具,占有很关键的位置,它的耐热性及高周转率有助于一些重要酶的迅速再合成。

**(三)嗜热菌蛋白质的热稳定性**

决定嗜热菌耐热性的主要机制是蛋白质的热稳定性,在80℃以上环境中能发挥功能的酶称为嗜热酶。嗜热酶在高温环境中能保持稳定性,这与其结构有着直接关系。嗜热菌蛋白质的一级结构中,某些氨基酸的突变会引起离子键、氢键和疏水作用的变化,从而大大提高整体的热稳定性,这就是氢基酸的突变适应。嗜热菌的蛋白与常温菌蛋白的大小、结构都极为相似,但构成蛋白质高级结构的非共价键、结构域、亚基与辅基的聚集,以及糖基化作用、磷酸化作用等却不尽相同,蛋白对高温的适应与这些微妙的空间相互作用有直接关系。另外,嗜热蛋白酶离子结合位点上所结合的金属离子(如 $Ca^{2+}$, $Mg^{2+}$, $Zn^{2+}$ 等)可能起到类似于二硫键那样的桥连作用,促进其热稳定性的提高。

## 三、极端嗜热菌的代表菌种和应用

嗜热菌的系统分类学是在 C. R. Woese 等对产甲烷菌的 16S rRNA 序列与其他细菌分析与对比后才取得突破的。他根据 16S rRNA 序列分析结果,在分子水平上将原核生物分为真细菌(Eubacteria)和古细菌(Archae bacteria),并进一步提出了趋向自然的生命三域进化系统:古细菌域(Domain archaea)、细菌域(Domain bacteria)和真核生物域(Domain eucarya)。嗜热菌除依赖于硫的极端嗜热古细菌外,没有独立于常温菌的分类系统,其种类主要为古细菌和真细菌。目前发现的超嗜热菌有40~50种,它们的差异性很大,分布在23个属和10个目中,大多数是古细菌。

**(一)极端嗜热菌的代表菌种**

1. 嗜酸热性硫化叶菌

嗜酸热性硫化叶菌(*Sulfolobus acidocaldarius*)是较为常见的嗜热微生物,球形细胞,专性好氧,一般在酸性温泉以及火山口附近的土壤中被发现,这种细菌嗜热且嗜酸,最高生长温度在85~90℃,最适生长温度为75~87℃,最适 pH 为2.0~3.0。在自养生长期间,可以氧化 S,$S^{2-}$ 和 $H_2$,并产生硫酸和水。在微好氧条件下,硫化叶菌还可以还原三价铁和铁钼化合物。在营异养生长期间,也能利用糖、蛋白胨等有机化合物作为能源。而在厌氧条件下,硫化叶菌还能以 $H_2$ 作为电子受体,还原 S 作为能量来源。

嗜酸热性硫化叶菌有坚硬的细胞壁,所以对酸热的抗性更强。其细胞壁与真细菌不同,不含典型的肽聚糖成分,而是糖肽性质。细胞膜类脂结构是多糖类脂,是古细菌的特征。

2. 热网菌

热网菌(*Pyrodictium*)是至今已知嗜热菌中嗜热性最强的一种,它的最适生长温度达105℃,是从海底热气口处分离得到的(该处温度达110℃)。生长初始 pH 为5.0~7.0,最适 pH 为5.5,生长温度为80~110℃,NaCl 的质量分数在0.1%~12%均可生长,最适 NaCl 的质量分数为1.5%。热网菌细胞形状特别,是不规则的盘子形状,直径为0.3~2.5 μm,厚约0.2 μm。在培养基中呈霉菌菌丝状,丝状物交织成网成层浮于硫晶体表面,丝状体部分中空,由蛋白质亚基排列而成,类似真细菌的鞭毛,但无运动功能,只供附着于固体物表面之用。热网菌是严格厌氧菌,对氧气敏感。化能自养、兼养或发酵生长,兼养生长利用 $H_2$、硫代硫酸钠和细菌抽提物;自养生长通过 $H_2$ 和元素硫代谢形成 $H_2S$。细胞的包被由糖蛋白或蛋白质组成,没有肽聚糖。GC 含量为 62%,比其他陆生的极端嗜热菌的碱基比值都高,由于它不寻常的性质,并可在超高温环境生活,可能是最原始的一种嗜热菌类型。

### (二)极端嗜热菌的应用

我国温泉众多,其中蕴藏着丰富的嗜热菌资源,嗜热菌产生的嗜热酶是当今研究和开发得最多的极端酶,例如纤维素酶、蛋白酶、淀粉酶、脂肪酶、菊糖酶等,这些由嗜热微生物产生的酶制剂具有热稳定性好、催化反应速率高等、易于在室温下保存等优点,现已被广泛应用到洗涤剂、淀粉加工、造纸厂及乳制品等工业生产中。

另外,嗜热微生物还可直接用于工业过程,在矿产工业中嗜热菌可用于细菌浸矿、石油及煤炭的脱硫;嗜热菌能够直接处理高温废水,可以节省冷却设备与运行费用,提高了废水处理效率;在采油过程中,嗜热菌可以将原油中较重的组分降解为轻质组分,增加原油的流动性便于原油的开采,使用嗜热微生物可以使石油增产 50% 左右;嗜热菌对某些矿物有特殊的浸溶能力,对某些金属具有较强的耐受能力,利用嗜热微生物,可以大幅度提升矿产开采的进度。

而近年来,嗜热菌研究中最引人注目的成果之一就是将水生栖热菌中耐热的 Taq DNA 聚合酶用于遗传工程的基因研究技术中。早先使用的 DNA 聚合酶主要来源于大肠杆菌,由于酶的耐热性不高、易失活,反应中需多次添加,而使用了耐热的水栖嗜热菌的 Taq DNA 聚合酶后,反应温度由 37 ℃ 提高到 75 ℃,大大提高了反应的效率。

## 第三节 极端嗜冷菌

地球生态系统中存在着广泛的低温环境,在这些特殊的环境中生活着一类微生物即冷适应微生物。根据它们生长温度特性可进一步分为两类:其中一类最高生长温度高于 20 ℃、最适温度高于 15 ℃、在 0~5 ℃ 可生长繁殖的微生物称为兼性嗜冷菌(Psychrotroph),另一类必须生活在低温条件下且其最高生长温度不超过 20 ℃、最适生长温度为 15 ℃、在 0 ℃ 可生长繁殖的微生物称为专性嗜冷菌(Psychrophile),两者合称嗜冷菌。兼性嗜冷菌能在较宽的温度范围内生长,而专性嗜冷菌只能在较窄的温度范围内生长,温度过高就会死亡。

### 一、嗜冷菌的生态分布及习性

地球上约 80% 以上的生物圈部分为永久性低温地区(常年低于 5 ℃),包括 90% 的海洋两极地区、常年积雪的高山、冰川、极地和高山湖泊、部分温带湖泊湖底静水层等;温带土壤、部分海洋和湖泊表层、洞穴等地区温度随季节变化,为非永久性低温地区,在地球上广泛分布的低温地区中生存着大量的嗜冷菌。根据温度变化程度的大小,可将低温环境分为稳定低温环境和不稳定低温环境。从稳定低温环境（深海和冰洞）分离的嗜冷菌通常为专性嗜冷菌；相比之下，在不稳定低温环境难以分离专性嗜冷菌，从其中分离的兼性嗜冷菌在极端环境条件下有较强的生存能力。

除上述自然低温环境外，在我们周围还存在许多人造低温环境，如冷库、冰箱等，冷藏食品和酸奶中存在的嗜冷菌与人类的日常生活和健康密切相关。

嗜冷菌种类繁多，在已知的嗜冷菌中，细菌是数量和种类最多的一类，涉及 30 多个属，其中属于革兰氏阴性的 *Pseudomonas* 属和革兰氏阳性的 *Bacillus* 属的较多，营养类型有自养型和异养型、好氧型和厌氧型、光合自养型和非光合自养型等。这些嗜冷菌广泛地分布于各种低温环境中。除细菌外，人们在南极的土壤和湖泊中发现有放线菌、霉菌、酵母，后来又发现了嗜冷古细菌。

## 二、冷适应机制

嗜冷菌在低温条件下能正常生长，是由其细胞结构、生物大分子等对低温有较强的适应能力所决定的，目前对嗜冷菌耐低温机制的研究集中在以下几方面。

### （一）调节膜中的脂类

微生物能否在低温条件下生长，限制因素之一是在低温条件下细胞是否具有转运外源营养物质进入细胞的能力。中温微生物在低于 5 ℃ 时一般就不能吸收代谢外源物质而只能代谢内源物质，这可能是限制其在低温下生长的原因之一。而适冷微生物由于其膜在 0 ℃ 甚至 0 ℃ 以下仍具有流动性，它们在 0 ℃ 甚至 0 ℃ 以下仍可吸收胞外营养物质。细胞膜中脂类的组成决定了膜的流动性和相结构，从而保证了膜中镶嵌蛋白质发挥正常的功能，如离子和营养的吸收、电子转移等。因此，当温度改变时，微生物必须调节膜脂类的组成，从而调节膜的流动性和相结构，以适应环境温度的变化。嗜冷菌细胞膜中脂类含量较多，尤其含有较多的直链和支链不饱和脂肪酸，并且脂肪酸甲基分支比例增加，环状脂肪酸比例减少，从而降低了脂类的熔点，使细胞膜在低温条件下保持良好的流动性，利于微生物的生存，有助于其在低温条件下吸收环境中的营养物质。

另外，兼性嗜冷菌 *Pseudomonas fluorescens* 在低温条件下可通过改变细胞外膜蛋白的结构，使通道孔径缩小，避免外界环境中某些毒素分子进入细胞。嗜冷菌还可在低温条件下大量分泌胞外脂肪酶、蛋白酶等，将环境中生物大分子降解成小分子，从而有利于营养物质通过细胞膜而保证其营养需求。

### （二）蛋白质的合成

中温菌合成的蛋白质是冷不稳定的，它们在低温下活性降低甚至失去活性。嗜冷菌中的蛋白质是以单体和多聚物形式存在的，嗜冷菌中的蛋白质在低温条件下能保持结构上的完整性和催化功能。如嗜冷菌 *Vibrio* sp. 的异柠檬酸脱氢酶，其单体形式比二聚体形式对热敏感，当温度升高超过 15 ℃ 时，其单体即迅速失去活性，但在温度降至 0 ℃ 时又立刻恢复活性。

此外，温度还通过影响核糖体上蛋白质的翻译速率或是通过影响某种专一 mRNA 翻译的起始或翻译的速率,来影响合成蛋白总量或特定蛋白的相对量。Krajewska 和 Szer 证实:在嗜冷性假单孢杆菌中蛋白合成同中温菌和嗜热菌相比,在同样低温下有非常低的错配率。因此,低温菌的一个适应性就是在翻译机制中,具有在低温下保持有效启动的特殊能力,而在中温菌和嗜热菌系统中没有。据报道,当嗜冷菌生长在它们的底线温度时,蛋白质含量增多。

### (三)转运 RNA(tRNA)

Dalluge 等发现嗜冷菌 tRNA 转录后被修饰的程度较低,这些修饰仅是维持 tRNA 的基本结构。与之相比,在一些嗜热菌中,tRNA 转录后被修饰的程度高,以提高 tRNA 的稳定性。另外,嗜冷菌 tRNA 中二氢脲嘧啶含量高,有助于 tRNA 局部构象有较好的柔性以及动力学上较好的流动性,这些结构特征可能是对低温的一种适应。

### (四)嗜冷菌所产低温酶

生物的一切活动如吸收、代谢、生长、繁殖等,都离不开酶的作用。中温菌所产生的酶一般要求较高的反应温度,而来自嗜冷菌细胞中的酶必须适应低温环境,大多数具有低温催化和对热不稳定的特征,其活性的最适温度倾向低温或在低温下(如 4 ℃ 甚至 0 ℃)仍保持较高的比活性。嗜冷菌所产低温酶分子结构一般具有较高的柔性,在低温条件下能快速进行构象上的调整以适应催化反应的需要,减少了能量消耗。这类酶在低温条件下一般具有较高的 $K_{cat}$ 及 $K_{cat}/K_m$ 值,以此来补偿由于低温引起的生化反应速度降低的不利影响,进而使嗜冷菌保持正常生长所需的新陈代谢活动。低温酶的 $K_m$ 值较低,对底物的亲和力较强,提高了对底物的利用效率,这也是与嗜冷菌所处的自然环境中营养物质相对贫乏相适应的。另外,嗜冷菌还可以提高产酶量来弥补酶催化反应速度较低的不足。

### (五)冷休克蛋白和冷适应

当微生物的生长温度突然降低时,细胞会诱导合成一组冷休克蛋白(Cold shock protein,CSP),冷休克蛋白首先在大肠杆菌中发现,将大肠杆菌从 37 ℃ 突然转移到 10 ℃ 时细胞中会诱导合成一组冷休克蛋白,它们在低温的生理适应过程中发挥着重要作用。检测嗜冷酵母 *Trichosporon pullulans* 的冷休克反应,发现冷刺激后冷休克蛋白在很短时间内大量产生,并且温度变化越大,产生的冷激蛋白就越多。冷激蛋白的生成出现在滞后期和指数生长期。但并不是只有嗜冷菌才产生应激蛋白,当生长温度突然降低时,无论是适冷微生物还是中温微生物都会被诱导产生冷激蛋白,只不过适冷微生物产生得更多。

## 三、嗜冷菌的代表菌种及应用

### (一)嗜冷菌的代表菌种

南、北极地区的冰芯、雪样、水样、土壤、沉积物、岩石及海洋生物等各类样品中发现了数量与种类众多的微生物种群,其中以嗜冷微生物为优势种群。目前,人类已发现的极地低温微生物有真细菌、蓝细菌、酵母菌、真菌、藻类和古细菌等(表 2.1)。

表 2.1 低温环境中的嗜冷微生物

| 种类 | 菌属 |
|---|---|
| 革兰氏阴性菌 | *Pseudomonas*, *Pseudoalteromonas*, *Moraxella*, *Psychrobacter*, *Polaromonas*, *Psychroflexus*, *Polaribater*, *Moritella*, *Vibrio*, *Colwellia*, *Aeromonas*, *Serratia* |
| 革兰氏阳性菌 | *Arthrobacter*, *Bacillus*, *Micrococcus* |
| 蓝藻 | *Nostoc* |
| 硅藻 | *Fragillaria* |
| 绿藻 | *Chlamydomonas*, *Raphidonema*, , *Chloromonas*, *Cylindrocystis* |
| 古细菌 | *Methanogenium*, *Methanococcoides*, *Halorubrum* |
| 酵母 | *Candida*, *Cryptococcus*, *Toralopsi*, *Rhodotorala*, *Toralopsis*, *Cladosporium*, *Keratinomyces* |
| 真菌 | *Penicillium*, *Cladosporium*, *Typhula*, *Leptomitus*, *Mucor*, *Rhizopus Alternaria*, *Keratinomyces* |

1. 嗜冷菌 *Marinomonas* sp.

嗜冷菌 *Marinomonas* sp. 是在南极发现的一类耐低温细菌。属于假单胞菌目（Pseudomonadales）海螺旋菌科（Oceanospirillales）海单胞菌属（*Marinomonas*）。最适生长温度为 10~15 ℃，在 0 ℃ 也能生长，它是革兰氏阴性菌，细胞短杆状，大小为 (1.9~2.4) μm × (0.5~0.8) μm，无芽孢，液体培养基形成菌膜。在固体培养基上的菌落为浅黄色，圆形，光滑，中间隆起，边缘整齐，直径 1~2 mm。

嗜冷菌 *Marinomonas* sp. 在长期进化过程中已形成了相应的适应机制，脂肪酸和蛋白质成分组成发生变化，以超氧化物歧化酶为主的抗氧化酶系统在对抗低温的胁迫中具有重要作用。嗜冷菌 *Marinomonas* sp. 产生的低温超氧化物歧化酶，活性较高，通过条件优化，未来有望利用南极嗜冷菌进行超氧化物歧化酶生产。

2. 嗜冷菌 *Pseudoalteromona* sp.

嗜冷菌 *Pseudoalteromona* sp. 是在南极海冰中发现的，属于细菌域（Bacteria）变形杆菌门（Proteobacteria）的 γ - 变形杆菌纲（γ - Proteobacteria）假交替单胞菌属（*Pseudoalteromonas*），最适生长为温度 5 ℃，在 0 ℃ 也能生长。

嗜冷菌 *Pseudoalteromona* sp. 可产生蛋白酶，最适产酶温度为 5 ℃，所产蛋白酶为适冷酶，酶的最适酶活温度为 40 ℃，0 ℃ 仍保持 10% 的相对酶活；酶活最适反应 pH 为 10.0；除 $Cu^{2+}$ 对酶活有轻微的激活作用外，其余金属离子均对蛋白酶有不同程度的抑制作用，其催化作用不需要金属离子的参与；热稳定性极差，在 60 ℃ 放置 15 min 即完全失活，40 ℃ 下保存 10 min，酶活下降 21%，为典型的适冷蛋白酶。

（二）嗜冷菌的应用

低温发酵可生产许多风味食品，节约能源及减少中温菌的污染，低温微生物在低温条件下可对污染物进行降解和转化；此外，从海洋低温微生物中分离的生物活性物质可用于医药、食品等，但嗜冷菌的主要应用意义在于微生物源的嗜冷酶，微生物学家已从深海和南北极的海洋环境发现的嗜冷菌群中分离到各种嗜冷酶（表 2.2）。

表 2.2 嗜冷菌及其所产生的冷活性酶

| 菌株 | 冷活性酶 |
|---|---|
| 产琥珀酸丝状杆菌(*Fibrobacter succinogenes*) | 葡聚糖酶 |
| 嗜冷细菌 | 硝酸酶 |
| 河豚毒素交替单胞菌(*Alteromonas haloplanctis*) | α-淀粉酶 |
| 节杆菌(*Arthrobacter*) | β-半乳糖苷酶 |
| 铜绿假单胞菌(*Pseudomonas aeruginosa*) | 碱性蛋白酶 |
| 节杆菌(*Arthrobacter*) | 碱性磷酸酶 |
| 假单胞菌(*Pseudomonas sp.*) | 脂酶 |
| 莫拉氏菌属(*Moraxella sp.*) | 乙醇脱氢酶 |
| 大比目鱼金黄杆菌(*Flavobacterium balustinum*) | 蛋白酶 |
| 希瓦氏菌属(*Shewanella*) | 硝酸酶 |

1. 食品领域中嗜冷酶的应用

嗜冷蛋白酶被大量应用于食品工业(啤酒的处理、面包店中的应用、发酵食品的生产)。奶酪是西方人常用食品,在其加工过程中需用凝乳酶,由于来源于小牛的凝乳酶价格昂贵,人们把目标转向重组凝乳酶和微生物凝乳酶。目前微生物凝乳酶的应用受到一定限制,其原因主要是微生物凝乳酶有较高的热稳定性,在奶酪制作后续工艺中需要在较高温度下将其灭活,过高的温度会影响奶酪的风味,并耗费较多能量,若能通过基因工程手段改造微生物凝乳酶,获得热稳定性较弱的嗜冷菌凝乳酶将能解决这一难题。

从嗜碱及嗜冷微球菌(*Micrococcus sp.*)中获得了α-淀粉酶基因,该基因可表达α-淀粉酶,这种酶在低温和高pH下可将淀粉转化为麦芽四糖(Maltotetrose),这是一种麦芽寡糖(Maltooligosaccharide),已被用于食品添加剂和临床分析物质。

2. 化工领域中嗜冷酶的应用

嗜冷酶在工业上的应用优势在于这类酶催化反应最适温度较低,可以节约能源。如嗜冷菌产生的低温蛋白酶可用于皮革处理,低温脂肪酶及蛋白酶可作为洗涤添加剂,这种洗涤剂可直接加入未经加热的自来水中用来洗衣服,既经济实惠,又可保护衣物。但利用专性嗜冷酶进行工业生产可能耗费较多的冷水,同时会遇到底物在低温条件下溶解性降低等问题。因此嗜冷菌在工业上的应用既有优势也有缺点,可根据具体情况采取相应措施。

3. 环保领域嗜冷菌的应用

自然界中许多污染发生在河流、湖泊及地下水源等温度相对较低的环境中,在这些环境中低温微生物可对污染物进行降解和转化,对自然界的物质循环起重要作用。人类可利用低温微生物的氨化、硫化、硝化等生化特性对污染物进行降解和转化,达到治理污染,保护人类生存环境的目的。某些嗜冷菌具有较强的分解淀粉、脂肪、蛋白质及多种酚类衍生物(如间苯二酚、邻二氯酚等)的能力。研究表明,通过嗜冷菌的生物降解作用在原位清除低温环境中的石油污染方面显示出其独特的优势,在污水治理、禽畜粪便处理

## 第四节 极端嗜酸菌

近几十年来,极端环境微生物引起了人们的极大兴趣,极端环境微生物研究逐渐成为生命科学的研究热点。嗜酸菌就是一类极其重要的极端环境微生物。各种微生物都有一定的适于生长的 pH 范围,绝大多数均适于中性的环境(pH 为 5.0~9.0),而嗜酸菌可以在极低的 pH 环境下生长。

### 一、嗜酸菌的分类及其主要特征

嗜酸菌一般是指那些生长在 pH 上限为 3.0,最适生长 pH 为 1.0~2.5 的微生物,包括原核生物与真核生物两大类。嗜酸菌一般分布于金属硫矿床酸性矿水、生物滤沥堆、煤矿床酸性矿水以及含硫温泉和土壤中。极端嗜热嗜酸古细菌如嗜热支原体和硫化叶菌,其生长最适 pH 分别为 0.8~3.0 和 1.0~5.5。极端嗜酸真细菌如氧化硫硫杆菌和氧化亚铁硫杆菌,其最适 pH 为 2.0~5.0 和 1.5~4.0。

嗜酸微生物种类丰富,依其生长的温度范围不同又可划分为常温型、中温型及高温型 3 个类群(表 2.3)。在金属硫化矿酸性矿水、煤矿排出水、含硫的酸性土壤以及其他人为酸性环境矿生存着中温嗜酸菌,如硫杆菌(*Thiobacillus*)和钩端螺菌(*Leptospirillum*)等;在热泉的酸性环境里生存着中度嗜热菌,如嗜酸热原体(*Thermoplasma acidophilum*),在地热区酸性热泉河硫质喷气孔以及海底热液口,生存着嗜热嗜酸菌,如硫化叶菌(*Sulfolobus*)、嗜酸两面菌(*Acidianus*)和金属球菌(*Metallosphaera*)等,这些都是嗜热古细菌。

表 2.3 嗜酸微生物

| 嗜酸菌 | 温度分类* | 系统分类 |
| --- | --- | --- |
| *Leptospirillum ferrooxidans* | 中温菌 | *Nitrospira* |
| *Ferroplasma acidiphilu* | 中温菌 | *Thermoplasmales* |
| *Acidithiobacillus thiooxidan* | 中温菌 | β/γ - *Proteobacteria* |
| *Acidomonas methanolica* | 中温菌 | α - *Proteobacteria* |
| *L. thermoferrooxidans* | 中度嗜热菌 | *Nitrospira* |
| *Picrophilus oshimae* | 中度嗜热菌 | *Thermoplasmales* |
| *Acidithiobacillus caldus* | 中度嗜热菌 | β/γ - *Proteobacteria* |
| *Metallosphaera* spp. | 极度嗜热菌 | *Sulfolobales* |
| *Sulfolobus shibitae* | 极度嗜热菌 | *Sulfolobale* |
| *Stygiolobus azoricu* | 极度嗜热菌 | *Sulfolobales* |

注 *中温菌,$T_{optimum} < 40\ ℃$;中度嗜热菌,$T_{optimum} = 40~60\ ℃$;极度嗜热菌,$T_{optimum} > 60\ ℃$

若以碳源为标准,嗜酸菌则还可分为化能自养菌和化能异养菌。另外,菌株多样性还包括好氧型、兼性厌氧型和严格厌氧型。其中研究较多的一类是化能自养型生物,以硫或黄铁为"养料"的产硫酸杆菌和铁杆菌是已被人们所熟知。化能自养菌以 $CO_2$ 为碳源,通过氧化亚铁、元素硫及还原硫化合物获得能量。许多酸性环境中溶解性有机碳的浓度非常低,所以营养非常贫乏,在这些酸性生态系统中,基本生长的就是化能自养嗜酸菌。化能异养嗜酸菌在自然界中分布也较为广泛,许多异养嗜酸菌和自养菌伴生,以自养菌的细胞代谢产物和死亡的菌体作为碳源和能源进行代谢,还有一些异养嗜酸菌可以通过氧化还原铁来获得能量。

## 二、嗜酸菌的耐酸机制

嗜酸菌必须生长在酸性环境中,在中性条件下细胞会马上溶解,这表明只有高浓度 $H^+$ 才能使细胞质膜维持稳定。但是大量的研究表明,嗜酸菌细胞内部的 pH 是接近中性的,细胞内酶反应和生化代谢过程也与中性菌相似,近年磁共振技术的应用也证实了这一点,而且随着外界条件的变化,细胞内部的 pH 实际变化很小。嗜酸菌中究竟存在着一种什么样的机制,能使得它在如此恶劣的环境中保持着一个相对稳定的 pH,为此科学家做了大量的研究。

嗜酸菌生长在酸性环境中,细胞膜是它唯一可以抵御外界 $H^+$ 的物理屏障。所以,细胞膜对 $H^+$ 的低渗透性可能是它保持细胞内部 pH 的主要途径。近几年的研究表明,细胞膜上的脂类物质在这方面发挥着重要的作用。Vossenberg 等研究 *Picrophilus oshimae* 时发现,提取自这种嗜酸菌细胞膜上的脂质体在 pH 为 7.0 时不能形成有规则的囊泡结构,而在 pH 为 3.0 和 4.0 时则可以形成这种有规则的结构,而且这种结构对 $H^+$ 的渗透性极低。但是,这种结构的脂质体在 pH 为 7.0 时又会变得有漏洞。因此,嗜酸菌不但很好地适应了酸性环境,而且还需要酸性环境来保证其细胞膜的稳定性和细胞的完整性。

此外,在自然和人为的酸性环境中,通常都会含有大量的重金属离子。如铜、砷、钙和镁离子每升可达几克至几十克,铁离子质量浓度更可高达 100 g/L,这样高浓度的重金属对大多数生物来说都是有害的,但嗜酸菌却可以在这种环境中生长得很好,这说明嗜酸菌对很多重金属也都有耐受性。嗜酸菌可通过某些蛋白将有毒金属排出细胞,还可通过渗透障碍阻止重金属进入细胞,因此可大大降低重金属对自身的威胁。

## 三、嗜酸菌的代表菌种及应用

酸性矿坑废水、生物沥滤堆以及含硫温泉和土壤中等极端环境中,由于地热或硫化物氧化产生热量,使这些生态体系中存在着温度梯度,不同温度生态适应性的嗜酸菌生活在不同的温度环境中。

### (一)嗜酸菌的代表菌种

1. 隐藏嗜酸菌

隐藏嗜酸菌(*Acidiphilium cryptum*)是一种革兰氏阴性、兼性异养的嗜酸异化铁还原菌,在分类地位上属于 α-变形菌纲红螺菌目醋杆菌科嗜酸菌属。显微镜下观察,单个细菌呈短杆状,单生或成链状排列,菌体大小约为 $(0.4 \sim 0.8) \mu m \times (1.0 \sim 2.0) \mu m$,两端钝圆,其中一些菌株靠端生鞭毛运动。在葡萄糖固体培养基上,菌落形态为圆形凸起,乳白色半透明,直径约为 0.6~1.0 mm,表面光滑。该菌基因组 DNA 的 GC 含量为 64%~70%,可在 20~40 ℃ 温度下进行生长,其中最适宜的生长温度为 30~35 ℃,属于中温菌;它能够耐受的 pH 范围为 1.9~5.9,最适 pH 为 3~3.5。

该菌具有广泛的底物利用特性,能够进行铁呼吸作用,利用有机物或者 $H_2$ 还原 $Fe^{3+}$ 而获得能量进行化能异养生长。其主要作用是:一方面,氧化过程中可利用自养微生物所产生的有机物进行生长,从而消除有机物对自养微生物生长的毒害和抑制作用;另一方面,可将 $Fe^{3+}$ 还原生成 $Fe^{2+}$,为铁氧化细菌源源不断地提供生长所需能源,并且消除有机物对其生长的抑制作用,促进铁氧化细菌的生长。

2. 嗜酸氧化亚铁硫杆菌

嗜酸氧化亚铁硫杆菌(*Acidithiobacillus ferrooxidans*)是当前微生物浸矿研究领域中的主要菌种,它在生物冶金、含重金属物质的工业废水处理、含砷硫化矿预处理以及煤炭脱硫等方面具有重大的工业应用价值。

氧化亚铁硫杆菌为无机化能自养菌,杆状,革兰氏阴性菌,能在极端酸性环境中生长,最适 pH 为 2.0 左右,最适生长温度为 30 ℃,属于中温菌。在有氧条件下,嗜酸氧化亚铁硫杆菌能依靠氧化亚铁、各种还原性硫化物以及氢来获得能量供生命活动需要。在无氧条件下,能以三价铁或硫为电子受体、氧为电子供体,或以三价铁为电子受体、还原性硫化物为电子供体获得能量生长。

3. 喜温硫杆菌

喜温硫杆菌(*Acidithiobacillus caldus*)属于硫杆菌属,是 1994 年命名的新菌种,为中度嗜热嗜酸菌,专性化能自养,革兰氏阴性菌、端生鞭毛,运动,严格好氧,短杆状。以硫或者硫的复合物作为能源,在含有硫代硫酸钠和四硫酸钾的固体培养基上能生长。菌落圆形,表面光滑、透明,在菌落中央有硫的沉淀。生长最适温度为 45 ℃,在 32~58 ℃ 范围内都能生长。生长最适 pH 为 2.0~2.5,该菌从还原性或部分还原性的硫化物氧化过程中获得生长所必需的能量和还原力。

### (二)嗜酸菌的应用

嗜酸菌是极端环境微生物的重要类群之一,对嗜酸菌应用研究较多的是无机化能自养菌,这些嗜酸菌被用在冶金、环保和农业等领域。

1. 嗜酸菌在冶金领域的应用

利用嗜酸菌将贫矿和尾矿中金属溶出并回收的方法称为生物湿法冶金(Biohydrometallurgy)。早在 18 世纪,在西班牙 Rio Tinto 矿山,人们就知道从矿山浸出水中回收铜。在分离和鉴定氧化亚铁硫杆菌后,20 世纪 50 年代生物湿法冶金正式作为一项技术被确认。美国利用生物湿法冶金提取铜,加拿大开始提取铀、锌、钴、镍等金属也获得了成功,生物湿法冶金在全世界被广泛应用。1997 年和 2001 年,我国也分别在江西德兴铜矿和福建紫金山铜矿建成 2 座千吨级以上的生物提铜堆浸厂。

近 30 年来,生物氧化法提取金矿也发展迅速。某些矿石中的金以微细粒的状态存在于黄铁矿、砷黄铁矿中,并与载体矿物紧密共生,传统方法浸出率很低,提取效果差。而焙烧法对环境污染极其严重;加压氧化法又需要制氧设备及耐高压釜,成本过高,所以人们开始研究利用嗜酸菌氧化预处理这种金矿。1986 年,南非在 Fairview 金矿建成了一座日处理10 t金精矿的细菌氧化提金厂,首次实现了难处理金矿的细菌氧化的工业化生产,细菌氧化提金也随之迅速发展起来。目前,在中国、南非、澳大利亚、巴西、加纳、加拿大和津巴布韦等国家已建成了几十家细菌氧化提金厂。在矿石日益贫乏和环境问题突出的今天,生物湿法冶金技术已成为一种提取金属元素的有效手段。

2. 嗜酸菌在环保领域的应用

近几十年来,环境污染的日益严重,由此引发的问题备受人们关注。矿山废水和含硫煤矿是造成水污染和空气污染的重要元凶,如何处理其中的有害成分是亟待解决的问题。

矿山废水是由于某些嗜酸菌氧化分解硫化矿石形成的,有研究者利用氧化亚铁硫杆菌来处理酸性矿山废水,将废水中的 $Fe^{2+}$ 氧化成 $Fe^{3+}$,接着 $Fe^{3+}$ 就会水解形成沉淀析出。这种方法可以代替化学处理方法或者与化学处理方法联合使用。污水处理形成的污泥常含有大量的重金属,利用嗜酸菌处理污泥中的重金属,Cu、Zn、Ni、Cd 等的去除率可达80%以上,而且处理成本比传统的无机酸溶解法低得多。此外,嗜酸菌还被广泛应用到重金属污染土壤的生物修复中。

生物方法洁净煤碳技术受到环境部门的关注,研究表明,嗜热嗜酸菌(如硫化叶菌)能脱除煤碳中的无机硫,也能脱除有机硫,这样可大大减少煤燃烧时产生的 $SO_2$。另外,嗜酸硫杆菌还可以用来处理含硫废气、改良土壤等。生物技术法用于回收金属和煤炭脱硫,设备简单、操作方便、投资少,能消除或减少环境污染,较常规方法具有更大的优越性。

3. 生物酶的应用

嗜酸微生物的应用主要是其产生的嗜酸酶。Guazzaroni 建立了现代分析方法——宏基因组学克隆新的嗜酸基因,为新的嗜酸酶的发现提供了新思路。

纤维素酶是利用可再生资源纤维素的关键酶,利用嗜酸纤维素酶制备燃料乙醇具有独特的优势。嗜酸淀粉酶如今在各个行业都有广泛的应用,Schwermann 在 pH < 4.6 的条件下,从酸热脂环酸杆菌中克隆 α-淀粉酶基因,并于大肠杆菌中表达,表达产物酶活性达到50%,这是目前人们了解最多的嗜热嗜酸淀粉酶。

另外,嗜热嗜酸菌也是耐热酶的重要来源,目前人们已成功分离出 β-半乳糖苷酶、乙醇脱氢酶、柠檬酸合成酶、葡萄糖脱氢酶、苹果酸脱氢酶等。这些酶的共同特点是高水平热稳定性和抗变性,使工业生产能在高温下进行,一方面能提高反应速度,另一方面能减少微生物污染,并且还可以省去冷却设备。目前,这些耐热酶的应用还处于研究阶段,然而高温酶的使用将开辟新的酶工业领域。

## 第五节 极端嗜碱菌

嗜碱菌是一种在高 pH 条件下能够稳定生长的微生物,最早关于碱性微生物的报道是在1922年 Meek 和 Lipman 描述的硝化菌属的亚硝化单胞菌(*Nitrosomonas*)。1934年 Vedder 分离到的嗜碱芽孢杆菌 *Bacillus alcalophilus*,生长范围在 pH 为 8.6~11.0。在随后的25年里,对嗜碱微生物的研究几乎处于停顿状态。直到20世纪60年代,Kushner 和

Chislett 的研究才重新唤起人们对嗜碱微生物的关注。

## 一、嗜碱菌的分布以及生理特点

一般来说,将最适生长 pH 在 9.0 以上,pH 在 6.5 以下不能生长或生长极为缓慢的一类微生物称为嗜碱微生物(Alkaliphilic microorganism)。大多数嗜碱菌的生长最适 pH 在 10.0 左右,这是与中性微生物最大的不同。嗜碱菌不仅要求最适生长 pH 在 9.0~11.0 的范围内,而且还要求有一定的 $Na^+$ 浓度。一些嗜碱菌有鞭毛能够运动,这种由鞭毛引起的运动其能量来源于钠动力势而不是质子动力势,这类嗜碱菌培养在 pH 为 9.0~11.5 时运动,而在 pH 为 8.0 时则不运动。

嗜碱微生物广泛地存在于多种环境中。在普通的中性土壤中,由于生物及人为因素形成的暂时的碱性环境为嗜碱菌提供了场所;另外嗜碱菌本身可以调节自己周围的微生态环境,形成局部的适合生长的条件,中性土壤中嗜碱微生物的数量约为嗜中性微生物的 1/10~1/100。在碱湖、碱性沙漠、热泉、南极以至马里亚纳海沟等极端环境下,科学家们也都分离出了嗜碱微生物。碱湖是嗜碱微生物理想的生长场所,东非大裂谷的一些碱湖,中亚地区、中国西藏、内蒙古、新疆等地碱湖中也都发现了嗜碱微生物。

## 二、嗜碱菌的耐碱机制

嗜碱菌是一类生活在高碱环境中的微生物,随着外界 pH 的升高,细胞内的 pH 却能始终保持恒定。嗜碱菌如何保持胞内 pH 恒稳的问题越来越受到关注,嗜碱菌的嗜碱机理主要有以下几个方面。

### (一)细胞壁和细胞膜的成分

通过对比几株嗜碱菌和枯草芽孢杆菌(*B. subtilis*)的细胞壁成分,人们发现除了肽聚糖组分和枯草芽孢杆菌基本相似外,嗜碱菌的细胞壁还有些酸性物质,这些酸性物质分解后产生半乳糖醛酸、葡萄糖醛酸、葡萄糖酸、天门冬氨酸和磷酸。嗜碱菌细胞壁中肽聚糖和相联系的酸性聚合物分子可能对嗜碱菌在碱性环境中的生长有帮助,肽聚糖的高交连率可能是微生物在碱性环境中生长的一种细胞的适应。

### (二)$Na^+/H^+$ 反向运输系统的存在

根据化学渗透理论,当细胞呼吸时,通过呼吸链分泌 $H^+$,产生细胞中的质子迁移力,细胞质变为碱性,此时 $Na^+/H^+$ 反向运输系统将 $Na^+$ 排出以交换 $H^+$ 进入细胞质内,这样就恢复并维持了细胞内的酸碱平衡,保证了生命大分子物质的活性和代谢活动正常进行。为实现这一目的,细胞内需要有足够 $Na^+$,$Na^+$ 必须进行跨膜循环以维持 $Na^+$ 梯度。目前已发现 3 个基因与 $Na^+/H^+$ 反向运输系统的载体有关,这些基因编码的蛋白质对于维持依赖 $Na^+$ 的胞内 pH 稳定性起着很重要的作用。$Na^+$ 梯度的另一个主要功能是作为嗜碱菌的 ATP 合成动力。由此可见,嗜碱菌是通过 $Na^+$ 代替 $H^+$ 作为其动力来源适应极端碱性环境的。

## 三、嗜碱菌的代表菌种及应用

嗜碱菌是一个丰富多样的群体,从细菌(如 *Bacillus* spp.)到古细菌(*Natronobacteri-*

um),从好氧菌到厌氧菌,从光能营养型细菌到化能异养型细菌都有存在。各种各样的嗜碱微生物,包括细菌、放线菌、真菌、酵母菌及噬菌体等都已被分离出来。已分离得到的嗜碱微生物包括芽孢杆菌属(*Bacillus*)、微球菌属(*Micrococcus*)、假单胞菌属(*Pseudomonas*)、黄杆菌属(*Flavobacterium*)和无色杆菌属(*Achromobacter*)等的一些种。来自土壤的嗜碱菌可分为 $G^+$ 和 $G^-$、芽孢杆菌和非芽孢杆菌等不同的类型;大部分嗜碱芽孢杆菌还没有得到充分的研究。

用化学及分子分类法研究的结果显示,许多的嗜碱芽孢杆菌可以在属的水平上分为新的类群。近年来通过 16S rRNA 基因序列进行系统发育学分析,揭示了嗜碱菌丰富的生物多样性。其他来自土壤的嗜碱菌还有 *Corynebacterium* spp. 、*Exiguobacterium* spp. 、*Streptomyces* spp. 等的一些种。

**(一)嗜碱菌的代表菌种**

1. 极端嗜盐嗜碱杆菌

极端嗜盐嗜碱菌都属于古细菌(Archaeobacteria),中国科学院微生物研究所于 20 世纪 90 年代分离产胞外淀粉酶的极端嗜盐嗜碱杆菌(*Natronobacterium* sp.)。该嗜碱菌有鞭毛能够运动,好氧,细胞杆状,革兰氏染色呈阴性。该菌生长 pH 为 8.0~13.0,最适生长 pH 为 10.0~11.0,为专性嗜碱菌。

该菌能产胞外碱性淀粉酶,产酶的最适 pH 和 NaCl 的质量分数分别为 9.5 和 20%,最适碳源为可溶性淀粉,氮源为复合蛋白陈。该菌产生的碱性淀粉酶反应最适温度为 50℃,pH 为 8.5,NaCl 的质量分数为 2.6 mol/L,该酶在 pH 为 8.5 时最稳定,NaCl 可增加酶的热稳定性,酶降解可溶性淀粉的主要产物为葡萄糖、麦芽糖、麦芽三糖及其他寡糖。

2. 黏琼脂芽孢杆菌

我国内蒙古碱湖样品中分离得到一株产碱性甘露聚糖酶的菌株黏琼脂芽孢杆菌(*Bacillus agaradhaerens*),该菌株能在 pH 为 7.0~11.0 的条件下生长,最适生长 pH 为 9.5;生长的温度范围为 10~45 ℃,最适生长温度为 37 ℃;最高能耐受质量分数为 18% 的 NaCl,在含有质量分数为 8% 的 NaCl 条件下生长量最高。该菌为不规则短杆状,大小为(2.0~5.0)μm × (0.5~1.0)μm,革兰氏染色呈阳性,菌落呈圆形,乳黄色,表面平坦,边缘不整齐。该菌能够分解淀粉、酪蛋白、蔗糖、麦芽糖、果胶、果糖、甘露聚糖、木糖、木聚糖、支链淀粉和甘露醇,不能分解明胶、Tween、乳糖和纤维素。该菌产生的露聚糖酶在最适温度、最适 pH、温度稳定性和 pH 稳定性上都优于或者接近于同类的其他酶,在造纸和制浆工业展示了非常好的应用潜力。

3. 假强芽孢杆菌

我国西藏班戈盐碱湖中分离获得一株假强芽孢杆菌(*Bacillus pseudofirmus*),它属于嗜碱芽孢杆菌。菌株为短杆状,形成内生芽孢,大小为(3.0~5.0)μm ×(0.8~1.0)μm,以周生鞭毛运动,革兰氏染色呈阳性。菌落呈圆形,浅黄色,表面平坦、光滑、较黏稠、易挑起、边缘整齐。该菌株兼性厌氧生长,在 pH 为 7.0~10.0 的条件下生长,最适生长 pH 为 9.0;最高能够耐受质量分数为 15% 的 NaCl,在含有质量分数为 5% 的 NaCl 条件下生长量最高。生长的温度范围是 15~45 ℃,最适生长温度为 35~40 ℃。能够分解酪蛋白、明胶、Tween 40,对 Tween 60 有微弱的分解能力,不能分解淀粉、Tween 20 和 Tween80;触酶阳性,氧化酶阴性,不能还原硝酸盐。该菌能够利用 D-木糖、葡萄糖、果糖、七叶灵、水杨苷、麦芽糖、蔗糖、海藻糖、糖原、2-酮基葡萄糖酸钾和土伦糖,并发酵产酸;不能利用阿拉伯糖、L-木糖、鼠李糖、半乳糖、甘露糖、乳糖和纤维二糖等。

该菌产生的蛋白酶 pH 作用范围为 7.5~12.5,最适反应 pH 为 12.0;温度作用范围是 30~60 ℃,最适反应温度为 40 ℃;在 60 ℃ 保温 50 min,保持 50% 以上的活力;可以耐受 pH 为 8.0~12.0 处理 4 h 并保持 50% 以上活力;能够耐受终质量分数为 3% 的 $H_2O_2$,处理 60 min 仍能保持 50% 以上的活力。$Hg^+$、SDS 对酶活力有抑制作用,$Mg^{2+}$、$Fe^{2+}$、$Fe^{3+}$ 等对酶有一定的激活作用。该菌产生的碱性蛋白酶在 pH 耐受范围,最适温度和氧化剂耐受等方面展示了其应用潜力,而且该蛋白酶反应的高 pH,是研究酶分子碱适应性的一个很好的资源。

### (二)嗜碱菌的应用

碱性酶有着在高 pH 下稳定的特点,因此可应用于许多涉及碱性环境的工业生产中。现在在嗜碱菌中已经分离出多种碱性酶,这些酶在食品、化工、印染、化妆品、碱性废水处理领域均有重要和潜在的应用价值。

#### 1. 碱性淀粉酶

在嗜碱菌中,已经分离出多种碱性直链淀粉酶(Amylase)、碱性环状麦芽糊精糖基转移酶(Cyclomaltodextrin glucanotransferases,CGTase)和碱性支链淀粉酶(Pullulanase)。其中直链淀粉酶和 CGTase 在工业上都已经开始应用,尤其是 CGTase 在环状糊精生产工业中,成功地克服了传统生产糊精过程中的弊病,取得了较好的效益。

#### 2. 碱性果胶酶

芽孢杆菌、假单胞菌、放线菌和真菌均可产生碱性果胶酶,在传统的工业加工过程中碱性果胶酶已经得到了广泛应用,如织物和植物纤维的处理、咖啡和茶的发酵、油的提取、污染果胶的污水的处理。随着人们对果胶降解微生物和果胶酶研究的深入,碱性果胶酶的应用也深入到其他的生物技术领域以及植物病毒的纯化、造纸等方面。

#### 3. 碱性纤维素酶

适于工业应用的碱性纤维素酶主要来自于嗜碱 *Bacillus* 属和 *Streptomyces* 属的一些菌株。碱性纤维素酶在碱性 pH 范围内具有较高的活性和稳定性,其酶活性不受去污剂和其他洗涤添加剂的影响,不降解天然纤维素、具备洗涤剂用酶的条件。据分析,90% 的污染附着在棉纤维之间,碱性纤维素酶作用于织物非结晶区,能有效地软化、水解纤维素分子与水、污垢结合形成的凝胶状结构,使封闭在凝胶结构中的污垢较容易地从纤维非结晶区中分离出来,最终达到令人满意的洗涤效果。

近年来,碱性纤维素酶已经被成功地应用于洗涤剂工业。日本、美国、欧洲某些国家的加酶洗涤剂已占市场洗涤剂的 80%~90%。我国是洗涤剂消费大国,所以碱性纤维素酶有更广阔的市场前景。

#### 4. 碱性蛋白酶

碱性蛋白酶有着广阔的应用前景,目前在 *Bacillus*、*Actinomycetes*、*Thermoactinomyces*、*Streptomyces* 和 *Natronococcus* 等属的菌株中都发现了碱性蛋白酶。碱性蛋白酶溶液可用来清洗沾染凝胶的不锈钢颗粒、隐形眼镜,除了这些用途外,其还可用于分子生物学实验中核酸的分离、害虫的防治、丝绸的脱胶、麻的去木质等。

此外,碱性酶还可以应用于环境保护方面。许多工业过程,如制革、造纸、麻纺等均会产生大量碱性废水,严重污染环境,有效选择嗜碱菌产生胞外酶可使排放的有机污染物得到降解,变废为宝,这种方法既治理了污染废水,又获得了很大的经济效益。

## 第六节　极端嗜盐菌

嗜盐菌(Halophiles)指在高盐条件下生长的细菌,它主要生长在盐湖、海水中。根据微生物对盐的耐嗜程度不同,可将微生物分为5类,即非嗜盐菌、轻嗜盐菌、中等嗜盐菌、边缘极端嗜盐菌、极端嗜盐菌,其中部分极端嗜盐菌为嗜盐古细菌。不同盐浓度下的微生物分类标准见表2.4。

表2.4　不同盐浓度下的微生物分类反应举例

| 分类 | 最适生长条件 | 举例 |
| --- | --- | --- |
| 非嗜盐菌 | 含0.2 mol/L盐的培养基中生长最好 | 多数普通真细菌和多数淡水微生物 |
| 轻度嗜盐菌 | 含0.2~0.5 mol/L盐的培养基中生长最好 | 多种海洋微生物 |
| 中度嗜盐菌 | 含0.5~2.5 mol/L盐的培养基中生长最好,能在低于0.1 mol/L盐中生长的被认为是兼性嗜盐菌 | *Vibrio costicola*,<br>*Paracoccus halodenitrificans*,<br>*Pseudomonas* |
| 边缘极端嗜盐菌 | 含1.5~4.0 mol/L盐的培养基中生长最好 | *Extothiorhodo spirahalophila*,<br>*Actinopolyspora halophila*,<br>*Halobacterium volcanii* |
| 极端嗜盐菌 | 含2.5~5.2 mol/L(饱和)盐的培养基中生长最好 | *Halobacterium salinarium*,<br>*Halococous morrhuae* |
| 耐盐菌 | 能耐盐的非嗜盐菌。生长范围若超过2.5 mol/L盐可被认为是极端耐盐微生物 | *Staphylococcus epidermidis*,<br>酵母、真菌、藻类等 |

### 一、嗜盐菌的分布及生理习性

嗜盐菌生活在含盐丰富的环境中,高盐生态环境类型包括盐滩、盐湖、盐碱湖、盐场和海洋等,这些区域都生活着嗜盐微生物,另外在腌制食品咸鱼、咸肉中也发现有嗜盐菌的存在。因地理和气候的差别,这些环境有着各自独特的理化环境,如总盐浓度、pH、离子组成及温度。海水中的主要阳离子有$Na^+$、$K^+$、$Mg^{2+}$,阴离子主要有$Cl^-$、$SO_4^{2-}$、$HCO_3^-$和$CO_3^{2-}$等。美国大盐湖水中成分以NaCl为主,几乎和浓缩海水一样;而死海富含碳酸盐,湖水呈强碱性,pH在10.0~12.0之间,为盐碱湖,从中可找到嗜盐碱杆菌,既嗜盐也嗜碱。我国西藏、青海和内蒙古等地有着数量众多的盐湖和盐碱湖,嗜盐微生物资源蕴含丰富。

嗜盐菌生长最适盐的质量分数高达15%～20%，多是好气化能异养类型，一些盐杆菌种可进行厌氧呼吸。嗜盐菌细胞中含类胡萝卜素，菌体呈红色、桃红、紫色，大多数不运动，只有少数种靠丛生鞭毛缓慢运动。采用二分分裂法进行繁殖，无休眠状态，不产生孢子。嗜盐菌种类繁多，既有极端耐盐的古细菌，也有真细菌、放线菌和藻类。根据表型的不同，可分为嗜盐球菌和嗜盐杆菌。嗜盐菌的细胞壁中均无胞壁酸，细胞膜含糖蛋白成分，并且蛋白质中酸性氨基酸，如谷氨酸和天门冬氨酸的量极高，其羧基上的负电荷与基质中的$Na^+$结合，使其保持细胞完整。

## 二、嗜盐机制

嗜盐菌，特别是极端嗜盐菌，进行正常生理功能、维持酶的活性和稳定性，维持核蛋白的功能和稳定性，均需要一定浓度的NaCl和KCl。多数嗜盐菌生长要求20%～25%NaCl，如盐浓度降低到15%以下，$Na^+$一旦被稀释，则电子相互排斥，则导致细胞溶解，成为原生质球。这种对盐的依赖性是嗜盐菌经数万年对生活环境的适应所得到的结果。

为了适应高盐环境，嗜盐菌细胞膜和细胞壁的结构组成、酶系的性质、反应动力学、蛋白质核酸的组成及构象、代谢途径等方面均发生了特异的变化，目前对嗜盐菌的盐适应机理，主要有以下几种解释。

### (一) 特殊的细胞壁和细胞膜

普通微生物细胞壁由肽聚糖或葡聚糖构成，而嗜盐菌细胞壁却以脂蛋白为主，细胞壁结构以离子键维持。研究发现环境中高浓度的$Na^+$对嗜盐菌细胞壁蛋白质亚单位间的结合以及对保持细胞壁的完整是必需的。当$Na^+$的浓度降低时，细胞壁中的蛋白质解聚为单体，细胞壁不完整，易吸水膨胀破裂。

细胞膜在细胞代谢中承当隔离外界环境、物质转运、能量转化以及信息传递等重要生物功能。嗜盐菌在长期适应高盐环境的过程中形成了自己独特的细胞膜。在真细菌和真核生物中，其极性脂质主要是两条直链脂肪酸通过酯键与甘油分子结合构成，这种脂质通常称为正常脂质。而嗜盐菌的极性脂质虽然也是甘油和两条长链烃类结合而成，但甘油和长链之间的结合是通过醚键而不是酯键，并且这种烃链不是直链，而是支链的，其链中每隔4个碳原子就有一个甲基，这一结构为植烷醇(Phytanol)，而结合甘油形成的脂质称为古细菌脂质(Archaebacterial lipid)。阿克醇是古细菌所共有的脂质结构，而卡克醇、甘露糖、硫酸糖等为嗜盐菌所特有。

### (二) 排盐作用

嗜盐菌的生长虽然需要高钠的环境，但细胞内的$Na^+$浓度并不高，如盐杆菌光介导的$H^+$质子泵具有$Na^+/K^+$反向转运功能，即具有吸收和浓缩$K^+$和向胞外排放$Na^+$的能力。$K^+$作为一种相容性溶质，可以调节渗透压达到细胞内外平衡，其质量浓度高达7 mol/L，以维持内外同样的水活度。如嗜盐厌氧菌、嗜盐硫还原菌及嗜盐古细菌是采用细胞内积累高浓度$K^+$来对抗胞外的高渗环境；酵母中的$Na^+/H^+$反向载体可以将多余的盐分排出体外，提高酵母的耐盐性。

### (三) 细胞内溶质浓度的调节

因为水往往是从高溶质浓度的地方流向较低溶质浓度的地方，所以悬浮在高盐溶液中的细胞容易失去水分,除非它的细胞质内含有比其环境更高浓度的溶质。嗜盐微生物由于产生大量的内溶质或保留从外部取得的溶质而得以在高盐环境中生存。

嗜盐真核生物、嗜盐真细菌和嗜盐甲烷菌在胞内积累大量的小分子极性物质,如甘油、单糖、氨基酸及它们的衍生物,它们在胞内能够被迅速地合成和降解构成渗透调节物质,帮助细胞从高盐环境中获取水分。氨基酸在嗜盐细胞内溶质浓度调节中起着重要作用。随培养基食盐的增加,氨基酸浓度有规律地增加,其中主要是谷氨酸、脯氨酸及甘氨酸,它们具有渗透保护作用,是溶质浓度调节的重要因子。研究表明,革兰氏阴性菌在高盐条件下,主要积累谷氨酸,以抵抗外界的高渗透压,同时积累 $K^+$ 以中和谷氨酸所带的负电荷;革兰氏阳性菌则主要积累脯氨酸和 $\gamma$ - 氨基丁酸, $K^+$ 变化不明显。

**(四)酶的嗜盐性**

高盐离子浓度对于普通蛋白保持其活性状态是不利的,但是嗜盐菌中嗜盐酶需要在较高盐浓度才能保证其结构与活性的稳定。嗜盐酶在低盐浓度下(1.0 mol/L 的 NaCl 和 KCl 条件下)大多数变性失活,将盐再缓慢加回,发现可恢复酶活性。红皮盐杆菌 (*Halobacterium cutirubrum*)的异柠檬酸脱氢酶,于低盐浓度中不具活性,用 4 mol/L 的 NaCl 透析,得到具活性的酶,这种酶最适活性的盐质量浓度为 0.5~1.5 mol/L,但在近质量分数为 30% 的 NaCl 中最稳定。

**(五)嗜盐菌质膜、色素及 $H^+$ 泵作用**

嗜盐菌具有能进行独特光合作用的斑片状紫色质膜,称为紫膜。例如盐生盐杆菌在厌氧光照条件下培养时产生紫色菌体,是因菌体的细胞膜中有紫膜产生。紫膜的膜片组织约占全膜的 50%,由 25% 的脂类和 75% 的蛋白质组成。现已发现 4 种不同功能的特殊的色素蛋白——视黄醛蛋白,即细胞视紫红质(Bacteriorhodopsin,bR)、氯视紫红质 (Haloorhodopsin,hR)、感光视紫红质Ⅰ(Sensoryrhodopsin,SRⅠ)及感光视紫红质Ⅱ(SRⅡ)。目前,对盐生盐杆菌的视紫红质研究得最透彻,3 个视紫红质分子构成的三聚体在细胞膜上形成一个稳定的刚性二维六边形结构,即紫膜。紫膜中的视紫红质的光反应可以造成胞内外 $H^+$ 梯度差,因此紫膜具有 $H^+$ 泵作用,能在质膜上产生一定的电化势,菌体利用这种电化势在 ATP 酶的催化下进行 ATP 的合成,为菌体储备生命活动所需要的能量。

## 三、嗜盐菌的代表菌种及实际应用

根据 16S rRNA 的序列分析并结合其他生物学性状,目前将极端嗜盐菌划分为 8 个属:嗜盐碱球菌属(*Natronococcus*)、嗜盐碱杆菌属(*Natronobacterium*)、盐杆菌属(*Halobacterium*)、盐盒菌属(*Haloarcula*)、盐球菌属(*Halococcus*)、盐深红菌属(*Halorubrum*)、盐棒杆菌属(*Halobaculum*)、富盐菌属(*Haloferax*)。目前,研究最多的是极端嗜盐菌中的盐生盐杆菌(*Halobacterium halobium*)。

**(一)嗜盐菌的代表菌种**

1. 中度嗜盐菌株

国家海洋局第三海洋研究所在天津近海盐田分离筛选得到一株产蛋白酶的中度嗜

盐菌株 Thalassobacillus sp.，该菌株革兰氏染色为阳性，菌落特征为不规则圆形，淡淡的黄色，湿润，表面光滑，不透明，边缘整齐，菌落周围产生透明圈；细胞为杆状，大小为(0.6～0.8) μm×(4.0～4.5) μm，为丛生鞭毛；顶端鼓槌状芽孢。该菌株在含质量分数为 1%～20% NaCl 的培养基中均可生长，最适 NaCl 的质量分数为 10%，NaCl 的质量分数低于 1% 和高于 20% 的条件下该菌均无法生长。pH 生长范围为 6.0～9.0，最适 pH 为 7.5，温度生长范围为 20～45 ℃，最适温度为 30 ℃。

该菌株能够在不同碳源（葡萄糖、蔗糖、乳糖、麦芽糖）的培养基中生长，且能分泌蛋白酶；在培养基中添加适量酪蛋白或脱脂奶粉后蛋白酶的产量明显增加，且该酶在 NaCl 质量分数为 20%、pH 为 10.0 和温度为 20～55 ℃ 条件下均有活性，且活性都保持在 50% 以上，该嗜盐菌蛋白酶将具有很好的开发利用前景。

2. 伸长盐单胞菌

中国海洋大学海洋化学理论与工程技术教育部重点实验室从新疆地区土壤中经驯化、分离纯化得到一株极端嗜盐菌，鉴定该菌株为伸长盐单胞菌（Halomonas elogata）。该菌株的菌落形态为小圆形，菌体乳白色，表面光滑，不透明，易挑起，菌株细胞为杆形，大小约为(3.00～5.00) μm×(0.45～0.50) μm。该菌株能在质量分数为 0～32% 的 NaCl 中正常生长，其最佳的生长盐度范围为 5%～20%。

研究发现，菌株可在盐度为 3%～25% 条件下降解活性兰 BRF，且在 5% 盐度下的降解效果最佳。在 30 ℃，5% 盐度下的适宜降解条件为：染料质量浓度 100 mg/L，pH = 7，接菌量 5%，此条件下活性兰 BRF 72 h 的降解率接近 90%。降解产物经紫外-可见光谱分析显示，活性兰 BRF 经细菌脱色处理后，偶氮结构消失，表明伸长盐单胞菌能够高效降解高盐废水中偶氮染料活性兰 BRF，具有潜在的应用前景。

3. 涅斯捷连科氏菌

东北林业大学利用平板筛选法从大庆盐碱地土壤中筛选到一株能产淀粉酶的涅斯捷连科氏菌（Nesterenkonia sp.），该菌菌落形态呈圆形，表面光滑，不透明，边缘整齐，菌落呈乳白色，中间稍凸起，不黏稠，光滑无皱纹。菌体染色后，在光学显微镜下观察菌体，细胞呈球形，直径为 0.5～0.8 μm，革兰氏染色呈阳性，无芽孢、荚膜及鞭毛，穿刺培养无扩散现象。生长盐度实验结果显示，表明 DQ-1 能耐受的 NaCl 浓度范围很广，在质量分数为 0～25% 的盐浓度范围均能生长，2%～7% 是比较适宜的培养浓度，其中又以 3% 最优。NaCl 质量分数在 15% 以上时菌体生长明显受到抑制，NaCl 质量分数高至 28% 时基本不生长，体现出典型的中度嗜盐菌基本特征。

对该菌株产生的淀粉酶活性研究表明，当反应液 NaCl 的质量分数为 12% 时，相对酶活性为 40%，显示该酶具有一点耐盐性，并且无 NaCl 时依然有酶活性，说明该酶是否有活性并不依赖于 NaCl。该酶在 pH 为 5～12 范围内都有酶活性，说明该酶具有一定的耐碱性。目前对于中度嗜盐菌淀粉酶的研究报道比较少，关于嗜盐淀粉酶的研究报道主要是极端嗜盐菌产生的极端淀粉酶，这种酶一般需要高盐度才能维持其稳定性，相对于这种极端酶，中度嗜盐菌所产生的酶的耐盐碱范围更广，应用面也更宽泛。

（二）嗜盐菌的应用

嗜盐菌对环境有很强的适应能力，其生长营养要求简单、在自然界中分布广泛以及其特殊的理化性质,使得其在工业、环境、生物电子、农业、医学和食品等领域有广泛的应用。

1. 生产聚β-羟基丁酸

聚β-羟基丁酸(PHB)可用来生产可降解塑料,是一种很好的生物材料。一种地中海嗜盐杆菌能在含高浓度 NaCl 的介质中生长,积累达细胞干重 45% 的 PHB,该菌生长迅速、在高盐培养条件下无杂菌污染,产生的 PHB 收集方便,将菌体置于淡水中即可使细胞破裂,便于回收。而聚羟基丁酸本身具有的热塑性、生物降解和生物相容性,使得其在医学领域,如外科手术、病人碳源外充等都有着较好的应用。

2. 生物电子方面的应用

细菌视紫红质的非线性光学性、瞬态光电响应性和光致变色性等都特别优秀,因此它在很多方面都拥有广阔的前景,比如在生物芯片、神经网络、人工视网膜和光信息存储等领域都有发展前景。另外,在太阳能利用方面,利用视紫红质的质子泵作用,可以研制天然的太阳能电池和对海水进行淡化。

3. 利用嗜盐菌生产耐盐酶

人们从嗜盐菌中分离出多种耐盐酶,有蛋白酶、淀粉酶、脂肪酶、纤维素酶、超氧歧化酶和核酸酶等。化工业生产上使用的耐盐酶很多都是来自嗜盐菌。例如,调味剂的生产过程中应用的核酶 H 就是由微球菌 *Micrococcus varians* subsp. *halophilus* 分泌的;降解稻秆使其软化回收利用的木糖酶是由 *Staphylococcus* 产生的,木糖酶还可以用来降解在造纸业产生的木糖减少环境污染;含有淀粉的废水中是由耐高盐的淀粉酶分解(由嗜盐菌 *Bacillm* sp. 产生);纤维素酶在洗涤剂添加剂中应用广泛,嗜碱嗜盐菌 *Shikata* 产生的碱性纤维素酶,它的酶活性不受洗涤剂中的酶蛋白、表面活性剂以及所有金属离子影响,因此是制造洗涤剂非常好的材料。以上介绍的这些酶一般都具有在高盐、高温等逆环境下比较稳定的特点,已被广泛应用到工业生产中。此外,近年来发现的由中度嗜盐菌产生的脂肪酶可耐受高盐、高 pH、高温,在有机溶剂中也具有催化活性,因此也具有极高的应用潜能。

4. 石油开采领域的应用

石油是一种非再生能源,一次采油后仍有 60%~70% 的原油无法开采出来,用微生物辅助采油可大大提高原油采收率。微生物原油采收技术(Microbialen-hananced oil recovery,MEOR)是利用微生物在油层中的活动,通过微生物代谢活动或是代谢产物作用于油藏残余油,对原油、岩石、水界面性质的作用,改善原油的流动性,增加低渗透地方的渗透率,提高采收率的一项生物技术。

石油开采中利用微生物,其中微生物产生的多糖是常用的石油乳化剂。中度嗜盐菌 *Halomonas maura* 产生的多糖具有黏性并有乳化的性能,并且在 pH 变化、冷冻-解冻过程中仍有很高的黏性;*Halomonas eurihalina* 合成的生物聚合物,也是一种比吐温有效的乳化原油。这些嗜盐菌株均可以在 100 g/L NaCl,50 ℃ 条件下生长,而石油沉积环境通常是盐水环境,所以使用抗盐的表面活性剂和生物乳化剂就有显著的优势。

5. 环境领域的应用

农药、医药、造纸等化学工业会产生高盐废水,油气回收过程也会产生高盐废水。在高盐浓度下传统的生物处理过程效果被减弱,因此嗜盐菌在环境修复领域的应用受到重视。

从大盐湖土壤中分离的 *Halomonas* sp. EF11 可降解苯酚,*Halomonas organivorans* 具有利用范围很广的有机化合物,如苯甲酸、羟基苯甲酸、肉桂酸、水杨酸、苯乙酸、苯丙酸、苯酚、香豆酸、阿魏酸、氨基水杨酸的能力,可以被应用到有机工业废水处理中。此外,科学家在嗜盐菌处理高氮废水、含磷废水、处理污泥方面也都有着深入研究,并已取得显著的效果。

6. 食品领域的应用

嗜盐菌在食品和食品工业中的应用表现在食用蛋白和食用添加剂生产上。例如在德国,应用化学诱变筛选到一株具嗜盐特性的枯草芽孢杆菌,能分泌出菌体内合成的脯氨酸作为蛋白质来源,它可以以海水做培养基质,借光合机制来生产。另外,嗜盐菌体内类胡萝卜素、γ-亚油酸等含量较高,可用于食品工业。

# 第七节 嗜压菌

深海生物圈占整个全球生物圈体积的 62%,是地球上最大的生物圈。深海生物圈环境独特,深海沉积和洋壳环境孕育了多样的微生物群落,嗜压微生物就是其中的一类特殊种群。

根据微生物对压力的反应不同,可将微生物分为:压力敏感型微生物、耐压微生物、嗜压微生物、超嗜压微生物。压力敏感型微生物只能在 ≤0.1 MPa 的环境中生存;耐压菌在 0.1~40 MPa 的环境中都能生长,在 0.1 MPa 下生长更好;嗜压菌在 0.1 MPa 下也具有生长能力,但高压下生长更好,40 MPa 是其最适生长压力;而极端嗜压菌生活在 10 000 m 以下,它们不仅耐受压力而且生长也需要压力,不能在低于 40 MPa 的压力下生长。

## 一、嗜压菌的分布及一般习性

嗜压菌通常生活在深海中,地球上海洋大约覆盖了地球表面积的 70%。海洋平均深度为 3 800 m 左右,最深处可以达到 11 000 m 左右。一般认为,水深每下降 100 米,压力大约增加 1 MPa,因此,深海的平均压力约为 38 MPa,最深处的压力可以达到 110 MPa 左右。通常认为的深海环境是指水深 2 000 m 以下的区域,深度越深,温度也越低,海底的平均温度在 3 ℃ 左右,因此深海是一个高压、低温(除了海底热液口)、黑暗及寡营养的极端环境。深海生物圈被认为是地球上最大的生物圈之一,是嗜冷、嗜热、嗜压、嗜酸等极端微生物的生存场所。

压力是深海环境的一个重要参数,在各大深海环境中均有嗜压微生物的分离。研究表明,从 0~2 000 m 水深之间的深海样品环境中,分离到的微生物大多为压力耐受型微生物;而在超过 6 500 m 的水深环境中,更容易分离到严格嗜压微生物(压力是微生物生长必需的环境因子);在介于 2 000~6 500 m 之间的水深环境中,微生物对压力的响应呈现多元化,既有耐压型微生物,又有嗜压型微生物。

目前,分离到的嗜压细菌大多为革兰氏阴性菌,根据其最适生长温度进行区分,嗜压微生物又可分为低温嗜压微生物(最适生长温度<15 ℃)、中温嗜压微生物(最适生长温度介于15~45 ℃之间)、高温嗜压微生物(最适生长温度介于45~80 ℃之间)以及超高温嗜压微生物(最适生长温度>80 ℃)4类。比较目前已报道的嗜压微生物的分离点特性和生理特性,发现低温嗜压细菌往往存在于深海低温环境中,而高温嗜压古细菌则往往存在于深海热液口环境。科学家们在除北冰洋外的其他各大洋都有发现嗜压微生物。

## 二、极端环境压力下的微生物适应机制

环境的变化是微生物进化的驱动力,压力对微生物细胞的各个方面均有影响,对来源于深海环境的 *Shewanella* 属和 *Photobacterium* 属微生物的研究发现,深海嗜压微生物在细胞膜的脂肪酸组成、厌氧呼吸、调控模式等方面均不同于常压微生物。

### (一)细胞膜脂肪酸组成的变化

细胞的各个组分中,细胞膜对于高压特别敏感。在高压条件下,细胞膜刚性变强,流动性降低,膜上的各种反应也受到影响,导致细胞的生命过程受到影响。当膜脂的碳链长度相同时,分支链脂肪酸及不饱和脂肪酸的比例增加,能提升细胞膜在高压下的流动性。研究发现,深海嗜压微生物的细胞膜中通常含有较高比例的分支链脂肪酸或不饱和脂肪酸,当处于在高压条件下时,细胞膜中的多不饱和脂肪酸和支链脂肪酸的含量增加,单不饱和脂肪酸含量降低。

### (二)压力相关的调控基因

深海微生物由于长期栖息于深海高静水压环境中,逐渐进化出特殊的压力调控基因,其调控的机制也有别于常压微生物。双组分信号转导系统 ToxR/ToxS 是已经报道的受压力调控的感受器,主要调控与细胞膜结构的改变以及饥饿反应相关的基因,ToxR/ToxS 系统对维持细胞的膜结构和提升细胞应对环境营养压力的能力具有重要作用。

### (三)高压应激反应

当微生物处于高压条件下时,通过调整代谢途径往往可以消除高压带来的不利影响。实验表明,在高压条件下,微生物的脂肪酸合成途径、能量代谢途径等均发生了变化。当 *S. cerevisiae* 于 200 MPa 的高压条件下处理 30 min 时,其负责增加不饱和脂肪酸含量的 ole1 基因转录上调。高压条件下,微生物需要消耗更多的能量合成相应的物质以适应高压环境,当 *S. cerevisiae* 处于高压条件下时,其糖酵解途径、糖异生途径及甘油代谢途径均转录上调,以提供更多的能量。

嗜压微生物为了保护在高压条件下蛋白行使正常的功能,胞内会积累渗透物作为蛋白的稳定剂。当 *Photobacterium profundum* SS9 在常压下生长时,胞内积累谷氨酸和甜菜碱作为主要的渗透物,而在最适压力条件下生长时,胞内则积累 β-羟基丁酸及其多聚物。β-羟基丁酸又叫嗜压电解质,它的浓度与压力的增加有关。

### (四)呼吸链的变化

当微生物处于不利的极端环境中,其呼吸链的组成和功能也不同。当处于高静水压条件下时,细胞的呼吸链组成与其在常压条件下有较大的不同。对 *Shewanella* 属深海微

生物的研究表明,当处于常压条件下时,其呼吸链是由细胞色素 c 氧化酶、bc1 复合体以及 NADH-脱氢酶等酶复合体组成,这些酶复合物也存在于常压微生物的呼吸链中;而处于高压条件下时,其呼吸链则由醌氧化酶、细胞色素 c-551 以及 NADH-脱氢酶等复合体组成,呼吸链组成的变化也反映出了细胞对高压环境的适应策略,而且在深海嗜压微生物基因组中,还含有多拷贝的不同种类呼吸链,深海微生物中的呼吸系统多样性及其重复性有助于微生物的高压环境适应。

### 三、嗜压菌的代表菌种及应用

目前,分离到的嗜压细菌大多为革兰氏阴性菌,分布在 γ-变形菌类群中的 *Shewanella* sp.,*Psychromonas*,*Photobacterium* sp.,*Colwellia*,*Thioprofundum* 及 *Moritella* 等属,以及部分 δ-变形菌类群和 α-变形菌类群中;深海高温嗜压古细菌主要分离自 *Pyrococcus*,*Thermococcus* 和 *Methanococcus* 等属(表2.5)。

#### (一)嗜压菌的代表菌种

**1. 热球菌**

热球菌目(Thermococcales)是一类严格厌氧、有机异养的超嗜热古细菌,共包括3个属,火球菌属(*Pyrococcus*),热球菌属(*Thermococcus*)及古老球菌属(*Palaeococcus*)。上海交通大学从瓜伊马斯海盆热液口采集的样品中分离到一严格厌氧的嗜热嗜压菌株(*Thermococcus* sp. LMO09A501),属热球菌。其细胞呈球状,具游动性,单个或成对,少数成串排列。温度生长范围为 65~114 ℃,最适生长温度为 85 ℃;压力生长范围为 0.1~40 MPa,最适生长压力为 20 MPa;pH 生长范围为 5.0~9.0,最适 pH 为 7.5~8.0;盐度生长范围为 1.0%~5.0%,最适生长盐度为 2.0%。在最适生长条件下,最大细胞浓度可达到 $7 \times 10^7$/mL。

硫非其生存所必需,但能促进其生长。硫粉存在的情况下,会产生硫化氢、氢气、二氧化碳。异养生长需利用碳源和氮源如蛋白胨、胰蛋白胨、酵母膏、牛肉浸膏、氨基酸、酪蛋白水解物等。与其他热球菌不同的是,该菌株还可以广泛地利用除硫单质之外的各种电子受体,如硫酸盐、硫代硫酸盐、硝酸盐等。

表2.5 代表性嗜压菌的特性及分离地点

| 菌株名称 | 分离地点(水深/m) | 嗜压特性 | 最适压力/MPa |
|---|---|---|---|
| *Bodo* sp. 真菌 | 大西洋中部,4 500 m | O | — |
| *Aspergillus sydowii* 真菌 | 印度洋,5 000 m | F | 50 |
| *Methanococcus jannaschii* 古细菌 | 东太平洋,2 610 m | F | 75 |
| *Thermococcus barophilus* 古细菌 | 大西洋,3 550 m | F | 40 |
| *Pyrococcus yayanosii* CH1 古细菌 | 大西洋,4 100 m | O | 52 |
| *Pyrococcus horikoshii* 古细菌 | 北太平洋,1 395 m | F | 35 |

续表2.5

| 菌株名称 | 分离地点(水深/m) | 嗜压特性 | 最适压力/MPa |
|---|---|---|---|
| *Carnobacterium* sp. AT7 细菌 | 阿留申海沟,2 500 m | F | 15 |
| *Colwellia* sp. MT41 细菌 | 马里亚纳海沟,10 476 m | O | 103.4 |
| *Moritella japonica* DSK1$^T$ 细菌 | 日本海沟,6 356 m | F | 50 |
| *Shewanella benthica* DB21MT-2 细菌 | 马里亚纳海沟,10 898 m | O | 70 |

注 "F"表示兼性嗜压菌株,"O"表示严格嗜压菌株

**2. 嗜压的超嗜热古细菌**

2014年,中国海洋大学自大西洋中脊4 100 m水深的"Ashadze"热液口中分离获得一株嗜压古细菌 *Pyrococcus yayanosii* CH1,它是目前已知的第一株和唯一一株严格嗜压的超嗜热古细菌,其最适生长压力为52 MPa,最高耐受压力超过了120 MPa。菌株CH1细胞呈不规则球形,直径为1.0~1.5 μm,具有极生鞭毛。其生长温度介于80~180 ℃之间,最适生长温度为98 ℃;生长压力范围介于15~120 MPa之间,在低于15 MPa的压力条件下,细胞不能生长。

CH1的全基因组测序已经完成,得到了其精细结构图。结果显示其为一环状DNA分子构成,大小为1 714 817 bp,GC含量为51.6%,无染色体外质粒。经过基因注释,共有1 926个编码基因被预测,其中35.8%的基因功能未知。此外,含有46个tRNA,两个5S rRNA基因,1个16S rRNA基因和1个23S rRNA基因,而且预测其含有一个独特的基因岛。通过比较基因组对CH1及其近缘种进行分析,发现CH1是目前已报道的Thermococcales中基因组最小的一个,而且其基因组发生了严重的重排,且缺失了与氨基酸代谢相关的多条代谢途径。CH1基因组与近缘种之间的差异,突显出CH1是研究压力适应机制的珍贵材料。

**(二)嗜压菌的应用**

日本发现的深海鱼类肠道内的嗜压古细菌,80%以上的菌株都可以生产二十碳五烯酸(EPA)和二十二碳六烯酸(DHA),最高产量可达36%和24%。EPA是ω-3脂肪酸,对调节血脂,从而预防动脉粥样硬化具有重要作用,另外还可以减缓血小板的凝集,延缓血栓形成,预防心血管疾病的发生。DHA俗称脑黄金,是一种对人体非常重要的不饱和脂肪酸,属于ω-3不饱和脂肪酸家族中的重要成员,它是神经系统细胞生长及维持的一种主要成分。目前已经有人通过基因重组,使这些菌有效生产DHA。

此外,耐高温和厌氧生长的嗜压菌有望用于油井下产气增压和降低原油黏度,借以提高采油率;而某些嗜压菌还可以用于高压生物反应器。

## 第八节 极端微生物与古细菌的关系

古细菌(Archaeobacteria)又可叫作古核生物(Archaea)或原细菌,是一类很特殊的细菌,多生活在极端的生态环境中。原来科学家认为有细胞形态的生物只有原核细胞和真核细胞两大类。自从发现古细菌以后,才将生物分为 3 大类,即认为生命是由细菌域、古细菌域和真核生物域所构成,这为探索生命的起源提供了新的线索。

### 一、生物的起源和进化

地球的诞生已有 45 亿年的历史。地球在其诞生之初并没有生命,但现在的地球上却生活着许许多多的生命。因此,生命的诞生是地球上"无中生有"的,生命诞生的同时,生物进化也就开始了。生命何时、何处,特别是怎样起源的问题,是现代自然科学尚未完全解决的重大问题,是人们关注和争论的焦点。历史上对这个问题也存在着多种臆测和假说,并有很多争议。随着认识的不断深入和各种不同证据的发现,人们对生命起源的问题有了更深入的研究。

关于生命的起源目前提出的假说主要有 4 种:创造论(或神造说)、自然发生、化学起源说和宇宙生命论(或泛生说)。而生命的化学起源说更被很多学者所接受。化学起源说将生命的起源分为以下 4 个阶段。

第一个阶段:从无机物到有机小分子的过程,如一氧化碳、二氧化碳、水、氢气、氨气、甲烷等合成有机小分子氨基酸、嘌呤、嘧啶、核苷酸、高能化合物、肪酸、卟啉等。因为地球生命的起源是从无机界到有机界,所以这个过程无论在什么地方——海底、热泉都是必不可少的。

第二个阶段:从有机小分子物质生成生物大分子物质。这一过程是在原始海洋中发生的,即氨基酸、核苷酸等有机小分子物质,经过长期积累、相互作用,在适当条件下(如黏土的吸附作用),通过缩合作用或聚合作用形成了原始的蛋白质分子和核酸分子。

第三个阶段:从生物大分子物质组成多分子体系。苏联学者奥巴林提出了团聚体假说,他通过实验表明,将蛋白质、多肽、核酸和多糖等放在合适的溶液中,它们能自动地浓缩聚集为分散的球状小滴,这些小滴就是团聚体。奥巴林等人认为,团聚体可以表现出合成、分解、生长、生殖等生命现象。例如,团聚体具有类似于膜那样的边界,其内部的化学特征显著地区别于外部的溶液环境。团聚体能从外部溶液中吸入某些分子作为反应物,还能在酶的催化作用下发生特定的生化反应,反应的产物也能从团聚体中释放出去。

第四个阶段:有机多分子体系演变为原始生命。这一阶段是在原始的海洋中形成的,是生命起源过程中最复杂和最有决定意义的阶段。目前,人们还不能在实验室里验证这一过程。

地球生命的进化是由低级生物阶段过渡到高级生物阶段的过程,在生命的进化过程中,物质和意识是生命进化的能量源泉,没有物质和意识也就没有生命创生的根基,也没有生命进化文明的历程。生命物质是贯穿于生命演化过程中的外部自然环境,是生命存在形式的生物圈,是生命的外因机制,是宇宙运动变化的产物。生命意识是在生命演化过程中的内因机制,是在原始生命最初形成过程中的原动力,即生物的聚合、复制、遗传、繁殖、生长等因素。生命、物质、意识组成了生命进化文明历程的三要素,地球能量生命线的进化文明时空历程,也就是这三要素交织演变进化文明的过程。

生物外因的复杂变化,导致生物内因机制为适应生物外因的变化而变化,从而推动生物的不断进化文明。在地球生物进化文明发展的漫长历史中,外部自然环境由于宇宙的不断运动而不断变化,一部分生物物种能够适应这些外部自然环境的变化,及时调正生物的内因机制,从而得以继续进化;而另一部分生物物种,由于不能及时调正自身的内因机制,或外部自然环境剧烈变化得太快、太突然,未能及时调正生物自身的内因机制,而导致生物物种的灭绝。在地球生物圈内,生物的外部自然环境还存在着气候差异、地理差异、地磁差异等诸多因素,同种生物间不同区域、气候自然环境下,内因机制的变化也不同,使同种生物产生不同种类型的内因机制的变化,从而造成生物进化文明多姿多彩的生物世界。

## 二、古细菌在生物界的地位

古细菌一般都是一些生长在特殊环境下的极端微生物,它们在高温、高盐、无氧的环境中经过漫长的自然选择,逐步形成了各自的独特生活方式和机能。它们利用 $H_2$、$CO_2$、$S$(或 $H_2S$)、$CH_4$ 或一些简单有机物做能源或营养,这和现在科学家们推测的地球上生命起源之初的环境条件极为相似,这不禁令人猜想,这些古细菌是否是地球上最古老的生物。

微生物形体微小,结构简单,且不像动植物那样能形成化石,所以关于微生物进化的研究一直是个较困难的问题。自1985年科学家将核酸测序技术应用到研究微生物的生态和多样性问题以来,对微生物系统发育和进化的研究进入了一个新的阶段。近20年来,分子生物学理论和技术迅速发展,如质粒图谱、限制性片段长度多态性分析、脉冲场凝胶电泳、随机扩增多态性分析、rDNA指纹图、16S rRNA基因序列分析等。其中聚合酶链反应(PCR)的应用作为生物技术的里程碑,使细菌染色体直接的DNA分析更为简便易行,使我们真正从遗传进化的角度去认识细菌,从分子水平进行系统发育关系的研究。

rRNA是目前细菌系统分类学研究中最常用的分子钟,其种类少、含量大(约占细菌RNA含量的80%)。不同的微生物rRNA基因序列在某些位点会以不同的概率发生突变,它们在种、属、界等水平上表现出结构与功能的高度保守性,素有"细菌化石"之称,特别是其进化具有良好的时钟性质,形象地说它可作为生物进化史的计时器。序列的相似程度可以反映出它们的系统发育关系(Phylogenetic relationship)。

16S rRNA寡核苷酸序列分析方法,是美国科学家Woese于1976年建立的。16S rRNA由于分子大小适中(1.5 kb左右),既能体现不同菌属之间的差异,又能利用测序技术来较容易地得到其序列而得到有关系统发育关系的充足信息,故被细菌学家及分类学家所接受。16S rRNA的同源性分析最适用于属及属以上的远缘关系。目前,已对2 000种(约相当于50%)以上的已知真细菌的16S rRNA进行了测序,通过同源性比较,可以了解不同菌属、菌种在遗传进化方面的距离。

全部生物的分类在分子水平上应划分为3个领域(Domain),即古细菌(Archebacteria)、真细菌(Eubacteria)和真核生物(Eucaryotes)。其中古细菌又包括产甲烷菌、极端嗜盐菌和极端嗜酸嗜热菌。这三类菌虽然性状各异,但它们之间具有一些共同的特点,并与真细菌和真核生物截然不同。所有生物从一个共同祖先演化而来,后分化成3个类群,即真细菌、古细菌和真核生物。图2.1表示三个类群的系统发育树。古细菌的某些大分子结构和真细菌相比,与真核生物较接近,但它们二者之间也有极不相同之处,因而早就产生了分叉。

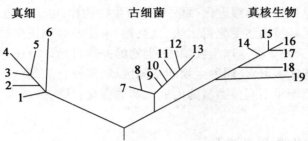

**图2.1 根据16S rRNA序列的比较,以树根形式表示3个领域的系统发育树**

1—栖热胞菌属(*Thermotogales*);2—黄杆菌属及其亲缘(Flavobacteria and relatives);3—蓝细菌(Cyanobacteria);4—紫细菌(Purple bacteria);5—革兰氏阳性细菌(The gram-positive bacteria);6—绿色非硫细菌(The green nonsulfur bacteria);7—热网菌属(*Pyrodictium*);8—热变形菌属及其他(*Thermoproteus* and the kingdom Euyarchacota);9—热球菌目(Thermococcales);10—甲院球菌目(Methanococcales);11—甲烷杆菌目(Methanobacteriales);12—甲烷微菌目(Methanomicrobiales);13—极端嗜盐菌(The extreme halophiles);14—动物(The animals);15—纤毛虫类(The ciliates);16—绿色植物(The green plants);17—真菌(The fungi);18—鞭毛类(The flagellates);19—微孢子虫(The microsporidia)

根据16S rRNA序列分析,古细菌域可分为泉古细菌门(Crenarchaeota)、广古细菌门(Euryarchaeota)、初古细菌门(Korarchaeota)和纳古细菌门(Nanoarchaeota)。大多数泉古细菌门菌都极端嗜热、嗜酸,代谢硫,硫在厌氧呼吸中作为电子受体和无机营养的电子源。它们多生长在含硫地热水或土壤中。广古细菌门主要包括产甲烷菌、极端嗜盐菌、热原体、古生硫酸盐还原菌、极端嗜热嗜酸菌。初古细菌门菌种目前只能用荧光原位杂交技术检测证实其存在,实验室中尚有未被培养的微生物(Viable but nonculturable microorganisms,VBNC)。2005年,德国科学家在北冰洋底发现了一种寄生古细菌中的最古老、最简单、最微小的细菌骑火球纳米古细菌(*Nanoarchaeum equitans*),只有大肠杆菌的1/160(与天花病毒大小相当)、拥有5万个碱基(比最小支原体还少8万个)。

### 三、古细菌的重要特征

很多古细菌是生存在极端环境中的,一些生存在极高的温度(经常在100 ℃以上)下,比如间歇泉或者海底黑烟囱中;还有的生存在很冷的环境或者高盐、强酸或强碱性的水中;然而也有些古细菌是嗜中性的,能够在沼泽、废水和土壤中生存;很多产甲烷的古细菌生存在动物的消化道中,如反刍动物、白蚁或者人类。古细菌通常对其他生物无害,目前尚未发现有致病性的古细菌。

单个古细菌细胞直径在0.1~15 μm之间,有一些种类形成细胞团簇或者纤维,长度可达200 μm,它们可有各种形状,如球形、杆形、螺旋形、叶状或方形。古细菌基因组大小为 2~4 Mb,多数为嗜热、嗜酸、自养型,古细菌中有丰富的组蛋白,DNA 以核小体的形式存在。古细菌和真细菌在细胞水平相比,大小相似,细胞内均不具有真核,但在分子水平相比,二者有很大差异。

## (一) 细胞壁结构

真细菌的细胞壁均含典型肽聚糖结构,其中双糖单位 N-乙酰葡萄糖胺通过 β-1,4 糖苷键与 N-乙酰胞壁酸联结成重复的单位;短肽是由2个D型氨基酸和2个L型氨基酸交替连接在 N-乙酰胞壁酸分子上。但在古细菌细胞壁中看不到典型的肽聚糖结构,成分比较复杂,大部分古细菌的细胞壁是糖肽,如极端嗜盐菌和极端嗜热菌,虽然有些产甲烷细菌的细胞壁中有类似肽聚糖成分,但其中的双糖单位是由 N-乙酰葡萄糖胺与 N-乙酰-L-塔罗糖胺醛酸(N-acetyl-talosamin uronic acid)组成,并且二糖间是 β-1,3 糖苷键相连的。此外,短肽中的 D-型氨基酸均被 L-型氨基酸所取代,所以称假肽聚糖。由于青霉素能抑制肽聚糖的生物合成而对假肽聚糖无效,所以古细菌对青霉素不敏感。

## (二) 细胞膜内类脂的结构

真细菌和古细菌在细胞膜内类脂的化学性质上有非常明显的区别。真细菌及真核生物的细胞膜类脂是甘油酯,由直链的脂肪酸(饱和或不饱和)与甘油以酯键相连;而古细菌细胞膜内的类脂却是由分支的长链碳氢化合物与甘油以醚键连接形成甘油醚,其碳氢化合物是异戊二烯还原形成的植烷。这些含有醚键的类脂组成了古细菌细胞膜的主要成分,而醚键对强碱、强酸、高温均有很强的抗性,所以极端嗜盐菌、极端嗜碱菌以及极端嗜热酸菌均能在高盐、高碱、高酸和高温的环境中生活。

## (三) RNA 聚合酶

所有生物的转录过程均是在 RNA 聚合酶的催化作用下完成的。真细菌的 RNA 聚合酶比较简单,由 α,β,β′ 及 δ 4个多肽亚基构成。古细菌的 RNA 聚合酶比较复杂,如产甲烷菌和极端嗜盐菌的 RNA 多聚酶有8个多肽亚基,而极端嗜热菌中至少有10个多肽亚基。多数真核生物的 RNA 多聚酶有 10~14 个亚基,其多肽的分子大小和古细菌比较接近。

## (四) 蛋白质合成

古细菌、真细菌和真核生物的核糖体 RNA 序列以及合成蛋白质的某些因子存在差异,使得它们蛋白质的合成过程也不尽相同。真细菌和古细菌的核糖体均为 70 S,而真核生物的核糖体为 80 S,但是古细菌在合成蛋白质过程中有几步却与真核生物较相似,例如在 mRNA 翻译过程中的起始 tRNA 运载的氨基酸,真细菌是甲酰甲硫氨酸,而真核生物和古细菌却均是甲硫氨酸。此外白喉毒素对真核生物的蛋白质合成延长因子具有抑制作用,对古细菌也表现有抑制,但对真细菌却无抑制作用。许多抑制真细菌蛋白质合成作用的抗生素如四环素、氯霉素、链霉素等对古细菌均不敏感。现将3大领域生物的区别总结见表 2.6。

表 2.6　古细菌、真细菌和真核生物特性的比较

| 特征 | 真细菌 | 古细菌 | 真核生物 |
| --- | --- | --- | --- |
| 核膜和细胞内膜系统 | 无 | 无 | 有 |
| 基因组 DNA | 共价闭环 | 共价闭环 | 线形 |
| 组蛋白 | 无 | 有 | 有 |
| 细胞壁上有无胞壁酸 | 有 | 无 | 无 |
| 细胞壁上有无肽聚糖 | 有 | 无 | 无 |
| 膜脂分子内连接方式 | 酯键 | 醚键 | 酯键 |
| 核糖体大小 | 70 S | 70S | 80S |
| 起始 tRNA 运载的氨基酸 | 甲酰甲硫氨酸 | 甲硫氨酸 | 甲硫氨酸 |
| 大多数基因有无内含子 | 无 | 无 | 有 |
| 白喉毒素对核糖体的作用 | 不敏感 | 敏感 | 敏感 |
| RNA 聚合酶 | 一种（6 个亚基） | 几种（每种 8~12 个亚基） | 细胞核有三种（每种 12~14 个亚基） |
| 氯霉素、链霉素和卡那霉素的敏感性 | 敏感 | 不敏感 | 不敏感 |
| 实例 | 大肠杆菌 | 甲烷八叠球菌 | 变形虫 |

## 思考题

1. 什么是古细菌？简述其与真细菌的区别。
2. 简述极端微生物在食品领域中的应用。
3. 简述嗜盐微生物的耐盐机理，并设想其在农业领域的应用前景。
4. 简述嗜冷菌的耐低温机理。
5. 简述嗜压菌的耐高压机理，其在生产中有哪些应用潜力。
6. 简述嗜热微生物的耐高温机理，并列举其实际应用。
7. 嗜碱菌的代表性菌种有哪些？其在工业生产中有哪些用途？
8. 嗜酸菌的耐酸机理是什么？代表性菌种有哪些？

# 参考文献

[1] 池振明. 现代微生物生态学[M]. 2 版. 北京：科学出版社，2010.
[2] 张素琴. 微生物分子生态学[M]. 北京：科学出版社，2005.
[3] KROLL R G. Microbiology of extreme environments[M]. New York：In Edwards (ed)，1990.
[4] SCHMIDT T，SCHAECHER M. 生态及环境微生物学[M]. 1 版. 北京：科学出版社，2012.
[5] HARRISON J P，GHEERAER N，TSIGELNITSIY D，et al. The limits for life under multiple extremes[J]. Trends in Microbiology，2013，21(4)：204-212.

[6] 韦娜,张前前,杜宗军,等. 极端嗜盐菌 Halomonas elogata 的分离鉴定及其降解偶氮染料活性兰 BRF 的条件优化研究[J]. 环境科学学报, 2012, 9(32):2091-2096.
[7] KIXMULLER D, STRAHL H, WENDE A, et al. Archaeal transcriptional regulation of the prokaryotic KdpFABC complex mediating K(+) uptake in H. salinarum[J]. Extremophiles: Life under Extreme Conditions, 2011, 15(6): 643-652.
[8] 李学恭. 深海超嗜热嗜压古细菌 Pyrococcus yayanosii 压力适应性机制[D]. 青岛: 中国海洋大学, 2014.
[9] GUAZZAROI M E, MORGNTE V, MIRETE S, et al. Novel acid resistance genes from the metagenome of the Tinto River, an extremely acidic environment[J]. Environmental Microbiology, 2013, 15(4): 1088-1102.
[10] SCHWERMANN B, PFAU K, LILIRNSIRK B, et al. Structural and biochemical features of acidic α-amylase of Bacillus acidicola[J]. International Journal of Biological Macromolecules, 2013(8):3.

# 第三章 微生物与环境

**本章引言** 环境是一切生物赖以生存和发展的重要物质基础,保护生态环境是全世界人们义不容辞的职责。然而,随着经济的发展和社会的进步,人类不断地向环境中排放着各种有毒、有害的废弃物,造成了全球性的生态环境破坏和污染,治理破坏环境的各种污染、改善生态环境已经成为各国普遍关注并亟待解决的热点问题。

微生物分布广泛、种类繁多,它们在自然界中既扮演着污染者又担任着净化者的角色。了解和掌握微生物与环境的相互关系,利用微生物独特的生理特点,对防污治污、改善环境具有极为重要的意义。

**本章要点** 本章系统阐述环境微生物学的基本知识与原理;深入讨论微生物在环境保护中的作用与地位;具体介绍微生物对人类生存环境所产生的有利作用与有害作用及其实际调控与应用。主要内容包括:微生物与环境污染、微生物与环境监测、污染环境的微生物治理与修复、污水的微生物处理、废气与固体废物的微生物处理。

## 第一节 微生物与环境污染

环境污染是指由于自然或人为的因素,环境受到有害物质的破坏,环境的构成或状态发生变化,环境素质下降,进而使生物的生长、繁殖和人类的正常生活受到有害影响的现象。

导致环境污染的因素很多,按环境污染的性质来源可分为:化学污染,生物污染,物理污染(噪声污染、放射性污染、电磁波污染等),固体废物污染,液体废物污染,能源污染等。在诸多导致环境质量恶化的影响因子中,微生物是一个不容忽视的污染因子。

### 一、微生物及其代谢产物对环境的污染

人类生存环境中的微生物种类非常多,它们中大部分对人畜、植物、环境都是无害的,只有少部分可以污染环境,并引起动植物和人类发病,人们称这类微生物为病原微生物。病原微生物在人类生存环境中的大气、水体、土壤、垃圾等处都可生存,有时人体排出的粪尿也带有病原微生物,它们对动植物及人类的危害和对环境的污染相当严重。

#### (一)微生物对水体的污染

水是良好的溶剂,水中往往含有一定量的无机和有机物质,可供微生物生长和繁殖。然而,清洁水体的微生物含量并不高,通常每毫升水中只有几十至几百个细菌。清洁水体的微生物以自养菌为主,对人类无害。然而,清洁水体经常受到土壤、垃圾、人畜粪便以及各种污水的污染,一旦这些污染物中的病原菌进入水体,或这些污染物引起某些藻类大量繁殖,就可使水质严重恶化,危害环境。水体中可检出的微生物主要有:病原性细

菌、钩端螺旋体、病毒和寄生虫。

病原性细菌的代表主要有沙门氏菌属（Salmonella）、志贺氏菌属（Shigella）、霍乱弧菌、致病性大肠杆菌等。这些菌体可随粪便、生产生活污水进入水体中，一旦污染饮用水源就会造成严重的恶果，如致病性大肠杆菌能产生肠毒素，会导致强烈腹泻和呕吐。

钩端螺旋体（Leptospira）是一种革兰氏阴性菌，存在于已受感染的牲畜（如猪、马、牛等）的尿液内，能以水为媒介，通过破损的皮肤或黏膜侵入人体，引起出血性钩端螺旋体病，出现发热、恶寒、全身酸痛、头痛、结膜充血、腓肠肌痛等病症，后期还会侵入肝、脾、肾、肺、心、淋巴结和中枢神经系统等组织器官，引起相关脏器和组织的损害，对人类健康危害很大。

病毒存在于人的肠道内并能通过粪便污染水体，在以水体为媒介的病毒性传染病中，研究较多的是传染性肝炎，据调查证明，在世界各地污水灌区的肝炎发病率比非污水灌区高 2~4 倍。

痢疾变形虫是一种寄生虫，也是阿米巴痢疾的病原体，它主要通过粪便污染食物和饮用水而传播。痢疾变形虫寄生于结肠内，引起阿米巴痢疾或阿米巴结肠炎。痢疾变形虫也是根足虫纲中最重要的致病种类，在一定条件下，可扩延至肝、肺、脑、泌尿生殖系统和其他部位，形成溃疡和脓肿。

**（二）微生物对大气的污染**

大气微生物是指空气中细菌、霉菌和放线菌等有生命的活体，不仅具有重要的生态功能，同时还与空气污染、环境质量和人体健康密切相关。大气是由多种气体组成的混合物，营养物质贫乏，理化条件多变，并非是微生物的良好栖息环境。大气微生物主要来源于土壤、水体表面、动植物、人体以及生产活动、污水污物处理等，遇到适宜的生存条件大量繁殖，造成其在一定的空间范围内数量骤增，使位于该区域免疫低下的人和其他生物因接触、呼吸、吸食而感染，进而造成疾病大面积传播，对人们的生命财产及区域生物多样性产生极大的威胁。

目前，世界上 41 种主要传染病中经空气传播的就有 14 种，占各种传播疾病的首位。20% 的呼吸道疾病是因大气微生物污染引起的。大气微生物污染对儿童呼吸系统健康影响的研究表明，鼻粘膜充血、鼻甲肿大、咽充血、过敏性鼻炎等儿童呼吸系统症状的检出率或疾病患病率与大气微生物污染显著相关。影响空气中微生物数量的因素很多，其中主要包括：人的因素（人流、车流）、气象（气温、湿度、风速）、环境（绿化、地理位置、水、化学污染），室内空气中的微生物数量通常高于室外。空气的传播能力很强，一旦病原菌进入人群中，便有可能使空气成为传播媒介，造成这些传染病流行。2003 年春，SARS 病毒即是主要通过空气飞沫近距离传播的。

某些微生物的代谢产物，尤其是气态产物如甲烷、硫化氢和氮氧化物等，也可污染大气。生存于沼泽、湖泊沉积物等厌氧生境中的产甲烷细菌可产生甲烷，再经硝化作用可形成氮氧化物，这些都属于温室效应气体，对全球气候变暖有重要影响。另外，在富含硫氧化物的厌氧生境中，由硫酸盐还原细菌形成的硫化氢散发入大气，造成局部大气环境的污染，产生令人不愉快的恶臭气味，甚至可引起人类和动物的窒息和中毒。

### (三) 微生物对土壤的污染

土壤的生物污染是指病原体和带病等有害生物种群从外界侵入土壤,破坏土壤生态系统的平衡,引起土壤质量下降的现象。有害生物种群的主要来源是用未经处理的人畜粪便施肥、生活污水、垃圾、医院含有病原体的污水和工业废水(做农田灌溉或作为底泥施肥),以及处理不当的病畜尸体等。通过上述途径,大量的细菌、放线菌、真菌以及寄生虫卵被带入土壤,受污染的土壤当温度、湿度等条件适宜时,又可通过不同途径使人、畜感染发病。

传染性细菌和病毒污染土壤后对人体健康的危害十分严重。一般来自粪便和城市生活污水的致病细菌属于:沙门氏菌属、志贺氏菌属、芽孢杆菌属、拟杆菌属(Bacteroides)、梭菌属、假单胞杆菌属、丝杆菌属(Sphaerophorus)、链球菌属、分枝杆菌属等。另外,随患病动物的排泄物、分泌物或其尸体进入土壤而传染至人体的还有炭疽、破伤风、恶性水肿、丹毒等疾病的病原菌。在土壤中已发现有 100 多种可能引起人类致病的病毒,例如脊髓灰质炎病毒(Polio viruses)、人肠细胞病变孤儿病毒(Echo virus)、柯萨奇病毒(Coxsackie viruses)、传染性肝炎病毒(Viruses of infections hepatitis)等。被病原体污染的土壤能传播伤寒、副伤寒、痢疾和病毒性肝炎等疾病,像 1942 年武尔坎地区伤寒的流行就是由于居民点附近的土壤被含有致病菌的粪便污染所造成的。

土壤生物污染不仅会危害人体健康,还会引起植物病害,造成农作物减产。一些植物致病菌污染土壤后能引起茄子、马铃薯和烟草等百余种植物的青枯病,能造成果树细菌性溃疡和根癌。某些真菌会引起大白菜、油菜和萝卜等一百多种蔬菜烂根,还可导致玉米、小麦和谷子等粮食作物的黑穗病。还有一些线虫可经土壤侵入植物根部并引起线虫病,甚至在土壤中传播植物病毒。另外,由于人类滥用化肥和农药,使一些通常无侵袭能力的镰刀菌和青霉菌等变成有侵袭能力,从而导致植物根坏死。

### (四) 微生物对食品的污染

食品中的微生物可以分为 3 大类:可用于生产的微生物、引起食品变质腐坏的微生物和食源性病原微生物。用于生产的微生物一般菌种特定,是食品产业研究关注的热点;而有害的微生物由于种类多、污染概率大、不易控制且近年来事故频发,也越来越受到人们的高度重视。

从食品原料到消费者食用经历了一个比较复杂的生产过程,包括:原料获取、生产加工、成品包装、流通上市。由于食品的营养较高,因而在各个环节上都可能受到有害微生物的污染。以蛋白质为主的食物在一些微生物作用下可产生氨基酸、胺、氨、硫化氢等和特殊臭味,这种食物变质通常称为腐败(Spoilage)。以碳水化合物为主的食品在一些微生物作用下产生有机酸、乙醇和 $CO_2$ 等气体,其特征是食品酸度升高,这种食物变质习惯上称为发酵(Fermentation)或酸败。以脂肪为主的食物在解脂微生物的作用下,产生脂肪酸、甘油及其他产物,其特征是产生酸和刺鼻的油哈喇味,这种食物变质称为酸败(Rancidity)。微生物引起食品的腐败变质,会降低食品质量甚至使食品不能食用,造成生产中的浪费。

食源性病原微生物与引起食品变质腐坏的微生物相比,所带来的危害就更为严重了,它可引起因食品中细菌大量繁殖而导致食用者感染型中毒或因细菌繁殖产生菌毒素引起的毒素型中毒,对消费者的危害极大。食源性病原微生物主要包括沙门氏菌、大肠杆菌、副溶血性弧菌、李斯特菌、金黄色葡萄球菌、肉毒梭状芽孢杆菌、变形杆菌等。这些病原微生物严重影响人体健康,如沙门氏菌往往源自病死牲畜肉、变质动物性食品和蛋类,沙门氏菌中毒者会在进食后短期内出现急性胃肠症状,如恶心、频繁性呕吐、腹痛、腹泻,重者可发生高热、脱水、昏迷、抽搐,很快死亡;副溶血性弧菌存在于海水中,因此各种海产食物的带菌率很高,当食用未煮熟的海鱼、海蜇,以及食用盐腌制的并已被污染的肉类、蛋类、鱼类、咸菜时,可引起中毒,中毒者胃肠症状严重,恶心、呕吐、腹痛,特别是肠糜烂、充血、水肿,并出现脓血水样便,甚至发生休克、溶血现象;变形杆菌在食品中能产生肠毒素,并且可以使蛋白质中的组氨酸脱羧而形成组胺,从而引起胃肠炎或过敏性反应,中毒者会出现恶心、呕吐、腹痛、腹泻、头晕、头痛及发热等症状或皮肤潮红、头痛、酒醉貌、荨麻疹等过敏反应。

## 二、环境污染物对微生物的毒性

在自然界,土壤是微生物栖息生长的最适环境。土壤中存在着种类繁多、数量巨大的各种微生物,它们构成了一个相对稳定的生态群落。土壤是环境的重要组成部分,不仅为植物、动物和微生物提供了栖息场所,同时又是人类农业生产的基础。土壤环境位于自然环境的中心位置,承担着环境中大约90%的来自各方面的污染物质。随着经济迅速发展,越来越多的污染物进入土壤环境,对土壤造成污染,甚至通过污染地下水以及污染物的迁移,对人类赖以生存的生态环境在多个层面上造成不良胁迫与危害。

常见的土壤污染物主要有:重金属、挥发性芳香化合物、多环芳烃(PAHs)、农药、酚类化合物、含硫无机化合物、含氮无机化合物等。这些污染物主要来源于开采、冶炼、焦化、木材保护性处理、污灌、固体废弃物、农药、化肥施用等。其中,在大多数污染地区,重金属和有机污染物(农药)是两类最为普遍且经常共存的土壤污染物。

研究显示,重金属对微生物毒性的效应与其浓度有很大的关系,低浓度的某些重金属能促进微生物的生长,但随着重金属浓度的增加,会出现明显的抑制作用。细胞内的重金属离子不仅能与酶活性中心或蛋白质中的巯基结合,而且还能取代金属蛋白中的必需元素($Ca^{2+}$,$Mg^{2+}$,$Zn^{2+}$和$Fe^{2+}$),导致生物大分子构象改变、酶活性丧失及必需元素缺乏,干扰细胞的正常代谢过程,干扰物质在细胞中的运输过程(如$Al^{3+}$能抑制植物对$Ca^{2+}$的吸收和运输),还通过氧化还原反应产生自由基而导致细胞氧化损伤。随着重金属污染程度的加剧,土壤中微生物的数量也会明显降低,有研究显示,同样在砷、镉、铬、铜、铅、镍和锌复合污染土壤中,重金属总量达到658 mg/kg时,细菌和真菌数量分别比对照(121.0 mg/kg)降低了的71%和55%,而当重金属总量增加到3 446.6 mg/kg时,其分别下降了81%和85%。

化学农药对某些土壤微生物一般具有一定程度的毒性,也就是说对某些微生物来说具有抑制作用,而对另外一些类群则可能是很好的营养物质,因而能促进这类微生物生长。有研究显示,用不同浓度甲胺磷处理土壤,土壤中细菌、放线菌和固氮菌群的生长具有不同程度的抑制作用。甲胺磷在施入土壤后的第1 d,细菌数量下降了1.1% ~

16.3%,并且随药剂浓度的增加而趋于明显。随着时间的延长,细菌数量恢复,处理浓度增加则恢复时间变长。甲胺磷处理后真菌的生长则受到刺激,浓度越高则刺激作用越强。在 10 mg/kg 剂量下,用药后的第 1 d,数量增长了 38.5%,直到第 16 d 才恢复到对照水平。

### 三、微生物抗污染物的机理

化学合成工业的发展给环境带来一些异生物质(Xanobiotics),包括各种杀虫剂、重金属、多环芳烃(PAHs)和石油衍生物等。这些污染物释放到环境中,必定会对环境中的微生物群落产生影响,持续的污染使得有的微生物种群数量减少以致被淘汰,有的则适应污染环境而成为优势群。

环境微生物能适应污染物的机制有 3 个方面:第一,由于某些基因被诱导使有的微生物类群能耐受或降解污染物,这类微生物在污染环境中由于竞争优势数量增加;第二,有些微生物由于各种突变如单核苷酸突变、DNA 的重排等导致对污染物产生抗性或降解能力;第三,某些微生物可以通过水平基因转移,从群落中相近或系统发育关系较远的微生物中获取对污染物的抗性或降解遗传信息。

#### (一)微生物抗有机污染物的机理

环境微生物可以分解有机物,在好氧条件下,它能将有机污染物彻底氧化,分解成 $CO_2$、$H_2O$、$SO_4^{2-}$、$PO_4^{3-}$、$NO^{2-}$、$NO^{3-}$ 等无机物;在厌氧条件下,能将有机物降解,转化成小分子有机酸、$H_2O$、$H_2$、$CH_4$ 等。微生物对有机污染物的降解主要是通过微生物酶的作用。参与污染有机物生物降解的各种微生物酶,可分为组成酶和诱导酶,又可分为胞内酶和胞外酶。微生物对某些污染物有去毒作用,所谓去毒作用(Detoxication)是指微生物使污染物的分子结构发生改变,从而降低或去除其对敏感物的有害性,例如,有毒性的杀草剂醚草通在微生物的作用下脱氨形成对植物无毒害的产物。

#### (二)微生物抗重金属污染物的机理

微生物抗重金属污染物主要通过其对重金属的溶解、转化与固定作用来实现的。微生物对重金属的溶解主要是通过各种代谢活动直接或间接地进行的。土壤微生物的代谢作用能产生多种低相对分子质量的有机酸以及其他代谢产物溶解重金属;一些微生物可对重金属进行生物转化,通过氧化、还原、甲基化和脱甲基化作用转化重金属,改变其毒性,从而形成其对重金属的解毒机制;一些微生物通过带电荷的细胞表面吸附重金属离子,例如微生物多糖、多肽、糖蛋白上的官能团—COOH,—$NH_2$,—SH,—OH 等对重金属离子进行固定,或直接把重金属作为必要的营养元素主动吸收,将重金属离子富集在细胞表面或内部,使重金属的移动性降低。重金属被储存在细胞的不同部位或被结合到胞外基质上,通过胞外络合作用、胞外沉淀作用以及胞内积累 3 种作用方式固定重金属,使重金属的形态发生变化,从而改变其生物有效性和生物毒性。

## 第二节 微生物与环境监测

环境监测是指运用物理、化学、生物等现代科学技术方法,间断或连续地对环境化学污染物及物理和生物污染等因素进行现场的监测和测定,做出正确的环境质量评价。环境监测的主要手段包括物理手段(对于声、光的监测),化学手段(各种化学方法,包括重量法、分光光度法等),生物手段(监测环境变化对生物及生物群落的影响)。生物手段是利用生物个体、种群或群落对环境污染或变化所产生的反应来阐明环境污染状况,进而从生物学角度为环境质量的监测和评价提供依据。生物监测对评估环境质量具有重要的参考价值,而微生物监测作为生物监测的重要组成部分具有其独特的作用。

### 一、水体污染的微生物监测

水环境监测分析主要有化学方法、物理方法和生物方法等3种手段。化学方法准确度高,但操作比较费时,不能进行野外分析;物理方法(如遥感技术)一般只能做定性描述,必须与化学方法相配合,才能快速、大范围描述水体的状况;环境中存在着大量的水生生物群落,当水体受到污染时,各种不同的水生生物由于对环境的要求和适应能力不同而产生不同的反应,因此可用水生生物来了解和判断水体污染的类型与程度。

#### (一)粪便污染指示菌监测水质

大肠菌群是评价水体质量的重要指标之一,目前已被国内外广泛应用于食品卫生工作中。人畜粪便中携带有大量致病性微生物,如果将这类污染物排入水体,就可能引起各类肠道疾病和某些传染病的暴发流行。直接监测各种病原菌十分繁琐和耗时耗费,此外,由于水中致病菌少,直接监测困难,即使检测结果为阴性也很难说明水中没有致病微生物。因此,水质卫生学监测中,通常监测易检出的肠道细菌作为指示菌,肠道指示菌中大肠菌是普遍采用的指示菌。

大肠菌群是指那些能在 35~37 ℃条件下,48 h 之内使乳糖发酵产酸、产气、需氧及兼性厌氧的、革兰氏阴性的无芽孢杆菌。大肠菌群主要包括肠杆菌科中的埃希氏菌属、柠檬酸杆菌属、克雷伯氏菌属和肠杆菌属。在水质检查中,常用"大肠菌群指数"和"大肠菌群值"做监测指标。大肠菌群指数是指每 1 L 水中所含大肠菌个数,大肠菌群值是指检出一个菌群所需的最小水样量毫升数。我国饮用水质量标准规定,大肠菌群指数不得大于3,大肠菌群值不得小于 333 mL。

#### (二)有机污染指示菌监测水质有机污染状况

自然水体中的腐生细菌数与有机物浓度成正比,因此测得腐生细菌数或即可推断水体的有机污染状况。污水排放到河流后,河流随着水流或净化过程会形成几个连续的污染带,根据水体中腐生细菌的数量,可以将水体划分为多污带、中污带和寡污带。

多污带水色混浊、暗灰色,溶解氧极低(或无),为厌氧状态。水底沉积许多由有机物和无机物形成的污泥,污泥中有大量寡毛类动物如颤蚓蚓,水体中几乎没有水生生物(鱼类、植物等),细菌数量为每毫升水几亿个;在有机物分解过程中,产生 $H_2S$、$CO_2$ 和 $CH_4$

等气体,有臭味。中污带可分为α-中污带和β-中污带两种类型:α-中污带水呈灰色且有臭味,半厌氧,有机物量减少,生物种类比多污带稍多,有蓝藻与鞭毛虫类生物等,细菌数量较多,可达到每毫升几千万个,有机物分解产生氨气、$H_2S$;β-中污带有机物较少,溶氧较高,细菌数量为每毫升几万个,有大量藻类、原生动物,还有鱼类生长。寡污带中有机物全部无机化,水的混浊度低,溶解氧恢复到正常含量,细菌极少,有鱼、水生生物、藻类、原生生物等,河流自净过程已基本完成。

## 二、污染物毒性的微生物监测

### (一)发光细菌检测环境毒物

发光细菌是生物监测的重要指示物,发光细菌可以监测重金属、农药、除草剂、酚类化合物、氰化物、抗生素等30多种有毒污染物。与传统的鱼、水蚤和其他水生生物作为生物监测方法相比,发光细菌法简便、快速、灵敏、适应性强、重复性好。发光细菌毒性监测最显著的特点是一次试验能够定性或定量鉴别被测水样中全部有毒物质,具有准确度好、监测范围宽,可在现场监测、也可在实验室监测等优点。

发光菌是一类能运动的革兰氏阴性兼性厌氧杆菌,含有荧光素、荧光酶、ATP等发光要素,在有氧条件下通过细胞内生化反应而产生微弱荧光。发光细菌在毒物作用下,细胞活性下降,导致发光强度降低。发光细菌法是利用灵敏的光电测量系统测定毒物对发光细菌发光强度的影响,根据发光细菌发光强度的变化判断毒物毒性的大小。混合废水含有多种污染物,单独分析某个污染物毒性实践意义不大,由于污染物之间的加和及拮抗作用,各个污染物的毒性之和并不代表这种废水的综合毒性,故可以用发光细菌法测定其综合毒性。随着技术的发展,发光细菌法和电子技术以及光电技术、生物传感器技术以及计算机技术紧密结合起来,已发展为在线监测系统,为水质在线监测提供了更加快速和有效的测试手段。

### (二)鼠伤寒沙门氏菌监测水质致突变性与致癌性

研究发现80%~90%的人类癌症是由环境因素引起的,其中主要是化学因素。目前世界上常用的化学物质有7万多种,其中致癌性研究较充分的仅占1/10,而每年又至少新增千余种新的化合物。采用传统的动物实验法和流行病学调查法已远远不能满足需要,至今世界上已发展了上百种快速测试法,其中以致突变试验应用最广,测试结果不仅可反映化学物质的致突变性,而且可推测它的潜在致癌性。

应用于致突变的微生物有鼠伤寒沙门氏菌、大肠埃希氏菌、枯草杆菌、脉胞菌、酿酒酵母、构巢曲霉等。目前以沙门氏菌致突变试验应用最广。其原理是利用鼠伤寒沙门氏菌(*Salmonella typhimurium*)组氨酸营养缺陷型菌株发生回复突变的性能,来检测物质的致突变性,在不含组氨酸的培养基上,它们不能生长,但当受到某致突变物作用时,因菌体DNA受到损伤,特定部位基因突变,由缺陷型回复到野生型,在不含组氨酸的培养基上也能生长。有研究人员曾将烷化剂、亚硝胺类、多环芳烃、芳香胺、硝基呋喃类、联苯胺、黄曲霉毒素等175种已知致癌物进行试验,结果发现其中157种呈阳性反应,吻合率达90%。

## 第三节 污染环境的微生物治理与修复

生态环境保护是当今世界各国都要面对的问题,工业生产和人们生活过程中向环境排放的有毒、有害的污染物必须得到妥善处理,否则会带来严重的生态环境破坏。现在治理环境污染的方法很多,其中用物理、化学方法虽可清除部分污染物,但效率普遍较低,且易造成二次污染。

微生物在地球生态系统物质循环中作为分解者,起着"天然环境卫士"的作用,而且微生物资源丰富,是最宝贵、最具开发潜力的资源库。在污染物的降解转化、资源的再生利用、无公害产品的生产开发、城市生态保护等方面,微生物都能发挥重要作用。

### 一、污染环境的自我净化

环境受到污染后,在物理、化学和生物的作用下,逐步消除污染物达到自然净化的过程被称作环境自净。环境自净按发生机理可分为物理净化、化学净化和生物净化3类。

物理净化包括稀释、扩散、淋洗、挥发、沉降等。如含有烟尘的大气,通过气流的扩散、降水的淋洗、重力的沉降等作用而得到净化;混浊的污水进入江河湖海后,通过物理的吸附、沉淀和水流的稀释、扩散等作用,水体可恢复到清洁的状态;土壤中挥发性污染物如酚、氰、汞等,因为挥发作用,其含量逐渐降低。

化学净化包括氧化和还原、化合和分解、吸附、凝聚、交换、络合等。如某些有机污染物经氧化还原作用最终生成水和二氧化碳;水中铜、铅、锌、镉、汞等重金属离子与硫离子化合,生成难溶的硫化物沉淀;铁、锰、铝的水合物,黏土矿物,腐殖酸等对重金属离子的化学吸附和凝聚作用均属环境的化学净化。

生物净化是指通过生物体的吸收、降解作用使环境污染物的浓度和毒性降低或消失,如植物能吸收土壤中的酚、氰,并在体内转化为酚糖甙和氰糖甙,球衣菌可以把酚、氰分解为二氧化碳和水;水生植物凤眼莲可以吸收水中的汞、镉、砷等化学污染物,从而净化水体等。

如果排放的污染物超过了环境的自净能力,环境质量就会发生不良变化,危害人类的健康和生存环境,这就发生了环境污染。

### 二、污染环境的微生物修复

随着人口的迅速增长、工农业生产的迅速发展和人民生活水平的不断提高,人类对化学品的依赖程度越来越高,化学品构成的潜在危险越来越大。化学品在生产、使用、储存、运输、装卸和处置等过程中都会有大量的物质释放到空气、水体和土壤中,污染着我们呼吸的空气、饮用水源,污染着作物生长的土壤和各种生物的生活环境,对人类的生活和健康以及各种生态系统构成直接和间接的威胁。对废水、废气、废渣的治理是环境工程的核心内容

生物修复(Bioremediation)又称为生物恢复(Biorestoration),是指利用生物特别是微生物的代谢潜能消除或减少污染地区有害物质浓度的技术。在环境的净化修复中,微生

物具有十分突出的作用。微生物的最大特点就是种类繁多及其代谢类型的多样性,使得自然界中的各种物质特别是有机化合物,几乎都可被微生物降解或转化。

### (一)富营养化水体的微生物修复

水体富营养化(Eutrophication)是指在人类活动的影响下,生物所需的氮、磷等营养物质大量进入湖泊、河口、海湾等缓流水体,引起藻类及其他浮游生物迅速繁殖,水体溶解氧量下降,水质恶化,鱼类及其他生物大量死亡的现象。在自然条件下,湖泊也会从贫营养状态过渡到富营养状态,不过这种自然过程非常缓慢。而人为排放含营养物质的工业废水和生活污水所引起的水体富营养化则可以在短时间内出现。水体出现富营养化现象时,浮游藻类大量繁殖,因占优势的浮游藻类的颜色不同,水面往往呈现蓝色、红色、棕色、乳白色等,这种现象在海洋中则叫作赤潮或红潮。

在富营养化湖泊的生物修复中,采用适当的工艺条件并接种专性菌剂有助于水中氮元素和有机碳的去除,但是对磷元素微生物修复效果不及物理修复和水生生物修复。富营养化水体的脱氮过程中 $NH_4^+ - N$ 氧化为亚硝态氮是整个过程的限速步骤,氨氧化主要是通过氨氧化菌来完成,该菌是好氧性化能自氧微生物,其中也有少数能够忍受缺氧的环境,另外一些异养真菌和细菌也可以氧化氨,例如甲烷氧化菌可能通过甲烷单加氧酶将氨氧化。美国一家公司研制的 Clear - Flo 系列菌剂专门用于湖泊和池塘生物清淤、养殖水体净化、河流修复及潮汐去除。我国也有相关研究报道,用微生物菌液喷洒技术治理污染水塘,5 个月后,总氮去除率可达70%,净化效果明显。

### (二)石油污染的微生物修复

石油在开采与运输过程中由于泄漏对土壤、水体等环境造成严重的污染,石油中含有多种烷烃、环烷烃、芳香烃和烯烃等复杂烃类化合物,泄漏过程中不仅破坏了海洋等生态环境,而且通过土壤、植物等进入食物链直接危害到了人类健康。

多年的实践证明,微生物修复技术已成为石油污染治理的核心技术。微生物修复石油污染主要有两种形式:一是加入有高效降解能力的菌株;二是改变环境,促进微生物代谢能力。降解石油的微生物广泛分布于海洋、淡水、陆地、寒带、温带、热带等不同环境中,能够分解石油烃类的微生物包括细菌、放线菌、霉菌、酵母以及藻类等共 100 余属、200 多种。1989 年,美国环境保护局在阿拉斯加 ExxonVadez 石油泄漏事故中,利用微生物修复技术成功治理了环境污染。中国石油大学的研究人员将室内筛选得到的嗜热石油烃降解菌接种到新疆克拉玛依油田被石油长期污染的土壤样品中进行室内模拟生物修复实验,经 75 d 修复后,石油烃降解率达到 56.31%。

### (三)金属污染的微生物修复

工业废水中的有毒、有害污染物,特别是重金属的排放给环境造成了众多负面影响。众所周知,重金属不仅对人的神经系统、肝脏、骨骼具有毒害作用,而且还会破坏生物酶的官能团。环境中的微生物并不能降解金属污染物,只能改变金属原子、金属离子的形态,使其沉淀,以达到去除有毒重金属的目的;或者是改变金属离子的价态,使金属溶于液体中,从而易于从土壤中滤除;此外,人们还发现海藻、酵母菌等对金属具有较强的生物吸附能力。Massaccesi 从工业排放口的底泥中分离出多种微生物在 13 d 的生长期内对环境中镉的去除率达63%~70%。Donmez等分离出的酵母对环境中镍、铜的去除率分别为57%~71%,52%~68%,但是去除率受到介质中起初金属浓度、pH等因素影响。

**(四)农药污染的微生物修复**

随着农业的不断发展,大量农药被应用于农业生产中,近几年来,农田滥用农药现象极为普遍。农药施用后,一部分附着于植物体上或渗入株体内残留下来,使粮食、蔬菜、水果等受到污染;另一部分散落在土壤上(有时则是直接施于土壤中)或蒸发、散逸到空气中,或随雨水及农田排水流入河湖,污染水体和水生生物。农药残留通过大气、水体、土壤、食品,最终进入人体,引起各种慢性或急性病害。随着生物技术的不断成熟,微生物也被越来越多地应用于农药污染环境的修复中。有研究者从农药厂污泥中等环境分离出两种假单胞菌,混合菌种对甲基对硫磷的降解效果良好。还有学者从污泥中分离到可降解光谱有机磷类农药的芽孢杆菌(地衣芽孢杆菌 *Bacillus licheniformis*),培养72 h,其对500 mg/L甲胺磷、200 mg/L敌敌畏、100 mg/L对硫磷的降解率分别达到78.5%,50.3%,25.4%。

## 三、微生物降解有机污染物的机理

微生物应对自然有机物的存在而进化出生物降解活性,这些有机物包括多聚物、腐殖质等。而利用微生物降解自然环境中的有机污染物也是污染环境修复的有效方法。从总体上说,微生物对自然有机物和有机污染物的降解模式是一致的,本质上降解途径的每一步都是由细胞产生的特定酶所催化。生物降解过程的前提是现存酶能否认识这种化学结构:那些结构与自然有机质结构相似的有机污染物易于被降解,如石油烃中链烷烃;而对结构上与有机质不同的有机污染物,微生物一时不能降解它们,但微生物群落能通过基因突变、接合作用、转化及转座造成的基因转移和重组而获得生物降解能力,微生物可以通过学习和进化而获得对各种异生物源化合物的降解能力。目前科学家们已经分离到能降解石油烃类、纤维素、氯苯类、洗涤剂类、多环芳烃、有机磷农药等各类有机污染物的菌种逾400种,包括细菌、放线菌、酵母菌、霉菌等多种种属。

微生物的降解反应主要包括氧化反应、还原反应、水解反应和聚合反应。氧化反应是许多有机污染物生物降解开始的第一步,是最重要的反应,特别是许多烷烃降解中的重要反应,羟化作用是最一般的氧化反应,例如芳香环氧化成儿茶酚过程就是羟化作用的结果。很多有机污染物在厌氧生物降解时发生还原反应(好氧条件下也有还原反应),例如还原脱卤、酮还原成醇、亚砜还原成硫化物,在还原反应中,还原脱氯尤为重要,还原脱氯是许多化合物(包括有机氯农药、烷基溶剂、烷基卤化物)的一种重要降解方式。水解反应是有机污染物降解过程中的重要反应,反应是向反应系统加水使底物中的某些基团发生水解,如水解脱卤。聚合反应是指有机污染物通过增加某些化学基团扩增,形成聚合产物,或者把污染物接到另一个分子或多个分子得到二聚或多聚化合物。在污染物的微生物降解中,常发生甲基化、乙酰化和甲酰化,聚合以后的产物毒性比亲本化合物要小。如多环芳烃(PAHs)的微生物降解机理是多数真菌通过分泌单氧酶将$O_2$的一个氧原子引入PAHs,产生环氧化合物中间体,然后通过水分子的加成形成反式-二醇和酚类;细菌通过分泌双氧酶将一个氧分子引入PAHs,产生二氧化合物中间体,继而氧化为顺式-二醇,而后转化为二羟基化合物,接着苯环断开,并进一步代谢为三羧酸循环的中间产物。降解中的产物被微生物用来合成自身的生物量,同时产生水和 $CO_2$。

### 四、微生物降解污染物的分子遗传学

近年来,高通量、低成本和高质量的新一代测序技术正以日新月异的步伐发展,测定某一生物的基因组完整序列信息所需的时间已经压缩到了几天,各种微生物基因组的测序正如火如荼地进行。Mattes 等人测序和分析了极地单胞菌 JS666 的全基因(5.9 Mb),该菌株在烷烃、多环芳烃降解和抗金属污染方面具有很好的潜力。研究发现,该菌拥有编码烷烃、卤代烷烃和芳香族化合物降解蛋白的基因,并经实验证实该菌株可以降解儿茶酚、辛烷、卤烃和龙胆酸酯等多种有机污染物。Kim 等人也做了类似的工作,将能高效降解高相对分子质量多环芳烃的分支杆菌 PYR-1 的全基因组进行了测序,发现其 6.5 Mb 大小的基因组可编码 194 个芳烃降解的功能蛋白。显然,基因组学是寻找环境修复功能微生物和功能基因的重要方法,为揭示各种微生物修复过程中的生命现象提供重要的保障。

近年来,转录组学、蛋白质组学和代谢组学也被应用到环境污染微生物修复研究中。要全面而深刻地认识和评价微生物修复污染环境的过程与机理,就必须综合运用以上各组学,对微生物修复的各个环节:基因(决策)-mRNA(传达)-蛋白质(执行)-代谢产物(检验)进行全面考察和研究,实现从微生物修复污染环境的功能菌群的发现、功能基因和蛋白的鉴定、代谢机理的揭示、基因工程菌的构建、代谢实时调控的微生物修复策略。相信随着生物组学和相关技术的日益完善,人类大规模应用微生物修复污染环境的目标与途径必将实现。

## 第四节 污水的微生物处理

废水生物处理是利用微生物的代谢活动,将废水中呈溶解状态或胶体状态的有机污染物转化为稳定、无害的物质,从而使废水得到净化的一种处理方法。随着工业的发展,污水成分已越来越复杂。某些难降解的有机物质和有毒物质,需要运用微生物的方法进行处理,污水具备微生物生长和繁殖的条件,因而微生物能从污水中获取养分,同时降解和利用有害物质,从而使污水得到净化。废水生物处理技术以其消耗少,效率高,成本低,工艺操作管理方便、可靠,无二次污染等显著优点而备受人们的青睐。

### 一、有机废水的好氧处理

根据微生物对氧的要求不同,废水生物处理可分为好氧生物处理和厌氧生物处理两种类型。好氧生物处理是利用好氧微生物(包括兼性微生物)在有氧气存在的条件下进行生物代谢以降解有机物,微生物利用水中存在的有机污染物为底物进行好氧代谢,经过一系列的生化反应,逐级释放能量,最终以低能位的无机物稳定下来,达到无害化的要求,以便返回自然环境或进一步处理,好氧生物处理的使用极为普遍。按照微生物在反应器中的生长状态,好氧生物处理又可细分为活性污泥法和生物膜法。

## （一）活性污泥法

活性污泥法是一种污水的好氧生物处理法，由英国的克拉克（Clark）和盖奇（Gage）于1912年发明，如今活性污泥法及其衍生改良工艺是处理城市污水最广泛使用的方法。该方法以废水中的有机污染物作为培养基，在人工曝气充氧的条件下，对各种微生物群体进行混合连续培养，使之形成活性污泥，再利用活性污泥在水中的凝聚、吸附、氧化、分解和沉淀等作用，去除废水中的有机污染物。

活性污泥的主体细菌来源于土壤、水和空气，包括动胶团属、丛毛单胞菌属、微球菌属、产碱杆菌属、假单胞菌属等几十类种属的微生物。构成活性污泥的微生物种群相对稳定，但当营养条件（如废水种类、化学组成、浓度）、温度、pH、供氧等环境条件改变时会导致优势菌群改变，哪些细菌占优势，取决于有机污染物的种类。好氧活性污泥的细菌能迅速稳定废水中的有机污染物，并具有良好的自我凝聚能力和沉降性能。好氧活性污泥的净化作用有类似于水处理中的混凝剂的作用，能吸收同时又能分解水中溶解性的污染物，且活性污泥是由有生命的微生物组成，能自我繁殖，可以连续反复使用。

好氧活性污泥吸附和降解有机物的过程分3步：第1步是在有氧条件下，活性污泥中的絮凝性微生物吸附废水中有机物。第2步是活性污泥中的水解性细菌水解大分子有机物为小分子有机物。同时，微生物合成自身细胞，废水中的溶解性有机物直接被细菌吸收，在细菌体内氧化分解，其中间代谢产物被另一群细胞吸收，进而无机化。第3步是其他的微生物吸收或吞食未分解彻底的有机物。

## （二）生物膜法

生物膜法又称生物过滤法，是利用附着生长于某些固体物表面的微生物（即生物膜）进行有机污水处理的方法。生物膜是由高度密集的好氧菌、厌氧菌、兼性菌、真菌、原生动物以及藻类等组成的生态系统，其附着的固体介质称为滤料或载体。生物膜自滤料向外可分为厌氧层、好氧层、附着水层、运动水层。生物膜法的原理是：生物膜首先吸附附着水层有机物，由好气层的好气菌将其分解，再进入厌气层进行厌气分解，流动水层则将老化的生物膜冲掉以生长新的生物膜，如此往复以达到净化污水的目的。生物膜法是人们模拟土壤自净过程而创造的，现在生物膜法得到了很大发展，成为颇受人们欢迎的废水处理方法。

生物膜的生物相十分丰富，所包含的微生物种类很多，有细菌、真菌、藻类、原生动物、后生动物以及肉眼可见的微型动物。细菌是生物膜的主要微生物，主要包括假单胞菌属、芽孢杆菌属、产碱杆菌属、动胶杆菌属和球衣菌属；真菌主要有镰刀霉属、地霉属和浆霉属等；原生动物主要有钟虫、累枝虫、循纤虫等纤毛虫，它们能提高废水处理净化速度和效率；滤池扫除生物主要有线虫、瓢体虫、轮虫等，它们能除去滤池内的污泥，防止污泥积累和堵塞滤池；生物膜另辅以浮游球衣菌、藻类等生物，这些微生物在废水处理中起净化和稳定水质的功能。

当废水流过载体时，水中的悬浮物及微生物被吸附于固相表面，其中的微生物利用有机底物而生长繁殖，逐渐在载体表面形成一层黏液状的生物膜。这层生物膜具有化学活性，又进一步吸附、分解废水中悬浮、胶体和溶解状态的污染物。随着废水处理过程的发展,微生物不断生长、繁殖,生物膜厚度不断增大,当生物膜超过一定厚度时,膜内层就难以得到足够的氧,并由此使需氧分解转变为厌氧分解,导致需氧微生物逐渐衰老死亡,最终使生物膜从滤料表面脱落,随水流至二沉池。脱膜的滤料表面又可重新形成生物膜,并如此不断更新。从吸附到脱落,完成一个生长周期,废水通过微生物的生长周期而得到净化。

## 二、有机废水的厌氧处理

废水厌氧生物处理是指在无氧的条件下通过厌氧微生物(包括兼氧微生物)的作用,将废水中各种复杂有机物降解,使废水得到净化的处理方法。在厌氧处理过程中,废水中的有机物经大量微生物的共同作用,被最终转化为甲烷、二氧化碳、水、硫化氢和氨等。在此过程中,不同微生物的代谢过程相互影响、相互制约,形成了复杂的生态系统。由于废水厌氧生物处理有着运行能耗低、剩余污泥量少,且可回收沼气等显著优点,现已逐步在有机废水,特别是高浓度有机废水处理中推广应用。

### (一)有机物厌氧降解的机理

高分子有机物的厌氧降解过程可以分为4个阶段:水解阶段、发酵或(酸化)阶段、产乙酸阶段和产甲烷阶段。

1. 水解阶段

水解可定义为复杂的非溶解性聚合物被转化为简单的溶解性单体或二聚体的过程。高分子有机物因相对分子质量巨大,不能透过细胞膜,因此不可能被细菌直接利用。它们在第一阶段被细菌胞外酶分解为小分子。例如,纤维素被纤维素酶水解为纤维二糖与葡萄糖,淀粉被淀粉酶分解为麦芽糖和葡萄糖,蛋白质被蛋白质酶水解为短肽与氨基酸等。这些小分子的水解产物能够溶解于水并透过细胞膜为细菌所利用。水解过程通常较缓慢,因此被认为是含高分子有机物或悬浮物废液厌氧降解的限速阶段。多种因素如温度、有机物的组成、水解产物的浓度等可能影响水解的速度与水解的程度。

2. 发酵(或酸化)阶段

发酵可定义为有机化合物既作为电子受体也是电子供体的生物降解过程,在此过程中溶解性有机物被转化为以挥发性脂肪酸为主的产物,因此这一过程也称为酸化。

在这一阶段,上述小分子化合物在发酵细菌(即酸化菌)的细胞内被转化为更为简单的化合物并分泌到细胞外。发酵细菌绝大多数是严格厌氧菌,但通常有约1%的兼性厌氧菌存在于厌氧环境中,这些兼性厌氧菌能够起到保护像甲烷菌这样的严格厌氧菌免受氧的损害与抑制。这一阶段的主要产物有挥发性脂肪酸、醇类、乳酸、二氧化碳、氢气、氨、硫化氢等,产物的组成取决于厌氧降解的条件、底物种类和参与酸化的微生物种群。

3. 产乙酸阶段

在产氢产乙酸菌的作用下,上一阶段的产物被进一步转化为乙酸、氢气、碳酸以及新的细胞物质。

代表性反应式如下:

$$CH_3CHOHCOO^- + 2H_2O \longrightarrow CH_3COO^- + HCO_3^- + H^+ + 2H_2 \quad \Delta G_0' = -4.2 \text{ kJ/mol}$$

$$CH_3CH_2OH + H_2O \longrightarrow CH_3COO^- + H^+ + 2H_2O \quad \Delta G_0' = 9.6 \text{ kJ/mol}$$

$$CH_3CH_2CH_2COO^- + 2H_2O \longrightarrow 2CH_3COO^- + H^+ + 2H_2 \quad \Delta G_0' = 48.1 \text{ kJ/mol}$$

**4. 产甲烷阶段**

这一阶段，乙酸、氢气、碳酸、甲酸和甲醇被转化为甲烷、二氧化碳和新的细胞物质。甲烷细菌将乙酸、乙酸盐、二氧化碳和氢气等转化为甲烷的过程由两种生理上不同的产甲烷菌完成，一组把氢和二氧化碳转化成甲烷，另一组从乙酸或乙酸盐脱羧产生甲烷，前者约占总量的1/3，后者约占2/3。

代表性产甲烷过程反应有：

$$CH_3COO^- + H_2O \longrightarrow CH_4 + HCO_3^- \quad \Delta G_0' = -31.0 \text{ kJ/mol}$$

$$HCO_3^- + H^+ + 4H_2 \longrightarrow CH_4 + 3H_2O \quad \Delta G_0' = -135.6 \text{ kJ/mol}$$

$$4CH_3OH \longrightarrow 3CH_4 + CO_2 + 2H_2O \quad \Delta G_0' = -312 \text{ kJ/mol}$$

$$4HCOO^- + 2H^+ \longrightarrow CH_4 + CO_2 + 2HCO_3^- \quad \Delta G_0' = -32.9 \text{ kJ/mol}$$

上述4个阶段的反应速度依废水的性质而异，在含纤维素、半纤维素、果胶和脂类等污染物为主的废水中，水解易成为速度限制步骤；简单的糖类、淀粉、氨基酸和一般蛋白质均能被微生物迅速分解，对含这类有机物的废水，产甲烷易成为限速阶段。虽然厌氧消化过程可分为以上4个过程，但是在厌氧反应器中，4个阶段是同时进行的，并保持某种程度的动态平衡。该平衡一旦被pH、温度、有机负荷等外加因素所破坏，则首先将使产甲烷阶段受到抑制，其结果会导致低级脂肪酸的积存和厌氧进程的异常变化，甚至导致整个消化过程停滞。

**（二）厌氧生物处理工艺**

厌氧技术发展过程大致经历了3个阶段。

第一阶段：简单的沉淀与厌氧发酵合池并行的初期发展阶段。这个发展阶段中，污水沉淀和污泥发酵集中在一个腐化池中进行，泥水没有进行分离。代表性工艺是化粪池。化粪池分为两室，污水于第一室中进行固液分离，悬浮物沉于池底或浮于池面，污水可以得到初步的澄清和厌氧处理；污水于第二室中进一步进行澄清和厌氧处理，处理后的水经出水管导出。污水在池内的停留时间一般为12～24 h；污泥在池底进行厌氧消化，一般在半年左右清除一次。由于污水在池内的停留时间较短、温度较低（不加温，与气温接近）、污水与厌氧微生物的接触也较差，因而化粪池的主要功能是预处理作用，即仅对生活污水中的悬浮固体加以截留并消化，而对溶解性和胶态的有机物的去除率则很低，远不能达到国家规定的有关城市污水的排放标准。

第二阶段：污水沉淀与厌氧发酵分层进行的发展阶段。代表性工艺是厌氧生物滤池。厌氧生物滤池的构造与一般的生物滤池相似，池内设置填料，但池顶密封。废水由池底进入，由池顶部排出。填料浸没于水中，微生物附着生长在填料之上。滤池中微生物量较高，平均停留时间可长达150 d左右，因此可以达到较高的处理效果。滤池填料可采用碎石、卵石或塑料等，平均粒径在40 mm左右。

第三阶段：独立式营建的高级发展阶段。这个发展阶段中，沉淀池中的厌氧发酵室分离出来，建成独立工作的厌氧消化反应器。代表性工艺有厌氧接触工艺、UASB反应器（Upflow anaerobic sludge blanket，升流式厌氧污泥床，如图3.1所示）、IC内循环厌氧反应器等。厌氧接触工艺又称厌氧活性污泥法，是在消化池后设置沉淀分离装置，经消化池厌氧消化后的混合液排至沉淀池分离装置进行泥水分离,澄清水由上部排出,污泥回流至厌氧消化池,这样做既避免了污泥流失又可提高消化池容积负荷,从而大大缩短了水力停留时间。UASB 反应器污泥床区主要由沉降性能良好的厌氧污泥组成,沉淀悬浮区主要靠反应过程中产生气体的上升搅拌作用形成的,在反应器的上部设有气(沼气)、固(污泥)、液(废水)三相分离器,分离器首先使生成的沼气气泡上升过程偏折,穿过水层进入气室,由导管排出。脱气后混合液在沉降区进一步固、液分离,沉降下的污泥返回反应区,使反应区内积累大量的微生物。待处理的废水由底部布水系统进入,澄清后的处理水从沉淀区溢流排除。

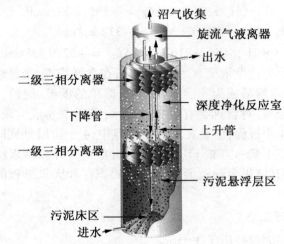

**图 3.1　UASB 反应器结构示意图**
注　图片来源于 http:www.wushuchuci.net.cn

## 三、食品工业废水的微生物处理

食品工业原料广泛,制品种类繁多,排出废水的水量、水质差异很大。食品废水中主要污染物有:①漂浮在废水中的固体物质,如菜叶、果皮、碎肉、禽羽等;②悬浮在废水中的物质有油脂、蛋白质、淀粉、胶体物质等;③溶解在废水中的酸、碱、盐、糖类等;④原料夹带的泥沙及其他有机物等;⑤致病菌毒,如动物性食品加工排出的废水中含有动物排泄物、血液等,可能含有病菌。食品工业废水的特点是有机物和悬浮物含量高,易腐败,一般无大的毒性。其危害主要是使水体富营养化,以致引起水生动物和鱼类死亡,促使水底沉积的有机物产生臭味,恶化水质,污染环境,因此食品工业废水必须要经过妥善的净化处理才可排放。

我国从 20 世纪 80 年代开始,各有关部门积极开展食品工业废水治理工作,已开发出多种有关这类废水的高效、低耗的处理工艺,包括好氧生物处理工艺、厌氧生物处理工艺、稳定塘工艺、光合细菌工艺、土地处理工艺以及上述工艺组合而成的各种各样的工艺。除此之外,膜分离技术及膜与生物法相结合的工艺也有研究。目前国内外,食品工业废水的处理以生物处理为主,较成熟的有厌氧接触法、厌氧污泥床法、酵母菌生物处理法等。

厌氧接触法、厌氧污泥床法在前面已有介绍。酵母菌生物处理法主要是利用酵母菌能够在高糖环境中生存,并且还具有直接降解高浓度油脂类物质、有机负荷能力高等特点,故该工艺常被用于处理含油脂的废水(如餐饮废水),处理后的废水再用常规活性污泥法等工艺进行进一步处理即可达标。

近十几年来,国内外还开展了应用光合细菌处理高浓度食品工业有机废水方面的研究,我国相关的研究虽起步较晚,但也取得了可喜的成果,在柠檬酸、味精、淀粉、豆制品及乳品等废水处理方面取得了显著成效。光合细菌(简称 PSB)是自然界广泛存在的细菌群落,是一类以光为能源,以 $CO_2$ 或有机碳化物为碳源进行光合作用的细菌的总称,它能在厌氧光照、好氧光照,甚至好氧黑暗环境中增殖,且能耐受很高盐度和浓度的有机物,具有很强的分解、去除有机物的能力。废水处理所用的光合细菌主要是红螺菌科的球形红假单胞菌,这类菌在厌氧光照、好氧光照或好氧黑暗的条件下都能利用有机酸、氨基酸及糖类小分子有机物迅速增殖,使食品废水得以净化,这种方法处理废水比活性污泥处理废水等方法有无可比拟的优点。

## 第五节 废气与固体废物的微生物处理

### 一、废气微生物处理方法

随着公众环境保护意识的日益增强,废气污染及其治理越来越受到人们的关注。废气主要来源包括燃料燃烧、工业生产活动(如化工、冶金、生物制品、屠宰、污水处理及垃圾处理等工厂所产生的废气)、农业生产活动(如焚烧秸秆)、交通污染源(如汽车尾气)等。目前,主要的废气处理技术包括有吸收、吸附、催化、焚烧、冷凝及生物技术等。对于大流量、低浓度的废气,生物处理技术具有处理效果好、无二次污染、投资及运行费用低、易于管理等优点,因而得到了广泛的应用。

**(一)与废气生物处理相关的微生物种类**

废气中的污染物质类型相对单一,单一类型污染物的浓度也相对较高,因此废气生物处理过程中的微生物种类、活性及群落结构与废水生物处理过程均有所不同。参与废气生物处理的微生物种类繁多,接种微生物、处理底物和工艺运行条件等因素都会影响反应器中微生物种群的形成。常见的废气生物处理微生物包括化能自养菌、异养细菌和真菌等类型:

1. 化能自养菌

(1)硫氧化菌。

含硫化氢、甲基硫、二甲基硫等硫化物的废气普遍存在于污水处理、垃圾填埋、天然气、焦炉煤气、炼油厂等场所,生物方法已经成功应用于含硫废气的处理。而化能自养硫细菌是硫化物废气处理过程中常见的类型,化能自养硫细菌以杆菌为主,主要包括氧化硫硫杆菌(*Thiobacillus thiooxidans*)、排硫硫杆菌(*Thiobacillus thioparus*)、氧化亚铁硫杆菌(*Thiobacillus ferrooxidans*)和脱氮硫杆菌(*Thiobacillus denitrificans*)等。

(2) 亚硝酸细菌和硝酸细菌。

亚硝酸细菌和硝酸细菌是含氨废气生物处理过程中常见的两类微生物,它们均为自养微生物,专性好氧,分别从氧化 $NH_3$ 和 $NO_2^-$ 的过程中获得能量,产物分别为 $NO_2^-$ 和 $NO_3^-$。其中亚硝酸菌包括亚硝酸单胞菌属、亚硝酸螺杆菌属和亚硝酸球菌属等,硝酸菌包括硝化杆菌属和硝化球菌属等。

2. 异养细菌

参与废气生物处理的微生物多为异养细菌,由于接种来源和中性 pH 条件下运行的原因,在绝大多数包括未知混合微生物的生物反应器中,异养细菌是占优势的类群。常用于废气生物处理的异养细菌包括假单胞菌(*Pseudomonadaceae*)和不动杆菌(*Acinetobacter*)等。

3. 真菌

真菌在低湿度、低 pH 条件下生存的能力明显高于细菌,特别是对于疏水性或水溶性差的有机物,真菌菌丝生长形成丝网状结构,与气相污染物在三维的空间内接触,传质过程加快,降解效率提高。迄今为止,应用于废气生物处理的真菌以青霉(*Penicllium*)、外瓶霉(*Exophiala*)以及黑曲霉(*Aspergillus niger*)等为主,另外,足放线病菌属(*Scedosporium*)的拟青霉(*Paecilomyces*)、枝孢霉(*Cladosporium*)等也有一定应用.

(二) 废气生物处理过程

废气生物净化是指微生物利用废气中的有机组分作为其生命活动的能源或其他养分,经代谢降解,转化为简单的无机物($CO_2$、水等)及细胞组成物质。与废水生物处理过程最大的区别在于废气首先要经历由气相转移到液相(或固体表面液膜)中的传质过程,然后再被微生物吸附降解。生物反应器处理废气一般包括以下 3 个阶段。

1. 溶解过程

废气与水或固相表面的水膜接触,污染物溶于水中成为液相中的分子或离子,完成由气膜扩散进入液膜的过程。

2. 吸着过程

有机污染物组分溶解于液膜后,在浓度差的推动下进一步扩散到生物膜,被微生物吸附、吸收,污染物从水中转入微生物体内。作为吸收剂的水被再生复原,继而再用以溶解新的废气成分。

3. 生物降解过程

进入微生物细胞的污染物作为微生物生命活动的能源或养分被分解和利用,从而使污染物得以去除。烃类和其他有机物成分被氧化分解为 $CO_2$ 和 $H_2O$,含硫还原性成分被氧化为 $S$,$SO_4^{2-}$,含氮成分被氧化分解成 $NH_3$,$NO_2^-$ 和 $NO_3^-$ 等。

生物法处理废气实际上也是一种活性污泥处理工艺,主要有生物滤池、生物滴滤塔和生物洗涤器 3 种形式。人们根据这 3 套系统的液相运转情况(连续运转或静止)和微生物在液相中的状态(自由分散或固定在载体或填充物上)来区分它们。目前应用最广泛的是生物滤池和生物滴滤塔。

## 二、固体废物的微生物处理方法

人们在享受丰富物质文明的同时,每天都在制造、丢弃各种各样的生活垃圾。随着城市人口的迅猛增加和人民生活水平的不断提高,垃圾产生量与日俱增,成分日趋复杂,危害日益严重,已成为当今城市的一大公害。自20世纪60年代以来,国内外投入大量的人力、物力、财力进行城市生活垃圾处理的技术研究。目前主要处理方法有3种:填埋法、堆肥法、焚烧法。3种方法各有特点:堆肥法需占用较大场地,且易对周围环境产生二次污染;焚烧法一次性投资大,需喷油助燃,运行成本高;填埋法虽投资和运行成本较低,由于大多数不能按国家填埋要求处置,致使填埋场周围环境恶劣。近年来,国内外利用微生物进行有机垃圾的生化处理研究取得了较好的进展。

城市生活垃圾按传统的方法收集后送到垃圾处理厂,经分选后将有机物和无机物分开,分选出有机物(以厨余垃圾为主,包括果皮、菜叶、菜根、虾蟹、废纸、食品残渣、鸡鸭鱼肉废弃物等)送入发酵机器内,机器内预置了以固态为载体的微生物,并提供适当的温度、湿度及供氧条件。将垃圾投入到机器内,微生物在机器内会产生出大量的分解酶,将大分子有机垃圾分解为糖、脂肪酸和氨基酸等低分子有机物,这些有机物又作为微生物的养分,同时代谢出水、气和生物热能。这些微生物自身又以几何级数的速度繁殖,经过 $1\sim2$ d 发酵、腐熟分解,90%以上的有机垃圾转变为 $CO_2$ 和 $H_2O$,10%左右的发酵后剩余物用于制造有机复合肥。

### 思考题

1. 哪种自然环境最适合微生物生长?为什么说大气不适合微生物的生长?
2. 微生物对食品的危害有哪些?
3. 土壤中的微生物有哪些用处?
4. 用于水体质量监测的微生物有哪些?
5. 防治水体病原微生物污染的主要措施有哪些?
6. 生活中,哪些废弃物可以用微生物处理降解?借举例说明。
7. 哪些微生物可用于环境中重金属污染修复?机理是什么?
8. 工农业生产产生的有机废水可用什么方法处理?

# 参考文献

[1] 周群英,王士芬. 环境工程微生物学[M]. 3版. 北京:高等教育出版社,2008.
[2] 王家玲. 环境微生物学[M]. 2版. 北京:高等教育出版社,2004.
[3] 袁林江. 环境工程微生物学[M]. 1版. 北京:化学工业出版社,2012.
[4] 郑平主编. 环境微生物学[M]. 2版. 杭州:浙江大学出版社,2012.
[5] SCHMIDT T, SCHAECHER M. 生态及环境微生物学[M]. 1版. 北京:科学出版社,2012.
[6] 王国惠. 环境工程微生物学——原理与应用[M]. 3版. 北京:化学工业出版

社, 2015.
[7] 王远鹏. 重金属污染土壤的微生物分子生态及对修复效应的影响[D]. 杭州:浙江大学, 2006.
[8] MEGHARAI M, RAMAKRISHNAN B, VENKATESWARLU K, et al. Bioremediation approaches for organic pollutants: a critical perspective[J]. Environment International, 2011, 37:1362-1375.
[9] TING A Y, RAHMAN N, ISA M, et al. Investigating metal removal potential by effective microorganisms (EM) in alginate-immobilized and free-cell forms[J]. Bioresource Technology, 2013, 147:636-639.
[10] HIDRI Y, FOURTI O, ETURKI S, et al. Effects of 15-year application of municipal wastewater on microbial biomass, fecal pollution indicators, and heavy metals in a Tunisian calcareous soil[J]. Journal of Soils and Sediments, 2014, 14(1): 155-163.
[11] MARIA S K, IRENA B, TATIANA N, et al. Survival of cryogel, immobilized *Rhodococcus* strains in crude oil-contaminated soil and their impact on biodegradation efficiency[J]. International Biodeterioration and Biodegradation, 2013, 84: 118-125.

# 第四章 微生物代谢产物及其分子调控

**本章引言** 微生物的个体微小,但比表面积大,其能够迅速与外界环境进行物质交换,且代谢活动异常旺盛。本章介绍微生物的代谢多样性。微生物通过厌氧发酵与底物水平磷酸化、呼吸(有氧呼吸和无氧呼吸)与氧化磷酸化、光合作用与光合磷酸化实现产能与能量转换。微生物细胞物质包括核苷酸和核酸、多肽和蛋白质、脂肪酸和脂的生物合成,与其他生物相应物质的生物合成相似。

许多微生物除了存在对生命活动至关重要的初级代谢以外,还有对生命活动同样至关重要的次级代谢,可产生对人类具有重要作用的次级代谢产物。微生物在初级代谢和次级代谢过程中具有许多不同的调控方式,用来免除自身代谢产物的反馈抑制和其他环境因素的影响。

微生物在长期的进化过程中,形成了两种主要的代谢调节方式,即酶活性的调节和酶量的调节;酶活性的调节是酶蛋白合成之后即翻译后的调节,是酶化学水平上的调节;而酶量的调节则是在转录水平即产生多少 mRNA 或者翻译水平即 mRNA 是否翻译为酶蛋白的调节,调节的是酶的合成量。相比之下,酶量的调节比较粗放,酶活性的调节比较精确。两种方式的结合,使微生物新陈代谢活动减少了不必要的消耗,形成了更为有效的调控机制。

然而,大多数微生物基因受到多种调控机制制约,其基因产物也是多种多样的,除酶蛋白以外还有其他蛋白质产物,有的基因的产物并非蛋白质而是 RNA,如 tRNA,rRNA 等。调控机制的具体种类又是极其繁多的,有的调控机制还是相互牵连的。本章主要围绕双组分信号转导系统和群体感应系统介绍微生物基因的表达调控。

**本章要点** 本章概述微生物的初级代谢产物、次级代谢产物,微生物代谢产物的多样性与应用;着重介绍微生物代谢的分子调控,其中包括酶活性的调节、酶量的调节以及微生物的双组分信号转导系统、群体感应系统对微生物代谢的调节机制,并对微生物代谢的人工控制进行阐述。

## 第一节 微生物代谢概述

### 一、微生物的代谢类型和特点

#### (一)微生物的代谢类型

代谢(Metabolism)是微生物细胞与外界环境不断进行物质交换的过程,它是细胞内各种化学反应的总和。由于代谢作用的正常进行,保证了微生物的生长和繁殖,代谢作用一旦停止,微生物的生命活动也就停止了。因此,代谢与微生物细胞生命的存在和发酵产物的形成密切相关。微生物的代谢包括物质代谢和能量代谢两部分,即代谢＝物质代谢＋能量代谢。

物质在细胞内进行化学变化的过程,必然伴随有能量转移的过程,前者称为物质代谢,后者称为能量代谢。细胞物质的分解是一个产能过程,细胞物质的合成是一个耗能过程。

代谢按物质转化的方式分为分解代谢和合成代谢。分解代谢(Catabolism)即复杂大分子经代谢酶系催化产生简单分子、ATP形式的能量和还原力的过程。合成代谢(Anabolism)即在合成酶系的催化下,由简单小分子、ATP形式的能量和还原力合成复杂大分子的过程。代谢的类型如图4.1所示。

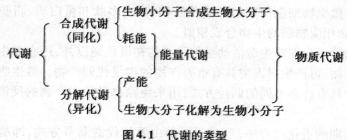

图4.1　代谢的类型

代谢按代谢产物在机体中的作用不同,分为初级代谢和次级代谢。初级代谢(Primary metabolite)是指微生物从外界吸收各种营养物质,通过分解代谢和合成代谢,生成维持生命活动所需要的物质和能量的过程。这一过程的产物,如糖、氨基酸、核苷酸以及由这些化合物聚合而成的高分子化合物(如多糖、蛋白质、酯类和核酸等),即为初级代谢产物。初级代谢产物为微生物生命活动所必需,是提供能量、重要物质的前体。次级代谢(Secondary metabolite)是指微生物在一定的生长时期,以初级代谢产物为前体物质,合成一些对微生物的生命活动无明确功能的物质的过程。这是在一定生长阶段出现的非生命活动所必需的代谢类型,而这一过程的产物,即为次级代谢产物。次级代谢产物大多数为一类分子结构比较复杂的化合物。次级代谢产物包括抗生素、色素、激素、生物碱等。

### (二)微生物的代谢特点

微生物与其他生物有着相似的代谢特点:①在温和条件下进行(由酶催化);②反应步骤繁多,但相互配合、有条不紊、彼此协调,且逐步进行,具有严格的顺序性;③对内外环境具有高度的调节功能和适应功能。

微生物的代谢特点与其他生物的代谢具有统一性的同时,还具有特殊性,并且特殊性更加突出:①代谢旺盛。由于微生物的"比表面积"巨大,这个小体积、大面积系统具有巨大的营养物质吸收面、代谢废物的排泄面和环境信息的接受面,有利于物质交换和能量、信息的交换;微生物一系列属性均与此特点密切相关。微生物具有较大的表面积/体积比,能够与周围环境迅速地交换营养物质和代谢产物。生物界的普遍规律是,某生物个体越小,其单位体重消耗的食物越多。从单位重量来看,微生物的代谢强度比高等动物的代谢强度大几千倍到几百万倍。这一特性为它们的高速生长繁殖和产生大量代谢产物提供了充分的物质条件。微生物个体小,吸收快,繁殖能力强,因此代谢速率极快。②代谢类型多样。如分解代谢,由于微生物的种类繁多,所处环境条件不一,同一物质可经不同的途径分解,利用不同的酶催化,产生不同的代谢产物。例如葡萄糖的分解代谢,在有氧条件下彻底氧化分解成二氧化碳和水,在厌氧条件下,经过糖酵解途径,生成丙酮酸,之后可发酵产乙醇或者乳酸等不同代谢产物。同时微生物的某些代谢类型是微生物所特有的,如固氮微生物可以通过合成代谢进行生物固氮。③代谢调节既严格又灵活。代谢是细胞内一切化学反应的总和。实际上,这些化学反应都是在酶的催化作用下完成的。代谢的调节和控制是通过酶活性和酶合成量的变化来实现的,有直线型的代谢调控、分支型的代谢调控等不同的酶活性调控方式。由于微生物所处的环境多变,因此微生物的自我调节能力极强,例如微生物的代谢系统中存在着同工酶。代谢调控严格又多样的特点,使微生物的代谢比较容易进行人工控制。

## 二、微生物的能量代谢

能量代谢是代谢中的核心问题。物质代谢是基础,能量代谢是动力。微生物细胞的主动运输、生物合成、细胞分裂、鞭毛运动、分解代谢等都要利用能量。热力学第一定律指出,能量既不能创造,也不能消灭。只能从一种形式转变成另一种形式。微生物生命活动所需要的化学能都是由微生物对环境所提供的能源(或本身储存的能源)进行能量形式的转变而获得的,微生物体内的这种能量转化过程被称为微生物的能量代谢。对微生物而言,它们可利用的能源不外乎是有机物、还原态无机物和日光辐射3大类。因此,研究微生物能量代谢机制,实质上就是追踪这3大类最初能源是如何逐步地转化并释放ATP的具体生化反应过程。能量代谢的中心任务是把外界环境中的各种初级能源转换成对一切生命活动都能使用的能源——ATP。从物质转化的角度来看,能量代谢实际是物质在生物体内经过一系列的连续的氧化还原反应,逐步分解并释放能量的过程,即分解代谢,这一过程也被称为生物氧化。

### (一)化能异养菌的生物氧化和产能

绝大多数微生物是化能异养型微生物,它们的能源物质是有机化合物,因此只能通过降解有机化合物而获得能量。葡萄糖和果糖是化能异养微生物的主要碳源与能源,戊糖要经转化后进入葡萄糖降解途径,其他糖以及多糖则要经转化或降解成葡萄糖或果糖后才被降解;糖以外的其他有机化合物(包括醛、有机酸、氨基酸、烃类、芳香族有机化合物)的能量代谢也是经转化后进入葡萄糖降解途径。因此可以认为,化能异养型微生物进行能量代谢的最基本的途径就是葡萄糖降解的途径。其能量代谢方式又根据氧化还原反应中电子受体的不同,分为发酵和呼吸两种类型。在此重点介绍发酵,因为发酵与生产密切相关。

1. 发酵(Fermentation)

在发酵工业上,发酵是指任何利用好氧或厌氧微生物来生产有用代谢产物的一类生产方式。在生物氧化或能量代谢中,发酵是指微生物细胞在无氧条件下,将有机物氧化释放的电子直接交给底物本身未完全氧化的某种中间产物,同时释放能量,并产生各种不同的代谢产物。

在发酵条件下,有机物只是部分地被氧化,因此只能释放出一部分的能量。生物体内葡萄糖被降解主要分为糖酵解途径、单磷酸己糖途径、ED途径和磷酸解酮糖(PK或者HK)途径4种。

(1)糖酵解(EMP)途径。EMP途径以1分子葡萄糖为起始底物,历经10步反应,产生2分子ATP,同时生成2分子NADH和2分子丙酮酸。EMP途径是绝大多数生物所共有的基本代谢途径,因而也是酵母菌、真菌和多数细菌所具有的代谢途径。

在有氧条件下,EMP途径与三羧酸(TCA)循环连接,并通过后者把丙酮酸彻底氧化成二氧化碳和水。经过EMP产生的发酵产物:在无氧条件下,丙酮酸可进一步代谢,在不同的生物体内形成的产物不同。例如在酵母细胞中丙酮酸被还原成为乙醇,并伴有二氧化碳的释放;而在乳酸菌细胞中丙酮酸被还原成乳酸,如德氏乳杆菌保加利亚亚种、粪链球菌等乳酸菌,通过EMP途径获得丙酮酸后,进行同型乳酸发酵。

埃希氏菌、沙门氏菌、志贺氏菌属的一些菌通过EMP途径将葡萄糖转变成琥珀酸、乳酸、甲酸、乙醇、乙酸、$H_2$和$CO_2$等多种代谢产物,由于代谢产物中含有多种有机酸,故将其称为混合酸发酵。混合酸发酵应用于细菌的鉴定,产酸产气试验鉴别*Escherichia*与*Shigella*。在利用葡萄糖进行发酵时,前者具有甲酸氢解酶,可在产酸的同时产气,后者则因无此酶,不具有产气的能力。肠杆菌、沙雷氏菌和欧文氏菌属中的一些细菌,如产气肠杆菌,经过EMP途径进行葡萄糖发酵,产生2,3-丁二醇,为2,3-丁二醇发酵。大肠杆菌与产气气杆菌在利用葡萄糖进行发酵时,前者可产生大量的混合酸,后者则产生大量的中性化合物丁二醇,因此在发酵液中加入甲基红试剂时,前者呈红色,后者呈黄色。

EMP途径及随后的发酵,能为微生物的代谢活动提供ATP和NADH外,其中间产物又可为微生物细胞的一系列合成代谢提供碳骨架,并在一定条件下可逆转合成多糖。

(2)单磷酸己糖(HMP)途径。HMP途径是以6-磷酸葡萄糖为起始底物,即在单磷酸己糖基础上开始降解,故称为单磷酸己糖途径,简称HMP途径。HMP途径与EMP途径密切相关,因为HMP途径中的3-磷酸甘油醛可以进入EMP,因此该途径又称为磷酸戊糖支路。

HMP途径的生理功能主要有:①为生物合成提供多种碳骨架。5-磷酸核糖可以合成嘌呤、嘧啶核苷酸,进一步合成核酸;5-磷酸核糖也是合成辅酶的原料;4-磷酸赤藓糖是合成芳香族氨基酸的前体。②为固定二氧化碳提供受体。HMP途径中的5-磷酸核酮糖可以转化为1,5-二磷酸核酮糖,在羧化酶催化下固定二氧化碳,这对于光能自养菌和化能自养菌具有重要的意义。③为生物合成提供还原力($NADPH_2$)。④产生重要的发酵产物。通过HMP途径可产生一系列的许多重要的产物,如核苷酸、若干氨基酸辅酶和乳酸(异型乳酸发酵)等。⑤可与EMP途径连接。通过6-P-果糖和3-P-甘油醛处与EMP途径连接,从而为生物合成提供更多的戊糖。⑥扩大微生物的碳源利用范围,包含了$C_3$至$C_7$的不同碳源。

经HMP途径进行异型乳酸发酵,如肠膜明串珠菌、短乳杆菌等,即在产生乳酸的同时,还产生乙酸、乙醇等其他的代谢产物。

大多数好氧和兼性厌氧微生物中都具有HMP途径,而且在同一种微生物中,EMP途径和HMP途径常同时存在,单独具有EMP或HMP途径的微生物较少见。EMP途径和

HMP途径的一些中间产物能交叉转化和利用,以满足微生物代谢的多种需要。

(3) ED途径。ED途径是恩纳(Entner)和道特洛夫(Doudoroff)于1952年在研究嗜糖假单胞菌(*Pseudomonas saccharophila*)时发现的。在这一途径中,6-磷酸葡萄糖脱氢产生6-磷酸葡萄糖酸,在脱水酶作用下,生成2-酮-3-脱氧-6-磷酸葡糖酸(KDPG)。KDPG在醛缩酶的作用下,生成1分子3-磷酸甘油醛和1分子丙酮酸。3-磷酸甘油醛随后进入EMP途径转变成丙酮酸。1分子葡萄糖经ED途径最后产生2分子丙酮酸以及净得各1分子的ATP,$NADPH_2$和$NADH_2$。2-酮-3-脱氧-6-磷酸葡糖酸为该途径的关键中间产物,该途径又称为KDPG裂解途径。

该途径可不依赖于EMP和HMP途径而单独存在,是少数缺乏完整EMP途径的微生物的一种替代途径,未发现存在于其他生物中。在革兰氏阴性的假单胞菌属的一些细菌中,ED途径分布较广,如嗜糖假单胞菌(*P. saccharophila*)、铜绿假单胞菌(*P. aeruginosa*)、荧光假单胞菌(*Pseudomonas fluorescens*)、林氏假单胞菌(*Pseudomonas lindneri*)等。固氮菌的某些菌株中也存在ED途径。与ED途径相关的发酵类型有运动发酵单胞菌、厌氧发酵单胞菌等细菌的乙醇发酵。

(4)磷酸解酮糖途径。磷酸解酮糖途径是由沃勃(Warburg)、狄更斯(Dickens)、霍克(Horecker)等人发现的,故又称WD途径。由于WD途径中的特征性酶是磷酸解酮酶,所以又称磷酸解酮酶途径。根据磷酸解酮酶的不同,将具有磷酸戊糖解酮酶的途径称为PK途径,把具有磷酸己糖解酮酶的途径称为HK途径。肠膜状明串珠菌(*Leuconostoc mesenteroides*)就是经PK途径利用葡萄糖进行异型乳酸发酵生成乳酸、乙醇和$CO_2$。

许多细菌能利用葡萄糖产生乳酸,这类细菌被称为乳酸细菌。根据产物的不同,乳酸发酵有3种类型:同型乳酸发酵、异型乳酸发酵、双歧乳酸发酵。同型乳酸发酵的过程是通过葡萄糖经EMP途径降解为丙酮酸,丙酮酸在乳酸脱氢酶的作用下被$NADH_2$还原为乳酸。异型乳酸发酵的过程是葡萄糖首先经过PK途径分解为3-磷酸-甘油醛和乙酰磷酸,然后它们分别被还原为乳酸和乙醇,每分子葡萄糖产生各1分子的乳酸、乙醇、二氧化碳和ATP。双歧发酵过程是葡萄糖分解途径由HK途径、HMP途径以及PK途径有机结合而成,最后将葡萄糖转化为乳酸和乙酸,每2分子葡萄糖产生2分子乳酸、3分子乙酸和5分子ATP。

目前发现多种微生物可以发酵葡萄糖产生乙醇。能进行乙醇发酵的微生物包括酵母、曲霉和某些细菌。不同的微生物进行乙醇发酵时,其发酵途径也各不相同。如酵母经EMP途径降解为丙酮酸,然后丙酮酸脱羧生成乙醛,发酵终产物为乙醇。运动发酵单胞菌经过ED途径降解葡萄糖为丙酮酸,最后得到乙醇。对于某些生长在极端酸性条件下的严格厌氧菌,如肠杆菌和胃八叠球菌等则利用EMP途径进行乙醇发酵。

2. 呼吸

微生物在降解底物的过程中,将释放出的电子交给$NAD(P)^+$,FAD,FMN等电子载体,再经电子传递系统传递给外源电子受体,从而生成水或其他还原型产物,并释放出能量的过程,称为呼吸作用。以分子氧为最终电子受体的呼吸作用,称为有氧呼吸。以氧化型化合物作为最终电子受体的呼吸作用,称为无氧呼吸。呼吸作用与发酵作用的根本区别在于:电子载体不是将电子直接传递给葡萄糖分子降解的中间产物,而且交给电子传递系统,逐步释放小能量后再交给最终电子受体。

(1)有氧呼吸。在发酵过程中,葡萄糖经过糖酵解作用形成的丙酮酸,在厌氧条件下可以转变成不同的发酵产物。而在有氧呼吸过程中,丙酮酸经三羧酸循环与电子传递链两部分的化学作用,前者使葡萄糖完全氧化成二氧化碳,后者把脱下的电子交给分子氧生成水,并伴随有 ATP 生成。对于每个经 TCA 循环而被氧化的丙酮酸分子来讲,在整个氧化过程中共释放出 3 个分子的二氧化碳。1 分子是在乙酰辅酶 A 形成过程中产生的,1 分子是在异柠檬酸脱羧时产生的,1 分子是在 α-酮戊二酸的脱羧过程中产生的,同时生成 4 分子 $NADH_2$ 和 1 分子的 $FADH_2$。另外,琥珀酰辅酶 A 在氧化生成琥珀酸时,产生 1 分子 GTP,随后 GTP 可转化成 ATP。

产生的 $NADH_2$ 和 $FADH_2$ 通过电子传递系统被氧化,每氧化 1 分子的 $NADH_2$ 可生成 3 分子 ATP,每氧化 1 分子 $FADH_2$ 可生成 2 分子 ATP。因此,丙酮酸经 TCA 循环彻底氧化后可形成 15 分子的 ATP,可为微生物的生命活动提供大量的能量。

电子传递系统是由一系列氢和电子传递体组成的多酶氧化还原体系。$NADH_2$,$FADH_2$ 以及其他还原型载体上的氢原子,以质子和电子的形式在电子传递系统中进行定向传递。其组成酶系存在于原核微生物的细胞质膜上或是在真核微生物的线粒体内膜上。这些系统具有两个基本功能:一是从电子供体接受电子,并将电子传递给电子受体;二是通过合成 ATP 把在电子传递过程中释放的一部分能量保存起来。1 分子葡萄糖经过糖酵解和好氧呼吸后,可彻底分解成二氧化碳和水,并产生 38 个 ATP。

(2)无氧呼吸。某些厌氧和兼性厌氧微生物在无氧条件下进行无氧呼吸。无氧呼吸的最终电子受体不是氧分子,而是像 $NO_3^-$,$NO_2^-$,$SO_4^{2-}$,$S_2O_3^{2-}$,$CO_2$ 等这类外源受体。无氧呼吸也需要细胞色素等电子传递体,并在分级释放过程中伴随有磷酸化作用,也能产生较多的能量,用于生命活动。但由于部分能量随电子转移给最终电子受体,因此产生的能量不如有氧呼吸产生的多。

硫酸盐还原细菌能以有机物作为氧化的基质,氧化放出的电子可以使 $SO_4^{2-}$ 逐步还原成硫化氢。如脱硫弧菌属以乳酸作为氧化的基质,但氧化不彻底,最终积累的有机物是乙酸,并释放出硫化氢。产甲烷细菌能在氢、乙酸和甲醇等物质的氧化过程中,以二氧化碳作为最终的电子受体,通过厌氧呼吸最终使二氧化碳还原成甲烷,这就是通常所说的甲烷发酵。

**(二)自养菌的生物氧化与产能**

自养微生物和异养微生物在生物氧化上的本质是相同的,即都包括脱氢、递氢和受氢 3 个阶段,期间经过磷酸化反应相偶联,就可产生生命活动所需的通用能源——ATP。从具体类型来看,自养微生物中的生物氧化与产能的类型很多,途径复杂,但无论是化能自养型菌还是光能自养型菌,在它们生命活动中最重要的反应就是把二氧化碳还原成 $[CH_2O]_n$ 水平的简单有机物,然后再进一步合成复杂的细胞物质,这是一个大量耗能和耗还原力的过程。

1. 化能自养菌的生物氧化与产能

一些微生物可以通过氧化无机物获得能量,这类微生物称为化能自养型微生物。它们分别属于氢细菌、硫化细菌、硝化细菌和铁细菌。这些细菌广泛分布在土壤和水域中,并对自然界物质转化起着重要的作用。

氢细菌都是一些革兰氏阴性的兼性化能自养菌。它们能利用分子氢氧化产生的能量同化二氧化碳,也能利用其他的有机物生长。硫杆菌能够利用一种或多种还原态或部分还原态的化合物(包括硫化物、元素硫、硫代硫酸盐、多硫酸盐和亚硫酸盐)做能源。硫化氢首先被氧化成元素硫,随之被硫氧化酶和细胞色素系统氧化成亚硫酸盐,最后被氧化成硫酸盐,放出的电子在传递过程中可以偶联磷酸化反应产生能量。

硝化细菌是一些专性好氧的革兰氏阳性菌,大多数属于专性无机营养型。铵盐和亚硝酸盐是被用作能源的最普通的无机氮化合物,它们能被硝化细菌所氧化。硝化细菌有两种类型:一种类型是将铵盐氧化成亚硝酸盐的亚硝酸细菌,它们利用铵盐氧化过程中放出的能量生长;另一种类型是将亚硝酸盐氧化成硝酸盐的硝化细菌,它们利用亚硝酸氧化过程中放出的能量生长。这两类细菌往往伴生在一起,在它们的共同作用下将铵盐氧化成硝酸盐,避免亚硝酸积累所产生的毒害作用。这类细菌在自然界氮素循环中起着重要作用。自然界中有些细菌能够将亚铁离子氧化为高铁离子,并利用这个过程所产生的能量和还原力同化二氧化碳进行自养生长,这些细菌统称为铁细菌。大部分铁细菌是专性化能自养菌。

2. 光能自养菌的生物氧化与产能

光能是一种辐射能,它不能直接被生物利用,只有当光能通过光合生物的光合色素吸收并转化成化学能——ATP以后,才能用来支持生物的生长。由此可见,光能转换是光合生物获得能量的一种主要方式。光能自养菌利用光合色素即叶绿素、类胡萝卜素和藻胆素吸收光能,通过光合磷酸化作用,生成生物可利用的光能。

光合反应由两个光系统启动。叶绿素可分离两个光系统,即光系统Ⅰ(简称PSⅠ)和光系统Ⅱ(简称PSⅡ),每个光系统具有特殊的色素复合体和一些物质。前者的光能吸收峰是700 nm,后者为680 nm。光系统Ⅰ的光反应是长波光反应,能使 $NADP^+$ 还原。光系统Ⅰ的叶绿素分子 P700 吸收光量子被激活,释放出一个高能电子。这个高能电子传递给铁氧化还原蛋白,并使之还原。还原的铁氧还原蛋白在 NADP 还原酶的参与下,将 $NADP^+$ 还原成 $NADPH_2$,用以还原 P700 的电子来源于光系统Ⅱ。光系统Ⅱ的反应是短波光反应。光系统Ⅱ的叶绿素 P680 吸收光子后,释放出一个高能电子,这个高能电子先传递给辅酶Q,再经一系列电子传递物质最后传递给光系统Ⅰ,使 P700 还原。失去电子的 P680,靠水光解产生的电子来补充,并放氧。连接着两个光系统之间的电子传递,是由一系列相互衔接着的电子传递物质(光合链)完成。光合链中的电子传递体包括质体醌、细胞色素 b、细胞色素 f 和质体蓝素等。

光合作用中,磷酸化和电子传递相偶联,在光反应的电子传递过程中能产生 ATP,即叶绿素在光作用下把无机磷和 ADP 转化成 ATP,形成高能磷酸键,此过程称为光合磷酸化。光合磷酸化可分为环式光合磷酸化和非环式光合磷酸化两种。

光系统的电子经过铁氧化还原蛋白和细胞色素 b 等传递后,只会形成 ATP,不伴随其他反应。在这个过程中,电子经过一系列传递后降低了能位,最后经过质体蓝素重新回到原来的起点。电子的传递是一个闭合的回路,故称为环式光合磷酸化。光合细菌主要通过环式光合磷酸化作用产生 ATP,这类细菌主要包括紫色硫细菌、绿色硫细菌、紫色非硫细菌和绿色非硫细菌等。

光系统Ⅱ所产生的电子(水光解释放出的电子)经过一系列的传递,在细胞色素链上引起 ATP 的形成,并把电子传递到光系统Ⅰ上,进一步提高能位,使 $NADP^+$ 还原成 $NADPH_2$。在这个过程中,传递不回到起点,是一个开放的道路,故称为非环式光合磷酸化。高等植物和蓝细菌主要通过非环式光合磷酸化作用产生 ATP,$O_2$ 和 $NADPH_2$。

微生物在其能量代谢过程中,可通过 3 种方式获得 ATP:①底物水平磷酸。物质在生物氧化过程中,常生成一些富有高能键的化合物,而这些化合物可直接偶联 ATP 或 GTP 的合成。这种产生 ATP 等高能分子的方式称为底物水平磷酸化。它既存在于发酵过程中,也存在于呼吸作用过程中。②氧化磷酸化。物质在生物氧化过程中形成的 $NADH_2$ 和 $FADH_2$,可通过线粒体内膜和细胞质膜上的电子传递系统,将电子传递给氧或其他氧化型物质。在这个过程中偶联着 ATP 的合成,这种产生 ATP 的方式为氧化磷酸化。1 分子 $NADH_2$ 和 $FADH_2$ 可分别产生 3 个和 2 个 ATP。③光合磷酸化。在光能转变为化学能的过程中,当 1 个叶绿素分子吸收光量子时,叶绿素即被激活,导致叶绿素(或细菌叶绿素)释放 1 个电子而被氧化,释放出的电子在电子传递系统的传递过程中偶联着 ATP 的合成,称为光合磷酸化。

## 三、微生物的分解代谢和合成代谢

微生物的糖类、蛋白质、脂肪 3 类物质的分解代谢和合成代谢与其他生物的物质代谢大致相同。

### (一)微生物的分解代谢

1. 多糖的分解

糖类物质是微生物赖以生存的主要碳源物质与能源物质。自然界广泛存在的糖类物质主要是多糖,包括淀粉、纤维素、半纤维素、果胶和几丁质等。

淀粉是葡萄糖通过糖苷键连接而成的一种大分子物质。淀粉有直链淀粉和支链淀粉两种。直链淀粉中的葡萄糖是以 α-1,4-糖苷键连接而成;而支链淀粉中除了有 α-1,4-糖苷键外,在直链与支链之间,还存在 α-1,6-糖苷键。通常在自然界中,直链淀粉占 10%~20%,支链淀粉占 80%~90%。以淀粉作为碳源和能源的微生物,能利用本身合成并分泌到胞外的淀粉酶,将淀粉水解成双糖与单糖后,被微生物吸收,然后在微生物体内被进一步分解和利用。

淀粉需要多种酶的合作,才能彻底分解为葡萄糖。α-淀粉酶可以从淀粉分子内部任意水解 α-1,4-糖苷键,但不能作用于淀粉的 α-1,6-糖苷键以及靠近 α-1,6-糖苷键的 α-1,4-糖苷键。水解产物为麦芽糖、低聚糖和含 α-1,6-糖苷键的糊精。枯草芽孢杆菌可以产生 α-淀粉酶,常被用作生产 α-淀粉酶的生产菌株。β-淀粉酶从淀粉分子的非还原性末端开始作用,以双糖为单位,逐步作用于 α-1,4-糖苷键,生成麦芽糖。但是不能作用于淀粉分子的 α-1,6-糖苷键,也不能越过 α-1,6-糖苷键去作用于 α-1,4-糖苷键,即遇到 α-1,6-糖苷键时,此酶的作用停止。葡萄糖苷酶从淀粉分子的非还原性末端开始作用,以葡萄糖为单位,逐步作用于 α-1,4-糖苷键,生成葡萄糖。虽不能作用于淀粉分子的 α-1,6-糖苷键,但能越过 α-1,6-糖苷键去继续作用

于 α-1,4-糖苷键。因此,葡萄糖苷酶作用直链淀粉后的水解终产物几乎全是葡萄糖,作用支链淀粉后的水解终产物是葡萄糖和带有 α-1,6-糖苷键的寡糖。真菌根霉和曲霉中普遍存在葡萄糖苷酶。糖化酶从淀粉分子的非还原性末端开始作用,以葡萄糖为单位,不仅可以作用于 α-1,4-糖苷键,也能作用于 α-1,6-糖苷键,但对后者作用的速度比较慢。而异淀粉酶专门作用于 α-1,6-糖苷键,使整个侧支被切下而生成直链糊精。

2. 含氮有机物的分解

蛋白质、核酸及其不同程度的降解产物通常是作为微生物生长的氮源物质或作为生长因子(如氨基酸、嘌呤、嘧啶等),但在某些条件下,这些物质也可以作为某些机体的能源物质。

(1)蛋白质的分解。蛋白质是由许多氨基酸通过肽键连接起来的大分子化合物。蛋白质的降解分两步完成:首先在微生物分泌的胞外蛋白酶的作用下,进行水解生成短肽;然后短肽在肽酶的作用下进一步被分解成氨基酸。

许多微生物在生长过程中,可以合成并分泌蛋白酶到胞外,因此其具有分解蛋白质的能力。但是微生物分解蛋白质的能力各不相同。通常真菌分解蛋白质的能力强,并能分解天然蛋白质,而大多数细菌不能分解天然蛋白质,只能分解变性蛋白以及蛋白质的降解产物。某些梭状芽孢杆菌属、芽孢杆菌属、变形杆菌属、假单胞菌属、曲霉属、毛霉属等具有较强的蛋白分解能力。通常革兰氏阳性菌比革兰氏阴性菌分解蛋白质的能力强。

肽酶可以将肽分解成氨基酸。根据肽酶作用部位的同步,可将其分为氨肽酶和羧肽酶,前者作用于游离氨基端的肽键,后者作用于游离羧基端的肽键。肽酶为胞内酶,它在细胞自溶后释放到环境中。

(2)氨基酸的分解。蛋白质分解获得的氨基酸通常被微生物直接利用,但是在厌氧与缺乏碳源的条件下,也可作为某些微生物的能源和碳源,维持机体生长。微生物主要通过脱羧作用、脱氨作用进行分解氨基酸。许多微生物具有氨基酸脱羧酶,此类酶可以催化氨基酸脱羧,生成相应的胺类。此类酶具有高度的专一性,通常是一种脱羧酶对应催化一种氨基酸进行分解。胺在有氧条件下,可被氧化成有机酸,而在厌氧条件下可被分解成各种醇和有机酸。微生物可以通过氧化脱氨、还原脱氨、水解脱氨和分解脱氨等方式进行脱氨。好氧微生物通常氧化脱氨方式,最终氨基酸脱氨生成 α-酮酸和氨。在无氧条件下,氨基酸通过还原脱氨,生成有机酸和氨。

微生物分解氨基酸的能力不同。变形杆菌属、大肠杆菌、铜绿假单胞菌几乎能分解所有的氨基酸,而乳杆菌属、链球菌属等则分解氨基酸能力较差。有些细菌能分解含硫的有机物,如胱氨酸、半胱氨酸、甲硫氨酸等产生硫化氢。硫化氢一遇培养基中的铅盐或铁盐等,就形成黑色的硫化铅或硫化铁沉淀物。有些细菌能产生色氨酸酶,分解蛋白胨中的色氨酸产生吲哚和丙酮酸。吲哚与对二甲基氨基苯甲醛结合,形成红色的玫瑰吲哚。但并非所有微生物都具有分解色氨酸产生吲哚的能力以及分解含硫氨基酸的能力,因此硫化氢试验和吲哚试验可以作为菌种鉴定的生物化学指标。

(3)核酸的分解。核酸是由许多核苷酸以 3,5-磷酸二酯键连接而成的大分子化合物。首先核酸在核酸酶的作用下,分解成核苷酸,之后核苷酸在核苷酸酶的作用下,被分解成磷酸和核苷。核苷在核苷酶的作用下,生成碱基(嘌呤或者嘧啶)和核糖(或脱氧核糖)(图4.2)。

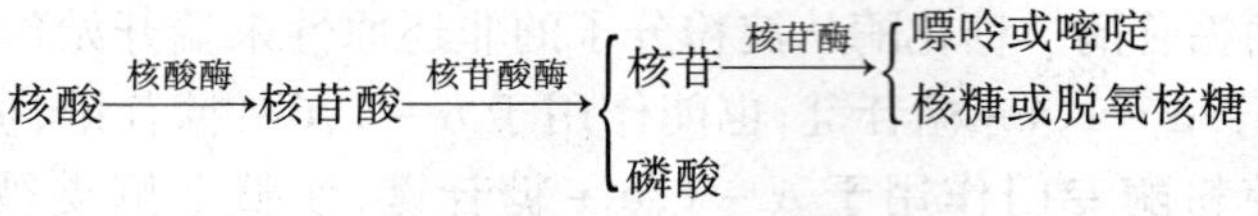

$$核酸 \xrightarrow{核酸酶} 核苷酸 \xrightarrow{核苷酸酶} \begin{cases} 核苷 \xrightarrow{核苷酶} \begin{cases} 嘌呤或嘧啶 \\ 核糖或脱氧核糖 \end{cases} \\ 磷酸 \end{cases}$$

**图 4.2　核酸的分解**

3. 脂肪和脂肪酸的分解

脂肪是由甘油与3个长链脂肪酸通过酯键连接起来的甘油三酯。当环境中存在其他的碳源和能源物质时,脂肪类物质一般不被微生物利用。但当环境中仅存在脂肪类物质时,许多微生物能够分解利用脂肪进行生长,但是一般利用较为缓慢。

脂肪不能进入细胞,细胞内储藏的脂肪也不能直接进入糖的降解途径。脂肪在脂肪酶的作用下,水解成甘油和脂肪酸。甘油经过一系列反应,转化成丙酮酸,可以进行三羧酸循环,最终进行彻底氧化分解。绝大多数细菌对脂肪酸的分解能力很弱,但是一经诱导,它们的脂肪酸氧化活性就会增强。脂肪酸进行β-氧化,若脂肪酸分子的碳原子数为偶数,则生成乙酰CoA,若脂肪酸分子的碳原子数为奇数,则生成丙酰CoA。乙酰CoA可以直接进行三羧酸循环,丙酰CoA则经过琥珀酰CoA进行三羧酸循环,最终被氧化分解,或以其他途径被氧化降解。通常真菌产脂肪酶能力较强,而细菌产脂肪酶能力较弱。

**(二)微生物的合成代谢**

能量、还原力和小分子前体物质为细胞合成代谢的3要素。

1. 二氧化碳的固定

将空气中的二氧化碳同化成细胞物质的过程,称为二氧化碳的固定。微生物主要以卡尔文循环和还原性三羧酸循环固定二氧化碳。

卡尔文循环存在于所有化能自养型微生物和大部分光合细菌中。该途径以1,5-二磷酸核酮糖为受体进行二氧化碳的固定。通过二氧化碳的固定、二氧化碳的还原以及二氧化碳受体的再生3个阶段进行二氧化碳的固定。每循环1次需要3分子1,5-二磷酸核酮糖、3分子二氧化碳、9分子ATP和6分子$NAD(P)H_2$。合成一个己糖分子则需要循环2次。

还原性三羧酸循环存在于光和细菌和绿硫细菌中。该循环每循环1次,可固定4分子二氧化碳,合成1分子草酰乙酸,消耗3分子ATP、2分子$NADPH_2$和1分子$FADH_2$。

2. 氮的固定

将空气中氮气转化成氨的过程,称为固氮作用。大多数微生物不能直接利用空气中的氮气。凡是能将空气中的氮气转化成氨的微生物,被称为固氮微生物。固氮微生物分为共生固氮微生物、联合固氮微生物和自生固氮微生物。中华固氮根瘤菌是人们最为熟识的固氮微生物,可以与豆科植物根系形成特有的共生固氮结构——根瘤。微生物进行固氮,是在固氮酶的催化下进行的。固氮酶由铁蛋白和钼蛋白组成,固氮作用为耗能过程,固定1分子的氮气需要消耗12分子的ATP。

## 3. 糖类合成

微生物在生长过程中,需要不断以简单化合物合成糖类,以构成细胞生长所需要的单糖、多糖等。单糖在微生物中很少以游离态形式存在,一般以多糖或者多聚体形式,或以少量的糖磷酸酯和糖核苷酸形式存在。单糖和多糖的合成对微生物的生命活动十分重要。

(1) 单糖的合成。糖异生途径是由非糖物质合成新的葡萄糖分子的过程。磷酸烯醇式丙酮酸是糖异生途径中的重要物质,同时也是糖酵解过程中的一个重要中间代谢产物。在糖异生途径中,磷酸烯醇式丙酮酸逆向合成6-磷酸葡萄糖。在该途径中,磷酸烯醇式丙酮酸主要是由草酰乙酸脱羧而得。

(2) 糖原的合成。在糖原合成中6-磷酸葡萄糖是一个关键中间代谢物,它可以通过单糖互变方式合成其他单糖。但是6-磷酸葡萄糖必须首先转化为糖核苷酸,即尿嘧啶二核苷酸(UDP)-葡萄糖。在糖原合成中,通常以UDP-葡萄糖作为起始物,逐步加到多糖链的末端,使糖链延长。因此糖核苷酸在微生物细胞中具有两种功能,其一是为某单糖的合成提供一种转换合成的底物,其二是为多糖合成提供糖基。

(3) 肽聚糖的合成。肽聚糖组成细菌和放线菌细胞壁的骨架结构,是异型多糖。由肽聚糖单体构成。各类细菌肽聚糖的合成过程基本相同,一般可以分为3个阶段:第1阶段是合成肽聚糖的前体物质——PARK核苷酸。此反应在细胞质中进行,分为两步完成:①由6-P葡萄糖合成N-乙酰葡萄糖胺和N-乙酰胞壁酸;②N-乙酰胞壁酸合成PARK核苷酸。第2阶段是由PARK核苷酸合成肽聚糖单体。此反应在细胞膜中进行。要使在细胞质中合成的亲水性化合物PARK核苷酸穿过细胞膜至膜外,并进一步接上N-乙酰葡萄糖胺和甘氨酸五肽桥,最后把肽聚糖单体插入到细胞壁生长点处,必须依靠一种称为类脂载体的物质来运送。第3阶段是合成完整的新的肽聚糖。此反应在细胞膜外完成。从类脂载体上转移下来的肽聚糖单体,通过两步反应转移到正在延伸的肽聚糖受体(细胞壁)上:一是通过转糖基作用或聚合作用使肽聚糖分子延伸;二是通过转肽作用,使肽聚糖上邻近的短肽链之间相互连接成一个完整的网状结构。

## 4. 氨基酸的合成

氨基酸的合成主要包括氨基酸碳骨架的合成以及氨基的结合。合成氨基酸的碳骨架来自糖代谢产生的中间产物。氨主要通过以下4种方式获得:一是直接从外界环境中获得;二是通过体内含氮化合物的分解得到;三是通过固氮作用合成;四是由硝酸还原作用合成。合成含硫氨基酸时,还需要硫的供给。

氨基酸的合成主要有3种方式,即氨基化作用、转氨基作用、前体转化。氨基化作用是 $\alpha$-酮酸与氨反应形成相应的氨基酸。转氨基作用是指在转氨酶催化下,使一种氨基酸的氨基转移给酮酸,形成新的氨基酸的过程。转氨基作用普遍存在于各种微生物细胞中,是氨基酸合成代谢和分解代谢中极为重要的反应。前体转化是20种氨基酸除了可以通过上述途径合成氨基酸以外,还可以通过糖代谢的中间产物,如3-磷酸甘油醛、4-磷酸赤藓糖、草酰乙酸、3-磷酸核糖焦磷酸等,经一系列的生化反应而合成。

## 5. 核苷酸的合成

核苷酸主要用于合成核酸和参与某些酶的组成。它是由碱基、核糖和磷酸组成。核苷酸在细胞内不是由3部分直接聚合而成,而是由糖代谢过程中的中间体通过一系列反应逐步合成。

嘌呤核苷酸的合成分为3个阶段。首先由5-磷酸核糖合成5-氨基咪唑核苷酸;之后由5-氨基咪唑核苷酸合成次黄嘌呤核苷酸(IMP);再由次黄嘌呤核苷酸转化成鸟嘌呤核苷酸(GMP)和腺嘌呤核苷酸(AMP)。

嘧啶核苷酸的合成分为3个阶段。首先由氨甲酰磷酸与天门冬氨酸合成尿嘧啶甲酸;之后尿嘧啶甲酸与5-磷酸核糖焦磷酸合成尿嘧啶核苷酸(UMP);再之后由尿嘧啶核苷酸转化成尿嘧啶核苷三磷酸(UTP),与 $NH_3$ 反应合成胞嘧啶核苷三磷酸(CTP)。

脱氧核苷酸是由核苷酸糖基第2位碳上的—OH还原为H而成,是一个耗能过程。通常脱氧核苷酸是在核苷二磷酸的水平上被还原而成的。

6. 脂肪酸的合成

在微生物里,可以利用乙酰CoA与二氧化碳等物质合成脂肪酸。脂肪酸的合成必须借助酰基载体蛋白。首先乙酰CoA与二氧化碳通过羧化反应,生成丙二酰CoA;再经过转移酶作用转到ACP上,生成丙二酰-ACP。脂肪酸链是周期性逐步延长,每一个周期增加两个碳原子。每次增加的连个碳原子均由丙二酰-ACP提供,并放出一个二氧化碳。

## 第二节 微生物的代谢产物

微生物在代谢过程中,会产生多种多样的代谢产物。根据代谢产物与微生物生长繁殖的关系,可以分为初级代谢产物和次级代谢产物两类。

### 一、微生物的初级代谢产物与次级代谢产物

#### (一)初级代谢产物

初级代谢产物是指微生物生长和繁殖所必需的物质,如氨基酸、核苷酸、多糖、脂类、维生素等。在不同种类的微生物细胞中,初级代谢产物的种类基本相同。此外,初级代谢产物的合成在不停地进行着,任何一种产物的合成发生障碍都会影响微生物正常的生命活动,甚至导致死亡。

#### (二)次级代谢产物

次级代谢产物是指微生物生长到一定阶段才产生的化学结构十分复杂、对该微生物自身无明显生理功能,或并非是微生物生长和繁殖所必需的物质,如抗生素、毒素、激素、色素等。不同种类的微生物所产生的次级代谢产物不同,它们可能积累在细胞内,也可能排到外环境中。许多次级代谢产物具有重要的生物效应。

1. 按次级代谢产物分子中的主要组分分类

根据次级代谢产物分子中的主要组分与初级代谢的关系,次级代谢产物分为5种基本类型。

(1)糖类。许多次级代谢产物在结构上明显与糖类物质有关,它们的前体物质都是

葡萄糖，但是它们的结构在次级代谢过程被修饰。例如，链霉素、新霉素和卡那霉素等均是寡糖类抗生素。

(2) 多肽类。同糖类物质一样，氨基酸或其聚合物（多肽）在次级代谢过程中常常被修饰，形成多肽类抗生素。如青霉素的母核就是在由α-氨基己二酸、半胱氨酸和缬氨酸缩合而成的异青霉素N的基础上，衍生形成的β-内酰胺类化合物。由短杆菌产生的各种短杆菌酪肽和链霉菌产生的放线菌素是一类由寡肽构成的抗生素。这类抗生素中常常含有一些不常见的氨基酸和具有D-构型的氨基酸。放线菌素分子中的多肽通过酯键连接成肽内酯结构。多肽类抗生素中氨基酸的顺序一般是由催化多肽合成时的酶的特异性来决定的。一些大的寡肽类抗生素（如乳酸链球菌肽和枯草杆菌素）则是像一般的蛋白质那样，在核糖体-mRNA模板系统中合成，但是合成作用进行不久便被切割下来，且肽链上的某些氨基酸残基已被修饰。多肽类抗生素中含包含芳香族氨基酸或其他氨基酸合成途径的中间产物被修饰后形成的抗生素。例如，委内瑞拉链霉菌产生的氯霉素和头状链霉菌产生的丝裂霉素C等。

(3) 聚酯酰类。这类化合物均以活性酯酰为前体，通过聚合作用形成的。由乙酰辅酶A可以形成两类自身缩合产物，一类是通过头尾连接的聚乙酮（酰）化合物；另一类是通过新形成的活性异戊二烯的寡聚作用形成化合物。由这些化合物可以形成广泛分布于真菌中的萜类、甾类和类胡萝卜素类次级代谢产物。属于这类次级代谢产物的如放线菌产生的二甲萘烷醇等。

通过聚乙酮途径产生的各种不同链长的聚乙酮中间产物，再经过环化、芳香化和其他形式的化学修饰后，就会形成大量的次级代谢产物，如由金色链霉素产生的四环素。不同长短的聚乙酮链经过部分环化和还原作用，可形成大环内酯类抗生素，如由弗氏链霉菌产生的泰乐菌素。聚乙酮链羰基部分缩合后，再经过部分环化和还原作用产生聚醚类次级代谢产物，如肉桂淡粉链霉素产生的离子载体型抗生素——莫蒽霉素B。

(4) 核酸碱基类似物类。此类次级代谢产物的合成明显与核酸碱基的合成相关。它们或者是由细胞中现成的核苷酸经过化学修饰转变而来，或者通过与核苷酸生物合成相似的过程合成获得。属于这一类的次级代谢产物有：由玫瑰色荧光假单胞菌产生的6-氨基嘌呤、由焦土链霉菌产生的焦土霉素以及由间型诺卡氏菌产生的间型霉素。

(5) 其他类型。微生物还产生一些不属于上述4种类型的初级代谢产物。例如，黏质赛氏杆菌产生的灵菌红素以及糖肽、糖脂类化合物等。

2. 按次级代谢产物在微生物中的作用分类

按次级代谢产物在微生物中的作用分类，重要的次级代谢产物包括抗生素、毒素、激素、色素等。

(1) 抗生素。抗生素是由某些微生物合成或半合成的一类次级代谢产物或衍生物，是能抑制其他微生物生长或杀死它们的化合物。常用的有链霉素、青霉素、红霉素和四环素等。

放线菌是主要的产抗生素的微生物，现已发现的抗生素70%来自放线菌（表4.1）。

表 4.1　放线菌产生的常用抗生素

| 抗生素 | 产生菌 | 用途 |
| --- | --- | --- |
| 链霉素 | 灰色链霉菌 | 医药 |
| 金霉素 | 金色链霉菌 | 医、食品以及畜用 |
| 地霉素 | 龟裂链霉菌 | 医、畜用 |
| 红霉素 | 红色链霉素 | 医用 |
| 卡那霉素 | 卡那链霉素 | 医用 |
| 氯霉素 | 委内瑞拉链霉素 | 医用 |
| 灭瘟素 | 灰色产色链霉素 | 农用 |
| 春日霉素 | 春日链霉菌 | 农用、医用 |

真菌产生的抗生素有数百种,主要是由点青霉和产黄青霉产生的青霉素以及灰黄青霉产生的灰黄青霉。青霉素抗革兰氏阳性菌,而对革兰氏阴性菌作用弱,对人副作用小,但有的人对青霉素有过敏反应。灰黄青霉的特点是抗真菌,对细菌无效,主要用于由真菌引起的皮肤病与灰指甲病。细菌产生的抗生素多数是多肽类化合物,如短杆菌产生的短杆菌素 S,枯草芽孢杆菌产生的枯草杆菌肽,多黏芽孢杆菌产生的多黏菌素等,对动物都有毒性,因此只限于外用治疗。

抗生素的抑菌与杀菌作用主要是干扰了生物的主要合成途径,使其生长受到抑制或者死亡,抗菌作用包括以下几种:①影响细胞壁合成。如青霉素能干扰肽聚糖的生物合成,进而影响细胞壁形成。所以,青霉素能阻止细菌生长。细菌生长越快,抗菌效果越好;但对已长成的细胞无效。②影响细胞膜。有些抗生素能与质膜结合,引起正常质膜结构破坏,使选择性吸收养料受阻,并引起胞内物质外泄。③抑制蛋白质合成。如氯霉素可与核糖体结合,使 mRNA 与核糖体结合受阻,进而抑制蛋白质的生物合成。④干扰核酸合成。如博来霉素可与 DNA 结合而干扰其复制;丝裂霉素与 DNA 两链的互补碱基形成交联,影响两链分开,阻碍复制进行。一些抗生素的抗菌谱与抗菌作用机理见表 4.2。

表 4.2　一些抗生素的抗菌谱与抗菌作用机理

| 抗生素 | 发现年份 | 抗菌谱 | 抗菌作用机理 |
| --- | --- | --- | --- |
| 青霉素 | 1929 年 | $G^+$、部分 $G^-$ | 抑制细菌细胞壁合成 |
| 灰黄霉素 | 1939 年 | 病原真菌 | 干扰真菌细胞壁与核酸合成 |
| 链霉素 | 1944 年 | $G^+$、$G^-$、结合分支杆菌 | 干扰蛋白质合成 |
| 卡那霉素 | 1957 年 | $G^+$、$G^-$、结合分支杆菌 | 干扰蛋白质合成 |
| 金霉素 | 1948 年 | $G^+$、$G^-$、立克次氏体、部分病毒以及原虫 | 干扰蛋白质合成 |
| 四环素 | 1952 年 | $G^+$、$G^-$、立克次氏体、部分病毒以及原虫 | 干扰蛋白质合成 |

续表 4.2

| 抗生素 | 发现年份 | 抗菌谱 | 抗菌机理 |
|---|---|---|---|
| 多粘菌素 | 1947 年 | $G^-$，包括绿脓杆菌 | 破坏质膜 |
| 春日霉素 | 1964 年 | 铜绿假单胞菌、稻瘟病菌、$G^-$ | 抑制蛋白质合成 |
| 新生霉素 | 1955 年 | $G^+$、$G^-$ | 抑制 DNA 聚合 |
| 多氧霉素 | 1961 年 | 一些植物病原真菌 | 阻碍真菌细胞壁合成 |

（2）毒素。有些微生物在代谢过程中，能产生对某些人或动物有毒害的次生代谢产物，称为毒素。微生物产生的毒素可分为细菌毒素和真菌毒素。细菌毒素根据毒素产生后存在的位置分为内毒素和外毒素。内毒素产生后处于细胞壁上，仅在细胞裂解后才分散于环境中；外毒素在细胞内产生后能分泌到细胞外。两者的比较见表 4-3。

表 4.3 内毒素与外毒素的比较

| 项目 | 外毒素 | 内毒素 |
|---|---|---|
| 一般来源 | $G^+$ | $G^-$ |
| 存在部位 | 细胞质 | 细胞壁 |
| 化学组成 | 蛋白质 | 脂、蛋白质、肽 |
| 诱发抗体 | 能 | 不能 |
| 转为类毒素 | 能 | 不能 |
| 毒素释放 | 靠寄主产生 | 靠寄主消解 |
| 100 ℃稳定性 | 不稳定 | 稳定 |
| 甲醛脱毒 | + | — |
| 相对毒性 | 100～1 000 000 | 0.1 |
| 生物活性 | 随毒素种类而异 | 所有毒素类似 |

毒素大多是蛋白质类物质，例如毒性白喉棒状杆菌产生的白喉毒素、破伤风梭菌产生的破伤风毒素、肉毒梭菌产生的肉毒毒素等。其他许多病原细菌如葡萄球菌、链球菌、沙门氏杆菌、痢疾杆菌等也都产生各种外毒素和内毒素。杀虫细菌如苏云金芽孢杆菌能产生包含在细胞内的伴胞晶体，它是一种分子结构复杂的蛋白质毒素。一些细菌产生的毒素与作用见表 4.4。真菌中产生毒素的种类也很多，很多种蕈子是有毒的，曲霉属中也有一些产毒素的种，例如黄曲霉产生黄曲霉毒素等。一些真菌毒素的产生菌与致毒现象见表 4.5。

**表 4.4　一些细菌产生的毒素与作用**

| 产毒素细菌 | 毒素 | 作用 | 诱发疾病 |
|---|---|---|---|
| 葡萄球菌 | 肠毒素 | 消化作用 | 呕吐、腹泻 |
| 肉毒梭菌 | 肉毒素 | 神经作用 | 腐肉中毒 |
| 产气荚膜杆菌 | 多种毒素 | 溶血 | 食物中毒 |
| 白喉棒状杆菌 | 白喉毒素 | 抑制蛋白质合成 | 白喉 |
| 金黄色葡萄球菌 | 多种毒素 | 溶血、破坏细胞 | 化脓、呼吸道感染 |
| 化脓性链球菌 | 溶血素 | 溶血 | 化脓、传染性扁桃体炎 |

**表 4.5　一些真菌毒素的产生菌与致毒现象**

| 真菌毒素 | 产生菌 | 化合物 | 致毒性 |
|---|---|---|---|
| 黄曲霉毒素 | 黄曲霉、寄生曲霉 | 二氢呋喃氧杂萘邻酮 | 肝毒素（致癌） |
| 棕曲霉毒素 | 棕曲霉、纯绿青霉 |  | 肝脏、肾脏（致癌） |
| 杂色曲霉毒素 | 杂色曲霉、构巢曲霉、离蠕孢霉 | 双呋喃环—氧杂蒽酮 | 肝脏致癌 |
| 黄天精 | 岛青霉 | 含氯环状肽 | 肝脏致癌 |
| 黄绿青霉素毒素 | 黄绿青霉 |  | 神经中枢麻痹 |
| 展青霉毒素 | 展青霉 |  | 心肌、肝脏 |
| 链孢霉素 | 多种链胞霉 |  | 多种症状 |
| 蘑菇毒素 | 担子菌 |  | 上吐下泻 |
| 桔青霉毒素 | 桔青霉以及多种青霉 |  | 肾脏 |

（3）激素。某些微生物能产生刺激动物生长或性器官发育的激素类物质，称为激素。激素是主要由植物和某些细菌、放线菌、真菌等微生物合成并能刺激植物生长的一类生理活性物质。赤霉素促进晚稻在寒露来临之前抽穗方面具有明显的作用。在许多霉菌、放线菌和细菌（包括假单胞菌、芽孢杆菌和固氮菌等）的培养液中积累有吲哚乙酸和萘乙酸等生长素类物质。

（4）色素。色素是指由微生物在代谢中合成的积累在胞内或分泌于胞外的各种呈色次生代谢产物。例如灵杆菌和红色小球菌细胞中含有花青素类物质，使菌落出现红色。放线菌和真菌产生的色素分泌于体外时，使菌落底面的培养基呈现紫、黄、绿、褐、黑等色。积累于体内的色素多在孢子、孢子梗或孢子器中，使菌落表面呈现各种颜色。红曲霉产生的红曲素，使菌体呈现紫红色，并分泌体外。色素是微生物分类的一个依据，分为水溶性色素和脂溶性色素。

## 二、初级代谢与次级代谢

次级代谢与初级代谢是一个相对的概念。二者联系非常紧密。初级代谢的关键中间产物往往是次级代谢的前体物质，因此次级代谢往往是建立在初级代谢基础上的。例如,三羧酸循环中乙酰 CoA 是合成次级代谢产物四环素、红霉素的前体物质。半胱氨酸、缬氨酸、色氨酸、戊糖等初级代谢产物通常是一些次级代谢产物合成的前体物质。同时,初级代谢为次级代谢提供合成所需要的能量。两种代谢相辅相成,次级代谢是初级代谢在特定条件下的发展和继续,避免了初级代谢过程中某种(或某些)中间产物或终产物过量积累对机体产生毒害作用。

初级代谢与次级代谢,既紧密联系,又存在差别。二者的差别主要体现为:

(1)初级代谢与次级代谢最大的差别是对机体生长的影响不同。初级代谢产物如单糖或单糖衍生物、脂肪酸、核苷酸等单体以及由它们组成的各种大分子聚合物如蛋白质、多糖、脂类、核酸等通常都是机体生存必不可少的物质,只要这些初级代谢产物合成过程发生障碍,机体轻则表现为生长缓慢,重则导致生长停止、可能发生突变甚至死亡等现象。而次级代谢产物对于产生者本身不是机体生存所必需的物质,即使次级代谢发生问题,一般只是影响机体合成某种次级代谢产物的能力,但不会导致机体生长的停止和死亡。

(2)初级代谢是一类普遍存在于各类生物中的基本代谢类型。初级代谢的代谢途径与产物的性质、类型和作用在各类生物中相同或基本相同。例如 20 种氨基酸、8 种核苷酸以及由它们聚合而成的蛋白质、核酸等在不同生物中其本质基本相同,在机体的生长与繁殖上起着重要而相似的作用。同时初级代谢对环境条件变化的相对敏感性小,相对较为稳定。

而次级代谢仅存在于少数生物当中,并且代谢途径和代谢产物因生物不同而存在差异。例如放线菌是微生物中产生次级代谢产物抗生素最多一类微生物,现已发现和分离的由该类微生物产生的抗菌素达到 3 000 余种。而链霉菌属是放线菌中产生抗生素最多的一个属,约有 90% 的抗生素由该属产生,其中包括许多人们熟知的抗生素,如龟裂链霉菌(*Streptomyces rimosus*)产生的土霉素、灰色链霉菌(*Streptomyces griseus*)产生链霉素、红霉素链霉菌(*Streptomyces erythreus*)产生的红霉素等。属于真核生物的青霉菌可以合成青霉素。可见代谢产物的产生与否与分类地位无关。

即使同种微生物,不同菌株之间的次级代谢产物的合成也存在着显著的差异。例如嗜热链球菌的部分菌株可以产生次级代谢产物抗菌肽,而有的菌株却不产生抗菌肽。并且不同菌株产生的抗菌肽也存在着结构和抗菌谱的差异。同时,次级代谢对环境条件变化很敏感,其产物的合成往往会因环境条件变化而受到明显影响。例如同种生物个体因环境(如营养条件、氧气、温度、pH 等)的变化而启动或者停止合成次级代谢产物。

(3)初级代谢自始至终存在于一切生活的机体之中,它同机体的生长过程基本呈平行关系。而次级代谢通常是在微生物的对数生长期末期或稳定期才出现,它与机体的生长不呈现平行关系,可以分为机体的生长期和次级代谢产物形成期两个不同时期。

(4)初级代谢相关酶的合成是由微生物体内的基因组 DNA 和细胞器 DNA 编码和调控的,而次级代谢的相关酶的合成则主要是由质粒参与编码和调控。例如,目前已知的 IIa 类乳酸菌抗菌肽,除了 Enterocin A, Divercin V41, Sakacin P, Carnobacteriocin B2 和 Carnobacteriocin BM14 等少数 IIa 类抗菌肽是由基因组 DNA 编码外,其余均由质粒编码。部分质粒含有转座因子,因此其具有较强的运动性,可以在种内或种间进行传递,并赋予受体菌新的性状,例如合成新的次级代谢产物的能力。

同时催化次级代谢产物合成的某些酶专一性较弱。因此在某种次级代谢产物合成的培养基里加进不同的前体物时,往往可以导致机体合成不同种类的次级代谢产物。相对而言催化初级代谢产物合成的酶专一性和稳定性较强。初级代谢与次级代谢之间的关系见表4.6。

表4.6 初级代谢与次级代谢之间的关系

| 项目 | 初级代谢 | 次级代谢 |
| --- | --- | --- |
| 功能 | 维持生存必不可少 | 不影响机体生存,可有可无 |
| 产物 | 氨基酸、蛋白质、核酸、脂类、糖类等 | 抗生素、激素、色素、毒素等 |
| 作用 | 形成维持细胞生存所需的生物物质与能量 | 消除某些初级代谢产物造成的不良影响;对产生有一定的益处(抗生素产生菌的生存竞争) |
| 普遍与特殊性 | 各种生物中基本相同 | 不同的次级代谢途径完全不同 |
| 代谢的起点 | 可从简单的碳、氮源、矿质养分、生长因子和水开始,对营养要求简单,在基本营养条件下即可进行 | 必须以初级代谢产物为前体,需复杂的营养条件和成分复杂的天然物质 |
| 代谢与生长的关系 | 自始至终存在,与生长过程平行进行 | 代谢与生长不平行,在生长后期才开始 |
| 遗传控制 | 核内DNA、细胞器DNA | 核内DNA、质粒(对多种次生代谢合成有重要作用) |
| 对环境的敏感性 | 不随生物或培养条件变化 | 随培养条件变化,对环境敏感,次级产物合成随环境变化启动或停止 |
| 初级、次级代谢关系 | 为次级代谢提供前体与能量 | 解除某些初级代谢产物过度积累对机体的危害,是初级代谢的延伸 |
| 分布 | 细胞内 | 细胞内/细胞外 |

### 三、微生物胞外代谢产物

微生物在生长过程中,除利用外源营养物质合成新的细胞外,还会产生一些有机化合物分泌到微生物的体外,这些胞外代谢产物的种类繁多,且因微生物的种类而异。因此,了解这些代谢产物的化学组成,极有助于微生物培养时营养物质的选择和代谢产物的积累。一般来说,微生物胞外代谢产物主要包括以下3个部分。

(1)代谢副产物。这类产物主要是指伴随微生物细胞正常代谢作用所产生的一些小分子化合物。如 $CO_2$, $H_2$, $CH_4$ 等气体和乙醇、丙酮、丁醇、丙酸、乳酸等低相对分子质量的醇类、脂肪酸类和酮类，其中许多物质是重要的化工原料(表4.7)。

表 4.7 微生物产生的重要胞外代谢产物

| 产物名称 | 用途 | 主要生产菌 |
|---|---|---|
| 甲烷 | 能源 | 甲烷杆菌 |
| 乙醇、异丙醇 | 医药、化工原料、饮料等 | 酵母菌 |
| 异丙醇、丙酮、丁醇 | 防冻剂、火胶溶剂、树胶等 | 丁酸梭菌 |
| 丙酮、丁醇、甘油 | 重要的有机溶剂 | 丙酮丁醇梭菌 |
| 甘油、甘露醇 | 溶剂、润滑剂、化妆品、硝化甘油炸药 | 酵母菌 |
| 甘露醇、乙酸 | 合成树脂、增韧剂等 | 曲霉菌 |
| 乙酸 | 食醋、化工原料 | 产醋酸杆菌 |
| 草酸 | 印染、漂洗皮革、制造塑料和染料 | 曲霉菌和青霉菌 |
| 乳酸 | 食品乳酸医药和化工原料 | 乳酸菌 |

(2) 中间代谢产物。这类产物是指细胞在代谢途径中产生的用于合成蛋白质、核酸、类脂和多糖等细胞物质的一些小分子物质，如氨基酸、核苷酸、有机酸和单糖的衍生物。中间代谢产物一般不分泌到微生物体外，只有当微生物细胞生物合成受阻或外源碳源浓度较高的情况下，才会有大量的积累和外流。不少中间代谢产物也是重要的食品和化工原料。

(3) 次级代谢产物。这类产物包括抗生素、毒素、色素、激素等。

## 第三节 微生物代谢的自动调节

微生物细胞具有巨大的比表面积，因而使其能迅速地完成与外界环境的信息传递和物质交换。相对体积较小的微生物细胞，环境条件复杂多变。环境中的微生物细胞是一个处于动态平衡的开放体系，微生物的代谢调节是由细胞自身的需求和环境共同决定的，并且通过细胞本身来实现。为生存和发展，微生物在长期的进化过程中，通过自然选择，逐步建立并完善了一整套的代谢调节机制，从而确保体内的错综复杂、相互联系而又相互制约的代谢过程能正确无误而又有条不紊地进行。

代谢调节是指微生物按照需要改变体内的代谢活动的速度和方向的一种作用。当细胞所处的环境条件发生变化时，微生物通过自身的调节系统实现代谢过程的自动调节来适应改变的环境，达到新的代谢平衡。微生物代谢调节系统具有精确、可塑性强的特点，从细胞水平来看，微生物的代谢调节能力超过复杂的高等动植物。例如，大肠杆菌细胞中存在 2 500 种蛋白质，其中上千种是催化正常新陈代谢的酶。每个细菌细胞的体积只能容纳 10 万个蛋白质分子。因此在一个细胞中，每种酶平均分配不到 100 个分子。如何解决这个问题？微生物采取了非常巧妙的办法。组成酶(Constitutive enzyme)经常以高浓度存在,其他酶都是诱导酶(Inducible enzyme),在底物或其类似物存在时才合成,诱导酶的总量占细胞总蛋白含量的10%。

## 一、微生物自动代谢调节方式

### (一)细胞透性的调节,控制营养物质的输送和代谢物的排出

在微生物细胞结构中,细胞膜是维持细胞内正常渗透压的重要屏障,控制细胞内、外物质(营养物质和代谢物)的运送、交换。细胞质膜的透性直接影响物质的吸收和代谢产物的分泌,从而影响细胞内代谢的变化。膜透性是膜的组成、结构和功能的综合体现。此外,特定物质所需的载体系统、输送能力的提供,都势必会影响细胞对物质进出的调控。

影响膜透性的因素,主要包括:①膜脂质的分子结构,包括磷脂及其他脂类以及环境条件对膜脂质理化性质的影响,如离子强度、温度和 pH 等。②膜蛋白质的绝对数量及其活性的调节,包括酶、载体蛋白、电子传递链的成员以及其他相关蛋白。③跨膜的电化学梯度和 ATP,ADP,AMP 体系以及无机磷浓度对溶质输送的调节。④细胞壁结构,特别是骨架结构的完整性,间接影响膜对溶质的通透性。

由于细胞膜是细胞与环境交互的重要屏障,因而在正常的细胞生理代谢中,细胞自身涉及膜透性相关的调节是非常谨慎的,因为任何细微的变化将会对细胞内部环境造成巨大的影响。而维持胞内基本稳定的环境是微生物细胞存活和生长的前提。

### (二)代谢途径区域化,通过酶的定位控制酶与底物的接触

由于原核微生物和真核微生物细胞结构的不同,二者在代谢途径的区域化上存在着明显差异。

1. 真核微生物

在真核微生物细胞中,存在典型的细胞核和细胞器,它们由膜结构包裹或由其组成,如细胞核、线粒体、溶酶体、核糖体、内质网、高尔基体等。这些膜结构的存在,使细胞内的空间被分隔成许多小室。正是这种分隔区域的存在使真核微生物代谢调节部位比原核微生物细胞复杂得多。各种酶系被细胞器隔离分布,使其代谢活动只能在特定的部位上进行,细胞器各自行使某种特异的功能。

在真核微生物细胞中最重要的膜结构细胞器是线粒体,它是合成代谢和分解代谢分开进行、分别调节的重要辅助手段。合成代谢一般在细胞质中进行,而分解代谢则多在线粒体中进行。如与呼吸产能有关的酶系集中于线粒体内膜上。由于存在不同细胞空间代谢途径酶系的分隔,途径形成的代谢产物也存在分隔,为实现细胞代谢网络的贯通,势必涉及跨线粒体内膜的输送,因此在真核微生物细胞中,酶反应的速度不仅取决于相邻区域中的酶和底物的浓度、酶活性,还取决于重要代谢中间物的跨膜的方式和交换速度。跨膜交换往往需要借助载体蛋白,它的数量以及活性也是代谢调节的部位。例如,在线粒体中进行的三羧酸循环,产生的中间产物草酰乙酸,由柠檬酸合成酶催化其合成柠檬酸,借助二羧酸载体系统进入细胞质中。在细胞质中进行的糖酵解途径,生产的中间产物丙酮酸,则是借助载体与 $H^+$ 一起进入线粒体;此途径产生的还原力 NADH,则是

借助于"穿梭"机制进入线粒体。

在真核微生物细胞中,由单层膜包裹的液泡是重要的细胞器,其中储存有大部分游离氨基酸以及大量的水解酶,包括蛋白酶、核糖核酸酶和酯酶等。细胞核由双层膜包裹,与细胞质的其他部分相分隔,但是由于核膜上均匀分布着许多孔径较大的膜孔,允许大分子甚至核糖体样的颗粒通过,因而认为核质间的物质交流是畅通的,核为细胞质提供所需的全部 RNA,而细胞质则供应核所需的全部蛋白质和酶,以及合成 RNA,DNA 的各种核苷酸。

真核微生物细胞中,代谢途径的酶系区域化、酶与底物的分隔以及底物的跨膜运输,使酶反应的调节更加复杂化、多样化。

2. 原核微生物

原核微生物细胞中不存在典型的细胞器,只是在细胞质膜上存在一些凹陷和褶皱。通常认为,细胞内无空间的不同,各种酶和底物同处于一个空间中,不存在酶与底物的相对位置的影响。

虽然原核微生物细胞没有复杂的具有膜结构的细胞器,但也划分出不同的区域,对于某一代谢途径有关的酶系集中在某一区域,以保证这一代谢途径酶促反应的顺利进行,避免了其他途径的干扰。例如,与呼吸产能代谢有关的酶集中位于膜上;蛋白质合成酶和移位酶位于核糖体上;分解大分子的水解酶,在革兰氏阴性菌中位于细胞壁和细胞膜之间的周质空间中,而革兰氏阳性菌则分泌到胞外;同核苷酸吸收有关的酶在革兰氏阴性菌的周质区。

此外,在原核微生物细胞中还存在着酶反应的时序性调节,当一个酶反应体系以多酶复合体的形式存在,酶反应在一定空间范围内按特定的顺序进行。如位于细菌细胞质膜上的丙酮酸脱氢酶复合体通过一系列的酶反应将丙酮酸有氧降解生成乙酰 CoA。

(三)控制代谢物的流向

对于细胞内可逆或互逆生物化学反应,主要是针对其代谢物流向的调控。微生物在不同条件下可以通过控制各代谢途径中的某个酶促反应的速率来控制代谢物的流向,从而保持机体代谢的平衡。

(1)在某一个关键酶控制的可逆反应中,可由不同辅基(或辅酶)控制代谢物的流向。如谷氨酸脱氢酶,以 NADP 为辅基,催化谷氨酸的合成;若以 NAD 为辅基,催化谷氨酸的分解。

(2)由两种酶控制的逆单向反应。在生物体代谢的关键部位的某些反应,是由两种不同的酶来催化的。即在一个"可逆"反应中,其中一种酶催化正反应,另一种酶则催化逆反应。如葡萄糖 + ATP 在己糖激酶的作用下生成 6 - 磷酸葡萄糖。6 - 磷酸葡萄糖 + $H_2O$ 在 6 - 磷酸葡萄糖酯酶的作用下生成葡萄糖 + Pi。微生物体内利用两种完全不同的酶,能十分精确地控制正反应和逆反应。

(四)调控代谢速度

胞内不可逆反应,主要是调节其代谢速度。微生物通过调节酶的活性和酶量来控制代谢物的流量。酶合成的调节属于粗调节,细胞通过酶量的变化来控制代谢的速率。从本质上看,酶合成的调节是在基因表达水平起作用的。酶活性的调节属于细调节。通过酶分子构象或分子结构的改变来调节其催化反应的速率。酶活性调节的影响因素包括底物和产物的性质、浓度、压力、pH、离子强度、辅助因子及其他酶的存在等,其显著特点是反应快速。

酶是代谢调节的关键和核心,下面将对酶活性和酶量的调节做以重点阐述。

## 二、酶活性的调节

酶活性的调节是指在酶分子水平上的一种代谢调节,它是通过改变已有的酶分子的构象或结构来调节活性,从而进一步调节酶催化反应的速率。此调节是发生在蛋白质翻译后的调节过程,特点是不用新合成酶,作用直接、反应速度快,可快速对周围环境作出反应。酶活性的调节包括酶活性的激活和抑制两个方面。

### (一)酶活性的激活

酶活性的激活是指在分解代谢途径中,后面的反应可被较前面的中间产物所促进。激活剂一般是金属阳离子,阴离子激活剂很少见。这类由离子控制的激活作用,不能自我调节,而主要靠外源供给离子,所以不属于代谢调节的内容。

属于代谢调节的激活作用主要是指代谢物对酶的激活,可分为两类:前体激活和补偿激活。前体激活指代谢途径中后面的酶促反应可被该途径中较前面的中间产物所促进(图4.3)。最常见的激活方式常发生在分解代谢途径中。例如粪链球菌(*Streptococcus feacalis*)的乳酸脱氢酶可被果糖-1,6-二磷酸所促进,粗糙脉孢菌(*Neurospora crassa*)的异柠檬酸脱氢酶的活性会受柠檬酸的促进。

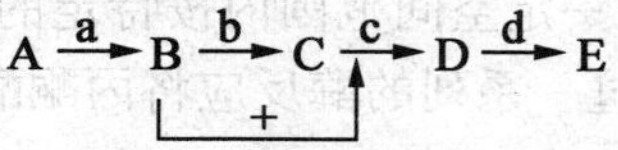

$$A \xrightarrow{a} B \xrightarrow{b} C \xrightarrow{c} D \xrightarrow{d} E$$

**图4.3 前体激活示意图**

补偿激活常发生在两个相关的代谢途径中,它们需要一个共同的前体。如图4.4所示 H 是合成 F,K 的共同前体,由 C 补偿激活 H 前面的关键酶。

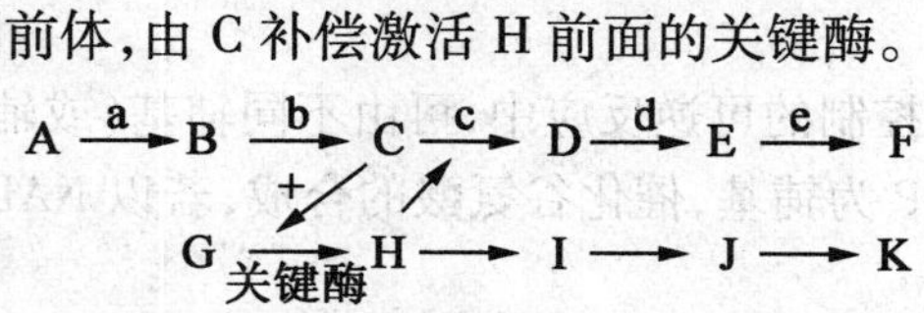

$$A \xrightarrow{a} B \xrightarrow{b} C \xrightarrow{c} D \xrightarrow{d} E \xrightarrow{e} F$$
$$G \xrightarrow{关键酶} H \longrightarrow I \longrightarrow J \longrightarrow K$$

**图4.4 补偿激活示意图**

### (二)酶活性的抑制

酶活性的抑制主要是反馈抑制(Feedback inhibition),主要表现在某代谢途径的末端产物(即终产物)过量时,这个产物可反过来直接抑制该途径中关键酶的活性,促使整个反应减慢或停止,从而避免末端产物的过多累积。反馈抑制具有作用直接、快速以及当末端产物浓度降低时又可自行解除等特点。

**1. 直线式代谢途径中的反馈抑制**

直线式代谢途径中的反馈抑制指代谢途径的末端产物(即终产物)过量时,这个产物可反过来抑制该途径中第一个酶的活性（图4.5）。这是一种最简单的反馈抑制类型。例如 *E. coli* 在合成异亮氨酸时，因合成产物过多可抑制途径中第一个酶——苏氨酸脱氨酶的活性，从而使 α-酮丁酸及其后一系列中间代谢物都无法合成，最终导致异亮氨酸合成的停止（图4.6）；另外，谷氨酸棒杆菌利用谷氨酸合成精氨酸也是直线式反馈抑制的典型例子。

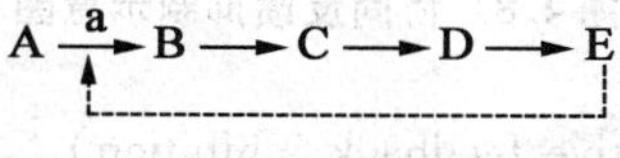

$$A \xrightarrow{a} B \longrightarrow C \longrightarrow D \longrightarrow E$$

**图4.5　直线式反馈抑制示意图**

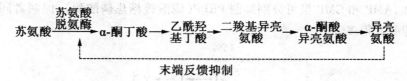

**图4.6　异亮氨酸合成途径中的直线式反馈抑制**

**2. 分支代谢途径中的反馈抑制**

在分支代谢途径中，反馈抑制的情况较为复杂。为避免在一个分支上的产物过多时不至于同时影响另一分支上产物的供应，微生物已发展出多种调节方式。

（1）同功酶反馈抑制（Isoenzyme feedback inhibition）。同功酶（Isoenzyme）又称同工酶，是指能催化相同的生化反应、但酶蛋白分子结构有差异的一类酶，它们虽同存于一个个体或同一组织中，但在生理、免疫和理化特性上却存在着差别。同功酶的主要功能在于其代谢调节。在一个分支代谢途径中，如果在分支点以前的一个较早的反应是由几个同功酶所催化时，则分支代谢的几个最终产物往往分别对这几个同功酶发生抑制作用。如图4.7 中 A→B 的反应由两个同功酶 a, b 所催化，它们分别受最终产物 Y 和 Z 所抑制，这样，当环境中只有一种最终产物过多时就只能抑制相应酶的活力，而不至于影响其他几种最终产物的形成。

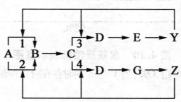

**图4.7　同功酶调节示意图**

（2）协同反馈抑制（Concerted feedback inhibition）。协同反馈抑制指分支代谢途径中的几个末端产物同时过量时才能抑制共同途径中的第一个酶的一种反馈调节方式，而单独过量则不抑制（图4.8(a)）。原因是由于酶有两个或两个以上的调节中心，它们必须同时发生作用，构型才会变化，进而酶活受到抑制。例如多黏芽孢杆菌（*Bacillus polymyxa*）在合成天冬氨酸族氨基酸时，天冬氨酸激酶（AK）受赖氨酸和苏氨酸的协同反馈抑制，如果仅苏氨酸或赖氨酸过量，并不能引起抑制作用（图4.8(b)）。

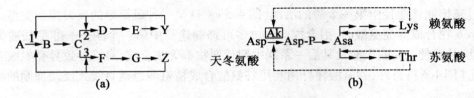

图 4.8　协同反馈抑制示意图

（3）合作反馈抑制（Cooperative feedback inhibition）。合作反馈抑制又称增效反馈抑制，是指两种末端产物同时存在时，可以起着比一种末端产物大得多的反馈抑制作用（图4.9）。例如，AMP 和 GMP 虽可分别抑制 PRPP（磷酸核糖焦磷酸酶），但两者同时存在时抑制效果却要大得多。

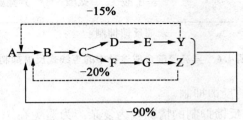

图 4.9　合作反馈抑制示意图

（4）累积反馈抑制（Cumulative feedback inhibition）。每一分支途径的末端产物按一定百分率单独抑制共同途径中前面的酶，所以当几种末端产物共同存在时，它们的抑制作用是累积的。在各末端产物之间既无协同效应，亦无拮抗作用（图4.10）。

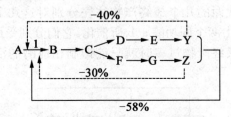

图 4.10　累积反馈抑制示意图

注　Y 可单独抑制 40%，Z 可单独抑制 30%，当 Y 与 Z 同时存在时可抑制 40% +（100 - 40）% ×30% =58%

累积反馈抑制最早在 E. coli 的谷氨酰胺合成酶调节中发现，谷氨酰胺合成酶是催化氨转变为有机含氮物的主要酶。该酶活性受到机体对含氮物需求状况的灵活控制。E. coli 的谷氨酰胺合成酶结构及其调控机制已得到阐明。该酶受 8 个最终产物的累积反馈抑制，只有当它们同时存在时，酶活力才被全部抑制。该酶由相对分子质量为 51 600 的 12 个相同的亚基对称排列成 2 个六面体环棱柱状结构。其活性受到复杂的反馈控制系统以及共价修饰调控。已知有 8 种含氮物以不同程度对该酶发生反馈别构抑制效应，每一种都有自己与酶的结合部位。这 8 种含氮物分别是葡萄糖胺 - 6 - 磷酸、色氨酸、丙氨酸、甘氨酸、组氨酸、胞苷三磷酸、AMP 及氨甲酰磷酸。谷氨酰胺合成酶的调节机制，是氨基酸生物合成调控机制复杂性的典型。如色氨酸单独存在时,可抑制酶活力的16%,CTP相应为14%,氨基甲酰磷酸为13%,AMP为41%。这4种末端产物同时存在时,酶活力的抑制程度可这样计算:色氨酸先抑制16%,剩下的84%又被CTP抑制掉11.8%(即84%×14%);留下的72.2%活性中,又被氨基甲酰磷酸抑制掉9.4%(即72.2%×13%),还剩余62.8%;这62.8%再被AMP抑制掉25.8%(即62.8×41%),最后只剩下原活力的37%。当8个产物同时存在时,酶活力才被全部抑制。

(5)顺序反馈抑制(Sequential feedback inhibition)。分支代谢途径中的末端产物不能直接抑制共同途径中的第一个酶,而是分别抑制分支点后的第一个酶,造成分支点中间产物的积累,该中间产物再反馈抑制共同途径中的第一个酶,因此只有末端产物同时过量时,才能对共同途径中的第一个酶产生抑制作用。这种通过逐步有顺序的方式达到的调节,称为顺序反馈抑制(图4.11)。这一现象最初是在研究枯草杆菌的芳香族氨基酸生物合成时发现的。色氨酸、酪氨酸、苯丙氨酸分支途径的第一步都分别受各自终产物的抑制。如果3种终端产物都过量,则分支酸即行累积。分支点中间产物累积的结果,使共经途径催化第一步反应的酶受到反馈抑制,从而抑制赤藓糖-4-磷酸和磷酸烯醇式丙酮酸的缩合反应。

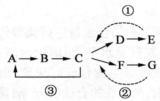

**图4.11 顺序反馈抑制示意图**
注 ①②③表示抑制的先后顺序

从以上阐述中可以看出,尽管反馈抑制的类型极多,但其主要的作用方式在于最终产物对反应途径中第一个酶即变构酶(Allosteric enzyme)或调整酶(Regulatory enzyme)的抑制。有关一些氨基酸或核苷酸等小分子末端产物对变构酶的作用机制,尽管尚不十分清楚,但目前普遍认为,它可用变构酶的理论来解释。这种理论认为,变构酶是一种变构蛋白,它具有两个或两个以上的立体专一性不同的接受部位,其中之一是能与底物结合并具有生化催化活性的活性中心,另一个部位是能与一个不能做底物的代谢产物——效应物(Effector)相结合的变构中心,又称调节中心。酶与效应物间的结合,可引起变构酶分子发生明显而又可逆的结构变化,进而引起活性中心的构象发生改变。有的效应物能促进活性中心对底物的亲和力,就被称作活化剂,而有的效应物例如一系列反应途径的末端产物,则会降低活性中心对底物的亲和力,就被称作抑制剂。

总之,反馈抑制是极其重要的,其机制除变构酶和前述的同功酶外,还存在多种其他方式,这些都是有待进一步研究和阐明的问题。

### (三)酶活性调节的分子机制

在酶活性调节中往往由效应物介入而引起。效应物通常是低相对分子质量的化学物,可以来自环境中,也可以是细胞代谢产物。能提高酶的催化活力的效应物称为激活剂,而降低酶的催化活力的效应物称为抑制剂。

通常认为,细胞对酶活性的调节机制主要有两种理论解释:即别构调节理论(酶分子构象的改变)和酶分子的化学修饰理论(酶分子结构的改变)。

1. 别构调节理论

在代谢途径的某些重要的生化反应中,特殊的效应物(调节剂)与酶结合后,使酶的构象发生变化,导致酶活性的改变,这类酶被称为别构酶。别构酶除了具有与底物结合的催化中心外,还具有与调节剂结合的调节中心。当酶的调节中心与调节剂结合后,酶蛋白的构象发生变化,引起催化中心改变,从而增强或降低酶的活性。由于调节酶活性变化时发生在蛋白质水平,改变的仅仅是酶蛋白的三级或者四级结构,因此是一种非常灵活、迅速和可逆的调节。

2. 酶分子的化学修饰理论

能被共价修饰的调节酶称为共价修饰调节酶。在修饰酶催化下,共价调节酶可与某些物质发生共价键的结合或解离,从而导致调节酶的活化或抑制,以控制代谢的速度和方向。如糖原合成酶的磷酸化(高活性)和去磷酸化(低活性)。

## 三、酶合成的调节

酶合成的调节是一种通过调节酶的合成量进而调节代谢速率的调节机制,是一种在基因水平上(在原核生物中主要在转录水平上)的代谢调节。凡能促进酶生物合成的现象,称为诱导(Induction);而能阻碍酶生物合成的现象,则称为阻遏(Repression)。与上述调节酶活性的反馈抑制等相比,调节酶的合成(即产酶量)而实现代谢调节的方式是一类较间接而缓慢的调节方式,其优点是通过阻止酶的过量合成,有利于节约生物合成的原料和能量。在正常代谢途径中,酶活性的调节和酶合成的调节两者是同时存在且密切配合、协调进行的。

### (一)酶合成的调节类型

1. 诱导(Induction of enzyme synthesis)

根据酶的生成与环境中该酶底物或底物结构类似物的关系,可把酶划分成组成酶和诱导酶两类。两类酶的遗传基因都存在于细胞染色体上,但是两者在表达上存在差异,后者的表达依赖于环境中的诱导物的存在,而前者不需要。

组成酶是细胞固有的酶类,其合成是在相应的基因控制下进行的,它不因底物或底物结构类似物的存在而受影响,例如 EMP 途径的有关酶类。诱导酶则是细胞为适应外来底物或底物结构类似物而临时合成的一类酶,例如 E. coli 在含乳糖培养基中所产生的分解乳糖的相关的酶(β-半乳糖苷酶、β-半乳糖苷透性酶和半乳糖苷转乙酰酶)。能促进诱导酶生物合成的现象即为诱导。能促进诱导酶产生的物质称为诱导物(Inducer),它可以是该酶的底物,也可以是难以代谢的底物结构类似物或是底物的前体物质。例如,除了其正常底物-乳糖能诱导β-半乳糖苷酶外,底物的结构类似物异丙基-β-D-硫代半乳糖苷(IPTG)也可诱导该酶的生成,且其诱导效果比乳糖高。在 E. coli 的培养基中,加入 IPTG 后,其β-半乳糖苷酶的活力可突然提高 1 000 倍。若干比正常底物更有效的诱导物见表 4.8。

表4.8　某些诱导酶的正常和高效诱导物

| 酶 | 正常底物 | 类似底物的高效诱导物 |
|---|---|---|
| β-半乳糖苷酶 | 乳糖 | IPTG(异丙基-β-D硫代半乳糖苷) |
| 青霉素酶 | 苄基青霉素 | 2,6-二甲氧基苯基青霉素 |
| 丁烯二酸顺反异构酶 | 顺丁烯二酸 | 丙二酸 |
| 脂肪族酰胺酶 | 乙酰胺 | N-甲基乙酰胺 |
| 甘露糖链霉素酶 | 甘露糖 | α-甲基甘露糖基 |
| 酪氨酸酶 | L-酪氨酸 | D-酪氨酸、D-苯丙氨酸 |

酶的诱导合成又可分为两种，一种为同时诱导(又称协同诱导)，即当诱导物加入后，微生物能同时或几乎同时诱导几种酶的合成，即一次诱导产生的酶不只一个，而是代谢途径中相邻的酶被同时诱导产生。这种诱导方式在原核生物普遍存在，并主要存在于短的代谢途径中。主要原因是由于原核生物 mRNA 是多顺反子，即一条 mRNA 链编码几种功能关联的蛋白质，而真核生物 mRNA 一般以单顺反子的形式存在，即一种 mRNA 只编码一种蛋白质。例如，将乳糖加入到 E. coli 的培养基中后，即可同时诱导位于同一 mRNA 链上(即乳糖操纵子)的3个酶(β-半乳糖苷酶、β-半乳糖苷透性酶和半乳糖苷转乙酰酶)的合成。另一种诱导方式则称为顺序诱导，即一种诱导物诱导产生的酶的反应产物，可继续诱导产生下一个酶，通过连续诱导产生一系列酶，以达到对较复杂代谢途径的分段调节的目的。

2. 阻遏(Repression of enzyme synthesis)

在微生物的代谢过程中，当代谢途径中某末端产物过量时，除可用前述的反馈抑制的方式来抑制该途径中关键酶的活性以减少末端产物的生成外，还可通过阻遏作用来阻碍代谢途径中包括关键酶在内的一系列酶的生物合成，从而更彻底地控制代谢和减少末端产物的合成。阻遏作用有利于生物体节省有限的养料和能量。阻遏的类型主要包括末端代谢产物阻遏和分解代谢产物阻遏两种。

(1)末端代谢产物阻遏(End-product repression)是指由某代谢途径末端产物的过量累积而引起的阻遏。对直线式反应途径来说，末端代谢产物阻遏的情况较为简单，即产物作用于代谢途径中的各种酶，使之合成受阻遏，例如精氨酸的生物合成途径(图4.12)。当末端产物精氨酸过量时，对代谢中的氨甲酰基转移酶、精氨酸琥珀酸合成酶、精氨酸琥珀酸裂合酶起阻遏作用。

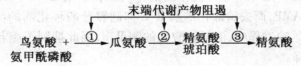

图4.12　精氨酸的生物合成途径的末端代谢产物阻遏

注　①为氨甲酰基转移酶(OCT)；②为精氨酸琥珀酸合成酶；③为精氨酸琥珀酸裂合酶

对分支代谢途径来说,情况就较复杂。每种末端产物仅专一地阻遏合成它的那条分支途径的酶。代谢途径分支点以前的"公共酶"仅受所有分支途径末端产物的阻遏,此类阻遏作用称为多价阻遏作用(Multivalent repression)。也就是说,任何单独一种末端产物的存在都没有影响"公共酶"的合成,只有当所有末端产物都同时存在时才能发挥出阻遏功能。在这方面,芳香族氨基酸、天冬氨酸族和丙酮酸族氨基酸的生物合成中的反馈阻遏就是最典型的例子。

末端代谢产物阻遏在代谢调节中有着重要的作用,它可保证细胞内各种物质维持适当的浓度。例如,在嘌呤、嘧啶和氨基酸的生物合成中,它们的有关酶类就受到末端代谢产物阻遏的调节。

(2)分解代谢产物阻遏(Catabolite repression)是指分解代谢反应中,某些代谢物(中间或者末端代谢物)的过量积累而阻遏其他代谢途径中的一些酶合成的现象。

当细胞内同时有两种分解底物(碳源或氮源)存在时,利用快的种分解底物会阻遏利用慢的底物的有关酶合成。在这一阻遏作用中,效应物并非底物本身,而是分解过程中所产生的中间代谢产物。分解代谢产物阻遏是1942年Monod在研究枯草芽孢杆菌(Bacillus subtilis)对混合碳源利用所表现的二次生长现象中发现的。研究者将 E. coli 培养在含乳糖和葡萄糖的培养基上,发现该菌优先利用葡萄糖,并于葡萄糖耗尽后才开始利用乳糖,这就产生了在两个对数生长期中间隔开一个生长延滞期的"二次生长现象"(Diauxie或Bipha-sicgrowth)。其原因是葡萄糖的存在阻遏了分解乳糖酶系的合成。这一现象又称葡萄糖效应。此外,用山梨醇或乙酸来代替上述乳糖时,也有类似的结果。由于这类现象在其他代谢中(例如铵离子的存在可阻遏微生物对精氨酸的利用等)的普遍存在,后来人们索性把类似葡萄糖效应的阻遏统称为分解代谢产物阻遏。

20世纪50年代后期,研究者发现动物细胞中含有cAMP在许多激素的作用中有着十分重要的作用。1965年,Magasonik发现在大肠杆菌中也含有cAMP,而且菌株内cAMP的含量随着细胞的生理状态发生变化,即当细胞处于碳源饥饿条件下,cAMP水平显著提高。反之,在细胞生长的培养基中含有大量葡萄糖时,cAMP的水平明显下降。推测葡萄糖分解代谢物抑制了cAMP的合成或促进它水解成AMP。

营养物质的运输,有单纯扩散、促进扩散、主动运输及基团移位等不同的方式。葡萄糖的运输比较特殊,采用的是基团移位,并且运输前后物质发生了变化,为6-磷酸葡萄糖。葡萄糖的运送依靠磷酸转移酶系统(PTS),即磷酸烯醇式丙酮酸-己糖磷酸转移酶系统。磷酸转移酶系统包括5个成分:酶Ⅰ、酶Ⅱ(a,b,c)、低分子热稳定蛋白质HPr。在酶Ⅰ的作用下HPr被激活,在酶Ⅱ的作用下P-HPr将磷酸转移给糖,磷酸化的葡萄糖进入细胞。其中酶Ⅱa是一个非常关键的酶。磷酸化的酶Ⅱa可以激活腺苷酸环化酶的活性,进而产生cAMP,而去磷酸化的酶Ⅱa抑制腺苷酸环化酶的活性,进而cAMP含量下降。在葡萄糖运输过程中,消耗磷酸化的酶Ⅱa,因此抑制了腺苷酸环化酶的活性,进而cAMP含量下降。

研究者进一步对 E. coli 利用葡萄糖和乳糖做混合碳源的研究,发现起阻遏作用的不是葡萄糖,而是环化腺核苷酸(cAMP)含量明显下降。将大肠杆菌放在含有质量分数为0.4%的甘油和有诱导剂乳糖的培养液中,37℃培养3~5 min后分成3份。一份作为对照(CK),一份加葡萄糖(G),另一份加葡萄糖和 cAMP。继续培养,并定时取样分别测定 β-半乳糖苷酶的活性和细胞干重,以酶活性对细胞干重作图。研究发现,同时加入葡萄糖和 cAMP 后,与对照组的结果相近。说明 cAMP 可以解除葡萄糖对 β-半乳糖苷酶合成的作用(图 4.13)。

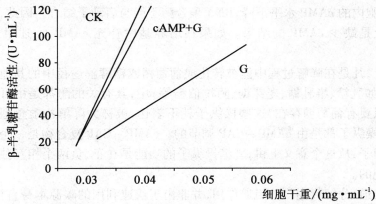

**图 4.13　葡萄糖和 cAMP 对大肠杆菌合成 β-半乳糖苷酶的效应**

分解代谢产物阻遏是如何形成的呢？分解代谢产物阻遏涉及一种激活蛋白对转录作用的调控。分解代谢产物阻遏中,只有当一种称为分解物激活蛋白(CAP)首先结合到启动子上游后,RNA 聚合酶才能与启动子结合。在大肠杆菌等细菌的乳糖、半乳糖、阿拉伯糖等启动子上,除了 RNA 聚合酶的结合位点外,还有 CAP 位点(Catabolite activator protein,CAP,分解代谢产物激活蛋白)。一般来说,依赖 CAP 的启动子常缺乏一般启动子所具有的典型的 -35 区和 -10 区的序列特征。因此,大肠杆菌 RNA 聚合酶难以与其结合。CAP 的存在可以明显提高 RNA 聚合酶同启动子的结合常数。

分解代谢产物激活蛋白 CAP 是由 *cap* 基因编码,是原核生物基因表达的一种正调节蛋白,相对分子质量为 22.5 kDa,由 2 个相同的亚基组成,每个亚基都有螺旋-转角-螺旋结构。*cap* 基因突变可阻止操纵子的转录。CAP 是一种变构蛋白,单独存在时不具有活性。只有 cAMP 存在时,CAP 与 cAMP 结合后构象发生变化,才具有活性,即复合物与 CAP 位点结合,促进 RNA 聚合酶与启动子的结合,激活转录。cAMP 浓度下降,CAP 就能与 CAP 位点接合,RNA 聚合酶就不能启动转录。

乳糖启动子的 -70 到 -50 区是 CAP 结合位点。CAP 激活转录有两种方式,第一种是作用于 DNA,即 cAMP-CAP 复合物与 DNA 结合后,使 DNA 发生弯曲,促进了 RNA 聚合酶与启动子的结合;另外,cAMP-CAP 复合物与 DNA 结合后改变了这一区段 DNA 的二级结构,促进了 RNA 聚合酶结合区的解链,从而有利于转录的顺利进行。第二种是 CAP 直接作用于 RNA 聚合酶,即 CAP 蛋白与 RNA 聚合酶中的 α 亚基的羧基端相接触,通过 CAP 与 RNA 聚合酶之间的相互作用,提高转录水平。实验表明,如果缺少 CAP,尽管乳糖启动子的 -35 区和 -10 区存在并完整无缺,但是 RNA 聚合酶不能很好地与 -35 区结合;虽然 RNA 聚合酶能与 -10 区结合,但是这个起始区内的 DNA 双螺旋结构不发生解旋作用,也无法开始转录。

乳糖操纵子的转录需要 cAMP - CAP 复合物,细胞中 CAP 的合成是组成型的,因此也是相对稳定的。这样,具有正调控能力的 cAMP - CAP 复合物主要取决于 cAMP 的含量。而且前面已经提到催化合成 cAMP 的腺苷酸环化酶位于细胞膜上,其活性与负责葡萄糖运输的磷酸转移酶系统中磷酸烯醇式丙酮酸磷酸基转移酶的活性相关。葡萄糖进入细胞后,胞内的 cAMP 水平下降,RNA 聚合酶不能与启动子结合。因此,分解代谢产物阻遏实际上是缺少 cAMP 的结果。如果在培养基中补充 cAMP,上述阻遏现象可以被抵消。

事实上,凡是在降解过程中能被转化成葡萄糖或糖酵解途径中的其他中间代谢产物的糖代谢(如乳糖、半乳糖、麦芽糖、阿拉伯糖等)中,其有关的酶都是由可诱导的操纵子控制的。只要有葡萄糖存在,这些操纵子就不表达,被称为降解物敏感型操纵子。实验证实,这些操纵子都是由 cAMP - CAP 调节的。cAMP - CAP 复合物是一个不同于阻遏物的正调控因子,从这个意义上讲,乳糖操纵子的功能是在正、负两个相互独立的调控体系作用下实现的。

现在知道,分解代谢物的阻遏作用,并非由于快速利用的碳源本身直接作用的结果,而是通过碳源(或氮源等)在其分解过程中所产生的中间代谢产物所引起的阻遏作用。因此,分解代谢产物的阻遏作用,就是指代谢反应链中,某些中间代谢产物或末端代谢产物的过量累积而阻遏代谢途径中一些酶合成的现象。

**(二)酶合成的调节机制**

目前认为,由 J. Monod 和 F. Jacobzai 于 1961 年提出的操纵子假说可以较好地解释酶合成的诱导和阻遏现象。在进行正式讨论前,有必要对若干有关名词先做一介绍。

1. 操纵子相关的基本概念

(1)操纵子(Operon)。操纵子指的是一组功能上相关的基因,它是由启动子(Promoter)、操纵基因(Operator)和结构基因(Structural gene)3 部分组成。其中的启动子是一段能被依赖于 DNA 的 RNA 多聚酶所识别的碱基序列,它既是 RNA 多聚酶的结合部位,也是转录的起始点;操纵基因是位于启动基因和结构基因之间的一段碱基序列,能与调节蛋白相结合,以此来决定结构基因的转录能否进行;结构基因则是决定某一多肽的 DNA 模板,可根据其上的碱基序列转录出对应的 mRNA,然后再可通过核糖体而转译出相应的酶。一个操纵子的转录,就合成了一个 mRNA 分子。

操纵子分两类,一类是诱导型操纵子,只有当存在诱导物(一种效应物)时,其转录频率才最高,并随之转录翻译出大量诱导酶,出现诱导现象,例如乳糖、半乳糖和阿拉伯糖分解代谢的操纵子等;另一类是阻遏型操纵子,只有当缺乏辅阻遏物(一种效应物)时,其转录频率才最高。由阻遏型操纵子所编码的酶的合成,只有通过去阻遏作用才能启动,例如精氨酸、组氨酸和色氨酸合成代谢的操纵子等。

(2)调节基因(Regulator gene)。调节基因是参与其他基因表达调控的 RNA 和蛋白质的编码基因,用于编码组成型调节蛋白。调节基因一般位于相应操纵子的附近。

(3)调节蛋白(Regulatory protein)。调节基因编码的产物被称为调节蛋白,对操纵子进行调控。调节蛋白可分两种,一种是单独起阻遏作用,称为阻遏物(Repressor),它能在没有诱导物(又称激活物,效应物的一种)时与操纵基因相结合;另一种是不能单独起阻遏作用,称阻遏物蛋白(Aporepressor),它只能在辅阻遏物(效应物的另一种)存在时才能与操纵基因相结合。调节蛋白是一类变构蛋白,它有两个特殊位点,其中一个位点可与操纵基因相结合,另一位点则可与效应物相结合。当调节蛋白与效应物结合后,就发生变构作用,改变调节蛋白与操纵基因的结合能力。调节蛋白与操纵基因结合后,启动或增强操纵子的转录活性,被称为正调控(Positive control);调节蛋白与操纵基因结合后,关闭或者降低操纵子的转录活性,被称为负调控(Negative control)。阻遏物参与的调控属于负调控,辅阻遏物参与的调控为正调控。

(4) 效应物(Effector)。效应物是一类低相对分子质量的信号物质(如糖类及其衍生物、氨基酸和核苷酸等),包括诱导物(Inducer)和辅阻遏物(Corepressor)两种,它们可与调节蛋白相结合以使后者发生变构作用。诱导物与调节蛋白结合后,可以降低调节蛋白与操纵基因的结合能力,即解除阻遏。而辅阻遏物与调节蛋白结合后,可以提高调节蛋白与操纵基因的结合能力,阻遏操纵子上结构基因的表达。

2. 乳糖操纵子的诱导机制

E. coli 乳糖操纵子(lac)由 lac 启动子、lac 操纵子和 3 个结构基因(lacZ, lacY, lacC)所组成(图 4.14)。3 个结构基因分别编码 β-半乳糖苷酶、β-半乳糖苷透性酶和半乳糖苷转乙酰酶。乳糖操纵子是负调控的代表。在这个系统中,lacI 基因是调节基因,当它的产物——阻遏蛋白与操纵区(lacO)结合时,RNA 聚合酶便不能转录结构基因。在环境中缺乏诱导物(乳糖或 IPTG)时,其调节蛋白(即 lac 阻遏物)一直结合在操纵基因上,抑制着结构基因上转录的进行。而当环境中存在乳糖时,进入细胞的乳糖在细胞内尚存在的极少量的 β-半乳糖苷酶的作用下而发生分子重排,由乳糖变成异乳糖(别位乳糖),异乳糖作为诱导物与阻遏蛋白紧密结合,使后者的构型发生改变而不能识别 lacO,也不能与之结合,因而 RNA 聚合酶能顺利转录结构基因,形成大分子的多顺反子 mRNA,继而在翻译水平上合成 3 种不同的蛋白质:β-半乳糖苷酶、β-半乳糖苷透性酶和半乳糖苷转乙酰酶。当诱导物耗尽后,lac 阻遏物可再次与操纵基因相结合,这时转录的"开关"被关闭,酶就无法合成。同时,细胞内已转录好的 mRNA 也迅速地被核酸内切酶水解,所以细胞内酶的合成速度急剧下降。如果通过诱变方法使之发生 lac 阻遏物缺陷突变,就可获得解除调节即在无诱导物时也能合成 β-半乳糖苷诱导酶的突变株。

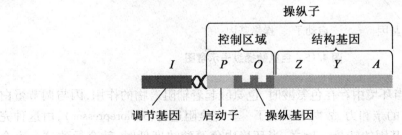

图 4.14 乳糖操纵子示意图

lac 操纵子还受到另一种调节即正调节的控制。当第二种调节蛋白 CRP(cAMP 受体蛋白)或 CAP(降解物激活蛋白)直接与启动子结合时,RNA 多聚酶才能连接到 DNA 链上而开始转录。CRP 与 cAMP 的相互作用,会提高 RNA 聚合酶的转录活性。葡萄糖会抑制 cAMP 的形成,从而阻遏了 lac 操纵子的转录。

有关乳糖操纵子的若干问题:①lac 操纵子的功能是在正负两个调控体系的协调作用(Coordinate regulation)下实现的。阻遏蛋白封闭转录时,CAP 不发挥作用;如没有 CAP 加强转录,即使阻遏蛋白从操纵基因上解聚仍无转录活性。②CAP 组成型合成,所以 cAMP – CAP 复合物取决于 cAMP 含量。③腺苷酸环化酶位于细胞膜上,其活性与葡萄糖运输的酶有关,因此 cAMP – CAP 调控乳糖、半乳糖、阿拉伯糖等糖类代谢有关的酶。④降解物敏感型操纵元,只要有葡萄糖存在,这些操纵元就不表达。

3. 色氨酸操纵子的末端产物阻遏机制

色氨酸操纵子负责色氨酸的生物合成,它的转录与否完全取决于培养基中色氨酸的浓度。当环境中有足够的色氨酸时,trp 操纵子自动关闭;缺乏色氨酸时,操纵子被打开,trp 基因表达。由于 trp 体系负责生物合成而不是降解,它不受葡萄糖或 cAMP – CAP 的调控。色氨酸操纵子的调控包括阻遏作用与弱化作用两个途径。

色氨酸操纵子的阻遏是对合成代谢酶类进行正调节的例子。E. coli 色氨酸操纵子由启动子、操纵基因和结构基因三部分组成(图 4.15)。启动子位于操纵子的开始处;结构基因上有 5 个基因,依次排列为 trpEDCBA,trpE 编码邻氨基苯甲酸合酶,trpD 编码邻氨基苯甲酸磷酸核糖转移酶,trpC 编码吲哚甘油磷酸合酶,trpA 和 trpB 分别编码色氨酸合酶的 α 和 β 亚基。色氨酸操纵子负责色氨酸的生物合成,它的转录与否完全取决于培养基中色氨酸的浓度。当环境中存在足够的色氨酸时,trp 操纵子自动关闭;缺乏色氨酸时,操纵子被打开,trp 基因表达。由于 trp 体系负责生物合成而不是降解,它不受葡萄糖或 cAMP – CAP 的调控。色氨酸操纵子的调控包括阻遏作用与弱化作用两个途径。

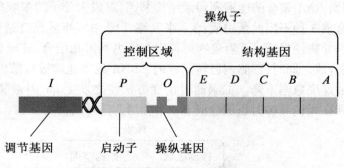

图 4.15 色氨酸操纵子示意图

(1)阻遏作用。当环境中存在色氨酸时,色氨酸起着辅阻遏物的作用,因与调节蛋白(阻遏物蛋白)有极高的亲和力,故两者形成了一个完全阻遏物(Holorepressor),由这种完全阻遏物来阻止结构基因的转录。反之,当环境中色氨酸浓度低时,就会导致这一完全阻遏物的解离,并脱离操纵基因,使操纵基因的"开关"打开,因此结构基因的 mRNA 又可以正常合成。所以,色氨酸操纵子的末端产物阻遏是一种正调节。

(2)弱化作用。随着对色氨酸操纵子的深入研究,发现有些现象与以阻遏作为唯一调节机制的观点不一致,例如,在色氨酸高浓度和低浓度下观察到 trp 操纵子的表达水平相差约600倍,然而阻遏作用只可以使转录减少70倍,此外,阻遏物失活的突变不能完全消除色氨酸对 trp 操纵子表达的影响。没有阻遏物时,在培养基中含有或不含色氨酸的条件下观察到转录速度相差8~10倍。显然操纵子表达的这种控制与阻遏物的控制无关,必然还有其他的调控机制,这种调控机制主要是通过缺失突变株的研究而发现的,称为弱化作用。弱化作用是使正在进行的操纵子转录在达到结构基因以前中途停止的基因调控作用,也是一种负调控作用。

在 mRNA 的转录起始位点与第一个结构基因 trpE 之间有一个长162 bp 的 mRNA 片段,称为前导序列(Leader sequence)。当这一序列中第123~150 bp(共28 bp)缺失时,trp 基因表达可提高6~8倍,在 trpR$^+$ 和 trpR$^-$ 细胞内都如此(调节基因表达或调节基因缺失突变体)。此外,还发现在 mRNA 合成起始之后,细胞没有色氨酸时,RNA 聚合酶可以继续转录;而有色氨酸存在时,则大多数 RNA 聚合酶不再前进,mRNA 分子合成便终止于前导序列区,形成一个约140个核苷酸的 RNA。在前导序列中,直接参与色氨酸操纵子调控的这一区段称为衰减子或弱化子(Attenuator)。它含有一个不依赖 ρ 因子的终止子,是一段富含 G 和 C 的回文序列,可以形成发夹结构,因此可在此处终止转录。这表明弱化子实际是一个转录暂停信号,因此弱化作用的实质是以翻译手段控制基因的转录。衰减子系统的调控同阻遏蛋白的控制在方向是相同的,二者都是取决于细胞内色氨酸的水平。根据色氨酸的有无,衰减子系统实现其对转录的控制。衰减子序列本身并不能实施其调控作用,而必须借助前导序列中一个小肽编码区的翻译来实现。

前导序列的27~71区域含有起始密码子 AUG 和终止密码子 UGA,可以翻译产生一个由14个氨基酸组成的前导肽(Leader peptide),该前导肽含有两个相邻的色氨酸残基(图4.16)。一般在大肠杆菌的蛋白质中,每100个氨基酸中才有一个色氨酸,而由14个氨基酸组成的前导肽中就有2个色氨酸,这是比较特殊的。前导序列中包含4个能进行核苷酸互补配对的片段,其位置分别为:1区(54~68 bp)、2区(74~92 bp)、3区(108~121 bp)、4区(126~134 bp)。其中,1区处于14个氨基酸的前导肽中。以上4个区可以两种不同的方式进行碱基配对。有时以1-2和3-4方式配对,有时以2-3方式配对。不同的配对方式,使前导序列形成二级结构的构型变化,而这种构型变化对 RNA 聚合酶在前导序列上能否继续转录至关重要。

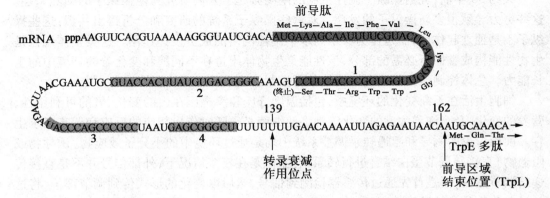

**图4.16 色氨酸操纵子的前导序列**

因为细菌中转录和翻译偶联,一旦 RNA 聚合酶转录出 trp mRNA 中的前导肽编码区,核糖体便立即结合上去翻译这一序列。当细胞中存在色氨酸时,就有一定浓度的氨基酰-tRNA$^{trp}$,核糖体便能顺利通过两个连续的色氨酸密码子而翻译出整个前导肽,直到前导肽序列后面的终止密码子 UGA 处停止。此时,核糖体占据了1区和2区,其结果是3区和4区配对,形成转录终止子结构,使 RNA 聚合酶在衰减子处终止转录。当细胞中缺乏色氨酸时,氨基酰-tRNA$^{trp}$浓度很低,核糖体翻译前导肽至两个连续的色氨酸密码子处就陷入停顿。这时核糖体只占据1区,前面由 RNA 聚合酶转录所产生的2区和3区便可以配对,4区游离在外,这样就不能形成终止子结构。RNA 聚合酶就可以一直转录下去,最后完成 trp 全部结构基因的转录,进而得到完整的 mRNA 分子。由此可见,衰减作用的调控实质是以翻译手段来控制基因的转录。当色氨酸缺乏时,tRNA$^{trp}$也缺乏,前导肽不被翻译,核糖体在两个相邻的色氨酸密码子处停止,阻止了1:2配对,而使2:3配对,因此不能形成3:4配对的茎-环终止子结构,将 RNA 聚合酶放行越过了先导区进入结构基因,结果导致操纵子表达。如果色氨酸过量,则可得到 tRNA$^{trp}$,前导肽被翻译使核糖体通过色氨酸密码子的位置,前导肽被正常翻译,核糖体阻止2:3配对,导致3:4配对,终止信号出现,从而导致转录在尿苷残基顺序上中断。

弱化作用是细菌辅助阻遏作用的一种精细调控。这一调控作用通过操纵子的前导区内类似于终止子结构的一段 DNA 序列来实现,它编码一条末端含有多个色氨酸的多肽链——先导肽,被称为弱化子。当细胞内某种氨酰-tRNA 缺乏时,该弱化子不表现终止子功能;当细胞内某种氨酰-tRNA 足够时该弱化子表现终止功能,从而达到基因表达调控的目的,不过这种终止作用并不使正在转录中的 mRNA 全部都中途终止,而是仅有部分中途停止转录,所以称为弱化。现在已经在大肠杆菌、鼠伤寒沙门氏菌中发现包括 Thr,Ile,Val,Trp,Leu,Phe,His 等7种氨基酸的合成过程中都存在这种控制机制。研究者推测,这种弱化机制可能存在于细菌的所有氨基酸操纵子中。

## 第四节 微生物的总体调控

大约30年前,乳糖操纵子调控机制的阐明激起了人们研究其他操纵子的强烈兴趣。这些努力导致很多新操纵子的发现。对这些操纵子系统的研究和分析得出共识:这些操纵子不是独立起作用,而是作为一个高水平调控网络的成员发挥作用。这类整体调控是生物性能构成整体所必需的部分,该性能是生物体维持在不同的和变化着的环境中的生长能力。总体控制是指细胞利用调控信号控制细胞多种生理状态的能力。

细胞生活在不断变化的环境中,包括温度、pH 和渗透压在内的变化、氧的可利用性、营养的变化,乃至细胞浓度的变化等都将使细菌必须随时作出相应的反应和调节以求生存。前面讨论的诱导和阻遏转录调控系统中均是通过环境中的小分子效应物(诱导物或阻遏物)直接与调节蛋白结合进行转录调控,但是在较多情况下,外部信号并不是直接传递给调节蛋白,而是首先通过传感器检测到信号,然后以变化的形式传到调节部位,将这一过程称为信号转导(Signal transduction)。

## 一、双组分信号转导系统

目前已知的最简单、最普遍的细胞信号系统是双组分信号转导系统。双组分信号转导系统(Two-component system,简称双组分系统)是细菌对各种环境信号作出反应的一个重要机制。双组分系统的调控涉及细菌的多种生理和生化过程,例如 pH、温度的变化、化学趋向性、孢子形成、宿主识别、好氧性等。双组分信号转导系统由组氨酸蛋白激酶(Histidine protein kinase,HPK)和应答调节蛋白(Response regulator protein,RR)两部分组成,因此而得名。

### (一)双组分信号转导系统的组成

Ninfa 于 1986 年在研究大肠杆菌 *E. coli* 的氮素调控时,最先发现双组分系统并提出了双组分系统的模型。在其后约 30 年的研究中,人们发现双组分系统普遍存在于原核生物中。近年来在真核微生物如酿酒酵母(*S. cerevisiae*)、粟酒裂殖酵母(*Schizosaccharomyces pombe*),植物中如拟南芥(*Arabidopsis thaliana*)、番茄(*Lycopersicon esculentum*)、香瓜(*Cucumis melo*)中也发现了双组分系统的存在,但至今在动物中鲜有发现。

典型的双组分调节系统包括组氨酸蛋白激酶(HPK)和应答调节蛋白(RR)两个组分。组氨酸蛋白激酶定位于质膜上,含有一个 N 端传感器区域(Sensor region)和一个 C 端的激酶核心区域(Kinase core domain)。响应调控蛋白位于胞质中,由 N 端的接受区(Receiver domain)和 C 端的输出区域(Output domain)组成。

当外界环境发生变化时,首先组氨酸蛋白激酶的传感器区域感知到环境刺激,组氨酸蛋白激酶的构象发生改变,形成二聚体,并在 ATP 供能下,C 端激酶核心区域内的保守组氨酸(His)位点发生自我磷酸化。随后磷酸基团传递到应答调节蛋白的接受区上的保守的天冬氨酸位点上,使其发生磷酸化。磷酸化的应答调节蛋白能与 DNA 或其他信号蛋白发生相互作用,进而调节下游的信号转导。在细菌中,大多数应答调节蛋白是转录因子,能够调节相关基因的表达。组氨酸蛋白激酶和应答调节蛋白形成了一个信号通路,将环境刺激转化成一个生理生化反应(图 4.17)。

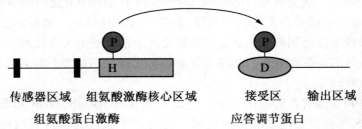

**图 4.17 简单双组分系统的磷酸基团传递**
注 H,D 分别表示保守的组氨酸位点、天冬氨酸位点

组氨酸蛋白激酶定位于细胞质膜上,由功能和结构上截然不同的两部分组成,即一个可变的 N 端传感器区域和一个保守的 C 端的激酶核心区域。前者感受外界信号,结构是可变的,一些激酶缺少传感器区域;而后者具有高度保守的序列,其中含有接受磷酸基

团的组氨酸位点。

　　传感器区域位于蛋白 N 端的传感器区域直接或者间接地感受外界环境变化。有的组氨酸蛋白激酶的传感器区域是由 PAS 结构域（PER - ARNT - SIM domain）来担当的。PAS 结构域可以感受光、氧、氧化还原电位、小分子配体和细胞总体能量的变化。通常 PAS 结构域约 100 个氨基酸，位于组氨酸蛋白激酶 N 端传感器区域的跨膜区域之后。PAS 结构域广泛地存在于双组分系统中，例如 FixL 在 N 端含有一个 PAS 结构域，枯草芽孢杆菌中的孢子形成途径 KinA 含有 3 个 PAS 结构域。在双组分系统中，PAS 结构域是感受信号的重要方式。

　　组氨酸蛋白激酶的传感器区域是可变的。有的组氨酸激酶不含有传感器区域，信号的识别是通过其他蛋白来执行，通常是一些细胞表面蛋白或者是运输蛋白，由它们再将信号传递给组氨酸激酶。例如，化学趋向性激酶 CheA 没有传感器区域，通过一个特定的化学感应器家族 MCP′s 来感受外界信号；NtrB 通过辅助蛋白 PII 来感受细胞中氮素代谢的水平。

　　蛋白激酶催化区域位于蛋白 C 端的激酶核心区域，约由 250 个氨基酸残基组成，是 ATP 结合和自体磷酸化的作用部位，磷酸化的位点一般是保守的 His 残基。在激酶核心区域中，存在着 5 个由 5~10 个氨基酸组成的保守区域。根据高度保守的氨基酸残基将这些保守的区域命名为 H, N, D, F, G - box。H, N, D, F, G - box 通常是连续的，但是各个保守区域之间的间隔稍有不同。这些高度保守的残基在底物结合、催化、结构上具有重要的作用。

　　组氨酸激酶除了保守的激酶结构域外，其余的序列是多变的。组氨酸激酶有跨膜蛋白，也有可溶性蛋白。例如 EnvZ 是一个具有两个跨膜螺旋的完整膜蛋白，跨膜螺旋形成了一个细胞质的感应结构域；B. subtilis 中的 KinC 也具有 2 个跨膜的螺旋但是它缺少一个延长的细胞质区域；KdpD 具有 4 个预测的跨膜螺旋；而 CheA 和 NtrB 均是没有跨膜螺旋的可溶性蛋白。

　　应答调节蛋白位于细胞质中，由 N 端的接受区（Receiver domain）和 C 端的输出区域（Output domain）组成。接受区域（Receiver module）位于应答调节蛋白的 N 端，约 110 个氨基酸，其中含有一个保守的天冬氨酸残基，是接受磷酸化位点。磷酸基团由组氨酸激酶保守的组氨酸残基传递到应答调节蛋白的接受区上的保守的天冬氨酸位点上，使其发生磷酸化。磷酸化的应答调节蛋白能够改变 C 端输出区域的构象，提高其转录活性，进而调节下游的信号转导。

　　大多数应答调节蛋白含有输出区域。例如 FixJ, NarL, OmpR, PhoB 和 SpoOA 是典型的应答调节蛋白，含有接受区域和输出区域。大约 25% 的应答调节蛋白没有输出结构域。一般来说，输出区域是 DNA 结合模件，充当转录因子，输出区域具有典型的 HTH 结构，例如 NtrC 是转录激活因子，能够转录激活 $\sigma^{54}$ 全酶形式的 RNA 聚合酶。

　　没有输出区域的应答调节蛋白，其磷酸化形式可以改变对靶蛋白的亲和力，例如大肠杆菌中趋化蛋白 CheB 磷酸化后能够促使化学感应器蛋白 MCPs 去甲基化。有的不含输出区域的应答调节蛋白，具有特定的酶活性，如 Dictyostelium 中的 RegA 是一个环化 AMP 磷酸二酯酶。有的独立的接受区域功能仅仅是在更为复杂的磷酸转移系统中组氨酸之间传递磷酸基团,作为整个信号级联放大系统中的一个上游组分。例如 B. subtilis 孢子形成系统中,SpoOF 将来自激酶 KinA 内一个组氨酸上的磷酸基团传递给 Spo0B 上的组氨酸。

遗传和分子生物学研究表明,许多应答调节蛋白的接受区域对其下游的输出区域起负调控作用。然而,少数一些接受区域对输出区域起正调控作用,例如 NtrC 和 CheY 对其下游的输出区域起着正调控作用。NtrC 接受区域的磷酸化促进区域与区域的交互作用,从而使整个蛋白寡聚化。这是激活 ATP 酶和 $\sigma^{54}$ 调节的转录活性所必须的。CheY 的磷酸化提高了输出区域与调节蛋白 FliM 的结合能力。

### (二) 双组分信号转导系统的类型

#### 1. 简单双组分信号转导系统

大多数双组分系统都是简单双组分系统,由组氨酸蛋白激酶和应答调节蛋白两部分组成。如 E. coli 氮素调控系统 NtrB/NtrC,NarX/NarL;S. meliloti 氮素调控系统 FixL/FixJ;Pseudomonas fluorescens 调控根际定殖的 ColS/ColR;Mycobacterium tuberculosis 中的 TrcR/TrcS 等。

E. coli 的 EnvZ – OmpR 系统是一个典型的简单双组分系统的例子。该系统由两部分组成,即组氨酸蛋白激酶 EnvZ 和应答调节蛋白 OmpR(图 4.18)。这个系统调控 ompF 和 ompC 孔蛋白基因的表达,对外界环境的渗透平衡变化作出反应。EnvZ 是一个组氨酸激酶,具有两个跨膜结构区域,是一个跨膜蛋白,是高渗环境的感应器。EnvZ 位于 N 端的传感器区域位于细胞的周质内,而组氨酸核心区域位于细胞质中,其中含有保守的磷酸化位点 $His_{243}$ 以及保守的 H,N,D,F,G – box。EnvZ 是否获得真正的信号还不能确定,但是在高渗条件下,EnvZ 能够自我磷酸化,将高能的 His – 磷酸基团转移到应答调节蛋白 OmpR 上保守的天冬氨酸残基 $Asp_{55}$ 上。

图 4.18 EnvZ-OmpR 双组分系统的磷酸基团传递
注 H、D 分别表示保守的组氨酸位点、天冬氨酸位点

磷酸化的 OmpR,其 C 端的 DNA 结合区域的转录活性提高,促进目的基因 ompF,ompC 基因的表达。在低渗条件下,促进磷酸化的 OmpR 去磷酸化,抑制目的基因的表达。在这个调控中,还有一些双组分系统以外的复杂组分,但是总的来说双组分系统控制着 OmpF 和 OmpC 的相对水平。

#### 2. 杂合双组分信号转导系统

在同一个蛋白中,含有组氨酸激酶核心区域和一个应答调节蛋白的接受区域,这类的组氨酸蛋白激酶被称为杂合组氨酸蛋白激酶(或称为杂合双组分蛋白)。杂合双组分蛋白感受到外界刺激或者接受内部信号,激酶区域内的一个组氨酸残基自我磷酸化,然后将磷酸基团传递给接受区域内的一个保守的天冬氨酸残基上。组氨酸激酶 LemA,ApdA,ArcB,FrzE,BarA,BvgS,DorS,KinA、B、C,RpfA,RteA,TorS 都是杂合型组氨酸蛋白激酶。其中,黄色黏球菌的 FrzE 的研究比较深入。M. xanthus 中控制细胞运动和生长的 FrzE 蛋白,就是一个杂合型组氨酸蛋白激酶。FrzE 的 N 端、C 端分别与双组分系统的组氨酸蛋白激酶 CheA、应答调节蛋白 CheY 具有高度同源性,$H_{49}$,$D_{709}$ 是保守的磷酸化位点。FrzE 蛋白 N 端的组氨酸激酶区域能够自我磷酸化,并且能够将磷酸基团传递给 C 端应答调节蛋白区域保守的天冬氨酸位点。磷酸化的 FrzE 能够调控细胞在固体表面的个体运动和群体运动两种运动形式以及细菌的生长。

有的杂合双组分蛋白比较特别,在同一个蛋白中,含有 2 个组氨酸蛋白激酶区域,1 个应答调节蛋白区域(D),比如 E. coli 中的 ArcB 蛋白。ArcB 蛋白含有 2 个组氨酸蛋白激酶区域($H_1$,$H_2$),1 个应答调节蛋白区域(D),$H_{292}$,$D_{576}$,$H_{717}$ 是保守的磷酸化位点。$H_1$ 具有保守的 H,N,D,F,G - box。$H_2$ 只具有保守 H - box,而不具有其他保守区域。$H_{292}$ 可以自我磷酸化,而 $D_{576}$,$H_{717}$ 不能自我磷酸化,$H_{292}$ 自我磷酸化后,能将磷酸基团传递给 $D_{576}$,$H_{717}$。Bordetella pertussis 中的 BvgS 蛋白具有 ArcB 相似的结构,含有 3 个结构区域,2 个组氨酸蛋白激酶区域($H_1$,$H_2$),1 个应答调节蛋白区域(D),$H_{729}$,$D_{1023}$,$H_{1172}$ 是保守的磷酸化位点。

杂合双组分蛋白可以单独完成信号的传递,调控目标基因的表达,如 FrzE,RpfA 等。尽管 LemA,PheN,ApdA,BarA,RepA,RpfC 在 C 端都缺少 HTH 结构,直接激活目的基因的转录可能性不大,但是至今没有发现与之协同调控的信号蛋白。

杂合双组分蛋白也可将信号传递给相应的应答调节蛋白,激活目标基因的表达,如 ArcB 最终将磷酸基团传递给 ArcA,进而调节细胞色素复合物合成、三羧酸循环、脂肪酸降解等相关基因的表达;BvgS 蛋白将磷酸基团传递给 BvgA,磷酸化的 BvgA 激活毒力基因的转录。

杂合双组分蛋白也可以与含有组氨酸的磷酸转移结构区域蛋白、应答调节蛋白一起组成复杂的双组分系统,通过多步磷酸基团的传递进行信号转导。

一般来说,杂合双组分蛋白多数是多效基因,例如 M. xanthus 的 FrzE,P. syringae pv. syringae 的 LemA,P. fluorescens Pf-5 的 ApdA,B. pertussis 的 BvgS,P. tolaasii 的 PheN,E. carotovora subsp. carotovora 的 RpfA。

LemA 是植物病原菌 P. syringae pv. syringae 侵染豆科植物所必须的,同时调节蛋白酶和抗真菌素 syringomycin 的合成。P. tolaasii 的 PheN 直接或间接地调控着毒素 tolaasin、蛋白酶的合成以及黏液的产生,同时抑制运动、趋化相关基因以及诱导铁载体合成基因的表达。

E. carotovora subsp. carotovora 植物致病菌有广泛的植物宿主,尤其是马铃薯块茎储存过程中容易侵染。它能分泌细胞外酶以裂解植物细胞壁,以达到侵染植物细胞的目的。E. carotovora subsp. carotovora 的 RpfA 蛋白,调控着细胞外蛋白酶和纤维素酶的合成和细胞的致病性。

### 3. 复杂双组分信号转导系统

随着研究的深入,发现有的双组分信号转导系统中,除了组氨酸蛋白激酶和应答调节蛋白外,添加了额外的信号传递元件。系统成为了更大的磷酸基团传递网络,称之为复杂双组分信号转导系统或多步双组分信号转导系统。这个系统包括 3 部分:杂合型组氨酸蛋白激酶、应答调节蛋白、含有组氨酸的磷酸转移结构区域(Histidine-containing phosphotransfer domain,Hpt)。复杂的双组分信号转导系统磷酸基团的传递途径是 His-Asp-His-Asp(图 4.19)。

杂合型组氨酸蛋白激酶感受到外界刺激或者接受内部信号,激酶区域内的一个组氨酸残基自我磷酸化,然后将磷酸基团传递给受体区域内的一个保守的天冬氨酸残基上,接着转移至 Hpt 蛋白的组氨酸残基上,最后转移到应答调节因子的受体域内的天冬氨酸残基上。磷酸化形式的应答调节蛋白激活或抑制其他一系列的级联反应。

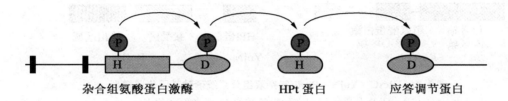

**图 4.19 复杂双组分系统的多步磷酸基团传递**

注 H、D 分别表示保守的组氨酸位点、天冬氨酸位点

真核生物中的信号调控多是由复杂双组分信号转导系统完成,如 *S. cerevisiae*, *S. pombe*, *C. albicans*。近年来,研究在植物中也发现了复杂双组分系统,如拟南芥等。

酿酒酵母 *S. cerevisiae* 中,控制渗透调节的 SLN1-YPD1-SSK1 是最早发现,也是最为典型的复杂双组分系统的例子。这个系统包括 3 部分:杂合型组氨酸蛋白激酶 SLN1、应答调节蛋白 SSK1、含有组氨酸的磷酸转移结构区域的蛋白 YPD1(图 4.20)。正常渗透条件下,SLN1 的 $His_{576}$ 自我磷酸化,并将磷酸基团向下传递给接受区域的 $Asp_{1144}$,之后传递给 YPD1 上的保守的组氨酸残基 $His_{64}$,最后传递给应答调节蛋白 SSK1 的 $Asp_{554}$。该系统中磷酸基团的传递途径是 His-Asp-His-Asp。磷酸化的 SSK1 不能激活调控渗透机制的 HOG1 MAPK 级联系统,不能合成甘油。在高渗条件下,SLN1 失活,使未磷酸化的 SSK1 积累,活化 HOG1 MAPK 级联系统,从而诱导 *gpd*1(3-磷酸甘油醛脱氢酶)的基因表达,合成甘油来调节渗透势。

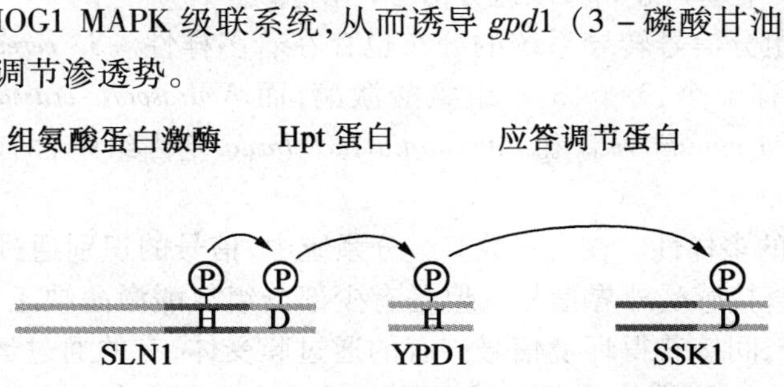

**图 4.20 SLN1-YPD1-SSK1 复杂双组分系统的多步磷酸基团传递**

在大肠杆菌中,也发现了复杂双组分信号转导系统。例如 RcsC – YojN – RcsB 信号系统参与荚膜多糖的生物合成和细胞的爬行运动(Swarming behaviour)。RcsC 蛋白是一个杂合双组分蛋白,含有 HPK 和 RR 的保守区域,$H_{463}$,$D_{859}$ 是保守的磷酸化位点,能够发生自我磷酸化和转移磷酸化。YojN 是一个含有组氨酸的磷酸转移结构区域的蛋白,$H_{842}$ 是保守的磷酸化位点能够接受由 RcsC 的 RR 区域传递的磷酸基团,并能将磷酸基团向下传递。RcsB 是一个典型的应答调节蛋白,具有保守的磷酸化位点 $D_{56}$,能够接受 YojN 传递的磷酸基团,并且通过其 C 端的信号输出区域的 HTH(Helix-turn-helix) DNA 结合模件,激活荚膜多糖的生物合成基因 *cps* 和细胞运动基因的转录。

RcsC – YojN – RcsB 复杂双组分信号转导系统磷酸基团传递模型如图 4.21 所示。

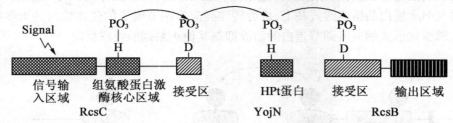

**图 4.21　RcsC – YojN – RcsB 复杂双组分系统磷酸基团传递模型**

注　H,D 分别表示保守的组氨酸位点、天冬氨酸位点

### (三)双组分信号转导系统的特点

**1. 多样性**

(1)分布的多样性。首先,在原核生物中的双组分系统的数量要多于真核生物。在原核生物 *E. coli* 中,双组分系统达到 40 多个,而在真核生物 *S. cerevisiae* 中仅含有一个组氨酸激酶。其次,在不同的生物中,双组分系统的数量差别很大。根据已知的全基因组序列分析表明,*Mycoplasma genetilium*(生殖道支原体)没有发现 HPK 相似的同类物,表明并不是所有的原核生物都与 *E. coli* 一样广泛地利用双组分信号转导系统。古细菌 *Methanobacterium thermoautotrophicum*(热聚甲烷杆菌)含有 24 个 HPK 相似的同类物,而 *Methanococcus jannaschii*(詹氏甲烷球菌)中没有发现 HPK 相似的同类物。光合细菌 *Synechocystis* 6803 中含有 43 个组氨酸激酶和 40 个应答调节蛋白,固氮光合细菌 *Anabaena* sp. PCC 7120 中有 195 个基因编码着双组分信号转导系统。

在真菌中,双组分信号转导系统的分布也存在着多样性。*S. cerevisiae*,*S. pombe* 和 *C. albicans* 分别含有 1 个、3 个、3 个组氨酸激酶,而 *Neurospora crassa*,*Cochliobolus heterostrophus*,*Gibberella moniliformis* 和 *Botryotinia fuckeliana* 基因组中含有大量的双组分信号转导系统。

(2)信号识别的多样性。在大多数双组分系统中,信号的识别通过组氨酸激酶 N 端传感器区域完成,直接感受外界信号。但是有少部分组氨酸激酶缺乏传感器区域,需要其他分子传递信号,间接获得环境信号。有的通过膜受体,有的通过运输蛋白。在不同的组氨酸蛋白激酶中,N 端传感器区域也是由不同的结构域来充当的,如 PAS 结构域、GAF 结构域、HAMP 结构域等。

(3)信号转导的多样性。信号转导的多样性主要体现在双组分系统组成的多样性。随着研究的深入,发现在双组分信号传递过程中,组分更为多样,形成了更为庞大的磷酸基团传递网络。双组分系统组成有以下几种形式:①多种 HPK 调节一个 RR,例如 *B. subtilis* 中控制着孢子萌发 Kin/Spo 信号转导系统,KinA,KinB,KinC,KinD,KinE 等 5 个组氨酸蛋白激酶都可以调节应答调节蛋白 SpoOF;②一个 HPK 调节多种 RR,例如 *E. coli* 趋化系统中,组氨酸蛋白激酶 CheA 调节两个应答调节蛋白 CheY 和 CheB;③多步骤磷酸转移过程,例如酵母 *S. cerevisiae* 中,控制渗透调节的 SLN1 – YPD1 – SSK1 信号转导系统;④杂合型 HPK,例如 LemA,ApdA,ArcB,FrzE,BarA,BvgS 等。在多步骤磷酸转移过程中,也存在不同的形式,HPK – Hpt – RR 形式比较常见。也有 1 个 HPK 和 2 个 RR 构成的多步磷酸基团传递。

(4)信号输出的多样性。信号输出的功能不同,有的应答调节蛋白作为转录因子激活或抑制特定基因的表达;有的作为酶起作用;有的仅仅是信号转导过程中的连接者、传递者。例如在真核生物中,输出的功能不是由应答调节蛋白完成,而是将信号继续传递至其下游组分完成。应答调节蛋白仅仅是整个信号级联放大系统中的一个上游组分。

2. 复杂性

(1)序列保守的复杂性。虽然双组分系统的基本组成成分 HPK 和 RR 在序列上具有一定的保守性,但是通过对保守位点的定点突变研究,并非在序列上具有该特征的系统,就能够发生 His – Asp 磷酸基团转移。*B. subtilis* 中的 SpoIIAB,是一个 HPK 的类似物,而实际上 SpoIIAB 是一个 Ser 蛋白激酶,并没有涉及传统的双组分系统的特点,即 His – Asp 磷酸基团转移。因此,研究者在根据序列同源性的信息进而预测其功能或者机制需要谨慎。

(2)HPK,RR 的相互作用和调节、作用机制的复杂性。有的 HPK 也有磷酸水解酶活性,即催化相应的应答调节蛋白去磷酸化。这种去磷酸化的机制并不是 HPK – RR 磷酸转移简单的逆转。最为典型的是 NtrB/NtrC 双组分系统。NtrB 除具有磷酸激酶活性外,还具有磷酸水解酶活性。细胞内铵含量丰富时,NtrB 具有磷酸水解酶活性,使 NtrB 水解掉自身的磷酸基团,进而导致 NtrC 脱磷酸化,关闭细胞内产生铵的活动。另外,其他的双组分系统中,也发现了系统中的组氨酸激酶,具有磷酸水解酶活性,催化磷酸基团从相应的应答调节蛋白上解离,例如,*E. coli* 中的 EnvZ/OmpR,*B. subtilis* 中的 DegS/DegU。HPK 的这种磷酸激酶和磷酸水解酶双重活性的存在有利于磷酸转移途径的迅速关闭。有的双组分系统,HPK 不具有磷酸水解酶活性,则需要一个额外的磷酸水解酶来控制 RR 的磷酸化水平。

Tuckerman 等人的研究表明,双组分系统 FixLJ 作为一个单位与 ATP 反应比 FixL 单独与 ATP 作用更加有效率,自我磷酸化作用和磷酸基团的转移不是独立发生的,而是按顺序发生,而且是一个几乎偶联的反应。这些发现表明在双组分信号转导系统中,组分之间可能存在着增效的互作影响。

研究表明,HPK 的激酶活性一般受其传感器区域抑制,缺失传感器区域的 HPK 分子其激酶活性显著增加,可见传感器区域可能调节 HPK 的磷酸酶活性。

(3)结构的复杂性和功能的复杂性。在恶臭假单胞菌(*Pseudomonas putida*)中,发现了一个甲苯降解途径中的杂合组氨酸激酶 TodS,结构非常独特。TodS 是目前为止发现的含有两个完全复制的组氨酸激酶核心区域,其中每个核心区域都含有保守的区域。在 N 端含有一个亮氨酸链状结构,在原核生物中,这种结构是非常少见的。同时,TodS 是个双重信号感应的蛋白激酶,在 N 端含有一个甲苯感受区域,同时还含有一个假定的氧信号感受 PAS 区域。

有的双组分系统具有多种功能。PhoP - PhoQ 双组分系统分布于少数革兰氏阴性菌中,调控着细菌的多种生化过程,如细胞内 $Mg^{2+}$ 动态平衡、毒力、多黏菌素 B 的抗性、脂多糖的修饰、细胞外膜蛋白的形成等。研究表明,在 *Salmonella enterica* 中,PhoP - PhoQ 直接或间接调控着 40 多个不同的基因,涉及阳离子抗菌肽的抑制、上皮细胞侵染、$Mg^{2+}$ 吸收等方面的调控。RegB/RegA 也是一系列细胞内产能和耗能过程的主要的全局调节因子。

(4) 不同双组分系统之间关系的复杂性。在同一细菌中的不同的双组分信号转导系统之间存在着交互作用。如在 *Salmonella typhimurium* 中,趋化信号转导系统中 CheA/CheY 与氮素调控系统中 NtrB/NtrC 之间存在交互作用,CheA 能够激活 NtrC,而 NtrB 能激活 CheY;在大肠杆菌中,在乙酰磷酸盐条件下,激活磷酸盐吸收系统 PhoR/PhoB 中的应答调节蛋白 PhoB 活性,必须有 EnvZ - OmpR 双组分系统中的组氨酸激酶 EnvZ 存在;大肠杆菌中,4 个关键的双系统氮素调节系统 NtrB/NtrC、磷酸盐吸收系统 PhoBR、氧调控系统 ArcAB 以及磷酸糖利用系统 UhpABC 之间存在着非常复杂和微妙的交互作用。

在不同细菌中,双组分系统之间也存在着交互作用,例如在 *Enterococcus faecium* BM4147 中,激活万古霉素抗性基因表达的双组分信号转导系统 VanS/VanR 中组氨酸激酶 VanS,能够抑制 *E. coli* 中磷酸盐吸收系统 PhoR/PhoB 中的应答调节蛋白 PhoB 的表达。

**(四) 双组分信号转导系统参与细菌多种代谢调控**

**1. 趋化性**

运动细菌通过运动到更适宜的位置来应答环境的暗示。调节这些反应的趋化信号转导系统的组分在原核生物中是非常保守的。趋化信号转导系统是研究最为深入和广泛的双组分系统。细菌通过趋化性对环境中化学物质的变化作出精确的适应。大肠杆菌的趋化系统研究得非常清楚。大肠杆菌的趋化系统包括 6 个基本的趋化蛋白 CheA, CheW, CheY, CheZ, CheR, CheB 和 5 个化学感应器蛋白 Tsr, Tar, Tap, Trg, Aer。

**2. 运动**

鞭毛是细菌重要的运动和趋化器官。鞭毛的生物合成是一个高度调控的基因表达和蛋白合成的过程,大约超过 50 个基因涉及鞭毛的表达和功能的调节。许多双组分信号转导系统参与了鞭毛的合成。例如 *B. pertussis* 中的 BvgSA 双组分系统中,BvgS 能够自我磷酸化,并能转移磷酸化给 BvgA,磷酸化的 BvgA 对鞭毛的合成和运动起着负调控作用;致病菌 *Campylobacter jejuni* 中的 FlgS/FlgR 双组分系统中,组氨酸蛋白激酶 FlgS 自我磷酸化,接着将磷酸基团传递给应答调节蛋白 FlgR,磷酸化的 FlgR 和 α - 因子 RpoN 共同激活编码鞭毛结构的基因的表达。

**3. 毒性**

研究者在研究植物病原菌和人类致病菌的致病机制研究中,发现许多植物病原菌和致病菌的毒性都是由双组分信号转导系统调控的。例如,植物病原菌 *P. syringae* pv. *syringae* 中的杂合双组分蛋白 *LemA* 是侵染豆科植物所必需的;*retS* 基因编码了一个杂合双组分蛋白,参与 *P. aeruginosa* 的 ExsA 依赖型和 ExsA 独立型毒力调控机制,*retS* 基因的突变体削弱了细菌的毒力;*E. carotovora* subsp. *carotovora* 的 RpfA 蛋白,通过调控着细胞外蛋白酶和纤维素酶的合成,以提高其侵染宿主的能力;在 *S. typhimurium*,*Erwinia chrysanthemi* 3937 中,PhoP – PhoQ 双组分系统控制细菌的毒性;*S. aureus* 中,*arlR – arlS* 基因编码的双组分信号转导系统调控着抗药性转录因子 *norA* 的表达。

4. 离子吸收

金属离子是生物生活不可缺少的物质,其在生物生命活动、新陈代谢中起着重要的作用。在细菌中,许多离子的代谢平衡是由双组分信号转导系统来调控的。

锰是大多数生物生活所必需的元素。它在光能自养型生物光合细菌、植物、藻类中起关键作用,是产生分子氧所必需的。在光合细菌 *Synechocystis* sp. PCC 6803 中,manS(Manganese-sensor)和 manR(Manganese-regulator)双组分系统对锰离子的动态平衡起着重要作用。当 manS 中保守的组氨酸被定点突变为 Leu 氨基酸时,manS 失去了组氨酸激酶活性,同时在锰离子丰富和缺乏的条件下,锰离子的吸收均受到影响。

双组分信号转导系统除上述的细菌趋化、运动、毒性、离子吸收等方面调控外,在渗透调节、耐氧压力(Oxidative stress)、菌丝形成、孢子形成、生物膜合成等方面也起着非常重要的作用。

## 二、群体感应系统

细菌可以通过分泌一种或者几种相对分子质量小的化学信号分子相互交流,协调群体行为,这一现象被称为群体感应(Quorum sensing,QS)。细菌利用信号分子感知周围环境中自身或其他细菌的细胞群体密度的变化,信号分子随着群体密度的增加而增加。当群体密度达到一定阈值(Quorum)时,信号分子将启动菌体中特定基因的表达,改变和协调细胞之间的行为,呈现某种生理特性,从而实现单个细菌无法完成的某些生理功能和调节机制。

近年研究发现,群体感应参与调控细菌的多种生活习性以及各种生理过程,如生物发光、质粒的接合转移、生物膜与孢子形成、细胞分化、运动性、胞外多糖形成等,尤其与致病菌的毒力因子的诱导、细菌与真核生物的共生、抗生素与细菌素合成等人类关系密切的细菌生理特性相关。

### (一)群体感应系统的发现

长期以来,人们一直认为仅在多细胞生物中存在着细胞与细胞之间的信息交流,而细菌往往则是单纯地以单个细胞的生存方式存在于环境中。20 世纪 70 年代,研究者在海洋细菌费氏弧菌(*Photobacterium fischeri*,曾用名 *Vibro fiseheri*)和夏威夷弧菌(*Vibro haveryi*)发现了由群体感应控制的生物发光现象。

费氏弧菌与一些海洋鱼类(如 *Euprymna scolopes*,*Monocentris japonicus*)共生,为它们提供光亮。光线的强度与动物发光组织中 *P. fischeri* 的群体密度密切相关,即该生物发光现象由 QS 系统调控,仅仅出现在细菌处于高密度生长的情况下。在实验室诱导的细菌发光实验过程中,通过增加液体培养基降低细菌的细胞密度,可终止细菌发光。信号分子调控费氏弧菌的密度依赖型的发光过程,仅仅在鱼类的特定发光器官中发光,而海洋中游离的 V. fischeri 中却不发光。究其原因主要有两点:一是宿主发光器官丰富的营养促进了 V. fischeri 高密度生长;二是细菌分泌的信号分子在狭小的宿主发光器官中达到了一定的浓度足以达到细菌检测能力水平。随后研究证实在细菌中,无论革兰氏阳性菌($G^+$)还是阴性菌($G^-$),都存在着细胞与细胞之间的信息交流。

群体感应混淆了真核生物和原核生物间的差异,它使细菌以多细胞生物的行为方式进行信息传递,从而完成单个个体无法实现的某种生理过程。细菌作为整体协调行动有明显的优势,利于寻找更适宜的生活环境和更好的营养供给,采取新的生长模式,远离有害环境。

### (二)群体感应系统的类型

QS 系统是细胞与细胞在种内或者种间,通过化学信号分子彼此感知、交流、相互协调的机制,包括信号产生、信号识别、信号传递和信号应答等环节。$G^+$ 菌与 $G^-$ 菌的 QS 系统差异很大。首先,信号分子不同。$G^-$ 菌通常使用一类脂类化合物——N-酰基高丝氨酸内酯类化合物(N-acyl homoserine lactones,AHLs)作为信号分子,而 $G^+$ 菌则是利用寡肽类物质——自诱导肽(Autoinducing peptides,AIPs)感知环境中自身数量的变化。细菌种间的交流则是利用呋喃酰硼酸二酯类化合物(AI-2),此类信号分子在 $G^+$ 菌和 $G^-$ 菌中均可存在。目前已包括沙门氏菌属(*Salmonella*)、欧文氏菌属(*Erwinia*)、埃希氏菌属(*Escherichia*)在内的 40 余种的 $G^+$ 菌与 $G^-$ 菌中发现该类信号分子,是细菌的"通用语言"。其次,$G^+$ 细菌与 $G^-$ 细菌信号应答的方式不同。前者由双组分信号转导系统来进行信号的识别和传递,而后者则是以受体蛋白来传递和应答信号。

**1. 革兰氏阴性菌的群体感应系统**

V. fischeri 中 LuxI-LuxR 蛋白调控的 QS 系统是细菌最早发现的 QS 系统。在此之后,陆续在 20 余种 $G^-$ 菌中发现了与之类似的 QS 系统,其中包括肠道细菌属(*Enterobacter*)、假单胞菌属(*Pseudomonas*)、根瘤菌属(*Rhizobium*)和耶尔森氏菌属(*Yersinia*)等等,研究者将此类 QS 系统称为 LuxI-LuxR 型 QS 系统。此类 QS 系统是最典型且研究最深入的 QS 系统,该系统由信号分子、LuxI 型蛋白和 LuxR 型蛋白 3 部分组成(图 4.22)。

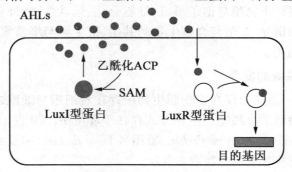

**图 4.22 革兰氏阴性菌 QS 系统模式图**

$G^-$ 细菌的信号分子通常由 AHLs 充当。AHLs 是一类水溶性、膜透过性的两亲性化合物,可以自由穿越或通过特定的转运机制透过细胞膜,并在环境中累积。当细胞处于低浓度时,AHLs 沿着浓度梯度被动扩散,而细胞处于高浓度时,细胞内外浓度相同。当 AHLs 达到一定的浓度值时,能与胞内相应受体蛋白的氨基端结合,形成特定的构象,受体蛋白羧基端与靶 DNA 序列相结合,从而调控某些功能基因的表达。

AHLs 由一个疏水性的保守高丝氨酸内酯环的头部和一个亲水性的可变的酰胺侧链的尾部组成。可变的酰基链的尾部决定了 AHLs 多样性,目前已经在细菌中发现了近 50 余种 AHLs 信号分子。AHLs 间的差异主要体现在酰胺基侧链的有无和长短、酰胺链上的第 3 位碳原子上的取代基团差异(氢基、羟基或羰基)以及侧链有无一个或多个不饱和键。如 V. fischeri 控制生物发光的信号分子 N-(3-氧代-己酰)高丝氨酸内酯(3-Oxo-$C_6$-HSL)的酰胺链长度为 6 个碳,且第 3 位上取代基为羰基,无不饱和键。AHLs 差异是在其合成过程中,高丝氨酸结合了不同的酰基-酰基载体蛋白的酰基侧链形成的。AHLs 是大多数 $G^-$ 菌信号分子。另外,在 $G^-$ 菌中也发现了 2-庚基-3-羟基-4-喹啉、三羟棕榈酸甲酯、$\gamma$-丁酸内酯、Cis-11-methyl-2-dodecenoic acid 等信号分子。

LuxI 型蛋白是最广泛的一类 AHLs 合成酶,目前已经在 50 余种 $G^-$ 细菌中发现 LuxI 型蛋白,其中涵盖了 $\alpha-$,$\beta-$,$\gamma-$变形菌亚门(Proteobacteria)细菌。LuxI 型蛋白的 N 端保守性残基为酶活性中心,而 C 端保守性氨基酸序列为合成反应中底物酰基载体蛋白(acyl-ACP)的特异结合位点。LuxI 型蛋白以 S-腺苷甲硫氨酸(S-adenosylmethionin,SAM)和酰基化酰基载体蛋白(acyl-carrier proteins,ACP)携带的不同长度酰基侧链为原料,催化二者形成氨基键(Amide bond formation),中间产物内酯化,伴随甲硫腺苷(MTA)的释放,合成 AHL。合成酶对酰基链长度的特异性因菌株而异。不同细菌的 AHLs 的酰基链长度不同,而一种细菌也可产生酰基链长度不同的 AHLs。因此,细菌通常有多种 AHL 合成酶,每种合成酶负责一定长度范围的 AHLs 的合成。

同时在其他细菌中还发现了与 LuxI 蛋白承担相同功能的 LuxM/AinS 类蛋白和 HtdS 类蛋白等。LuxM/AinS 类蛋白与 LuxI 蛋白最显著的差异,以 acyl-ACP 或 acyl-CoA 均可作为酰基供体合成 AHLs。HtdS 类蛋白与 LuxI 蛋白、LuxM/AinS 类蛋白无同源性,属于酰基转移酶(Lysophosphatidic acid acyltransferase family),将酰基转移到底物(如 SAM)上,产生 AHLs。

LuxR 型蛋白位于细胞质中,负责识别信号分子并进而激活下游的靶基因的转录。LuxR 型蛋白约 250 个氨基酸,含有 2 个功能域,N 端为信号分子 AHLs 的结合区域,占整个蛋白的 2/3 区域;C 端含有保守的螺旋-转角-螺旋(Helix-trun-helix,HTH)结构和 DNA 结合位点,从而调控基因的转录。目标基因上与 LuxR 结合的特异位点称为"Lux box",该位点位于目标基因的转录起始位点的上游,为 20 bp 的反向重复序列。P. fischeri 中 LuxR 调控着荧光素酶操纵子(luxICDABE),进而发光。

在细菌生长初期,LuxI 蛋白以 SAM 和 acyl-ACP 为底物合成自身诱导物 AHLs。随着细菌群体密度的增加,AHLs 浓度逐渐增大。AHLs 自由穿越或通过特定的转运机制透过细胞膜,在细胞外积累到一定浓度(通常达到微摩尔)时,AHLs 进入细胞与 LuxR 蛋白结合。LuxR-AHLs 复合物结合到目标基因启动子上,激活其转录,从而引发相应的生物表型产生。

## 2. 革兰氏阳性菌的群体感应系统

$G^+$菌的 QS 系统与 $G^-$菌不同,通过分泌修饰后的寡肽类物质作为信号分子感应菌群密度和环境因子的变化,并将环境信息传递给双组分信号转导系统(Two component system,TCS),后者再调控相关基因的表达。信号因子被称为自诱导肽(Autoinducing peptides,AIPs),AIP 与 TCS 组成的群体感应系统也被称为三组分系统(图 4.23)。三组分系统参与多种生理过程,如枯草芽孢杆菌(*B. subtilis*)和肺炎链球菌(*S. pneumoniae*)的遗传竞争能力;粪肠球菌(*Enterococcus faecalis*)质粒接合转移能力;金黄色葡萄球菌(*S. aureus*)和变异链球菌(*Streptococcus mutans*)的生物膜形成和致病力;栖鱼肉杆菌(*Carnobacterium piscicola*)、屎肠球菌(*Enterococcus feacium*)、乳酸乳球菌(*L. lactis*)、植物乳杆菌(*L. plantarum*)、沙克乳杆菌(*Lactobacillus sakei*)等调控细菌素合成。

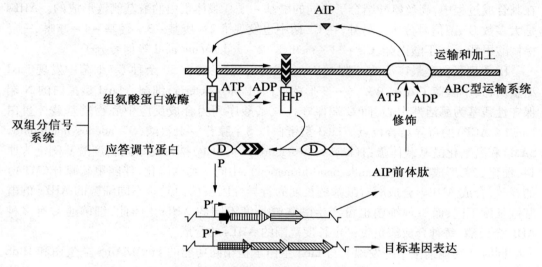

**图 4.23 革兰氏阳性菌 QS 系统模式图**

在 $G^+$菌的核糖体中首先合成一些 AIP 的前体肽,在向外运输的过程中,经过一次或多次特殊的转录后修饰与加工,整合内酯环、硫醇内酯环、羊毛硫氨酸、异戊二烯基团等不同结构,成为稳定的、具有活性的寡肽信号分子。这些寡肽结构多变,但相对分子质量都较小,在 5~17 个氨基酸残基之间。不同菌中前体肽的长短及组成差异较大,转录后加工增加了 AIP 的稳定性、特异性和功能性。AIP 之间的细微差别提供了信号的特异性。AIP 不能自由穿透细胞壁,需要 ABC 转运系统(ATP-binding-cassettle)或其他膜通道蛋白作用达到胞外行使功能。AIP 分子的浓度随细菌密度的增大而增加,当达到临界浓度时,AIP 分子激活位于细胞膜上的双组分信号转导系统中的组氨酸蛋白激酶,进而导致调控目标基因的表达。

在 $G^+$菌中,QS 系统通过 TCS 识别信号分子并进而激活下游的靶基因的转录。组氨酸蛋白激酶由 N 端的传感器区域(Sensor region)和 C 端的激酶核心区域(Kinase core domain)组成,前者感受环境的变化,后者具有保守的 ATP 结合区域,含有接受磷酸基团的保守的组氨酸残基位点,是 ATP 结合和自我磷酸化的作用部位。激酶核心区域约由 250

个氨基酸残基组成,磷酸化的位点一般是保守的组氨酸(His,H)残基。激酶核心区域序列高度保守,存在着5个由5~10个氨基酸组成的保守区域,分别为 H,N,G,F,G-box。H,N,G,F,G-box 通常是连续的,但是各个保守区域之间的间隔稍有不同。这些高度保守的氨基酸残基在底物结合、催化、结构上具有重要作用。根据这些保守区域之间的变化,HPK 分为11个亚族。

QS 系统中的 HPK 通常属于 $HPK_{10}$ 亚族,具有以下特征:$HPK_{10}$ 亚族的 HPK 在蛋白 N 端具有5-7个跨膜区域。H-box 中,在保守的组氨酸残基(Histidine,H)下游隔1个氨基酸残基为酪氨酸残基(Tyrosine,Y),在下游第5氨基酸的位置缺乏保守的脯氨酸残基,即特征模块为 F+HDYxN;X-box 区域为保守的疏水性区域;N-box 中仅含有一个保守的天冬酰胺残基(Asparagine,N),特征模块为 DNAIE;G-box 区域在磷酸基团转移中具有重要作用,其特征模块为 FSTKGxGxGLGL;D-box 区域通常充当核酸的结合区域,而 $HPK_{10}$ 亚族中缺乏此区域。目前为止,唯一例外不具有以上特点的 QS 系统发现在 *B. subtilis* 中,该菌 ComP QS 系统中 HPK 属于 $HPK_7$ 亚族。

应答调节蛋白位于细胞质中,由 N 端的接受区(Receiver domain)和 C 端的输出区域组成(Output domain)。接受区域约110个氨基酸,含有一个保守的天冬氨酸残基(Asp,D),该残基是接受磷酸化位点。大多数应答调节蛋白含有输出区域。通常输出区域是 DNA 结合模件,充当转录因子,具有典型的 HTH 结构。QS 系统中的 RR,属于 $RR_{10}$ 亚族,通常含有 RD/ComE 区域或者 HTH_LytTR DNA 结合区域,但并不绝对,因此不能以此作为预测的标准。推测 TCS 是否为 QS 的组成部分,通常根据 HPK 进行判断。

$G^+$ 细菌的 QS 系统中,AIP 由 ABC 转运系统(ATP-binding-cassettle)运送到细胞外,当其浓度达到阈值时,AIP 通过结合 HPK 的 N 端传感器区域,启动 HPK。HPK 感知外界环境变化,然后使 C 端所含的一个保守的组氨酸位点发生自我磷酸化。接着,将磷酸基团转移至 RR 信号输出区域的保守天冬氨酸残基位点,使其发生磷酸化。磷酸化的 RR 具有转录激活活性,激活目的基因的转录。

**(三)细菌群体感应系统的特点**

QS 系统广泛分布于细菌中,呈现出两个非常显著的特点,即多样性和复杂性。

1. 多样性

细菌 QS 系统的信号产生、信号释放、信号识别和信号应答等各个环节均呈现多样性,主要表现在以下几个方面。

(1)分布的多样性。在细菌种内、种间都存在 QS 系统,细菌与植物、动物间也存在此类系统,进行信息的交流。

(2)信号分子的多样性。不但 $G^+$ 菌与 $G^-$ 菌的信号分子不同,呈多样性。就某种细菌而言,通常产生不止一种类型的 AHLs。如豌豆根瘤菌蚕豆生物型(*Rhizobium eguminosarum* bv. *viciae*)至少能产生6种不同的 AHLs,包括一种特殊的 $C_7$-HSL。在奇异变形杆菌(*Proteus mirabilis*)、弗氏柠檬酸杆菌(*Citrobacter freundii*)、成团肠杆菌(*Enterobacter agglomerans*)、荧光假单胞菌(*Pseudomonas fluorescens*)等细菌中发现了 diketopiperazines (DKPs)。固氮菌大豆慢生根瘤菌(*Bradyrhizobium japonicum*)中发现了与铁载体具有类似结构的信号分子 bradyoxetin。致病菌铜绿假单胞菌(*Pseudomonas aeruginosa*)中发现了与生物膜形成相关的信号分子 PQS,其化学本质是 2-庚基-3-羟基-4-对苯二酚。

(3)信号分子产生机制的多样性。$G^-$菌和$G^+$菌信号分子产生的机制不同,前者是由信号分子合成酶来完成,而后者则是先生成前体,经蛋白酶切割后获得成熟的信号分子。

(4)信号分子运输的多样性。$G^+$菌和$G^-$菌信号分子运输机制不同,前者需要专有的 ABC 转运系统,而后者则可直接透过细胞膜。

(5)信号应答的多样性。$G^+$菌以双组分信号转导系统感应信号分子,将信号传递;$G^-$菌则通过受体蛋白识别信号分子,传递信号。

2. 复杂性

(1)信号分子功能的复杂性。有的 QS 系统中的信号分子不仅作为环境信号,而且具有其他功能,如某些乳酸菌中的 QS 系统的信号分子具有抗菌活性,*P. aeruginosa* 中信号分子 N-3-氧-高丝氨酸内酯参与金属离子的运输等。不同细菌能产生相同的信号分子,但是信号分子调节的生理功能不同。如 *P. fischeri* 产生的 $3-Oxo-C_6-HSL$ 参与生物发光,而斯氏欧文氏菌(*Erwinia stewartii*)中则调控胞外多糖的产生。不同细菌产生相同的信号分子,有利于不同细菌之间的信息交流,以确保其自身在某一生态区系中占据特定的生态位置。另外,不同的信号分子可调控相同的生理功能,如夏威夷弧菌和费氏弧菌调节生物发光的信号分子就不相同。

(2)系统组成的复杂性。在 *V. harveyi* 中发现了一个与众不同的 QS 系统,该系统信号分子产生系统与$G^-$菌相似,而信号分子的识别则与$G^+$菌相似。

(3)不同 QS 系统之间关系的复杂性。有的细菌含有不止一套 QS 系统,多种 QS 系统构成复杂的调控网络,调节多种生理反应,以适应环境变化。例如豌豆根瘤菌共有 4 个 QS 系统。有的 QS 系统之间具有等级调控效应。*P. aeruginosa* 中含有两个 QS 系统,即 LasI/LasR 信号系统和 RhlI/RhlR 信号系统,前者调控致病因子的生物合成,并产生大量的 AHLs,进而诱导 RhlI/RhlR 信号系统。

### (四)细菌中的群体感应系统

QS 系统是细菌与环境交互的重要调控机制。目前,有关病原菌、腐败菌、生防菌的 QS 系统较为广泛和深入。对于与人类关系密切的乳酸菌,主要集中在与细菌素形成相关的 QS 系统研究,而乳酸菌中其他 QS 系统研究仅仅是冰山一角,有待深入研究。近年乳酸菌基因组研究广泛开展,为人们在分子水平上系统阐述乳酸菌的生理及代谢机制提供了可能。研究者通过生物信息学手段,对已知乳酸菌的基因组进行预测和分析,在 *L. acidophilus* NCFM,*L. johnsonii* NCC533,*L. salivarius* subsp. *salivarius* UCC118,*L. delbrueckii* subsp. *bulgaricus* ATCC BAA-365 等乳酸菌中均发现了 QS 系统。但大多数研究处在基因序列预测阶段,极少 QS 系统经实验证实其功能。

1. 细菌素合成相关的 QS 系统

乳酸菌主要产生两类细菌素,即Ⅰ型和Ⅱ型细菌素。Ⅰ型细菌素又称羊毛硫细菌素,是一类小分子的热稳定、转录后修饰短肽,其最显著的特点是在形成过程中,发生了转录后修饰和加工,在分子内引入了稀有氨基酸,如羊毛硫氨酸、β-甲基羊毛硫氨酸、脱氢丙氨酸(DHa)和脱氢丁氨酸(DHb)等。这些氨基酸以共价桥形式在细菌素内部形成环状结构。此类细菌素主要包括 L. lactis 产生的 nisin,lacticin 481;L. sake 产生的 lactocin S;化脓性链球菌(Streptococcus pyogenes)FF22 产生 streptococcin A – FF22 等。乳酸菌产生的细菌素大多数属于 II 型细菌素,此类细菌素没有转录后修饰,相对分子质量小于 10 kDa,为热稳定的疏水性肽。C. piscicola 产生的 carnobacteriocin A,BM1 和 B2;L. plantarum 产生的 plantaricin A;L. sake 分泌的 sakacin A,sakacin P;L. lactis 产生的 lactococcin A,lactococcin B、lactocoecin M 等均属于 II 型细菌素。目前,研究已证实多数 II 型和部分 I 型细菌素的生物合成由 QS 系统调控。

L. lactis 分泌的细菌素 Nisin 是研究最为深入的 I 型细菌素。Nisin 前体是由 57 个氨基酸残基组成的短肽,通过蛋白酶切除 N 端的 23 个氨基酸残基后,生成成熟的、具有活性的 Nisin。该细菌素含有 1 个 DHa,2 个 DHb 残基,4 个 β – 甲基羊毛硫氨酸和 1 个羊毛硫氨酸环状结构。

Nisin 的生物合成由基因簇 nisA,– B,– T,– C,– I,– P,– R,– K,– F,– E 和 – G 完成,其中包括 Nisin 前体的结构基因(nisA)、Nisin 前体的转录后修饰基因(nisB,nisC)、跨膜转运基因(nisT)、切割前导肽的蛋白酶基因(nisP)、编码免疫蛋白基因(nisI,nisF,nisE,nisG)和 Nisin 生物合成调节基因(nisK,nisR)。研究发现 nisA 突变后,菌株失去合成 Nisin 的能力。当加入微量的 Nisin 到培养基中时,突变株恢复合成 Nisin 的能力。即 Nisin 除有抗菌活性外,也具有自诱导肽功能,能激活自身的合成。有趣的是,Nisin 的抗菌活性和自诱导肽活性彼此独立,即其自诱导肽活性低,抗菌活性高。Nisin 的合成由 NisK 和 NisR 组成的双组分信号转导系统(TCS)来调控。当 TCS 的组分之一组氨酸蛋白激酶 NisK 或应答调节蛋白 NisR 被破坏时,Nisin 无法合成。

唾液乳杆菌 Lactobacillus salivarius subsp. salivarius UCC118、嗜酸乳杆菌 L. acidophilus 和嗜热链球菌 Streptococcus thermophilus 分泌的 lactacin B,ABP – 118 和 Blp 均属于 II 型细菌素。以上细菌素均由 QS 系统进行调控。

2. 与乳酸菌胃肠道生存定殖相关的 QS 系统

益生菌在人胃肠道中生存和定殖是其能否发挥益生功能的前提。而酸性环境(pH 为 2.5~3.5)是益生菌在人胃肠道生存和定殖的最大挑战。因此,耐酸能力的强弱关系到益生菌在人胃肠道中生存和其益生功能的发挥。同时,益生菌在人肠道表面的黏着能力也是关系到细菌能否在胃肠道内发挥其益生作用的重要因素。以往在乳酸菌中发现的 QS 系统集中在细菌素合成的调控。而近来研究者陆续发现由 AIP 和 TCS 构成的 QS 系统参与有益乳酸菌的黏着能力和耐酸能力的调节。

L. plantarum WCFS1 最早分离自人的食道,具有超强的耐酸能力,能够适应多种微生境如发酵食品、植物及人胃肠道等,是潜在的微生态制剂的发酵菌株。Sturme 等人通过生物信息学分析,预测该菌株中含有 5 个 QS 系统。该菌株是迄今为止含 QS 系统较多的乳酸菌之一。多样的 QS 系统提高和塑造了该菌株在多变的微生态环境中的高度适应性。其中部分 QS 系统,如分别由 plnABCD 和 lamBDCA 操纵子编码的 QS 系统,已通过实验证实其功能。plnABCD 编码的 QS 系统调控着细菌素 Plantaricin 生物合成。而 lamBDCA 则与金黄色葡萄球菌 Staphyloccocus aureus 的 agrBDCA 和粪肠球菌 Enterococcus faecalis 的 fsrABC 系统,具有较高同源性。lamB 编码的蛋白 LamB 负责 AIP 前体的加工和运输,lamD 编码的蛋白 LamD 为 AIP 前体。lamC 编码组氨酸蛋白激酶,lamA 编码应答调节蛋白。成熟的 AIP 为环状硫醇五肽内酯,来充当自诱导肽,命名为 LamD558。lamA 调控细菌表面多糖、细胞膜蛋白和糖利用蛋白的合成,同时调控着细菌的耐酸能力。该系统通过调节胞外多糖合成来控制细胞的黏着能力和生物膜的形成。因此,推测该 QS 系统在 L. plantarum 于人胃肠道黏着、定殖过程中扮演重要角色。

从健康人肠道分离的 Lactobacillus rhamnosus GG 是一株被广泛研究的益生菌,它可产生广谱性抗菌物质如有机酸、细菌素、挥发性脂肪酸、过氧化氢等,能够定殖于成人肠道,用于多种肠道疾病治疗。但是其益生功能的分子机制尚不清楚,有关该菌的生理和遗传机制也很有限。近来研究发现,L. rhamnosus GG 能够产生类似呋喃酰硼酸二酯类化合物(AI-2)的信号分子。并在该菌中发现了与 LuxS 同源蛋白。LuxS 蛋白是 AI-2 合成的一个关键酶。对 L. rhamnosus GG 研究发现,LuxS 是 AI-2 合成所必需的。同时 luxS 基因敲除后,导致突变体生长缓慢,luxS 突变体对营养有复杂的需求,并且生物膜形成受阻碍。表明 AI-2/LuxS 调节的 QS 系统对多种细胞行为进行调控,在生理代谢中起到重要作用。但是 AI-2 如何分泌到细胞外;哪些蛋白参与 AI-2 的运输;AI-2 的受体蛋白是什么;其下游的信号通路是什么;AI-2 仅仅调控 L. rhamnosus GG 自身行为,还是参与环境中其他细菌的交流?这些问题都有待进一步深入探讨。

3. 病原菌与腐败菌的 QS 系统

假单胞菌属于革兰氏阴性杆菌属,在水和土壤中普遍存在,是最具适应性的细菌之一。假单胞菌属生物降解废水处理过程中起着重要作用,因为其具有高效分解许多有机化合物的性能。近年来,在铜绿假单胞菌中发现了一系列控制着生物膜合成、定殖等不同的生物学功能的 QS 系统。研究最广泛的铜绿假单胞菌模式菌株 PAO1,含有 rhl、las 和 PQS 系统等 QS 系统。rhl 和 las 系统是酰基高丝氨酸内酯(AHL)介导的 LuxR 型 QS 系统,利用 AHLs 的信号分子和蛋白同源 LuxR 型调控。PQS 系统是一种非 AHL 介导的 QS 系统,采用 2-庚-3-羟基喹啉作为信号分子,和 LysR 型蛋白 PqsR 作为调节蛋白。这 3 个 QS 系统参与调控细菌的毒力因子、次生代谢物合成、运动、生物膜的形成等。此外,这些 QS 系统控制与污染物生物降解相关的生物过程。

Zhu 等人近来采用生物检测法、薄层色谱法、气相色谱-质谱联用技术对变质的冷冻虾(南美白对虾)中腐败菌 Shewanella putrefaciens(SS01)和 Shewanella baltica(SA02)的群体感应的信号分子进行了检测,发现了包括乙酰高丝氨酸内酯(AHLs)、自诱导肽 2 和环二肽等 3 种信号分子的存在,并且研究者采用这些信号分子的类似物进行群体感应系统抑制试验,最终证实腐败菌的群体感应系统参与了冷冻虾的腐败变质。

## 第五节 微生物代谢的人工控制

微生物代谢的人工控制,就是如何控制微生物的正常代谢调节机制,使其累积更多为人们所需要的有用代谢产物。微生物代谢的人工控制可从两方面着手:一是控制发酵条件,使之控制在利于产物合成的程度。在发酵工业中,控制微生物生理状态以达到高产的环境条件很多,如营养物的类型及浓度、氧的供应、pH 的调节和表面活性剂的存在等。二是改变微生物的遗传特征,使之代谢失调,即控制微生物的正常代谢调节机制,使其累积更多人们所需要的有用代谢产物。

## 一、初级代谢物合成的人工控制

一些小分子化合物,如氨基酸、核苷酸等是初级代谢中的主要产物。人工控制的关键是需要打破菌体自身的反馈调节。为了控制支路的反馈调节可以采取两种措施:降低抑制型或阻遏型终产物的浓度;突变使酶对反馈调节不敏感(如反馈调节抗性)。

### (一)降低细胞中终产物的浓度

1. 应用营养缺陷型菌株解除正常的反馈调节

营养缺陷型属于代谢障碍突变株,常由结构基因突变引起合成代谢中一个酶失活,直接使某个生化反应发生遗传性障碍,使菌株丧失合成某种物质的能力,导致该菌株在培养基中不添加该种物质就无法生长。在直线式的合成途径中,营养缺陷型突变株只能累积中间代谢物而不能累积最终代谢物。在分支代谢途径中,营养缺陷型菌株通过解除某种反馈调节,就可以使某一分支途径的末端产物得到累积。利用营养缺陷型协助解决代谢反馈调节机制,已经在氨基酸、核苷酸等触及代谢中得到了有价值的应用。

(1)鸟氨酸发酵。营养缺陷型突变株不能积累终产物,只能积累中间产物。一个典型的例子是谷氨酸棒杆菌(*Corynebacterium glutamicum*)的精氨酸缺陷型突变株进行鸟氨酸发酵(图4.24)。由于合成途径中氨基酸甲酰转移酶的缺陷,必须供应精氨酸和瓜氨酸菌株才能生长。但是这种供应要维持在亚适量水平,使菌体达到最高生长,又不引起终产物对N-乙酰谷氨酸激酶的反馈抑制,从而使得鸟氨酸得以大量分泌累积。

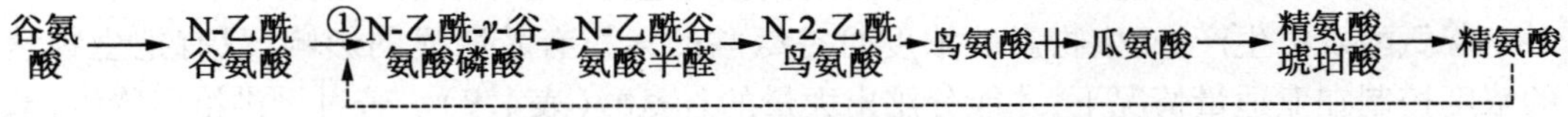

谷氨酸 ⟶ N-乙酰谷氨酸 ⟶① N-乙酰-γ-谷氨酸磷酸 ⟶ N-乙酰谷氨酸半醛 ⟶ N-2-乙酰鸟氨酸 ⟶ 鸟氨酸 ⫽⟶ 瓜氨酸 ⟶ 精氨酸琥珀酸 ⟶ 精氨酸

**图4.24 利用氨基酸缺陷型突变株进行鸟氨酸发酵**
注 ①为N-乙酰谷氨酸激酶;⫽⟶为营养缺陷型

(2)赖氨酸发酵。赖氨酸合成途径如图4.25所示,在许多微生物中,可用天冬氨酸为原料,通过分支代谢途径合成赖氨酸、苏氨酸和甲硫氨酸。赖氨酸是一种重要的必需氨基酸,在食品、医药和畜牧业上需要量很大。但在代谢过程中,一方面由于赖氨酸对天冬氨酸激酶(AK)有反馈抑制作用,另一方面由于天冬氨酸除用于合成赖氨酸外,还要作为合成甲硫氨酸和苏氨酸的原料,因此在正常的细胞内,就难以累积较高浓度的赖氨酸。为了解除正常的代谢调节以获得赖氨酸的高产菌株,工业上选育了谷氨酸棒杆菌(*C. glutamicum*)的高丝氨酸营养缺陷型菌株作为赖氨酸的发酵菌种。该菌种由于不能合成高丝氨酸脱氢酶(HSDH),故不能合成高丝氨酸、苏氨酸和甲硫氨酸,在补给适量高丝氨酸(或苏氨酸和甲硫氨酸)的条件下,在含有较高糖分和铵盐的培养基上,能产生大量的赖氨酸。

选育代谢缺陷型菌株进行人工控制的前提是代谢途径和酶的调节方式是已知的,如果目的产物是终产物则不能用这种方法,应用抗反馈育种。

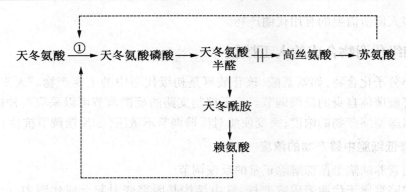

**图4.25 高丝氨酸营养缺陷型菌株赖氨酸合成途径**
注 ①为天冬氨酸激酶;╫ 为营养缺陷型

### 2. 改变细胞膜透性

微生物的细胞膜对于细胞内外物质的运输具有高度选择性。细胞内的代谢产物常常以很高的浓度累积,并自然地通过反馈阻遏限制了它们的进一步合成。采取生理学或遗传学方法,可以改变微生物细胞膜的透性,使细胞内的代谢产物迅速渗漏到细胞外。这种解除末端产物反馈抑制作用的菌株,可以提高发酵产物的产量。

(1)通过生理学手段控制细胞膜的渗透性。

生物素是脂肪酸生物合成中乙酰CoA羧化酶的辅基,此酶可催化乙酰CoA的羧化并生成丙二酸单酰辅酶A,进而合成细胞膜磷脂的主要成分——脂肪酸。因此,控制生物素的含量就可以改变细胞膜的成分,进而改变膜的透性和影响谷氨酸的分泌。

谷氨酸发酵生产中,生物素的浓度对谷氨酸的累积有着明显的影响,只有把生物素的浓度控制在亚适量情况下,才能分泌出大量的谷氨酸(表4.9)。若过量供给生物素,菌体内虽有大量谷氨酸积累,但是不能分泌到体外。

**表4.9 生物素对 Corynebacterium glutamicum 谷氨酸产量的影响**

| 生物素/(mg·mL$^{-1}$) | 残糖/% | 谷氨酸/(mg·mL$^{-1}$) | α-酮戊二酸/(mg·mL$^{-1}$) | 乳酸/(mg·mL$^{-1}$) |
|---|---|---|---|---|
| 0.0 | 8.5 | 1.0 | 微量 | 微量 |
| 0.5 | 2.5 | 17.0 | 3.0 | 7.6 |
| 1.0 | 0.5 | 25.0 | 4.6 | 7.4 |
| 2.5 | 0.4 | 30.8 | 10.1 | 6.9 |
| 5.0 | 0.1 | 10.8 | 7.0 | 13.7 |
| 10.0 | 0.2 | 6.7 | 8.0 | 20.5 |
| 25.0 | 0.1 | 7.5 | 10.1 | 23.1 |
| 50.0 | 0.1 | 5.1 | 6.2 | 30.0 |

当培养液内生物素含量很高时,添加适量的青霉素也有提高谷氨酸产量的效果。其原因是青霉素可抑制细菌细胞壁肽聚糖合成中转肽酶的活性,结果引起肽聚糖结构中的

肽桥之间无法交联,造成细胞壁的缺损。这种细胞的细胞膜在细胞膨压的作用下,有利于代谢产物的外渗,并因此降低了谷氨酸的反馈抑制和提高了产量。

(2) 通过细胞膜缺损突变而控制其渗透性。

应用谷氨酸产生菌的油酸缺陷型菌株,在限量添加油酸的培养基中,也能因细胞膜发生渗漏而提高谷氨酸的产量。这是由于油酸是一种含有一个双键的不饱和脂肪酸(十八碳烯酸),细菌细胞膜磷脂中的重要脂肪酸。油酸缺陷型突变株因其不能合成油酸而使细胞膜缺损。

另一种可以利用石油发酵产生谷氨酸的解烃棒杆菌(*Corynebacterium hydrocarbolastus*)的甘油缺陷型突变株,由于缺乏 α-磷酸甘油脱氢酶,故无法合成甘油和磷脂。其细胞内的磷脂含量不到亲株含量的一半,但当供应适量甘油(200 μg/mL)时,菌体即能合成大量谷氨酸(72 g/L),且不受高浓度生物素或油酸的干扰。

### (二) 抗反馈突变育种

抗反馈调节突变菌株是指一种对反馈抑制不敏感或对阻遏有抗性的组成型菌株,或兼而有之的菌株,即解除合成代谢反馈调节机制的突变型菌株。

抗反馈突变育种主要是通过抗代谢物突变育种,获得抗反馈调节突变株。用所需化合物的毒性类似物(抗代谢物)容易分离出某一酶反馈抑制抗性或酶合成系统反馈阻遏抗性突变株。抗代谢物为代谢物的结构类似物,它与代谢物竞争同一个酶的作用位点,结果导致合成无生理活性的物质,使菌死亡。在诱变筛选时,在培养基中加入抗代谢物,能生长的菌则为抗代谢物的突变菌株。

突变株中酶的结构基因发生突变,使酶的调节部位不能与抗代谢物结合,而其活性中心却不变。由于抗代谢物和代谢物结构类似,因此酶也就不能与正常代谢终产物相结合,从而解除了反馈抑制。调节基因发生突变,使阻遏物不再与抗代谢物相结合,也就不与正常代谢的终产物相结合,从而解除了反馈阻遏。

许多氨基酸、嘌呤、嘧啶和维生素的结构类似物已经用于氨基酸、核苷、核苷酸和维生素高产菌株的育种工作。例如,钝齿棒杆菌在含苏氨酸和异亮氨酸的结构类似物 α-氨基-β-羟基戊酸(AHV)的培养基中培养时,由于 AHV 可以干扰该菌的高丝氨酸脱氢酶、苏氨酸脱氢酶以及二羧酸脱水酶,进而抑制了该菌的正常生长。如果采用诱变获得抗 AHV 突变株进行发酵,就能分泌较多的苏氨酸和异亮氨酸。这是因为该菌株的高丝氨酸脱氢酶或苏氨酸脱氢酶和二羧酸脱水酶的结构基因发生了突变,不再受苏氨酸或异亮氨酸的反馈抑制,促使了大量累积苏氨酸和异亮氨酸。如果进一步选育出蛋氨酸缺陷型,蛋氨酸合成途径上的两个反馈阻遏也被解除,则苏氨酸的产量将进一步提高。表 4.10 为抗代谢物突变株的一些例子。

表 4.10 抗代谢物突变株的初级代谢发酵

| 产物 | 菌株 | 抗代谢物 | 底物 | 能力/(g·L$^{-1}$) |
|---|---|---|---|---|
| L-精氨酸 | 谷氨酸棒状杆菌<br>(*Corynebacterium glutamicum*) | D-精氨酸、<br>精氨酸氧肟酸 | 葡萄糖 | 20 |

续表 4.10

| 产物 | 菌株 | 抗代谢物 | 底物 | 能力/(g·L$^{-1}$) |
|---|---|---|---|---|
| L-异亮氨酸 | 黄色短杆菌(*Brevibacterium flavum*) | α-氨基-β-羟基戊酸、O-甲基苏氨酸 | 葡萄糖 | 15 |
| L-苏氨酸 | 黄色短杆菌(*Brevibacterium flavum*) | α-氨基-β-羟基戊酸 | 葡萄糖 | 14 |

当难以找到合适的抗代谢物或者反馈调节很复杂时,可采用由营养缺陷型选育回复突变株的方法来选育高产菌株。调节酶的变构特性是由其结构基因决定的,如果调节酶的基因发生突变而失活,则有两种可能性:一是催化亚基和调节亚基的基因均发生突变;另一种可能仅仅是催化亚基发生突变。如果前者发生回复突变,则又有两种可能性:一是催化亚基和调节亚基回复到第一次突变前的活性水平;另一种可能是催化亚基得以恢复,而调节亚基丧失了调节的功能。由于调节酶的失活与否直接表现为某种营养缺陷型。因此,可以利用营养缺陷型回复突变的方法,从营养缺陷型突变株中筛选获得对途径调节酶解除了反馈调节的突变株。

## 二、次级代谢物合成的人工控制

近年来对次级代谢尤其是抗生素的反馈调节机制的研究和对次级代谢调节控制的认识取得了较大的进展。初级代谢和次级代谢都受到菌体代谢调节,由于它的代谢途径是相互交错的,所以在调节控制上是相互影响的。如果与抗生素合成有关的初级代谢受到控制时,抗生素的生物合成必然受阻,只是初级代谢直接受到菌体控制比次级代谢更严格。

抗生素产生菌为了自身正常的生活和适应环境的变化,也有其一定的严密的调节系统,以控制抗生素的生物合成,这些机制包括初级代谢产物和次级代谢产物的反馈控制和反馈阻遏,碳、氮源的分解调节和磷酸盐的调节等。其中反馈抑制作用于分子水平控制酶的活性,是合成途径的末端产物抑制该途径中第一步酶的活性作用。而反馈阻遏是作用于基因水平,控制酶的合成量,是终产物抑制生物合成途径中的多种酶形成的调节过程。

抗生素的生物合成途径中,反馈调节作用包括两方面:①抗生素本身积累就能起反馈调节作用;②初级代谢产物作为抗生素合成的前体,当其受到反馈调节时,必然会影响抗生素的合成。因此,这些代谢调节机制实质上是提高抗生素发酵单位的天然屏障,如果使调节机制失效,将有可能不断地提高抗生素的产量。

已知抗生素产生菌的代谢和合成包括初级代谢和次级代谢,前者主要为菌体的生长期,后者主要为合成抗生素的产生期。合成抗生素需要相应的关键酶参与,不同抗生素所需的酶是不一样的。一般抗生素合成酶在生长期是受阻遏的。因为在该时期菌体对自身产物抗生素是敏感的,不能形成关键酶。到产生期这种敏感性下降,解除了阻遏,酶就大量形成,抗生素也相应产生。假如基因突变使得菌体在初级代谢的生长期就能大量合成抗生素的关键酶,那么使抗生素产生期提前到生长期便开始,这样就可大大延长抗生素产生期,并可缩短整个发酵周期,获得显著的经济效益。如棒曲霉素的产生菌 *Penicillium patulum* 中筛选到一个突变株,该变株在生长期就开始合成前体物(6 - 水杨酸甲酯)的关键酶——6 - 水杨酸甲酯合成酶,因而使抗生素的合成由原来的产生期提前到生长期开始。

**(一)控制环境条件**

1. 碳源

可使用慢代谢的碳源或采用慢补料的方式,对受碳分解代谢物阻遏的次级代谢产物的合成进行调控。

在碳源的分解代谢阻遏机理被普遍认识之前,抗生素发酵生产中已发现碳源分解代谢阻遏的现象。20 世纪 40 年代初期发现,在青霉素发酵过程中,以葡萄糖为碳源,菌体生长最快,但青霉素合成较低。而乳糖利用虽较为缓慢,却能提高青霉素产量。如果细菌在葡萄糖和乳糖的混合培养基中生长,那么在抗生素合成前,菌体一般首先利用葡萄糖,在葡萄糖耗尽后,抗生素合成开始,此时菌体才利用第二种碳源。这种情况说明,次级代谢的碳源分解调节比初级代谢更为复杂,后者并不涉及对终产物的阻遏。

研究者系统地研究了在顶头孢霉发酵中头孢菌素 C 的生物合成受碳源调节的现象。分别用 5 个培养基中的任何 1 个作为主碳源,结果抗生素比产率(单位细胞干重的效价)递减顺序为:蔗糖 > 半乳糖 > 果糖 > 麦芽糖 > 葡萄糖,其中蔗糖是葡萄糖的两倍多。此外用 3 种不同浓度的葡萄糖试验,发现比生产率与浓度也是一种反比关系,而抗生素形成与生长速率之间也大体存在一种反比关系。

关于抗生素受碳源分解调节的机制,目前尚未完全清楚,存在以下几种情况:第一,可能与菌体生长速率控制抗生素合成有关,菌体生长最好的碳源能抑制抗生素的合成。因此,在低生长率的情况下,可减少葡萄糖的干扰作用。第二,可能与分解代谢产物的积累浓度有关,乳糖之所以比葡萄糖优越是因为前者被水解为可利用的单糖的速度正好符合青霉菌在生产期合成抗生素的需要,而不会有分解代谢产物如丙酮酸的积累。

2. 氮源

可采用使用慢代谢的氮源慢补加快速利用的氮源或加入 $Mg_3(PO_4)_2$ 以形成铵复合物的方式,调节受氮分解代谢物阻遏的次级代谢产物。

氮源分解调节是类似于碳源分解调节一类的分解阻遏方式。它主要指含氮底物的酶(如蛋白酶、硝酸还原酶、酰胺酶、组氨酸酶和脲酶)的合成受快速利用的氮源,尤其是氨的阻遏。在次级代谢中,氨分解代谢产物阻遏作用是确实存在的。例如,研究者发现易利用的铵盐有利于灰色链霉菌迅速生长,但对链霉素合成则是最差的氮源,从而选择了对链霉素发酵有益的氮源,其中脯氨酸是最好的,也是十分缓慢被利用的唯一氮源。可能的机制是:铵盐产生氮阻遏作用而阻碍链霉素生物合成,而脯氨酸和黄豆饼粉的良好作用是向培养基中供应缓慢利用的氮源。在发酵生产中补加氮源使产量降低的例子很多,例如红霉素生产时补加 $NH_4Cl$、甘氨酸或大豆饼粉会使产量下降。又如采用 D - 756 突变株生产灰黄霉素,也要求低氮水平,如果加入豆饼粉、花生饼粉等有机氮源,会导致产量下降。可能受氮代谢调节的其他抗生素还有诺尔斯菌素、新生霉素、梭链孢酸、柱晶白霉素、三羟甲苯等。

关于氮分解代谢产物对抗生素发酵的影响，Haronowitz 提出的假设机制主要包括：$NH_4^+$ 影响 pH 和电化学的质子梯度，改变能量代谢，同时还影响细胞壁物质和膜结构的功能；影响谷氨酰胺合成酶和丙氨酸脱氢酶的合成；高度磷酸化的核苷，如 ppGpp 和 pppGpp 可能通过级联机制调节次级代谢，而 ppGpp 等受氨基酸过量的负控制调节。

3. 磷酸盐

受磷酸盐阻遏的次级代谢产物，可在发酵培养基中加入亚适量的磷酸盐或磷酸盐的络合剂。磷酸盐不仅是菌体生长的主要限制性营养成分，还是调节抗生素生物合成的重要参数。研究发现过量磷酸盐对四环类、氨基糖苷类和多烯大环内酯类等 32 种抗生素的生物合成产生阻遏作用。所以在工业生产中，磷酸盐常常被控制在适合菌体生长的浓度以下，即所谓的亚适量。当磷酸盐为 0.3~300 mmol/L 的质量浓度时，可促进菌体生长；质量浓度为 10 mmol/L 或大于 10 mmol/L 时，对许多抗生素的合成就产生阻遏，如 10 mmol/L 的磷酸盐就能完全抑制杀假丝菌素的合成。磷酸盐浓度高低还能调节发酵合成期出现的早晚，磷酸盐接近耗尽后，才开始进入合成期。磷酸盐起始浓度高，耗尽时间长，合成期就向后拖延。金霉素、万古霉素等抗生素的发酵都有此现象。磷酸盐还能使处于非生长状态的、产抗生素的菌体逆转成生长状态的、不产抗生素的菌体。

磷酸盐调节抗生素的生物合成有不同的机制。按效应来说，有直接作用（即磷酸盐自身影响抗生素合成）和间接效应（即磷酸盐调节胞内其他效应剂，如 ATP、腺苷酸、能荷和 cAMP 等），进而影响抗生素合成。具体地说，磷酸盐能影响抗生素合成中磷酸酯酶和前体形成过程中某种酶的活性；ATP 直接影响某些抗生素合成和糖代谢中某些酶的活性。

除了控制碳源、氮源、磷酸盐外，还可通过控制合适的 pH、温度、一些微量金属离子的量，对次级代谢产物进行调控。

（二）从遗传角度进行育种

1. 抗反馈突变

对于受初级代谢产物和次级代谢产物自身的反馈调节的次级代谢产物的合成都可以通过筛选抗反馈突变株来解除反馈调节。

次级代谢产物的积累能反馈调节它们自身的合成过程。例如氯霉素、瑞斯托霉素、维比尼霉素、青霉素等能限制自身的合成。研究者在 1935 年发现，产生 50 μg/mL 氯霉素的委内瑞拉链霉菌被 50 μg/mL 外源氯霉素所抑制。研究者在 1972 年发现，产黄青霉加入 10 μg/mL 外源青霉素对其生长无影响，而青霉素合成几乎完全被抑制，其他多种青霉素及其钠盐亦有类似现象。

抗生素对自身产物的抑制有一定的规律：抑制特定产生菌合成抗生素所需浓度与生产水平具有相关性，一般产生菌产量高，对自身抗生素的耐受力强，反之则越敏感。例如 Dolezilova 等对制霉菌素产生菌诺尔斯氏链霉菌（*Streptomyces noursei*）突变的研究发现：亲株 52/152 合成抗生素 6 000 U/mL，受 2 000 U/mL 外源制霉菌素的抑制，而突变株产量为 15 000 U/mL，却能耐 2 000 U/mL 的外源抗生素，而无产量突变株的耐受力只有 20 U/mL。Gordee 和 Dag 在 1972 年研究发现，完全抑制青霉素高产株 E-15 合成能力的外源青霉素的质量浓度是 15 μg/mL；抑制中产株 Q-176 的青霉素的质量浓度是 2 μg/mL，而抑制低产株 NRRL – 1951 的青霉素的质量浓度只需 0.2 μg/mL。由此可见,抗生素合成所需要的自身抗生素的量,完全取决于产生菌的抗生素合成能力。可以推断,上述制霉菌素、青霉素的合成能力取决于产生菌反馈抑制的能力。

氯霉素反馈调节阻遏了芳香基胺合成酶的合成,该酶是芳香族氨基酸生物合成分支途径——氯霉素合成途径中的第一个酶,这种酶只存于产氯霉素的菌体内。当培养基内的氯霉素的质量浓度达 100 mg/L 时,可完全阻遏该酶的生成,但不影响菌体的生长,也不影响芳香族氨基酸途径的其他酶类的活性。进一步研究表明,氯霉素本身不一定是阻遏物,氯霉素通过顺序阻遏,使 L – 对氨基苯丙氨酸及 L – 苏 – 对氨基苯丝氨酸对芳基氨合成酶实行反馈抑制。氯霉素的甲硫基类似物比氯霉素容易透入细胞,其抑制作用比氯霉素还大。由此可见,次级代谢产物反馈调节机制具有很大的复杂性。因此,可以筛选自我抗性突变株来解决反馈调节。

2. 调节细胞膜的透性

微生物的细胞膜对于细胞内外物质的运输具有高度选择性。如果细胞膜对某种物质不能运输或者运输功能发生了障碍,其结果有两个方面:一方面,细胞内合成代谢的产物不能分泌到细胞外,必然会产生反馈调节作用,影响发酵产物的生产量;另一方面,可能是细胞外的营养物质不能进入细胞内,从而影响产物的合成,造成产量下降。例如在青霉素发酵中,产生菌细胞膜输入硫化物能力的大小是影响青霉素发酵单位高低的一个因素,因为菌体内需要有足够的硫源来合成青霉素。利用诱变方法获得的青霉素高产菌株中,有的是因为提高了菌株细胞膜摄取无机硫酸盐的能力,即提高了细胞内硫酸盐的浓度,从而能有效地将无机硫转变为半胱氨酸,增加了合成青霉素的前体物质。因此,细胞膜的通透性是代谢调节的一个重要方面。

3. 杂交育种

杂交育种在丝状真菌和放线菌中用得比较多,通过把不同性状的菌株杂交后选杂合子,可以获得具有双亲或多亲优点的优良菌株。

4. 构建可大量积累目的产物的基因工程菌株

构建可大量积累目的产物的基因工程菌株目前已成为代谢发酵育种的主流,但真正用于生产的成功例子很少。

**思考题**

1. 请明晰以下概念:①反馈抑制和反馈阻遏;②酶的诱导与酶的阻遏;③协同反馈与顺序反馈;④累积反馈与增效反馈;⑤同工酶与变构酶;⑥组成酶与诱导酶;⑦操纵子与操纵基因;⑧末端代谢产物阻遏和分解代谢物阻遏。

2. 何谓分解代谢物阻遏? 在以下情况下,大肠杆菌生长周期中会出现什么现象? 请从操纵子模型解释这一现象。①乳糖、葡萄糖同时存在;②乳糖单独存在;③葡萄糖单独存在;④乳糖、葡萄糖均不存在。

3. 酶活性调节与酶合成调节有何区别? 二者之间有何联系?

4. 为何有些突变菌株对末端代谢产物的结构类似物具有抗性? 试举例说明这些菌株对工业菌种选育的重要性。

5. 图例解释色氨酸操纵子的作用机制。
6. 分支代谢途径中,存在哪些反馈控制的类型？各自有什么特点。
7. 细胞膜缺损突变株在发酵工业中有何应用价值？试举例说明。
8. 图例解释乳糖操纵子的作用机制。

# 参考文献

[1] 陈三凤,刘德虎. 现代微生物遗传学[M]. 2版. 北京:化学工业出版社,2011.
[2] 饶贤才,胡福泉. 分子微生物学前沿[M]. 北京:科学出版社,2013.
[3] 诸葛健,李华钟. 微生物学[M]. 2版. 北京:科学出版社,2009.
[4] 储炬,李友荣. 现代工业发酵调控学[M]. 2版. 北京:化学工业出版社,2006.
[5] 江汉湖,董明盛. 食品微生物学[M]. 3版. 北京:中国农业出版社,2010.
[6] 施巧芹,吴松刚. 工业微生物育种学[M]. 3版. 北京:科学出版社,2009.
[7] 岑沛霖,蔡谨. 工业微生物学[M]. 2版. 北京:化学工业出版社,2008.
[8] 沈萍,陈向东. 微生物学[M]. 2版. 北京:高等教育出版社,2006.
[9] 周德庆. 微生物学教程[M]. 2版. 北京:高等教育出版社,2006.
[10] 王亚馥,戴灼华. 遗传学[M]. 北京:高等教育出版社,1999.
[11] DIEP D B, JOHNSBORG O, NES I F, et al. Evidence for dual functionality of the operon *plnABCD* in the regulation of bacteriocin production in *Lactobacillus plantarum*[J]. Molecular Microbiology, 2001, 41(3):633-644.
[12] DOBSON A E, SANOZKY D R B, KLAENHAMMER T R. Identification of an operon and inducing peptide involved in the production of lactacin B by *Lactobacillus acidophilus*[J]. Journal of Applied Microbiology, 2007, 103:1766-1778.
[13] FLYNN S, VAN S D, THORNTON G M, et al. Characterization of the genetic locus responsible for the production of ABP-118, a novel bacteriocin produced by the probiotic bacterium *Lactobacillus salivarius* subsp. *salivarius* UCC118[J]. Microbiology, 2002, 148:973-984.
[14] FONTAINE L, BOUTRY C, GUÉDON E, et al. Quorum-sensing regulation of the production of blp bacteriocins in *Streptococcus thermophilus*[J]. Journal of Bacteriology, 2007, 189(20):7195-7205.
[15] LEBEER S, DE K S C J, VERHOEVEN T L A, et al. Functional analysis of luxS in the probiotic strain Lactobacillus rhamnosus GG Reveals a central metabolic role important for growth and biofilm formation[J]. Journal of Bacteriology, 2007, 189(3):860-871.
[16] STURME M H J, NAKAYAMA J, MOLENAAR D, et al. An agr-like two-component regulatory system in *Lactobacillus plantarum* is involved in production of a novel cyclic peptide and regulation of adherence[J]. Journal of Bacteriology, 2005, 187(15):5224-5235.

[17] STURME M H J, FRANCKE C, SIEZEN R J, et al. Making sense of quorum sensing in lactobacilli: a special focus on *Lactobacillus plantarum* WCFS1[J]. Microbiology, 2007, 153:3939-3947.

[18] YONG Y C, WU X Y, SUN J Z, et al. Engineering quorum sensing signaling of *Pseudomonas* for enhanced wastewater treatment and electricity harvest: a review[J]. Chemosphere, 2015, 140:18-25.

[19] ZHU S Q, WU H H, ZENG M Y, et al. The involvement of bacterial quorum sensing in the spoilage of refrigerated *Litopenaeus vannamei*[J]. International Journal of Food Microbiology, 2015, 192:26-33.

[20] CUI Y H, ZHANG C, WANG Y F, et al. Review: Class IIa bacteriocins: diversity and new developments [J]. International Journal of Molecular Sciences, 2012, 13(12):16668-16703.

[21] DOLEZILOVá L, SPíZEK J, VONDRáCEK M, et al. Cycloheximide-producing and fungicidin-producing mutants of *Streptomyces noursei* [J]. Journal of General Microbiology, 1965, 39(3):305-309.

[22] GORDEE E Z, DAY L E. Effect of exogenous penicillin on penicillin biosynthesis[J]. Antimicrob Agents Chemother, 1972,1(4):315-322.

[23] 崔艳华,曲晓军. 乳酸菌的群体交流[J]. 生命的化学,2009, 29(3): 447-450.

[24] 崔艳华,曲晓军,董爱军,丁忠庆. 细菌群体感应系统的研究[J]. 生物技术通报,2009(4): 50-54, 67.

[25] 崔艳华,丁忠庆,曲晓军. 乳酸菌双组分信号转导系统[J]. 生命的化学, 2008,28(1): 55-58.

[26] 崔艳华. 巴西固氮螺菌 Sp7 中铁受体蛋白 FhuE 和杂合双组分蛋白 Org35 功能分析 [D]. 北京:中国农业大学, 2006.

# 第五章 微生物进化与多样性

**本章引言** 微生物呈现了形态结构、物种、代谢、遗传、繁殖、变异、抗性、生态类型等方面的多样性。正因为微生物丰富的多样性,引发了研究者广泛的研究兴趣。本章学习微生物进化、微生物多样性、分子生态学方法在微生物多样性研究中的应用。

**本章要点** 着重介绍微生物多样性的研究方法。

## 第一节 微生物进化

20世纪70年代以前,生物类群间的亲缘关系主要根据形态结构、生理生化、行为习性等表型特征及少量的化石资料来判断它们之间的亲缘关系。而对于原核生物,由于其形体微小、结构简单、缺少有性繁殖过程,化石资料匮乏,难以深入分析。利用有限的表型特征,微生物分类学家提出了几类分类系统,推测各类微生物之间的亲缘关系。但是随着新发现不断地被否定,直到20世纪60~70年代,研究者才意识到,仅依靠表型特征无法解决微生物的系统发育问题,必须寻找新的特征作为生物进化的指示特征。

### 一、生命的起源和进化

微生物是地球上最早出现的生物,同位素和微小化石证据表明,在35亿年前就已出现了原核形式的生命。现代 rRNA 基因同源性分析表明,微生物进化沿着3个不同的方向进行:古细菌、真细菌和真核生物。生态学研究表明,微生物在进化的同时,也改变了地球环境。

有证据表明,微生物至少存在了38.5亿年以上,即在地球形成后不到10亿年,比动、植物的出现早30亿年。原核细胞的显微化石已在35亿年前的岩石中发现,此外,38.5亿年前的岩石中发现了富含$^{12}C$的有机物,而只有生物体才更易以$^{12}C$合成生物质而非$^{13}C$,这些地球化学和化石的证据表明,当时的生物以大气中的甲烷和二氧化碳合成有机分子,同时生物的存在也改变了地球大气的化学组成。大气中氧的形成在21~17亿年前,是产氧光合蓝细菌的贡献。土壤的形成除物理化学因子外,微生物起主要作用。微生物是开天辟地的"盘古"。从进化的角度来说,微生物是一切生物的老前辈。

从地球的形成到微生物的出现经历了漫长的进化过程,主要可分为以下阶段:

(1)化学进化。根据 Haldane 等人的观点,地球在生命前期的大气是厌氧环境的大气,由 $CO_2$、$N_2$、$H_2$ 和水蒸气等组成,缺少氧气,在此条件下,只要给予很少的能量即可合成有机化合物,辐射、地热、放电、放射性等能量可促使这些有机物向更复杂的大分子和聚合物形式缓慢进化,形成的大分子互相聚集,形成膜样物质的结构,与周围的液体环境形成明显的界限,这就是最初级的细胞形式的前体,在缺少氧的氧化和微生物分解作用的环境中,化学进化可以不间断地持续进行几千万年甚至更长时间,直至细胞形式的生命的出现。

(2) 细胞进化。在化学进化到出现了双层膜样包围的球形结构,与其周围环境形成了明显的界限,这种结构还可以像细胞分裂一样,由一个球形结构形成两个球形结构,在球形结构内部可以发生各种化学反应而不波及外部环境,还可以具有选择性地从环境中吸收各种物质时,已经具备了初步的细胞的功能,这就是最古老的细胞形式的生命。这种原始细胞在漫长的进化过程中,由于其内部的化学反应及生物化学反应,逐渐出现了生物大分子化合物,其中包括核酸,首先是 RNA,然后是 DNA,作为合成蛋白质的模板;随着酶催化作用及细胞内结构的进一步发展,逐渐形成了真正细胞形式的生命。

如果所有的生命形式只有一个已具备生命最基本的大分子(如 RNA,DNA 和蛋白质)的共同祖先,可以设想那些具有非常相似的大分子序列的生物亲缘关系必然非常密切,相反,大分子序列差别很大的那些生物是在进化早期就沿着不同的分支独立进化而来。核糖体 RNA(rRNA) 及其他保守分子的序列分析,有助于追踪微生物进化的历程。16S rRNA 同源性分析表明生物是由一个共同的祖先沿着 3 个不同的区域独立进化而形成了当今的细菌、古细菌和真核生物。3 个区域在生物进化历史的早期就已分开,古细菌介于细菌和真核生物之间而更接近真核生物。

## 二、进化的测量指示特征

### (一) 进化指示特征的选择

要按照生物的亲缘关系进行系统分类,使分类系统真正成为总结生物进化历史的生物系谱,需要系统的古生物资料来阐明各类生物之间的共同祖先、分支和年代关系。因此,在缺乏化石资料的情况下,最为艰难的任务是如何确定类群之间的进化关系,用什么特征作为划分类群的主要特征?过去根据形态学特征推断生物之间的亲缘关系存在两个突出问题:一是微生物可利用的形态特征少,很难把所有生物放在同一水平上进行比较;二是形态特征在不同类群中进化速度差异很大,仅根据形态推断进化关系往往不准确。因此,20 世纪 70 年代以后研究微生物的系统发育,主要是分析和比较生物大分子的结构特征,特别是蛋白质、RNA 和 DNA 这些反映生物基因组特征的分子序列,作为判断各类微生物乃至所有生物进化关系的主要指征。

大量的研究表明:蛋白质、RNA 和 DNA 序列进化变化的显著特点是进化速率相对恒定,即分子序列进化的改变量(氨基酸或核苷酸替换数或替换百分率)与分子进化的时间成正比。因此,这些生物大分子被看作是分子计时器(Molecular chronometers)或进化钟(Evolutionary clock),它们真实地记录了各种生物的进化过程。因此,可以通过比较不同类群的生物大分子序列的改变量来确定它们彼此系统发育相关性或进化距离。在两群生物中,如果同一种分子的序列差异很大时,表示它们进化距离远,这两群生物在进化过程中很早就分支了。如果两群生物同一来源的大分子的序列相同,说明它们处在同一进化水平上。

为了准确确定各种生物之间的进化关系,还必须选取恰当的大分子来进行序列研究。在选取大分子时应注意以下几点:①它必须普遍存在于所研究的各个生物类群中。

如果所研究的是整个生命界的进化,那么所选择的分子必须在所有生物中存在,以便分析和比较。②选择在各种生物中功能同源的大分子。催化不同反应的酶的氨基酸序列或者具有不同功能核酸的核苷酸序列不能进行比较,因为功能不相关的分子也意味着进化过程中来源不同,对这一类不相关分子进行比较也不期望它们会表现出序列的相似性。所以,大分子进化的研究必须从鉴定大分子的功能开始。③为了鉴定大分子序列的同源位置或同源区,要求所选择的分子序列必须能严格线性排列,以便进行后续的分析比较。④还应注意根据所比较的各类生物之间的进化距离来选择适当的分子序列。当比较亲缘关系远的生物类群时,必须选择变化速率低的分子序列,因为序列变化速率高的分子,在其进化过程中共同的序列已经丧失,不利于进行比较。大量的资料表明,功能重要的大分子或者大分子中功能重要的区域,比功能不重要的分子或分子区域进化变化速度低。

### (二) rRNA 作为进化的指征

虽然蛋白质、RNA 和 DNA 等生物大分子都可以提供生物进化的信息,但并非所有各类大分子都广泛适用于生物系统发育的研究,大量的实验研究表明,在众多的生物大分子中,最适合于揭示各类生物亲缘关系的是 rRNA,尤其是 16S rRNA。16S rRNA 之所以被普遍公认为是一把好的谱系分析的"分子尺",是因为其具有以下优势:

(1) 16S rRNA 参与生物蛋白质的合成过程,其功能是任何生物都必不可少的,而且在生物进化的漫长历程中,其功能保持不变。

(2) 在 16S rRNA 分子中,既含有高度保守的序列区域,又有中度保守和高度变化的序列区域,因而它适用于进化距离不同的各类生物亲缘关系的研究。

(3) 16S rRNA 相对分子质量大小适中,便于序列分析。在 5S rRNA,16S rRNA,23S rRNA 3 种分子中,5S rRNA 约含 120 个核苷酸,虽然它也可以作为一种信息分子加以利用,但由于其信息量小,应用上受到很大的限制。23S rRNA 虽然蕴藏着大量信息,但由于相对分子质量大(约含 2 900 个核苷酸),序列测定和分析比较工作量相对大,使用时难度较大。而 16S rRNA 相对分子质量大小适中(约含 1 540 个核苷酸),含有足以广泛比较各类生物的信息量,同时 rRNA 在细胞中含量大(约占细胞中 RNA 的 90%),易于提取。

(4) 16S rRNA 普遍存在于原核生物中(真核生物中其同源分子是 18S rRNA)。因此它可以作为测量各类生物进化的工具。这一点极为重要,在 20 世纪 70 年代以前,生物进化的研究之所以没有取得突破性进展,重要原因就是没有找到一把可以测量所有生物进化关系的尺子。这把"尺子"是美国学者伍斯(Carl Woese)于 20 世纪 70 年代首先发现的,他用这把尺子对微生物系统发育进行了开拓性研究,发现了生命的第三种形式——古细菌。

### (三) rRNA 的顺序和进化

利用 rRNA 分子计时器进行微生物进化关系的分析,需要对所比较的微生物进行培养,然后提取并纯化 rRNA,进行 rRNA 序列测定,获得各相关微生物的序列资料,然后输入计算机进行分析、比较,由计算机分析微生物之间系统发育关系。rRNA 序列测定和分析方法分为两类:寡核苷酸编目分析法和全序列分析法。

1. 寡核苷酸编目分析法

20世纪80年代中期以前的研究,主要是采用寡核苷酸编目分析法。序列测定的大致的做法是:将纯化的16S rRNA用核糖核酸酶(如T1核酸酶)处理,水解成片段,并采用同位素体外标记(也可以在培养微生物时进行活体标记),然后用双向电泳层析法分离这些片段,利用放射自显影技术确定不同长度的寡核苷酸斑点在电泳图谱中的位置,根据寡核苷酸在图谱中的位置,小片段的寡核苷酸分子序列即可确定。对于不能确定序列的较大片断核苷酸,还需要把斑点切下,再用不同核糖核酸酶或碱水解进行二级分析,有的片段可能还要进行三级分析,直至弄清所有片段的序列为止。在此基础上,对6个或更多核苷酸的片段按不同长度进行编目。将所有待比较的微生物的序列目录编好后,即可对这些序列目录资料进行分析、比较,采用相似性系数法和序列印记法比较和确定各微生物之间的亲缘关系。

(1)相似性系数法,是通过计算相似性系数 $S_{AB}$ 值来确定微生物之间的亲缘关系。A和B两菌株的相似性系数 $S_{AB} = 2 \times N_{AB}/N_A + N_B$,其中 $N_{AB}$ 代表两菌所含相同寡核苷酸的碱基总数,$N_A$ 和 $N_B$ 分别代表两菌寡核苷酸所含碱基总数。如果 $S_{AB}$ 等于1,说明所比较的两菌株rRNA序列相同,是同一进化时间的微生物。如果 $S_{AB} < 0.1$,说明两菌亲缘关系很远。

(2)序列印记法,则是通过序列比较后,若发现某些序列仅为某种(群)微生物所特有,这些序列即可作为该种(群)微生物的印记序列(Signature sequence)。印记序列通常出现在某一特定系统发育群的全部或绝大多数成员中,所以,它可以作为该系统发育群的标志,印记序列对于把微生物归入适当类群或用来制备核酸探针鉴定微生物有重要意义。伍斯于20世纪70年代末发现古细菌,认为生命应分三界的理论,就是采用寡核苷酸编目分析对大量的微生物进行分析比较后提出来的。

2. 全序列分析法

寡核苷酸编目分析法只获得了16S rRNA分子的大约30%的序列资料,加上采用的是一种简单相似性的计算方法,其结果有可能出现误差,因此应用上受到一定限制。随着核酸序列分析技术的发展,20世纪80年代末又陆续发展了一些rRNA全序列分析方法,其中最常用的是直接序列分析法。这种方法用反转录酶和双脱氧末端终止法测序分析,可以对未经纯化的rRNA抽提物进行直接的序列测定。随着PCR技术的发展,目前采用最多的序列分析技术是用人工合成的与16S rRNA保守区内的序列互补的寡核苷酸做引物,用PCR技术来扩增16S rRNA的基因(编码16S rRNA的DNA),再利用双脱氧末端终止法进行直接的序列分析。这种方法所需要的模板较少,适于开展大规模研究。

为了使16S rRNA全序列测定所获得的序列资料能准确反映各生物之间的进化关系,在比较这些原始序列资料之前,应用计算机先将这些16S rRNA序列资料进行排序,使各个生物的16S rRNA序列的同源位点一一对应,顺序排列(以保证各生物之间的比较,不仅是同源分子的比较,而且是同源位点的比较),然后两两进行比较,统计两序列之间异同序列数值,用相似性系数(类似编目分析的 $S_{AB}$)或距离数据来表示各微生物之间的进化关系。无论是相似性系数或是表示距离的数据,都是表示存在于两个线性大分子之间的不同位点的数量指征。需强调的是,当把序列的异同资料转化为反映微生物之间的真实的进化距离(Evolutionary distance)时,要考虑到大分子在进化过程中可能发生回复突变或重复置换等所造成的误差,因而常用统计学方法对原始数据进行校正,以便能真实反映生物之间的亲缘关系。

在对全 rRNA 序列资料进行分析比较时,印记序列无疑也是确定微生物进化关系的重要特征,而且在全序列的顺序资料中,除了可能出现由多个核苷酸组成的印记序列外,还可能在某些特定的序列位点上出现单碱基印记。单碱基印记作为"有可能"属于某一特定类群的标记,它可以为迅速确定某种微生物的分类地位提供帮助。有关界定三域生物的 16S 或 18S rRNA 的印记序列及单碱基印记见表 5.1。

表 5.1 古细菌、细菌和真核生物的 16S (18S) rRNA 的印记序列

| 寡核苷酸印记 | 大致的位置 | 出现的百分数/% | | |
|---|---|---|---|---|
| | | 古细菌 | 细菌(真细菌) | 真核生物 |
| CACYYG | 315 | 0 | >95 | 0 |
| CYAAYUNYG | 510 | 0 | >95 | 0 |
| AAACUCAAA | 910 | 3 | 100 | 0 |
| AAACUUAAAG | 910 | 100 | 0 | 100 |
| NUUAAUUCG | 960 | 0 | >95 | 0 |
| YUYAAUUG | 960 | 100 | <1 | 100 |
| CAACCYYCR | 1 110 | 0 | >95 | 0 |
| UUCCCG | 1 380 | 0 | >95 | 0 |
| UCCCUG | 1 380 | >95 | 0 | 100 |
| CUCCUUG | 1 390 | >95 | 0 | 0 |
| UACACACCG | 1 400 | 0 | >99 | 100 |
| CACACACCG | 1 400 | 100 | 0 | 0 |
| 单碱基印记 | 大致的位置 | 出现的百分数/% | | |
| | | 古细菌 | 细菌(真细菌) | 真核生物 |
| U | 549 | 98 | 0 | 0 |
| A | 675 | 0 | 100 | 2 |
| U | 880 | 0 | 2 | 100 |

注 Y 为任何嘧啶,R 为任何嘌呤,N 为任何嘌呤或嘧啶;印记序列的位置以大肠杆菌 16S rRNA 作为参考

### (四) 系统发育树

在研究生物进化和系统分类中,常用一种树状分支的图来概括各种(类)生物之间的亲缘关系,这种树状分支的图形被称为系统发育树(Phylogenetic tree),简称系统树(图5.1)。根据比较生物大分子序列差异获得的数值构建的系统树称为分子系统树。图中,分支的末端和分支的联结点称为结(Node),代表生物类群,分支末端的结代表仍生存的种类。系统树可能有时间比例,或者用两个结之间的分支长度变化来表示分子序列的差异数值。系统树分无根树(Unrooted tree)和有根树(Rooted tree)两种形式。无根树只是简单表示生物类群之间的系统发育关系,并不反映进化途径。如图5.1(a)所示,只简单表示在A,B,C和D 4种生物中,A与B比它与C或D的关系更亲近。而有根树图(5.1(d))中,不仅表示出A,B,C,D的亲疏远近,而且反映出它们有共同的起源及进化方向。构建有根的系统树是相当困难的,如上述假设的简单例子中,联结4种生物的无根树只有3种可能,而有根树则存在15种可能的联结方式。

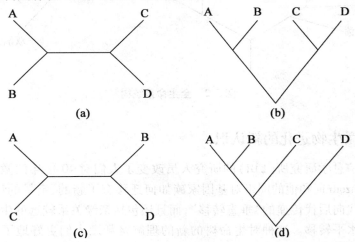

图5.1　系统发育树

构建分子系统树是在序列测定获得原始序列资料的基础上,由计算机排序,使各分子的序列同源位点一一对应,然后计算相似性或进化距离。在此基础上,使用适当的计算机软件根据各微生物分子序列的相似性或进化距离构建系统树。计算机分析系统发育相关性构建系统树时,可以采用各种方法,其中常用的方法是简约分析法(Parsimony analysis)。这种方法推断谱系的原则是:在所有可能的谱系关系中,涉及进化改变的序列特征数最少的谱系是最可信的。因此,在比较过程中要找到比较决定性的序列。

1981年,伍斯等人根据某些代表生物16S rRNA(或18S rRNA)序列比较,首次提出了一个涵盖整个生命界的系统树,而后又进行了多次修改和补充。图5.2为近年提出的一个全生命系统树,该系统树勾画了生物进化的大致轮廓。从图中可以看出,这是有根的树,根部的结代表地球上最先出现的生命,它是现有生物的共同祖先,生物最初的进化就从这里开始。rRNA序列分析表明,它最初先分成两支:一支发展成为今天的细菌(真细菌);另一支是古细菌——真核生物分支,它在进化过程中进一步分叉,分别发展成古细菌和真核生物。从该系统树所反映的进化关系表明,古细菌和真核生物属"姊妹群",它们之间的关系比它们与真细菌之间的关系更密切。从该系统树还可以看出,古细菌分支的结点离根部最近,其分支距离也最短,这表明它是现存生物中进化变化最少、最原始的一个类群。真核生物则离共同祖先最远,它是进化程度最高的生物种类。

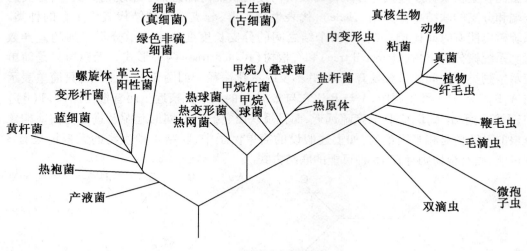

图 5.2　全生命系统树

## 三、关于微生物进化的新认识

欧洲生物信息学研究所(EBI)的研究人员改变了人们对 40 亿年的微生物进化的观点。Christos Ouzounis 和他的同事对基因家族如何迁移有了新的、定量的认识:这种迁移不但包括由亲代向后代传递的"垂直转移",而且还包括亲缘关系较远的生物之间的遗传物质的交换即水平转移。这种对生命树的新的理解将帮助人们更好地了解致病细菌如何能在人们抗击抗生素抗性的战争中处于领先地位。从达尔文时代开始,生物体间的进化关系用一棵树来表示。微生物学家长时间一直认为这种描述并不适用于微生物,因为不同种的微生物之间经常进行基因的交换。他们认为微生物的进化应该用一个网络来代表。但没有人确切地知道这个网络中应该在哪里画下水平线。Victor Kunin 等人勾画出了一张微生物进化图,这个图能追溯到数十亿年前的它们的最后的共同祖先,并且包含了水平线。虽然构建进化树有多种方法,但是不同研究组的图都大致相同。因此,研究人员利用这些树作为这个网的框架。为了掌握水平基因转移的情况,一种叫作 Gene Trace 的方法被使用。Gene Trace 能够从亲缘关系较远的生物中的一个基因家族的杂凑的存在来推测出水平转移。Gene Trace 方法产生的数据使研究人员能够画出"蔓藤"来代表水平基因转移事件。合计起来,观察到的垂直转移超过 600 000 个、基因丢失事件 90 000 个,还有 40 000 个水平基因转移。为了了解水平基因转移对微生物生命树的影响,研究人员将注意力放在了联系着生命树枝干的"蔓藤"网络上。这个网络是一种"无尺度"性的:其中的一个特点就是它们的"小世界"本质——能够很快地从一个结点穿行到另外一个结点。这些特点使这个网络中心充当了细菌的基因库,并为获得和在微生物群落中重新分布基因提供了媒介。

## 第二节　微生物多样性

微生物作为生物,具有与一切生物的共同点,即:①遗传信息都是由 DNA 链上的基因所携带,除少数特例外,其复制、表达与调控都遵循中心法则;②微生物的初级代谢途径如蛋白质、核酸、多糖、脂肪酸等大分子物的合成途径基本相同;③微生物的能量代谢都以 ATP 作为能量载体。同时微生物也具有自身的特点,最显著的特点是其呈现多样性。

### 一、微生物多样性的研究

#### (一)微生物形态与结构的多样性

微生物的个体极其微小,必须借助于光学显微镜或电子显微镜才能观察到它们。测量和表示单位,细菌等须用 μm 做单位,病毒等必须用 nm 做单位。杆形细菌的宽度只有 0.5~2 μm,长度也只有几个 μm,每克细菌的个数可达 $10^{10}$ 个。微生物本身就具有极为巨大的比表面积,如大肠杆菌比表面积可达 30 万。这对于微生物与环境的物质、能量和信息的交换极为有利。

尽管微生物的形态结构十分简单,大多是单细胞或简单的多细胞构成,甚至还无细胞结构,仅有 DNA 或 RNA;形态上也仅是球状、杆状、螺旋状或分支丝状等,细菌和古细菌形态上除了那些典型形状外还有许多如方形、阿拉伯数字状、英文字母形等特殊形状。放线菌和霉菌的形态有多种多样的分支丝状。微生物细胞的显微结构更是具有明显的多样性,如细菌经革兰氏染色后可分为革兰氏阳性菌和阴性菌,其原因在于细胞壁的化学组成和结构不同,古细菌的细胞壁组成更是与细菌有着明显的区别,没有典型的肽聚糖而由蛋白质等组成,真菌细胞壁结构与古细菌、细菌又有很大的差异。

#### (二)微生物物种的多样性

微生物是地球上生物多样性最为丰富的资源。微生物的种类仅次于昆虫,是生命世界里的第二大类群。然而由于微生物的微观性,微生物的发现和研究比动植物迟得多,加上研究手段的限制,鉴定种的工作以及划分种的标准等较为困难,许多微生物的种群还不能分离培养。目前着重研究的微生物是对人类关系最为密切的一些种,已知种数大约为 10 万多种,可以预见,随着分离、培养方法的改进和研究工作的深入,微生物界(包括病毒在内)的物种种数要大大超过动植物界物种种数之和,这可以从 3 个方面的事实加以证明:首先,每年新发现的微生物的种数正在急剧地增长着,仅形态较大的真菌每年就有 1 500 种新种记载;其次,土壤是微生物的大本营,但在土壤中目前约有 90% 的微生物还无法在实验室中加以培养鉴定;第三,由于几乎所有的动植物和微生物中都找到了相应的病毒,因此可以想象,在微生物中,仅病毒的种数即有可能超过其他动植物和微生物之和,况且有的宿主可同时多种病毒寄生(如人类病毒目前就已发现 300 多种)。

目前已确定的微生物种数在 10 万种左右,但正以每年发现几百至上千个新种的趋势增加。大多数微生物生态学家认为,目前已知的已分离培养的微生物种类可能还不足自然界存在的微生物总数的1%。情形可能确实如此,在自然界中存在着极为丰富的微生物资源。

自然界中微生物存在的数量往往超出一般人们的预料。每克土壤中细菌可达几亿个,放线菌孢子可达几千万个。人体肠道中菌体总数可达100万亿左右。每克新鲜叶子表面可附生100多万个微生物。全世界海洋中微生物的总质量估计达280亿吨。从这些数据资料可见微生物在自然界中的数量之巨。实际上,我们生活在一个充满着微生物的环境中。

微生物在生物系统发育史上,比动植物和人类都要早得多,但由于其个体太小和观察技术的限制,发现它们却是最晚的。微生物横跨了生物六界系统中无细胞结构生物病毒界和细胞结构生物中的原核生物界、原生生物界、菌物界,除了动物界、植物界外,其余各界都是为微生物而设立的,范围极为宽广。

从以上可以看出,微生物作为巨大基因资源库,蕴藏着极为丰富的基因内涵。人们认识、研究和开发它,无疑将给人类带来巨大的效益,对解决现实社会中存在的诸多问题也具有重要意义。仅就目前发现并被初步开发的微生物资源从种数上讲不超过1%,已在农业、工业、食品、医药和环境等诸多领域带来了巨大的经济效益和社会效益。

**(三)微生物代谢的多样性**

无论从能量代谢还是物质代谢角度讲,微生物代谢类型的多样性也是动植物不可比拟的。

从营养代谢类型看,主要包括光能自养型、光能异养型、化能自养性和化能异养型4种类型。如光能自养型,目前已知有3种形式,包括不产氧型光合作用——循环光合磷酸化;产氧型光合作用——非循环光合磷酸化(似绿色植物);嗜盐紫膜菌型光合作用——一种无叶绿素或菌绿素(通过细菌视紫红质)参与的独特光合作用。化能自养型代谢是微生物独有的营养代谢类型,通过氧化无机物($NH_4^+$,$NO^-$,$2H_2S$,$S$,$H_2$,$Fe^{2+}$等)作为还原$CO_2$所需要的ATP和还原力。化能异养型中,包括发酵、无氧呼吸、有氧呼吸等不同生物氧化形式及诸多代谢途径产能。可以说,在自然界只要存在某种有机物(包括人工合成的有机物),就会有相应的微生物去分解利用它,如石油、苯酚、甲苯、丙烯腈、多种染料和农药等。

微生物能利用的基质十分广泛,是任何其他生物所望尘莫及的。从无机的$CO_2$到有机的酸、醇、糖类、蛋白质、脂类等,从短链、长链到芳香烃类,以及各种多糖大分子聚合物(果胶质、纤维素等)和许多动、植物不能利用甚至对其他生物有毒的物质,都可以成为微生物的碳源和能源。

微生物产生的代谢产物种类多,仅大肠杆菌一种细菌就能产生2 000~3 000种不同的蛋白质。天然抗生素中,2/3(超过4 000种)是由放线菌产生的。微生物所产酶的种类也是极其丰富的,从各种微生物中发现,仅Ⅱ型限制性内切酶就有1 443种。代谢产物更是多种多样,包括蛋白质、多糖、核酸、脂肪、抗生素、维生素、毒素、色素、生物碱、$CO_2$、$H_2O$、$H_2S$等。

微生物又分需氧和厌氧两大类。需氧的有专性、兼性和微需氧,厌氧的有耐氧和严格厌氧两类。

### (四) 微生物遗传的多样性

生物多样性从本质上讲,源于遗传的多样性。与高等生物相比,微生物的遗传多样性表现得更为突出,不同种群间的遗传物质和基因表达具有很大的差异。从分子水平上讲,遗传的多样性主要是由遗传物质(主要是 DNA 分子)的碱基排列顺序的多样性和组成核酸分子的碱基数量的巨大性所决定。虽然构成 DNA 分子的碱基只有 4 种,但由于微生物 DNA 分子由几十万到几百万个碱基对组成,它们的排列顺序类型就是一个天文数字,而排列顺序的不同就导致了物种之间的差异。从这一意义上讲,我们看到了生物多样性在宏观领域(生态系统水平)与微观领域(分子水平)的结合点。

微生物遗传的多样性内涵还可进一步扩展。首先,构成微生物的主要遗传物质不仅仅是 DNA 分子双链结构,还存在单链 DNA、双链 RNA 和单链 RNA 等遗传信息的存在形式。其次,诸如转导、转化和接合及准性生殖等微生物特有的基因重组方式,对加强微生物之间的基因交流、推动新物种的形成,以及加速物种的进化具有重要作用。另外,加上人类的原生质体融合技术、基因工程技术的参与,使微生物遗传的多样性大大扩展,也为微生物遗传变异提供了多样化手段。

### (五) 微生物繁殖与变异的多样性

微生物的繁殖方式相对于动植物的繁殖也具有多样性。细菌以二裂法为主,个别以性接合的方式繁殖;放线菌可以菌丝和分生孢子繁殖;霉菌可由菌丝、无性孢子和有性孢子繁殖,无性孢子和有性孢子又各有不同的方式和形态;酵母菌可由出芽方式和形成子囊孢子方式繁殖。

微生物尤其是以二裂法繁殖的细菌具有惊人的繁殖速率。如在适宜条件下,大肠杆菌 37 ℃时世代时间为 18 min,每 24 h 可分裂 80 次,每 24 h 的增殖数为 $1.2 \times 10^{24}$ 个。枯草芽孢杆菌(B. subtilis) 30 ℃时的世代时间为 31 min,每 24 h 可分裂 46 次,增殖数为 $7.0 \times 10^{13}$ 个。

微生物由于个体小结构简单、繁殖快,与外界环境直接接触等原因,很容易发生变异,一般自然变异的频率可达 $10^{-5} \sim 10^{-10}$,而且在很短时间内出现大量的变异后代。变异具有多样性,其表现可涉及多种性状,如形态构造、代谢途径、抗性、抗原性的形成与消失、代谢产物的种类和数量等。如常见的人体病原菌抗药性的提高,常需要提高用药剂量,则是病原菌变异的结果。抗生素生产和其他发酵性生产中利用微生物变异,提高发酵产物产量。最典型的例子是青霉素的发酵生产,最初发酵产物每毫升只含 20 单位左右,而现在已有极大的增加,甚至接近 10 万单位了。

### (六) 微生物抗性的多样性

微生物具有极强的抗热性、抗寒性、抗盐性、抗干燥性、抗酸性、抗碱性、抗压性、抗缺氧、抗辐射和抗毒物等能力,显示出其抗性的多样性。

现在已从近于 100 ℃条件下的温泉中分离到了高温芽孢杆菌,并观察到在 105 ℃时还能生长。甚至有报道,有人从太平洋 25 000 m 深处分离到的高温菌,在 265 atm (1 atm = $1.01 \times 10^5$ Pa)和 250 ℃下,经过 40 min 的培养,细菌数量增加 1 倍,几小时后增加了100倍,甚至升温到300 ℃时仍在生长。细菌芽孢具有高度抗热性,这常给发酵工业生产带来危害。许多细菌也耐冷和嗜冷,有些在-12 ℃下仍可生活,造成储藏于冰箱中的肉类、鱼类和蔬菜、水果的腐败。人们常用冰箱(+4 ℃)、低温冰箱(-20 ℃)、干冰(-70 ℃)、液氮(-196 ℃)来保藏菌种,都具有良好的效果。

嗜酸菌可以在pH为0.5的强酸环境中生存,而硝化细菌可在pH为9.4、脱氮硫杆菌可在pH为10.7的环境中活动。在含盐高达23% ~25%的"死海"中仍有相当多的嗜盐菌生存。在糖渍蜜饯、蜂蜜等高渗物中同样有高渗酵母等微生物活动,往往引起这些物品的变质。

微生物在不良条件下很容易进入休眠状态,某些种类甚至会形成特殊的休眠构造,如芽孢、分生孢子、孢囊等。有些芽孢在休眠了几百年、上千年后仍有活力,甚至报导称3 000~4 000年前埃及金字塔中的木乃伊上至今仍有活的病原菌。

**(七)微生物生态系统的多样性**

微生物在自然界中,除了"明火"、火山喷发中心区和人为的无菌环境外,到处都有分布,上至几十千米外的高空,下至地表下几百米的深处,海洋上万米的水底层,土壤、水域、空气、动植物和人类体内外,都已发现分布有各种不同的微生物。即使是同一地点同一环境,在不同的季节,如夏季和冬季,微生物的数量、种类、活性、生物链成员的组成等有明显的不同。由于微生物多样性而造成的微生物生态系统结构与功能的差异,即微生物生态系统呈现多样性。

地球上每一角落都是不同的微生物生态系统(即使在很小的范围内也可能存在多个微生物生态系统)。若按大环境的不同,主要的微生物生态系统类型介绍如下。

1. 陆生微生物生态系统

此类微生物生态系统主要就是土壤微生物生态系统。土壤素有"微生物天然培养基"之称,其酸碱度、湿度、含氧量等都可保证微生物生长,温度适中且变化不大,无机和有机营养物质丰富,这些都为各种微生物的生长繁殖提供了有利条件。因此,土壤中微生物种类最多,数量最大,是人类最主要的微生物资源菌种库。陆生微生物生态系统的重要功能就在于对含C、N、S、P等元素的有机物的矿化作用,陆生微生物是自然界中最主要的分解者,使得地球上这些营养元素得以循环使用,同时它们对土壤的形成、土壤肥力和生物质(Biomass)的生产都有非常重要的作用。

2. 水生微生物生态系统

地球表面约有71%为水所覆盖,水是一种很好的溶剂,溶解有$O_2$及N,P,S等无机营养元素,还含有不少的有机物质,虽不及土壤丰富,但也足以维持微生物的生存;此外水环境的温度、pH、渗透压等也适合微生物生长繁殖。因此,天然水体也是微生物广泛分布的自然环境,生长着大量的各种微生物,特别是在富营养化的水体中,微生物含量更高,由于厌氧微生物的作用,常引起水体黑臭等。水生微生物生态系统可分为淡水水生微生物生态系统和海水水生微生物生态系统。水生微生物生态系统的作用和功能是非常明显的,一方面,水中含有的异养微生物可把腐殖质、有机废弃物等分解并部分转化为微生物蛋白质;另一方面,水中还含有各种光合微生物(如光合细菌、蓝细菌等),通过光合作用,将无机物转化为有机物合成自身细胞物质(生物圈中最重要的生态过程),它们是最初级的自养型生产者,与异养型微生物一起成为水中浮游动物的食料从而进入食物链。以上可见,微生物在水中生态系统中,不仅在推动和完成自然界物质的生物地球化学循环中起着极为重要的作用,而且在食物链中,也起着关键的作用,具有重要的社会、环境和经济意义。

3. 大气微生物生态系统

大气由79% $N_2$、约20% $O_2$、0.032% $CO_2$及痕量的其他气体组成,还含有水蒸气、小水滴、冰晶及尘埃等。大气层分为对流层(Troposphere,0~15 km)、同温层(Stratosphere,15~50 km)和电离层(Ionosphere,50 km以上),随着高度的上升,温度很快下降;此外大气中的碳素含量极低,更不用说有机物等营养物质,再者大气的化学、物理因子(紫外线、臭氧等)都不利于微生物的存活,所以大气环境不是微生物生长繁殖的适宜环境,因此空气中没有固定的微生物种群。由于许多微生物可以产生各种抗逆境的休眠体(如芽孢、孢囊等),以适应不良环境,因此微生物可在大气中存活相当长时间而不死亡,在空气中仍能找到各种微生物,它们主要来源于带有微生物细胞或孢子的尘埃、小水滴及动物呼吸排泄物等,主要是细菌和真菌。探索微生物在大气中的传播途径和规律及其变化,对研究大气污染,防止有害微生物(病原菌和腐生菌),特别是流行性病原菌对动植物和人类造成的大范围损伤,具有极其重要的理论和实践意义。

4. 根系微生物生态系统

植物根系周围的环境显然有别于一般环境,存在着特殊的微生物种群,与根系环境组成了根系微生物生态系统。一般来说,根系微生物生态系统功能的正常与否维系着植物的正常生理功能,有些根系微生物与根系植物形成了共生关系,如固氮菌与豆科植物;有些根系微生物离开了根系微生物系统就无法生长繁殖,如绝大部分的菌根菌。研究根系微生物生态系统,对于发展、保护森林资源、提高牧草产量,提高农业粮食产量、甚至是在环境污染治理方面都具有重要意义。

5. 肠道(消化道)微生物生态系统

动物体上也存在着很多微生物种群,特别是肠道和反刍动物的瘤胃内的微生物种群和数量更为丰富,它们与动物肠道(消化道)一起组成了结构与功能特异的肠道微生物生态系统。肠道(胃)中的微生物绝大多数对动物本身是有益的,如胃瘤菌可以产生纤维素酶,帮助动物消化纤维素类食物;另外,许多肠道微生物还可以为动物提供维生素等。肠道微生物生态系统如果失衡,容易影响动物体的健康,因此,切不可滥用抗生素类药物,也不要盲目过多地补充双歧因子,以免引起肠道微生物生态系统失调。研究肠道(消化道)微生物生态系统,对于促进畜牧业的发展,提高人民健康水平具有重要意义。

6. 极端环境微生物生态系统

极端环境包括高温、低温、高盐、高碱、高酸、高压环境等。在各种极端环境中,生长着不同的微生物,这些微生物在蛋白质和核酸组成、分子结构、细胞膜分子结构和功能、酶的结构和性质及代谢途径等方面,发生了生理性和进化性改变。研究极端环境微生物生态系统,了解极端环境因子对微生物种群、群落分布和结构组成及其功能的限制性作用规律,对研究微生物分类、生物进化甚至是生命的起源,对于开发微生物资源、应用这些微生物的特殊基因、特殊功能的酶(耐热酶、耐碱酶等)、新的生物产品,在理论上和实践上都具有重要意义。

7. 活性污泥微生物生态系统

活性污泥是由很多革兰氏阴性菌、革兰氏阳性菌、丝状真菌、原生动物、后生动物等组成的复杂结构的共生体系,是一种非常特殊的微生物生态系统。不同来源的活性污泥,其微生物组成、结构和功能有着非常明显的差别。活性污泥中的各种微生物都具有降解有机物的能力,因此活性污泥在环境污染的生物处理,特别是废水的生物处理中具有广泛的应用。研究并阐明活性污泥微生物生态系统的组成、结构与功能,对于提高活性污泥对有机污染物的降解能力进而提高废水的生化处理效率,对于进一步了解微生物种群之间的相互关系,特别是微生物种群之间的共生关系等都具有重要的理论和实践意义。

8. "生物膜"微生物生态系统

"生物膜"是由各种微生物种群构成的特殊的微生物生态系统,其结构复杂,一般至少有两层结构,外层由各种好氧异养型微生物种群组成,可降解有机污染物;内层由各种兼性厌氧或厌氧的化能异养型或化能自养型微生物种群组成,可进行各种氧化还原反应,特别是可以进行硫酸盐还原和反硝化作用。"生物膜"与活性污泥一样,在环境污染的生物处理方面,特别是在生活污水和各种工业废水的生化处理及空气污染的控制和处理等方面具有广泛应用。因此研究并阐明"生物膜"微生物生态系统的组成、结构与功能,对于提高其对有机污染物的降解能力进而提高废水的生化处理效率等具有重要的理论和实践意义。

微生物与生物环境之间的关系也是极其复杂和多样性的,有互生、共生、共栖、寄生、捕食和顽抗等。如人体肠道中约有400种不同微生物与人类构成互生关系;地衣是藻菌共生的典型例子:藻类进行光合作用,为真菌提供有机营养,真菌产生有机酸分解岩石,为藻类提供必需矿质元素;根瘤、菌根则是微生物与植物共生;反刍动物与瘤胃微生物构成了微生物与动物的共生关系。

## 二、微生物多样性的影响

### (一) 自然界元素循环

由微生物推动的碳素的地球生物化学循环中,二氧化碳和水被植物和光合微生物、藻类等固定为有机碳化合物,异养型微生物又将各种有机物进行分解和转化。在生物物质的释放中,微生物所分解的物质种群、数量和程度都远远超过其他生物。它们是自然界物质生物循环的主要推动者。淀粉、纤维素、半纤维素、果胶、木质素等复杂大分子的分解转化都有赖于微生物的生命活动。氮素的地球生物化学循环由有机氮的氨化作用,氨的硝化作用(包括氨的厌氧氧化),硝酸盐、亚硝酸盐的反硝化作用和大气氮的生物固定作用组成。氨化作用有各种不同的方式。硝化作用可分为亚硝化作用和硝化作用两个过程,相应的参与的微生物也有亚硝酸细菌和硝酸细菌。反硝化作用可分为同化型反硝化作用和异化型反硝化作用。生物固氮是植物获得所需氮素的重要来源,可分为自生固氮、共生固氮、联合固氮等不同方式,其中根瘤菌和豆科植物的共生固氮是最重要的形式,不管何种形式,固氮的生物化学过程都是相同的。硫、磷、钾和其他元素的地球生物化学循环都有着各自的特点。

碳、氢、氧、氮、硫、磷、铁、锰、钾、钙等都是组成生物体的必需化学元素。生物只有不断地从环境中获取这些元素才能生长、发育和繁殖。但地球上这些元素特别是能被有效利用的部分的储存量是有限的，而生命的延续和发展却是无尽的。这些元素的供求矛盾只有在物质的不断循环中才能得以解决。物质生物地球化学循环，即生物所推动的物质循环，为有限的营养元素的循环使用创造了极其重要的条件。

物质生物循环可以归结为化学元素的生物固定（吸收至生物体内，用于组成各种细胞物质）和生物释放（生物体分解、释放各种细胞组分，其中的有机物质最终转化为无机物质）这两个相互对立的转化过程。碳素是有机物质的骨架，在物质生物循环中起着十分重要的核心作用。在自然界，化学元素的生物固定是从碳素开始的。绿色植物和无机营养型微生物（包括藻类和少数细菌）利用光能或化学能将二氧化碳和水还原为碳水化合物（含碳、氢、氧3种元素），不仅实现了无机态碳到有机态碳的转化，也实现了能量的转化和储存。碳水化合物可在细胞内进一步转化并结合氮、磷、硫等其他元素，合成生物体的各种有机组分，并逐步积累能量。与此同时，植物和有机营养型微生物也进行着分解作用，使有机物质重新转化为二氧化碳、水和各种无机物质，并释放其储存的能量。由于这些生物的合成作用远远超过分解作用，其生命活动的净结果是在自然界中积累生物物质，即生物固定了各种化学元素。动物和有机营养型微生物则以植物和微生物为食，从中获得生命活动所需的能量和组成机体的物质成分。其生命活动的净结果是导致积累于自然界中的生物物质的分解和消失，即生物释放各种化学元素。在生物物质的释放中，微生物所分解的物质类型、数量和程度都远远超过其他生物。它们是自然界物质生物循环的主要推动者。

微生物在元素的生物地球化学循环中主要推动着有机物的分解过程，无机离子的生物同化过程即生物固定过程、无机离子和化合物的氧化过程和各种氧化态元素的还原过程。

实际上各种元素的生物地球化学循环都不是独立的，而是相互伴随、交织和影响的，构成各种复杂关系。设想地球上没有微生物，则数亿年来所有的动物残骸将堆满全球，作为第一生产力的植物将得不到必需的无机营养物（也无处可长），生物将灭绝。正是那些引起物质腐败的微生物，把动植物残骸矿化，使生长必需的元素 O，C，N，S，P 等得以循环，才保证了生物圈的存在。没有微生物就没有生物圈，称为微生物的宇宙作用，也叫作生物地化学循环（Biogeo-chemical cycles）。

### （二）农业生产

微生物可以为农业生产提供大量的微生物肥料和微生物农药。

#### 1. 微生物肥料

根瘤菌肥是指利用能够与某种豆科作物共生形成根瘤并固氮的根瘤菌，进行培养扩大后生产的生物肥料，用于对豆科植物播种时拌种或其他方式使用使豆科植物能够提早结瘤，增加结瘤量，从而提高固氮量，促进豆科植物生长和提高产量。放线菌肥是指利用放线菌生产制成的微生物肥料，具有抗植物细菌性病原菌、某些生长刺激因子。固氮菌肥是指利用能固定大气氮素为氨态氮并产生某些生长因子的细菌生产的微生物肥料。

磷细菌肥是指利用某些能转化矿石中的无效态无机磷或有机物中的有机磷为有效磷的微生物生产的微生物肥料。钾细菌肥是指利用能有效地将矿石中的无效钾转化为有效钾的微生物生产的微生物肥料。许多微生物在其生长过程中可产生许多不同的生长因子，如维生素、吲哚类、赤霉素等生长刺激物质。微生物生长刺激剂是指利用这些微生物进行培养扩大生产的以利用微生物的生长刺激物质为主要目标的微生物制剂。

### 2. 好氧性微生物堆肥

农业中每年有大量的作物残体，如秸秆、枯枝落叶、杂草等，经过微生物的作用，可制成优质的有机肥料。厌氧性微生物沤肥是指在田旁或田中挖一个大坑（或塘），将坑底和四周夯实，分层加入沤制材料，灌水踏紧，排除空气，在厌氧微生物作用下，制成腐熟有机肥料的过程。沤肥堆氮素养分的保存率较高，转化成速效性氮的比例也较大。沤肥的效果明显优于露天堆放，前者的氮素损失只有 5%，速效性氮的比例高达全氮量的 35%。

### 3. 微生物农药

微生物是人类和动植物病害的主要病原菌。但是病原微生物也受其他微生物的拮抗抑制或毒害，因此可以利用微生物间的拮抗关系，防治农作物的病害，达到以菌治菌的目的。微生物也可引起昆虫的病害，利用昆虫的病原微生物防治害虫，达到以菌防虫治虫、以菌防病治病的目的。利用微生物防治植物病虫害，可以避免或减轻化学农药对人畜和害虫天敌的毒害，而且也不易产生抗药性，并可以解决或缓和由于大量施用化学农药而造成的环境污染。

### 4. 农用抗生素

早在 1934 年魏德林（Weidling）就发现绿色木霉能杀死多种引起植物病害的真菌。农用抗生素除要求对某种植物病原菌有特异性的抑制作用外，还要求能够吸入植物体内，吸入后仍具有抗菌活性，并对植物细胞无毒性，不产生药害，植物能正常代谢生长。

### 5. 杀虫微生物

利用微生物防治害虫至少已有百年的历史，近年来"以菌治虫"的研究更受世人重视。已知的杀虫微生物近 1 600 种，包括细菌、真菌、病毒、立克次氏体和原生动物，其中主要的是细菌、真菌和病毒。但真正使用的杀虫微生物种类并不多，还有一些正在发掘和研究中。

### 6. 有益微生物在食品制造中的作用

用微生物制造食品，这并不是新的概念。早在古代，人们就采食野生菌类，利用微生物酿酒、制酱，但当时并不知道是微生物的作用。随着对微生物与食品关系的认识日益加深，对微生物的种类及其作用机理的理解，逐步扩大了微生物在食品制造中的应用范围。概括起来，微生物在食品中的应用有 3 种方式。①微生物菌体的应用：食用菌就是受人们欢迎的食品；乳酸菌可用于蔬菜和乳类及其他多种食品的发酵，所以人们在食用酸牛奶和酸泡菜等发酵食品时也食用了大量的乳酸菌；单细胞蛋白（SCP）就是从微生物体中所获得的蛋白质，也是人们对微生物菌体的利用。②微生物代谢产物的应用：人们食用的食品是经过微生物发酵作用的代谢产物，如酒类、食醋、氨基酸、有机酸、维生素等。③微生物酶的应用：如豆腐乳、酱油。酱类是利用微生物产生的酶将原料中的成分分解而制成的食品。微生物酶制剂在食品及其他工业中的应用日益广泛。

**(三) 资源与能源开发**

能源问题正随着一次性能源（如石油、天然气、煤）的加速耗竭而日益突出，由于能源问题引发的国际纷争屡屡发生。化学性燃料的燃烧也给环境带来前所未有的污染问题，二氧化碳、二氧化硫、煤灰等燃烧后的废气和固体废物大量进入环境，使人类生存的环境质量下降。

甲烷、乙醇和氢气等不仅是可再生的燃料，而且在燃烧过程中不产生严重危害环境的污染问题，尤其是氢气，燃烧后仅形成水，具有清洁、高效、可再生等突出优点。另一方面，这些燃料可由微生物利用有机废弃物生产，从而在获得清洁燃料的同时，处理有机废物，保护和改善环境。利用生物技术将可利用的廉价有机物甚至有机废物转化为清洁燃料替代"石油"等矿物燃料，将是世界性的实施环境可持续发展的长期战略。

1. 甲烷的微生物学产生

在自然界各种厌氧生境中，如沼泽、池塘、海洋和水田的底部，常可见到有气泡冒出水面。若将这些气体收集起来，可以点燃，称之为沼气。沼气的主要成分为甲烷（约占60%~70%）和 $CO_2$（约占30%~35%）。沼气是厌氧环境中有机物被微生物转化的产物。所谓沼气发酵，是指在厌氧条件下将有机物转化为沼气的微生物学过程。

2. 乙醇的发酵生产

乙醇的生产需要多种微生物的共同作用。由于能将葡萄糖转化为乙醇的酵母不能利用淀粉、纤维素等大分子有机物，因此必须有其他微生物将这些大分子有机物降解为葡萄糖提供给酵母。这一将淀粉、纤维素等大分子有机物转化为葡萄糖的过程称为糖化作用。糖化过程可利用酸水解或酶解或某些微生物将大分子有机物水解为葡萄糖。能将这些大分子有机物转化为葡萄糖的微生物称为糖化菌。根霉（Rhizopus）、毛霉（Mucor）、曲霉（Aspergillus）的许多种都具有很高的糖化能力。在生产中主要用的糖化菌是曲霉和根霉。曲霉有黑曲霉（Aspergillus niger）、白曲霉和米曲霉（Aspergillus oryzae）等。根霉是淀粉发酵法的主要糖化菌，其中以东京根霉（又称河内根霉）、黑根霉（Rhizopus nigricans）等应用最广。酵母在厌氧条件下利用大分子有机物糖化后的葡萄糖时，先形成丙酮酸，丙酮酸脱羧形成乙醛，乙醛再在乙醇脱氢酶作用下形成酒精。乙醇发酵能力最强的酵母是子囊菌纲酵母菌属的啤酒酵母（S. cerevisiae）。细菌中能进行乙醇发酵的种不多，仅有运动发酵单胞菌（Zymomonas mobilis）、胃八叠球菌（Sarcina ventriculi）和解淀粉欧文氏菌（Erwinia amylovora）等少数种。它们在形成乙醇时的途径与酵母菌不同。运动发酵单胞菌（Z. mobilis）可以通过ED途径发酵葡萄糖产生酒精。纤维素类物质是地球上最丰富、廉价的可再生资源，全世界每年由植物合成纤维素、半纤维素总量达 $85 \times 10^9$ t，但被利用的仅有2%左右，其余的大多以农业废弃物的形式残留于环境。面临世界性能源枯竭和环境污染的日益威胁，通过微生物将以纤维素、半纤维素为主要成分的农业废弃物直接转化生产乙醇已成为研究热点。

3. 微生物制氢

氢气由于燃烧的产物为水而不产生任何环境污染物，而且能量密度和热转换效率高，是一种十分理想的"绿色"载能体。制氢方法可分为理化性的方法和生物性的方法两类。采用理化性的方法将水电解为氢和氧，必须消耗大量的电能，在经济成本上难以接受。其他化学性方法也要消耗大量矿物资源，而且生产过程中产生大量污染物污染环境。生物性方法利用微生物生产氢气具有前者所不可比拟的优点。在生命活动中能形成分子氢的微生物有两个主要类群：一是固氮微生物尤其是具有固氮作用的光合微生物。目前研究较多的主要有颤藻属、深红红螺菌、球形红假单胞菌、深红红假单胞菌、球形红微菌、液泡外硫红螺菌等。二是严格厌氧和兼性厌氧的发酵性产氢细菌，如丁酸梭状芽孢杆菌、拜氏梭状芽孢杆菌、大肠埃希氏杆菌、产气肠杆菌、褐球固氮菌等。

### (四) 医药和保健品开发

利用微生物的丰富资源，寻找人类抗病、治病的新药和保健品，为人类的健康长寿服务。药物和保健品是人类战胜疾病和提高生活质量的重要物质资源。随着人类人口的急剧增长，环境恶化和人类无知地滥用药物使病原微生物的抗药性空前提高，人类面对的疾病威胁、疾病种类都在日益增多，甚至许多疾病前所未有，人们对许多疾病甚至一无所知。原有效的药物急剧变得低效甚至无效，也无药可替。另一些原已基本消灭的疾病近年又卷土重来。因此利用微生物及其产物提高人类的生存质量，减少疾病，开发微生物药物资源，用于各种疾病的治疗，对于推动人类社会的文明进步具有重大意义。目前，国内外都在利用现代生物技术尤其是微生物技术，或对已知的各种药物进行改造，以提高疗效或适应更为广泛的疾病治疗，或开发新的药物和保健品，扩大药物资源。

1. 生产药物

抗生素是微生物的次生代谢产物，既不参与细胞结构，也不是细胞内的储存性养料，对产生菌本身无害，但对某些微生物有拮抗作用，是微生物在种间竞争中战胜其他微生物保护自己的一种防卫机制。抗生素具有不同于化学药物的特点：①抗生素能选择性地作用于菌体细胞 DNA，RNA 和蛋白质合成系统的特定环节，干扰细胞的代谢作用，妨碍微生物的生命活动或使其停止生长，甚至死亡。不同于无选择性的普通消毒剂或杀菌剂，抗生素的抗菌活性主要表现为抑菌、杀菌和溶菌 3 种现象。这 3 种作用之间并没有截然的界限。抗生素抗菌作用的表现与使用浓度、作用时间、敏感微生物种类以及周围环境条件都有关系。②抗生素的作用具有选择性，不同抗生素对不同病原菌的作用不一样。对某种抗生素敏感的病原菌种类称为该抗生素的抗生谱（抗菌谱）。不同抗生素的抗菌谱差别较大。例如，淡紫灰链霉菌（*Streptomyces lavadulae*）产生的厄立霉素只对少数病毒有医疗作用，对细菌、真菌和其他多数病毒都没有作用。广谱抗生素对多种病原菌有抗生作用，不同抗生素的抗菌谱差别较大。例如，青霉素对多种革兰氏阳性菌都有良好药效，链霉素对多种革兰氏阳性和阴性菌都有良好药效。③有效作用浓度。抗生素是一种生理活性物质。各种抗生素一般都在很低浓度下对病原菌就产生作用，这是抗生素区别于其他化学杀菌剂的又一主要特点。各种抗生素对不同微生物的有效浓度各异，通常以抑制微生物生长的最低浓度作为抗生素的抗菌强度，简称有效浓度。有效浓度越低，表明抗菌作用越强。有效浓度在 100 mg/L 以上的抗生物属于作用强度较低的抗生素，有效浓度在 1 mg/L 以下的抗生素是作用强度高的抗生素。抗生素的作用机制各不相同:有的抑制细胞壁的形成,有的影响细胞膜的功能,有的干扰蛋白质的合成,有的阻碍核酸的合成等。

### 2. 微生物多糖

许多细菌和真菌可产生多糖。根据多糖在微生物细胞中的位置,可分为胞内多糖、胞壁多糖和胞外多糖。其中胞外多糖由于产生量大且易与菌体分离,而得到广泛关注。微生物多糖有着独特的药物疗效和独特的理化特性,使其成为新药物的重要来源,并被作为稳定剂、胶凝剂、增稠剂、成膜剂、乳化剂、悬浮剂和润滑剂等广泛应用于石油、化工、食品和制药等各个行业。

### 3. 微生物生产的酶抑制剂

一切生物生命活动过程实质上都是由酶催化的生物化学反应过程。因此一旦某种酶的基因表达或其催化活性发生变化,机体无疑会显示出某种病变症状。利用微生物生产各种酶抑制剂来调整酶的表达量或酶的活性,其中部分酶的抑制剂已在临床上得到应用。①蛋白质代谢相关的酶抑制剂,包括内肽酶抑制剂,如由玫瑰链霉菌(*Streptomyces roseus*)产生的以纤维蛋白酶为靶酶的亮肽素(Leupeptin)、由蜡状芽孢杆菌(*Bacillus cereus*)产生的以硫醇蛋白酶为靶酶的硫醇蛋白酶抑素(Thiolstatin)和外肽酶抑制剂,如由放线菌 MF–931–A2 生产的以氨肽酶 B 为靶酶的 α–氨酰精氨酸等。②糖代谢相关的酶抑制剂,如由灰孢链霉菌(*S. griseosporeus*)生产的以 α–淀粉酶为靶酶的 haim I, II。③脂质代谢相关的酶抑制剂,如由柠檬酸青霉(*Penicillum citrinum*)生产的以 HMG–CoA 还原酶为靶酶的 Compactin 等。④其他酶抑制剂,如由棍孢链霉菌(*S. staurosporeus*)生产的以蛋白激酶 C 为靶酶的棍孢素等。在临床上已有 8 种酶抑制剂用于治疗非淋巴性白血病、抑制牙垢形成、高脂血症、糖尿病和成人 T 细胞白血病。

### 4. 微生物毒素的药物应用

许多细菌和真菌可以产生毒素。细菌毒素包括葡萄球菌毒素、链球菌外毒素、肺炎链球菌毒素、肉毒毒素、霍乱弧菌毒素、志贺氏菌毒素、大肠杆菌毒素、白喉杆菌毒素、炭疽杆菌毒素、梭菌毒素、蓝细菌毒素等。真菌毒素包括黄曲霉毒素、棕曲霉毒素、麦角、杂色曲霉素、烟曲霉震颤素、玉米赤霉烯酮、交链孢毒素、毒蘑菇毒素等。根据微生物毒素的化学成分,可分为蛋白质类毒素、多肽类毒素、糖蛋白类毒素和生物碱类毒素等。根据毒素的作用机理,有溶细胞解毒素、抑制蛋白质合成毒素、神经毒素、作用于离子通道的毒素、作用于突触的毒素、凝血和抗凝血的毒素等。根据导致的疾病可分,引起光敏和过敏反应的毒素,引起精神和神经系统病变的毒素,引起胃肠道和肝脏病变的毒素、致畸致癌的毒素和引起呼吸系统病变的毒素等。人类和动物一旦误食这些微生物毒素,轻则引起各种疾病,重则引起致畸致癌甚至死亡,有的毒素可在极短时间内致人死亡,难以抢救。

然而,正如任何事物都有两面性一样,这些微生物毒素同样是人类的重要医药宝库。这些毒素:①直接用作药物,如肉毒毒素可用于治疗重症肌无力和功能性失明的眼睑及内斜视。利用白喉毒素的 A 链与多种癌症细胞抗体连接研制出导向抗癌药物。②微生物毒素为模板,改造和设计抗病抗癌和治疗新药。③作为外毒素菌苗使用,大多数外毒素是蛋白质,注射进人体和动物体后能产生相应的抗体,这些抗体可与毒素有效地结合,干扰毒素与其靶细胞的结合,抑制其转运,如肉毒毒素、白喉类毒素、炭疽毒素、金黄色葡萄球菌毒素、破伤风毒素等。④为超抗原(SAg)使用,许多微生物毒素本身就是超抗原,是多克隆有丝分裂原,激活淋巴细胞增殖的能力远比植物凝集素高 10~100 倍,具有刺激频率高等特点,可用于治疗自身免疫性疾病。⑤毒蘑菇毒素中寻找抗癌新药。毒蘑菇广泛生长于自然界,每年由于误食而死亡的人数相当多。但毒蘑菇毒素已显示出抗癌和延缓癌变进程的良好应用前景。

5. 微生物保健制品

根据微生物保健制品中微生物的利用状况,可将其分为微生物产物制品和微生物菌体制品两大类。前一类主要利用微生物产生的多糖、蛋白质、多肽、氨基酸、维生素等产物制成的产品。后一类制品含有活的菌体或者死的菌体,如冬虫夏草、灵芝孢子等,实际上在这一类制品中也存在微生物的部分代谢产物。因此,在以活菌体为主的微生物保健制品中,存在着 3 类组分:一是微生物活菌体,二是微生物代谢产物,三是有助于活菌体存活的物质。微生物保健制品是否有效有赖于制品的质量即单位制剂中所含的活菌体数量及其生物活性,一般活菌体含量应在 $10^8$ 个/mL 或 g 以上。生物活性主要是指能起到某种生物调节功能或微环境调节功能,能促进肠道微环境恢复或维持在正常状态,或者使有益微生物区系占有优势,抑制致病菌或其他有害微生物的增殖,使其处于劣势。

### 三、微生物多样性的保护

微生物资源的开发是 21 世纪生命科学不断向前发展的生命力之所在。由于动植物物种消失是可以估计的,这就意味着微生物多样性的消失现象也在发生,如何利用和保护微生物多样性已成为亟待解决的问题。近年来,世界各国和国际组织已对此做了许多努力,并提出了一项微生物多样性行动计划,随着这项计划的逐步实施,人类将从微生物生物多样性的利用和保护中受益。这项计划包括:建立推动微生物多样性研究的国际组织;召开关于微生物"种"的概念和分类指征研讨会;提出已知种的目录;发展微生物分离、培养和保藏的技术;发展和建立微生物群落取样的标准;提出选择自然保护区和其他需要长期保护的生态系等。

## 第三节  微生物分类鉴定技术

分类鉴定是微生物学的一个重要领域,建立一套精确、快速的分类鉴定方法对微生物研究具有重要的意义。长期以来对微生物的分类鉴定主要是以表型特征和生物学特性为依据来判定其归属,到目前为止,这种传统分类鉴定方法仍然被认为是一种非常经典有效的方法,在微生物分类鉴定中仍发挥着巨大的作用。但是这种分类鉴定方法有其局限性,该方法耗时耗力,而且培养条件的改变可能会导致结果发生变化,同时仅依靠主观选择的特征很难对某些生理生化特性极其相似的微生物进行有效的区分。

随着分子生物学和相关技术的发展,分子标记技术以其快速、准确、灵敏的优点逐渐被用于微生物的分类鉴定。如 16S rRNA 基因间隔区(Intergenic spacer region,ISR)的序列分析技术、随机扩增多态 DNA 技术(Randomly amplified polymorphic DNA,RAPD)、变性梯度凝胶电泳标记技术(Denaturing gradient gel electrophoresis,DGGE)、限制性片段长度多态性分析技术(Restriction fragment length polymorphism,RFLP)、扩增片段长度多态性分析技术(Amplified fragment length polymorphism,AFLP)、DNA 芯片技术、肠细菌基因间重复共有序列分析技术(Enterobacterial repetitive intergenic consensus sequences,ERIC)以及重复基因外回文序列分析技术(Repetitive extragenic palindromic sequences,REP)等。

尽管如此,目前还没有一种分子技术能单独胜任对所有微生物的鉴定,只有同其他方法结合起来进行比较研究,在细胞水平、分子水平上,将传统分类、化学分类和分子分类等方法结合起来,研究和比较不同微生物的细胞、细胞组分或代谢产物、遗传物质特性等,形成多相分类(Polyphasic taxonomy),对微生物的分类鉴定才会得到比较满意的结果。

由于微生物存在着广泛的多样性,不同微生物类型的分类鉴定研究存在着不同的侧重性。因此本节主要以原核微生物——细菌为例,阐述微生物分类鉴定的基本原则和分类鉴定经典方法和新技术。

## 一、微生物鉴定步骤与方案

微生物鉴定是依据现有的分类系统,采用一系列方法对特定培养物的特征进行测定,确定目标微生物归属的过程。可测定的培养物特征既有 DNA 水平、RNA 水平和蛋白质水平,也有一般的生物学特征和化学组分标志物。

微生物鉴定的步骤包括:①获得待鉴定微生物的纯培养物;②测定一系列必要的鉴定指标;③查找权威性的鉴定手册,确定名称。

获得待鉴定细菌的纯培养是鉴定工作的第一步。尽管有许多方法来获得纯培养,但从一个混合的复杂标本中培养出目标菌常会使用选择性培养基,从这种培养基上挑取的单菌落常常也会有污染菌存在。因此建议从选择培养基上挑取的单菌落,用无选择压力的培养基进行进一步纯化后再进行鉴定实验。

鉴定微生物主要包括4个水平的分析:①细胞的形态和习性水平:包括观测微生物的形态特征、运动性、酶反应、营养要求、生长条件、代谢特性、致病性、抗原性和生态学特性等。常用于分类与鉴定的微生物形态学特征,包括培养特性、染色反应、细胞形态、特殊的细胞结构(如荚膜、鞭毛、菌毛、芽孢等)、细胞内含物(异染颗粒、硫粒、磁性颗粒等)、运动性等。常用于微生物分类鉴定的生理生化特征,主要包括微生物的营养类型、对碳源、氮源的利用能力,对生长因子的需要,需氧性;对温度、pH、渗透压的适应性;对抗生素以及抑菌剂的敏感性、代谢产物、与宿主的关系等。②细胞组分水平:包括细胞壁、脂类、醌类和光合色素等成分的分析。③蛋白质水平:包括氨基酸序列分析、凝胶电泳和各种免疫标记技术等。④核酸水平:包括 GC 含量值的测定、核酸分子杂交、16S 或 18S rRNA寡核苷酸序列分析、重要基因序列分析和全基因组测序等。

在测定待鉴定微生物指标时,采用的检测方法可因微生物不同而异,但通常为鉴定一种微生物而设计的鉴定方案应符合下列要求:①鉴定一种微生物需靠一组特征,而不是个别或者有限的几个特征。即使某一特征对某种细菌的鉴定很重要,而且只要测定该特征的有无即可作出判断,但该特征也会因为少数菌株的突变而不能展现,然而它却拥有该菌的其他特征。例如,马尿酸盐水解是从弯曲菌属中鉴别空肠弯曲杆菌(*Campylobacter jejuni*)的重要实验,但后来出现了马尿酸盐水解阴性菌,并被错误认为是不同的种而归属于大肠弯曲菌(*Campylobacter coli*),直到后来用 DNA – DNA 杂交实验证实它们仍是空肠弯曲杆菌。最早发现的嗜热链球菌,对碳水化合物的利用能力有限,能利用葡萄糖、果糖、乳糖,而不能利用半乳糖。以往将不能利用半乳糖作为嗜热链球菌的典型特征,但是随着研究的深入,陆续发现了一些嗜热链球菌菌株能力有效的利用半乳糖。因此鉴定时,不能以半乳糖的利用作为主要的评判标准。②鉴定方法应相对廉价、快速,并且应标准化,尽量减少不同实验室之间的检定误差。③鉴定细菌方案中涉及的方法产生的结果的阳性和阴性应有明确的界定,应有阳性和阴性对照做比较。④在对细菌特征进行测定时,遵循从普通到特殊的鉴定原则。例如,在鉴定一株细菌时,不是先去测定它的二糖利用、明胶液化、硝酸盐还原等能力,而是先测定其最普通的特征,像革兰氏染色性、形态、菌落特征、单糖利用能力等,弄清其是化能自养型细菌还是化能异养型细菌,或者是靠光合作用供能。一些明显的形态特征,如形成芽孢、带有吸盘、抗酸阳性、出芽繁殖、分支状排列、有无动力、色素产生等都能很好地缩小鉴定范围,明确鉴定的方向。

## 二、微生物分类鉴定的经典方法

微生物形态学特征和生理生化特征是微生物分类鉴定的经典方法中的重要依据。即使在分子生物学和相关技术高速发展的今天,微生物形态学特征和生理生化特征始终被用作微生物分类和鉴定的重要依据之一。

### (一)形态学特征

形态特征易于观察和比较,尤其是真核微生物和具有特殊形态结构的细菌;许多形态学特征依赖于多基因的表达,具有相对的稳定性。因此,形态学特征是微生物分类和鉴定的重要依据之一。同时形态学特征也是系统发育相关性的一个重要标志。

**1. 个体形态**

经过分离纯化获得纯种个体后,将细菌进行革兰氏染色。在显微镜下,观察染色的结果,利用测微尺测量菌体的大小,观察菌体形态(如球形、杆状、弧形、螺旋形、丝状及特殊形状等)、个体之间的排列方式和分支情况等。观察特殊的细胞结构,包括有无荚膜及荚膜的厚薄;鞭毛的有无及鞭毛着生的部位和数目;有无芽孢、芽孢的形状、着生的位置及形成芽孢后芽孢囊是否膨大等。观察是否含有细胞内含物(异染颗粒、硫粒、磁性颗粒、伴孢晶体)等。对于真菌,观察孢子的孢子形状、着生位置、数量及排列等。观察微生物个体的超微结构,如细胞壁、细胞内膜系统、放线菌孢子表面特征等。

由于普通光学显微镜和相差显微镜操作简便,所以是观察个体形态最常用的工具。而扫描电镜和透射电镜除用于超微结构的观察外,对于许多形态结构特征的观察也常常会获得更好的效果。

**2. 群体形态**

细菌在一定的培养基上呈现的群体形态,即培养特征。在固体培养基上,可观察菌落的大小、形态、颜色、光泽度、黏稠度、隆起特征、透明度、边缘特征等,是否产生水溶性色素、菌落的质地、迁徙性等。在液体培养基中,注重观察混浊度、沉淀及表面生长特征。在半固体培养基上观察经穿刺接种后的生长及细菌运动情况。

**(二)生理生化特征**

生理生化特征与微生物的酶和调节蛋白质的本质和活性直接相关,酶及蛋白质都是基因产物,所以,对微生物生理生化特征的比较也是对微生物基因组的间接比较,加上测定生理生化特征比直接分析基因组要容易得多,因此生理生化特征对于微生物的系统分类仍然是有意义的。在以实用为主要目的表型分类中,大量原核生物的属和种,仅仅根据形态学特征是难以区分和鉴别的,所以生理生化特征往往是这些医学上或其他应用领域中重要细菌分类鉴定的主要特征。但值得强调的是,由于不少生理生化特征是染色体外遗传因子编码的,加上影响生理生化特征表达的因素比较复杂,所以根据生理生化特征来判断亲缘关系进行系统分类时,必须与其他特征特别是基因型特征综合分析,否则就可能导致错误的结论。

1. 营养物质的利用

根据微生物利用碳水化合物和产能的方式,微生物分为光能自养、光能异养、化能自养、化能异养及兼性营养型。微生物对营养物质的利用能力差别很大。以此为特点,作为微生物分离鉴定的特征。主要考察微生物对碳源和氮源的利用能力,包括对各种单糖、双糖、多糖以及醇类、有机酸等的利用;对蛋白质、蛋白胨、氨基酸、含氮无机盐、$N_2$等的利用。同时生长因子是微生物生长必不可少的六大营养要素之一,因此鉴定微生物通常对其的特殊维生素、氨基酸、X因子、V因子等生长因子的依赖性进行考察。例如,有些细菌能够利用柠檬酸钠作为碳源,如产气肠杆菌;而另一些细菌则不能利用柠檬酸盐,如大肠杆菌。细菌在分解柠檬酸盐及培养基中的磷酸铵后,产生碱性化合物,使培养基的pH升高,当加入质量分数为1%的溴麝香草酚蓝指示剂时,培养基就会由绿色变为深蓝色。

2. 代谢产物的测定

不同微生物由于其生理特性和酶系的差别,会产生不同的代谢产物。因此,独特的代谢产物可以作为鉴定菌种的重要依据,主要包括微生物代谢过程中产生的有机酸、乙醇、气体等。例如有些细菌能产生色氨酸酶,分解蛋白胨中的色氨酸产生吲哚和丙酮酸。吲哚与对二甲基氨基苯甲醛结合,形成红色的玫瑰吲哚。但并非所有微生物都具有分解色氨酸产生吲哚的能力,因此吲哚试验可以作为一个生物化学检测的指标。VP试验是用来测定某些细菌利用葡萄糖产生非酸性或中性末端产物的能力,如丙酮酸。丙酮酸进行缩合、脱羧生成乙酰甲基甲醇,此化合物在碱性条件下能被空气中的氧气氧化成二乙酰。二乙酰与蛋白胨中精氨酸的胍基作用,生成红色化合物,即VP反应为阳性;不产生红色化合物者为阴性反应。有时为了使反应更为明显,可加入少量含胍基的化合物,如肌酸等。

3. 对环境条件的适应性

微生物对环境条件的适应性是微生物分类鉴定的重要指标,主要包括对温度、pH、渗透压的适应性以及对抗生素、抑菌剂的敏感性等。对于不同微生物有不同的侧重考察特征。例如,在研究传统发酵黄豆酱中微生物区系时,因为微生物处于高盐环境,应注意考察微生物对盐度的耐受能力;在对一些病原菌进行鉴定时,对抗菌素和抑菌剂的敏感性是重要的考察指标。

### (三)血清学反应

细菌细胞和病毒等都含有蛋白质、脂蛋白、脂多糖等具有抗原性的物质,由于不同微生物抗原物质结构不同,赋予它们不同的抗原特征,一种细菌的抗原除了可与它自身的抗体起特异性反应外,若它与其他种类的细菌具有共同的抗原组分,它们的抗原和抗体之间就会发生交叉反应。因此,在生物体外进行不同微生物之间抗原与抗体反应试验——血清学试验来进行微生物的分类和鉴定。例如,可以用已知的抗原测定抗体,也可以用已知的抗血清检测相应的抗原。

随着检测技术的发展,在血清蛋白质分析、抗原或抗体的超微量测定方面有长足进步。例如,应用放射免疫测定、酶免疫测定等技术,对检测抗原或抗体的灵敏度可达到极微量的水平,其精确性和敏感性已经大大超过常规的生化分析。通常是对全细胞或者细胞壁、鞭毛、荚膜或黏液层的抗原性进行分析比较,此外也可以用纯化的蛋白质(酶)进行分析,以比较不同细菌同源蛋白质之间的结构相似性。通过检测分析,可以获得很多有关细菌间亲缘关系的有益资料,为研究分类体系提供可靠的信息和依据。

### (四)噬菌体反应

与血清学反应相似,噬菌体感染也具有高度的特异性。即一种噬菌体往往只能感染和裂解某种细菌,甚至只能裂解种内的某些菌株。因此,可以利用噬菌体来进行细菌种的鉴定和分型。这对于追溯传染病来源、流行病调查以及病原菌的检测鉴定有重要意义。例如,鼠疫耶尔森氏菌(*Yersinia pestis*)噬菌体已被用于对该菌的快速鉴定。在金黄色葡萄球菌引起的流行病的调查中,噬菌体分型也发挥了作用。此外,在工业生产中,噬菌体分型对防止噬菌体危害也有指导意义。

鉴定噬菌体对细菌的裂解反应的技术并不复杂,只要将烈性噬菌体悬液滴于新鲜的、处在对数生长期的细菌平板培养物上,或者将噬菌体滴入新鲜的细菌液体培养物中,适温培养 16~48 h,若平板上出现噬菌斑(透明斑),或者使液体培养物由混浊变澄清,即说明噬菌体对该菌有裂解作用,否则为阴性结果。

## 三、基于核酸的微生物分类鉴定方法

### (一)基于核糖体 RNA 同源分析方法

#### 1. 16S rRNA 序列同源性分析

原核生物含有 3 种类型 rRNA:23S,16S 和 5S rRNA,它们分别含有 2 900,1 540 和 120 个核苷酸。5S rRNA 虽然容易分析,但是核苷酸数量太少,没有足够的遗传信息用于分类研究;而 23S rRNA 含有的核苷酸数量几乎是 16S rRNA 的两倍,分析困难且工作量较大。通过大量的研究证明,16S rRNA 的全长约为 1 540 bp,片段长度适中、信息量较大且易于分析。

20 世纪 60 年代末,Woese 首次采用寡核苷酸编目法对生物进行分类,通过比较各类生物细胞的核糖体RNA特征序列,认为16S rRNA序列作为微生物分类鉴定的依据最为合适。因为rRNA结构既具有保守性,又具有可变性。保守性能够反应生物物种的亲缘关系;可变性则能够揭示出生物物种间序列差异,是种属鉴定的分子基础。在对16S rRNA序列进行测定后,可以通过序列比对分析来完成其种属归类。

近年随着测序技术的日益成熟,使得16S rRNA序列分析技术在细菌鉴定中得到广泛应用。Parola等人应用16S rRNA序列分析技术,成功分离鉴定出了败血病人体内的干酪乳杆菌(*Lactobacillus casei*)。2002年,Booysen等人将分离自麦汁中的乳酸菌进行了分类研究,采用16S rRNA序列分析,成功地对实验菌株在亚种水平上进行了鉴定和区分。乌日娜等人结合传统生理生化鉴定方法与16S rRNA序列分析技术将实验室一株益生菌鉴定为干酪乳杆菌(*L. casei*)。2001年,Corseffi等人运用16S rRNA序列分析技术,成功地对分离自25个小麦酸面包中的317株乳酸菌在种的水平进行了分类鉴定。2000年,Terence等人对猪排泄物中的一种能够产抗生素的菌株进行了DNA序列分析,在分析其16S rRNA序列的同时进一步对其4 232 bp质粒进行分析,最后以16S rRNA基因大于99%的同源性将其鉴定为罗伊乳杆菌(*Lactobacillu reuteri*)。

2. 16S ~ 23S rRNA 转录间区序列分析

rRNA包含5′端到3′端的若干种成分,分别是16S rRNA基因、基因间隔区(Intergenic spacer region, ISR)、23S rRNA基因、ISR和5S rRNA基因。16S ~ 23S rRNA基因间隔区因其具有相当好的保守性和可变性而备受关注,应用于种以下水平的分类鉴定,对16S ~ 23S rRNA基因的ISR进行扩增所用的引物往往根据16S rRNA和23S rRNA基因两侧高度保守的区域进行设计。

16S rRNA基因和16S ~ 23S rRNA基因间隔区是在不同水平上提供细菌种系发育鉴定的两种分子基础。16S rRNA基因由于高度保守及变异性较小,适合于属内种间的鉴别,而16S ~ 23S rRNA基因间隔区由于高度变异及相对保守性,更适合于那些采用16S rRNA基因无法鉴别而关系非常密切的某些菌种和种内菌株的鉴别。这两种方法都是针对基因组的一部分序列进行分析,而不是在全基因组水平上分析,具有一定的局限性,并且该方法比较耗时,当样本数量很多时测序费用较高。

研究者依据16S ~ 23S rRNA基因的ISR设计的引物成功地将类干酪乳杆菌(*L. paracasei*)、鼠李糖乳杆菌(*L. rhamnosus*)、德氏乳杆菌(*L. delbrueckii*)、嗜酸乳杆菌(*L. acidophilus*)、瑞士乳杆菌(*L. helveticus*)和嗜热链球菌(*S. thermophilus*)区别开来。Tannock等人对16S ~ 23S rRNA基因的ISR引物进行改良,完成了对干酪乳杆菌(*L. casei*)和鼠李糖乳杆菌的鉴定。研究者对植物乳杆菌(*L. plantarum*)的15个菌株进行了16S ~ 23S rDNA ISR分析,结果与表型鉴定一致并且能够与旧金山乳杆菌(*L. sanfrancisco*)、嗜酸乳杆菌(*L. acidophilus*)、德氏乳杆菌德氏亚种(*L. delbrueckii* subsp. *delbrueckii*)区别开来。

(二)DNA指纹图谱技术

1. 限制性片段长度多态性技术

20世纪80年代,Bostein首先提出利用限制性片段长度多态性(Restriction fragment length polymorphism, RFLP)作为标记构建遗传图谱。RFLP的基本原理是利用特定的限制性内切酶识别并切割基因组DNA或者特定片段的PCR扩增产物,得到大小不等的

DNA 片段,通过聚丙烯酰胺凝胶电泳分析这些 DNA 片段,便可以获得个体的差异,从而达到鉴定辨别微生物的目的。该技术具有较高的区分能力,可以鉴别到菌株水平,在微生物分型和检测上具有一定的应用价值。

基本步骤:①基因组 DNA 的提取。根据微生物的特点,选取合适的微生物基因组 DNA 提取试剂盒,提取相应的微生物基因组 DNA。②限制性内切酶消化。首先选定限制性内切酶,之后在基因组 DNA 中加入相应的限制性内切酶,在酶适宜的反应条件下消化。③酶切片段多态性分析。酶切结束后,配置适宜浓度的琼脂糖凝胶,将酶切片段进行凝胶电泳分析。根据酶切片段的特征长度对微生物进行鉴定。

如果以微生物基因组 DNA 为酶切对象,采用 RFLP 方法获得酶切片段长度在 1 000 ~ 20 000 bp 之间,形成带型较为复杂,结果分析需要依靠计算机软件辅助完成。因此研究者选取了特定的基因,将 PCR 与 RFLP 相结合的技术应用于微生物分类鉴定中。

Giraffa 等人(2002)对 35 株德氏乳杆菌的 β - 半乳糖苷酶、乳糖渗透酶和脯氨酸二肽酶的基因进行 PCR 扩增,用限制性内切酶酶切分析,完成了将 35 株德氏乳杆菌乳酸亚种(*L. delbrueckii* subsp. *lactis*)和德氏乳杆菌保加利亚亚种(*L. delbrueckii* subsp. *bulgaricus*)的鉴定。Randazzo 等人(2004)应用此技术对从绿橄榄中分离出的部分乳酸菌的 16S rRNA 基因进行 PCR 扩增,然后进行酶切分析,结果鉴定出干酪乳杆菌(*L. casei*)和短乳杆菌(*L. brevis*)。

**2. 随机扩增多态性 DNA 标记技术**

随机扩增多态性 DNA(Random amplified polymorphism DNA, RAPD)标记技术是由 Williams 和 Welsh 同时发展起来的一种分类鉴定方法。它的基本原理是利用随机引物(一般为 8 ~ 10 bp)通过 PCR 反应非定点扩增 DNA 片段,然后应用凝胶电泳分析扩增产物 DNA 片段的多态性来完成其进化遗传分析。RAPD 可用于对整个基因组 DNA 进行多态性检测,构建基因组指纹图谱,以此对菌株进行分类和鉴定。

RAPD 主要有 3 个优点,即分辨率高、操作简单和不必知道基因组 DNA 的任何序列信息就可以进行鉴定;缺点是较短的扩增引物同基因组随机结合,只有在 PCR 扩增和电泳条件一致的情况下,其带型才能相对稳定,即该方法的重现率较低,且很难鉴定到种的水平。现在 RAPD 技术主要和其他方法一起使用,如与温度梯度凝胶电泳(Temperature gradient gel electrophoresis, TGGE)结合使用可以达到鉴定到种的水平。

2007 年,López 等人对 120 株植物乳杆菌中的 46 株应用传统生理生化方法和 RAPD - PCR 技术进行了遗传学特征分析,研究结果表明 RAPD - PCR 技术更能显示出这 46 株植物乳杆菌之间的同源性。Schillinger 等人从酸乳酪中分离出 20 株益生菌,使用 RAPD - PCR 技术与 11 株模式菌株电泳图谱进行比对分析,鉴定出这 20 株菌属于嗜酸乳杆菌(*L. acidophilus*)和干酪乳杆菌(*L. casei*)。Spano 等人从红葡萄酒中分离出一株能产生瓜氨酸和氨,并能起到降低精氨酸作用的菌株,经过 RAPD - PCR 技术鉴定为植物乳杆菌(*L. plantarum*)。

**3. 扩增片段长度多态性技术**

1993 年,荷兰科学家 Zabeau 和 Vos 率先提出并发展建立起来一种 DNA 多态性分析的新方法——扩增片段长度多态性(Amplified fragment length polymorphism, AFLP),它可以用来检测整个生物基因组的多态性。

AFLP 是在 RFLP 和 RAPD 的基础上发展起来的,它既具有 RAPD 的方便性,又具有和 RFLP 的可靠性,被认为是最有效的分子标记。理论上讲,不管研究对象的基因组 DNA 多么复杂,采用 AFLP 标记技术都可以检测出任何 DNA 之间的多态性。该技术已被广泛应用于遗传图谱构建、遗传多样性分析、系统进化及分类学、遗传育种及基因定位、微生物分类鉴定等方面的研究。

其原理是不同物种基因组 DNA 存在差异,先用限制性内切酶切割出一系列含黏性末端的片段,然后将双链寡核苷酸接头连接到 DNA 片段的末端,接着用选择性引物对限制性片段进行 PCR 扩增,根据扩增片段的长度和有无来确定 DNA 指纹的多态性。选择性引物通常由与接头、内切酶位点完全互补的特异序列和选择性核苷酸 3 部分组成。

一般而言,首先使用两种不同的限制性内切酶对整个基因组 DNA 进行酶切反应,然后将所得的两端具有不同黏性末端的酶切片段与特异人工接头在 T4 连接酶的作用下进行连接,获得选择性扩增的模板,然后用带有选择性碱基的特异引物进行选择性扩增。为获得更好的扩增效果,反应一般分两步进行,即预扩增和选择性扩增,最后将获得的扩增产物通过琼脂糖凝胶电泳或聚丙烯酰胺凝胶电泳,再经 EB 染色或银染后,清晰呈现片段长度的多态性。

该技术建立初期用于植物育种的研究,后来发展成为可以分析任何来源 DNA 指纹图谱的一项通用技术,近年来被广泛地应用于微生物的分类鉴定。2007 年,Busconi 等人首次应用 AFLP 技术对小牛肠道中的乳酸菌菌群进行了分析,他们选取了两只健康小牛肠道中的 311 株乳酸菌使用该技术完成了分类鉴定,这些乳酸菌被分类到 8 个属,其中最具代表性的是乳杆菌属(169 株),其次是链球菌属(99 株)。同年,研究者对 49 株分离自健康人类排泄物的乳酸菌进行了分类鉴定,通过对比使用 RAPD,PFGE 以及 AFLP 3 种分子生物学技术得出结论:RAPD 技术是最迅速、最便捷的技术,但是重复性不好,鉴定结果不甚准确;PFGE 技术虽然鉴定结果稳定且准确,但是耗费人力、物力、财力最大,实施起来比较困难;而 AFLP 技术操作相对简单、便捷,而且鉴定结果准确,完全可以在种的水平上甚至于亚种的水平上对乳酸菌准确分类鉴定,因此 AFLP 技术必将成为乳酸菌鉴定的强有力的工具。

2001 年,Torriani 等人使用 AFLP 技术成功区分开了植物乳杆菌(*L. plantarum*)、戊糖乳杆菌(*L. pentosus*)和类植物乳杆菌(*L. paraplantarum*)。研究者采用 AFLP 技术,不经过预扩增,在其中一个预扩增引物加上一个选择性核苷酸组成一对引物,将 47 株约氏乳杆菌(*L. johnsonii*)分为 7 个亚类。

4. 基因组短重复序列标记技术

这类标记主要是指基因组中的分散保守重复 DNA 元件(Interspersed conserved repetitive DNA elements)。依据它们在整个细菌基因组 DNA 中存在多个拷贝进行引物设计。目前已有 3 类重复性元件得到了确认,即重复基因外回文序列(Repetitive extragenic palindromic sequences,REP)、肠细菌基因间重复共有序列(Enterobacterial repetitive intergenic consensus sequences,ERIC)、BOX 序列。

REP – PCR 是利用特定的引物扩增细菌基因组 DNA 的重复性元件,经凝胶电泳检测其多态性的一种鉴定微生物的方法。因为 REP 位点是必需蛋白质 – DNA 相互作用的位点或者这些序列可能通过基因转换把自身增殖为"保守"的 DNA,所以这些序列在进化过程中高度保守,扩增位于这些序列之间的不同区域可得到不同的图谱,从而达到对微生物进行分类和鉴定的目的。

肠细菌基因间重复共有序列最早由 Sharples 等人于 1990 年在 *E. coli* 中发现,命名为"基因间重复单位"(Intergenic repeat unit, IRU),后来在鼠伤寒沙门氏杆菌(*Salmonella typhimurium*)、假结核耶尔森氏菌(*Yersinia pseudotuberculosis*)、肺炎杆菌(*Klebsiella pneumoniae*)和霍乱弧菌(*Vibrio cholerae*)中也发现了同样高度保守的重复序列,由于该序列主要存在于肠杆菌科的细菌基因组中,故称之为 ERIC。ERIC 长约 126 bp,其中包含几个反向重复序列,在 ERIC 的中心有一段保守性很高的反向重复序列。由于 ERIC 在基因组存在的位置和拷贝数不同,通常根据 ERIC 的核心序列设计反向引物来 PCR 从而得到不同的图谱进行微生物分类鉴定。

Ventura 等人将 16 株已鉴定的约氏乳杆菌用 ERIC 标记分为 6 个聚类,用 REP – PCR 标记则分为 4 个聚类,ERIC 标记与 AFLP 标记比较有 90% ~ 96% 的相似性。Masco 等人用 REP – PCR 标记成功地鉴定了 48 株来源于人肠道的双歧杆菌。Gevers 等人的研究表明 $(GTG)_5$ – PCR 在区分乳酸菌和双歧杆菌的种和亚种甚至到菌株水平都是有效的。

### 5. 温度梯度凝胶电泳技术

温度梯度凝胶电泳(TGGE)技术是由 Riesner 等人于 1989 年提出,1991 年 Yoshino 等人对 TGGE 技术进行了改进,并提出了瞬时温度梯度凝胶电泳(TTGE)方法。这两种方法都是利用温度作为变性条件。二者区别之处在于:TGGE 技术是在凝胶板中形成一个线性温度梯度;而 TTGE 技术中,整块凝胶板的温度在特定时间点保持一致,随着点用时间的延长,凝胶板的温度均匀一致地逐渐增加,因此可以通过控制电泳时间便捷地调整凝胶板的温度,以分离不同的 DNA 片段。

基本步骤:①聚合酶链反应。根据待鉴定的 16S rRNA 的高度可变区设计引物,以提取的细菌基因组 DNA 为模板进行 PCR 扩增。②TGGE 电泳和 TTGE 电泳。TGGE 电泳与 TTGE 电泳在 Dcode 通用突变检测系统上进行。TGGE 电泳时,在垂直或平行于电泳泳动的方向形成一个线性温度梯度,而 TGGE 电泳时凝胶板温度以 1.5 ℃/h 的速率从 61 ℃ 增加至 70 ℃。电泳结束后,在溴化乙啶溶液中染色 8 min,清水下冲洗,放于凝胶成像系统中观察,记录结果。③细菌鉴定。根据不同细菌的 PCR 扩增产物电泳条带位置的差异,区分鉴定细菌。

### 6. 变性梯度凝胶电泳标记技术(DGGE)

1979 年 Fischer 和 Lennan 最先提出了用于检测 DNA 突变的一种电泳技术——变性梯度凝胶电泳(Denaturing Gradient Gel Electrophoresis, DGGE)技术。1993 年,Muzyer 等人首次将 DGGE 技术应用于微生物研究,并证实这种方法用于微生物种属鉴定是十分有效的。

DGGE 的基本原理是:DNA 分子中 4 种碱基的组成和排列差异,使不同序列的双链 DNA 分子具有不同的解链温度。当双链 DNA 分子在含梯度变性剂(如尿素、甲酰胺或者两者并用)的聚丙烯酰胺凝胶中进行电泳时,因其解链的速度和程度与其序列密切相关,所以当某一双链 DNA 序列迁移到变性凝胶的一定位置,并达到其解链温度时,即开始部分解链,部分解链的 DNA 分子的迁移速度随解链程度增大而减小,从而使具有不同序列的 DNA 片段滞留于凝胶的不同位置,结束电泳时,形成相互分开的带谱。理论上认为,只要选择的电泳条件如变性剂梯度、电泳时间、电压等足够精细,一个碱基差异的 DNA 片段都可以被区分开。

DGGE 电泳的成败及效果的好坏受到许多因素的制约,除了需要严格按照操作要求细心操作外,尤其需要注意以下几个方面的问题:①凝胶的制备。高质量的凝胶是获得 DGGE 良好效果的前提条件,因此要求使用高质量的制胶试剂,严格按比例配制及制胶用的玻璃板充分洁净。此外,配制好的试剂在灌胶之前需要经过真空减压,将其中所含的气体排除干净,以免由于气泡的存在影响电泳过程中的 DNA 变性效果和迁移速率;另一方面,在灌胶的过程中一定要保证变性剂浓度从上到下均匀递增的良好线性梯度,并保证整个胶面在相同高度的变性剂浓度的一致;保证整个胶的下底和上底完全平行,切不可一边高一边低,或上底(点样口)呈波浪形,这就要求在灌胶时缓慢匀速。②变性剂浓度梯度范围的选择。选择合适的变性剂浓度梯度范围也是 DGGE 效果好坏的另一个关键因素,这需要根据目的 DNA 片段的大小及其 GC 含量的多少而定,如果 DNA 的 GC 含量较高,则需要选择较高浓度范围的变性剂梯度,否则就会影响分离效果;反之就要选择较低浓度范围的变性剂梯度。③电泳温度。电泳温度的高低也直接影响着 DGGE 效果的好坏,因为温度是引起 DNA 变性的又一因素。在 DGGE 电泳中按照设定要求严格控制温度,通常要求上下波动不要超过 1 ℃。

DGGE 的基本步骤:①聚合酶链反应。根据待鉴定细菌 16S rRNA 序列的高度可变区域设计引物,在引物的 5′端带上 GC 夹子(5′ – CGCCGCCGCGCCCCGCGCCCGTCCGC-CGCCCCCGCCCG – 3′),以提取的细菌基因组 DNA 为模板进行 PCR 扩增。PCR 反应体系同 TTGE 方法。② DDGE 分析 PCR 扩增产物点样于质量分数为 10% 的聚丙烯酰胺凝胶。凝胶中变形剂(尿素和甲醛)的质量分数范围在 40% ~75% 以线性递增。电泳恒定电压为 150 V。电泳结束后,在 2 μg/mL 溴化乙啶中染色 10 min,清水下冲洗,放于凝胶成像系统照相。③细菌鉴定。根据不同细菌的 PCR 扩增产物电泳条带位置的差异,区分鉴定细菌。

7. 聚合酶链反应 – 单链构象多态性分析技术

PCR – SSCP 即聚合酶链式反应 – 单链构象多态技术(Polymerase chain reaction – single strand conformation polymorphism)是在 PCR 的技术基础上发展起来的核酸水平分析鉴定技术。单链 DNA 段具有的复杂空间结构由其内部碱基配对等分子内相互作用力维持,当构成 DNA 的碱基发生改变时,单链 DNA 段的空间结构也会相应发生不同程度的改变,而这种微小的变化会导致此单链 DNA 分子在聚丙烯酰胺凝胶中运动时所受阻力发生改变,最终通过非变性聚丙烯酰胺凝胶电泳(PAGE)中迁移距离的不同体现出来。因此,PCR – SSCP 技术可以敏锐地检测出不同菌株特定基因片段中碱基具有的差异。

8. 全基因组 DNA 的脉冲场凝胶电泳

由于普通的单方向恒定电场给 DNA 分子的泳动动力方向恒定且不发生变化,所以严重影响凝胶电泳分离大相对分子质量 DNA 片段的效果。在这种情况下,可以用脉冲场凝胶电泳(Pulsed-field gel electrophoresis,PFGE)来分离这些大相对分子质量的 DNA 片段。PFGE 施加在凝胶上至少有两个电场方向,时间与电流大小也交替改变,使得 DNA 分子能够不断调整泳动方向,以适应凝胶中不规整的空隙变化,达到分离大分子线性 DNA 的目的,最大分辨力可分辨 5 000 kb 的线性 DNA 分子。

全基因组 DNA 脉冲场凝胶电泳被认为是 DNA 指纹图谱技术中最准确的方法。这种方法是选用切割点较少的限制性内切酶消化基因组 DNA,产生的片段为 10~800 kb,条带数目为 5~20 个,易于对比和分析。该方法适合细菌菌株间的鉴别。

基本步骤:①样品处理。生长在肉汤或者琼脂表面的新鲜菌培养物加入融化的琼脂中,倒入小模子中,凝固后成为含有全细菌的凝胶块。琼脂中的细菌在原位用去污剂和溶解酶处理后,用少切点的限制性内切酶消化暴露的基因组 DNA。②PFGE。根据待分离 DNA 的相对分子质量范围的不同,脉冲时间在 10~100 s 间变化。DNA 的相对分子质量越小,脉冲时间越短。③分析根据电泳后产生的条带区分、鉴定微生物。

### (三)核酸的分子杂交

生物的遗传信息以碱基排列顺序(遗传密码)线性地排列在 DNA 分子中,不同生物 DNA 碱基排列顺序的异同直接反映这些生物之间亲缘关系的远近,DNA 碱基排列顺序差异越小,它们之间的亲缘关系就越近,反之亦然。由于全基因组测定花费大且时间长,很难普遍地直接分析比较细菌的 DNA 的碱基排列顺序。因此分类学上目前主要采用较为间接的比较方法——核酸分子杂交(Hybridization)比较不同微生物 DNA 碱基排列顺序的相似性进行微生物的分类。核酸分子杂交在微生物分类鉴定中的应用包括:DNA‐DNA 杂交、DNA‐rRNA 杂交以及根据核酸杂交特异性原理制备核酸探针。

1. DNA‐DNA 杂交

DNA‐DNA 杂交的基本原理:对双链结构的 DNA 分子进行加热处理时,互补结合的双链可以离解成单链,即 DNA 变性;若将变性的 DNA 分子进行冷却处理,已离解的单链又可以重新结合成原来的双链 DNA 分子,这一过程称为 DNA 的复性。不仅同一菌株的 DNA 单链可以复性结合成双链,来自不同菌株的 DNA 单链,只要二者具有同源互补的碱基序列,它们也会在同源序列之间互补结合形成双链,这就称之为 DNA‐DNA 分子杂交。不同微生物之间,DNA 同源程度越高,其杂交率就越高,若两个菌株 DNA 分子序列完全相同,则应 100% 杂交结合。

核酸杂交的具体测定方法很多,按杂交反应的环境可分为液相杂交和固相杂交两大类,前者杂交反应在溶液中进行;后者杂交反应在固体支持物上进行。在这些方法中,有的需要用同位素标记 DNA,有的则用非同位素标记。在细菌分类中,常用固相杂交法进行测定。这种方法的大致做法是:将未标记的各微生物菌株的单链 DNA 预先固定在硝酸纤维素微孔滤膜(或琼脂等)上,再用经同位素标记的参考菌株的单链 DNA 小分子片断在最适复性温度条件下与膜上的 DNA 单链杂交;杂交完毕后,洗去滤膜上未配对结合的带标记的 DNA 片段;然后测定各菌株 DNA 滤膜的放射性强度。以参考菌株自身复性结合的放射性计数值为百分之百,即可计算出其他菌株与参考菌株杂交的相对百分数值,这些百分数值即分别代表这些菌株与参考菌株的同源性(Homology)或相似性水平。

液相复性速率法的依据是细菌等原核生物的 DNA 通常不包含重复序列,在液体中复性(或杂交)时,同源 DNA 比异源 DNA 复性速度快,同源性越高,复性速度越快。DNA 的复性速度可以用紫外分光光度计来测定,根据复性速度和理论推导的公式,可以计算出不同细菌的 DNA 杂交率。

DNA 同源性的计算:
$$DNA\ 同源性(H\%) = [4V_m - (V_a + V_b)]/2(V_aV_b)^{1/2} \times 100\%$$

其中,$V_a$ 表示样品 A 的自身复性速率;$V_b$ 表示样品 B 的自身复性速率;$V_m$ 表示样品 A 与 B 等量混合后的复性速率。一般情况下,$V_a$(或者 $V_b$) > $V_m$ > $1/4(V_a + V_b)$。

自 20 世纪 60 年代将 DNA-DNA 杂交技术应用于细菌分类以来,研究者采用该方法已经对大量的微生物菌株进行过研究,该方法对于许多有争议的种的界定和建立新种起了重要作用。许多资料表明:DNA-DNA 杂交同源性在 60% 以上的菌株可以认为是同一个种;同源性超过 70% 为同一亚种;同源性在 20%~60% 是同属不同种的关系。

**2. DNA-rRNA 杂交**

研究表明,当两个菌株 DNA 的非配对碱基超过 10%~20% 时,DNA-DNA 杂交往往不能形成双链,因而限制了 DNA-DNA 杂交技术的应用,该方法主要应用于种水平上的分类。为了进一步比较亲缘关系更远的菌株之间的关系,需要用 rRNA 与 DNA 进行杂交。rRNA 是 DNA 转录的产物,在生物进化过程中,其碱基序列的变化比基因组要慢得多,保守得多,它甚至保留了古老祖先的一些碱基序列。因此,当两个菌株的 DNA-DNA 杂交率很低或不能杂交时,用 DNA-rRNA 杂交仍可能出现较高的杂交率,因而可以用来进一步比较关系更远的菌株之间的关系,进行属和属以上等级分类单元的分类。DNA-DNA 杂交和 DNA-rRNA 杂交的原理和方法基本相同,只是在技术细节上有些差异,如 DNA-rRNA 杂交中,用同位素标记的是 rRNA 而不是 DNA 等。

**3. 核酸探针**

通过核酸杂交来检测特定核苷酸序列的核酸探针技术,现在已越来越广泛地用于微生物鉴定、传染病诊断、流行病调查、食品卫生微生物检测以及分子生物学许多领域(为克隆的筛选、基因表达检测等)。所谓核酸探针(Probe),是指能识别特异核苷酸序列的、带标记的一段单链 DNA 或 RNA 分子。它是能与被检测的特定核苷酸序列(靶序列)结合,而不与其他序列结合的带标记的单链核苷酸片段。因此,一种核苷酸片段能否作为探针用于微生物鉴定,最根本的条件是其特异性,即它能与所检测的微生物的核酸杂交而不能与其他微生物的核酸杂交。因此,根据探针特异性的不同,在微生物鉴定与检测中的作用也不同,有的探针只用于某一菌型的检测,有的可能用于某一种、属、科甚至更大类群范围的微生物的检测或鉴定。例如,从一株淋病奈瑟氏菌(*Neisseria gonorrhoeae*)隐蔽性质粒制备的 DNA 探针,它具有种的特异性,可用来检测和鉴定这种引起人类性行为传播疾病的细菌。

根据核酸探针的来源和性质,可以分为:基因组 DNA 探针、RNA 基因(cDNA)探针、RNA 探针和人工合成寡核苷酸探针等几类。DNA 探针是最常用的核酸探针,主要指长度在 100 bp 以上的双链 DNA 或单链 DNA 探针。现已获得的 DNA 探针种类很多,所有生物的 DNA 都可以作为探针,这类探针多为某一基因的全部或部分序列,或某一非编码序列。这些 DNA 探针其特异性可以是不同水平的,如可以是针对所有真核生物或原核生物、或针对特殊类群如硫酸盐还原菌的或针对某一种菌株的甚至是针对某一特定基因的,可以根据不同的目的设计不同的探针。DNA 探针(包括 cDNA 探针)有 3 大优点:第一,这类探针多克隆在质粒载体中,可以无限繁殖,取之不尽,制备方法简便;其次,DNA 探针不易降解(相对 RNA 而言),一般能有效抑制 DNA 酶的活性;第三,DNA 探针的标记方法较成熟,有多种方法可供选择,如缺口平移法、随机引物法、PCR 标记法等,能用于同位素和非同位素标记。

RNA 探针是一类很有发展前途的核酸探针,由于 RNA 是单链分子,所以它与靶序列的杂交反应效率极高。早期采用的 RNA 探针是细胞 mRNA 探针和病毒 RNA 探针,这些 RNA 是在细胞基因转录或病毒复制过程中得到标记的,标记效率往往不高,且受多种因素的制约。这类 RNA 探针主要用于研究目的,而不用于检测。

随着体外反转录技术的不断完善,研究者已成功地建立了单向和双向体外转录系统。该系统主要基于一类新型载体 PSP 和 PGEM,这类载体在多克隆位点两侧分别带有 SP6 启动子和 T7 启动子,在 SP6 RNA 聚合酶或 T7 RNA 聚合酶作用下可进行 RNA 转录。如果在多克隆位点接头中插入了外源 DNA 片段,则可以 DNA 两条链中的一条为模板转录生成 RNA。这种体外转录反应效率很高,在 1 h 内即可合成接近 10 μg 的 RNA 产物。只要在底物中加入适量的放射性或生物素标记的 dUTP,则所合成的 RNA 可得到高效标记。该方法能有效地控制探针的长度并可提高标记分子的利用率。RNA 探针和 cDNA 探针具有 DNA 探针所不能比拟的高杂交效率,但 RNA 探针存在易于降解和标记方法复杂等缺点。

核酸探针的制备需要经过复杂的分子生物学操作过程,其中包括:寻找特异的核苷酸序列片断、特异核苷酸片断的扩增和核苷酸片断的标记 3 个基本环节。使用核酸探针来鉴定或检测微生物的方法,是将探针与所检测的细菌进行杂交。在细菌鉴定或检测临床标本中的细菌时,常用菌落原位杂交法。其大致的步骤是:将细菌点种于硝酸纤维素膜上进行培养;加溶菌剂使细胞释放出 DNA 分子;加变性剂使 DNA 离解成单链并固定于膜上;加入带标记的核酸探针进行杂交;洗膜后进行显色或显影鉴定。用核酸探针来鉴定或检测微生物,具有准确、快速等优点,特别是当用常规方法难于鉴定和检测时,往往更显示其优越性。

**(四)全基因组测定**

对微生物进行全基因组测序是目前掌握某种微生物全部遗传信息的最佳方法。但是相对其他方法而言,全基因组测序花费较高且周期较长。具体测序方法和测序的策略参照第一章内容。

### 四、基于氨基酸顺序和蛋白质分析的微生物鉴定方法

蛋白质是基因的产物,蛋白质的氨基酸顺序直接反映 mRNA 顺序并且与编码基因密切相关。因此,可以通过对某些同源蛋白质氨基酸序列的比较来分析不同生物系统发育关系,序列相似性越高,其亲缘关系越近。由此可以根据蛋白质的氨基酸序列信息构建系统发育树和进行分类。

通常来说,蛋白质氨基酸顺序的进化速率大体上是恒定的,但功能不同的蛋白质常以不同的速率进化。功能重要的分子序列或序列区域往往进化变化速率低。但也有资料表明,某些蛋白质分子其功能并非严格不变,进化变化速率也不恒定。所以,在研究中必须根据所比较的类群注意选择适当的分子。通常来说,细胞色素和其他电子传递蛋白、组蛋白、热休克蛋白、转录和翻译的蛋白以及许多代谢酶的序列都可以用于微生物的分类研究。

蛋白质的氨基酸顺序测定方法虽然经过不断改进,但总的来说还是很繁琐费时。因此,在微生物分类中,也常采用间接的比较方法,前述的血清学方法也是其中之一,此外还可以进行电泳图谱比较。电泳图谱比较进行分类或鉴定的前提是:亲缘关系相近的微生物应具有相似的蛋白质,反之亦然;当把一个菌株所产生的系列蛋白质在标准条件下电泳,就会产生特征性的电泳区带组成的电泳图谱(或称蛋白质"指纹"图),亲缘关系相近的菌株,它们的指纹也应相似。在细菌分类鉴定研究中,常采用可溶性蛋白或全细胞蛋白提取液进行电泳图谱比较,或者比较同功酶的电泳迁移率。从目前资料看,蛋白质电泳图谱可以作为种和种以下分类和鉴定的一个指纹。但是对于属以上分类单元的分类或鉴定效果较差。

## 五、微生物的快速鉴定和自动化分析技术

近年来,随着微电子、计算机、物理、化学、分子生物学等领域的快速发展,以及各领域间相互渗透和交叉,微生物的快速鉴定技术和相关仪器不断涌现,而且向着高通量和自动化方向发展。

### (一)微量多项试验鉴定系统

该系统是根据微生物生理生化特征鉴定的结果而进行的数码分类鉴定。它是针对微生物的生理生化特征,配制各种培养基、反应底物、试剂等,分别微量(约0.1 mL)加入各个分隔室中(或用小圆纸片吸收),冷冻干燥脱水或不干燥脱水,各分隔室在同一塑料条或板上构成检测卡。试验时加入待检测的某一种菌液,培养24~48 h,观察鉴定卡上各项反应,按判定表判定试验结果,用此结果编码,查检索表(根据数码分类鉴定的原理编制成),得到鉴定结果,或将编码输入计算机,用根据数码分类鉴定原理编制的软件鉴定,打印出结果。

微量多项检测技术具有快速、敏感、准确、重复性好等特点,而且简易,节省人力、物力、时间和空间,缺点是各系统差异较大,有的价格贵,有的个别反应不准确,难判定,但毫无疑问,它是微生物技术方法向快速、简易和自动化发展的重要方向之一。

微量多项试验鉴定系统已广泛用于动、植物检疫、临床检验、食品卫生、环境监测、发酵控制、生态研究等方面,尤其是在临床检验中深受欢迎,迅猛发展。国际上此技术的产品种类繁多,主要有法国生物-梅里埃集团的 API/ATB;瑞士罗氏公司的 Micro-ID,Enterotube,Minitek;美国的 Biolog 全自动和手动细菌鉴定系统;日本的微孔滤膜块等,其中 API/ATB 包括众多的鉴定系统,可鉴定几乎所有常见的细菌。API20E 系统是 API/ATB 中最早和最重要的产品,也是国际上应用最多的系统。该系统的鉴定卡是一块有 20 个分隔室的塑料条,分隔室由相连通的小管和小环组成,各小管中含不同的脱水培养基、试

剂或底物等,每一分隔室可进行一种生化反应,个别的分隔室可进行两种生化反应,主要用来鉴定肠杆菌科细菌。国际上常用的 6 种微量多项试验鉴定系统的优、缺点比较,见表 5.2。

表 5.2　6 个鉴定系统的优、缺点比较

| 特点 | Enterotube | R/B | API20E | Minitek | PathoTec | MicroID |
| --- | --- | --- | --- | --- | --- | --- |
| 准确性* | 95% | 90%~98% | 93%~98% | 91%~100% | 95% | 95% |
| 诊检时间/h | 18~24 | 18~24 | 18~24 | 18~24 | 4 | 4 |
| 最后报告时间/h | 48 | 48 | 48 | 48 | 24~30 | 24~30 |
| 系统的简单性 | 简单 | 简单 | 不简单 | 较简单 | 不简单 | 较简单 |
| 底物载体 | 培养基 | 培养基 | 脱水培养基 | 圆纸片 | 纸条 | 圆纸片 |
| 试验项目数 | 15 | 14 | 20 | 14 | 12 | 15 |
| 选择性 | 良好 | 良好 | 良好 | 很好 | 一般 | 良好 |

注　*与常规方法相比

## (二)快速、自动化微生物检测仪器和设备

这方面的仪器和设备可以分为两大类,一类是物理、化学等领域通常使用的仪器和设备,另一类是为微生物学领域专用仪器和设备。

物理、化学、材料、电子信息等科学和技术领域通常使用的分析、测定物质成分、结构、性能和各种信息(热、电、光等)的自动化的精密仪器和设备,几乎都能用于微生物的快速鉴定和自动化分析。这是基于:第一,每种微生物的化学组成都有其独特之处,其结构、性能有差别,能用这些通用的仪器测定出来;第二,每种微生物代谢过程的不同,特异性的代谢产物、能量变换和信息传递的差异,也能用这类精密仪器测定出来;第三,不同的微生物对环境有着不同的影响,包括对环境中物质的降解、能量和信息的变化等的不同,通用仪器都可用于测定分析。上述 3 方面测定出的数据,分别或综合起来就能够获得每种微生物的特征"指纹图",用目测法或计算机将未知微生物的特征"指纹图"与已知微生物的"指纹图"比较分析,能对未知微生物做出快速鉴定。

针对于微生物学领域的仪器设备,近年来发展迅速,种类较多,较为广泛使用的仪器见表 5.3。

表 5.3　几种微生物快速测量仪器的原理和用途

| 名称 | 测量的原理 | 主要用途 |
| --- | --- | --- |
| 阻抗测定仪 (impedance) | 微生物代谢中将培养基的电惰性底物代谢成电活性产物,从而导电性增大,电阻抗降低。不同微生物代谢活性各不相同,因而阻抗变化也不相同 | 微生物的快速鉴定,尤其是菌血症、菌尿症诊检,细菌的快速计数,药敏感性的快速测定 |

续表 5.3

| 名称 | 测量的原理 | 主要用途 |
|---|---|---|
| 放射测量仪（radiometric） | 微生物生长繁殖过程中可利用培养基中加有 $^{14}C$ 标记的底物，代谢产生 $^{14}CO_2$，测量 $^{14}CO_2$ 的含量，确定微生物的状况 | 食物和水中微生物的快速检查，微生物代谢的研究，菌种鉴定 |
| 微量量热计（microcalorimeter） | 微生物生命活动过程中均能产生代谢热，不同的微生物或不同的底物产生可重复的特征性热"指纹图" | 微生物的快速鉴定，临床标本的诊检，培养基最适成分的评价 |
| 生物发光测量仪（bioluminescence） | 荧光素酶与还原荧光素，在一定条件下，与微生物的 ATP 作用，则会产生光。光量的多少与各微生物的特性和数量有关 | 微生物数量的快速测定，环境污染生物量的测定，药敏检测 |
| 药敏（pharmaceutical sensitivity）自动测定仪 | 微生物悬液中所含菌量与照射光产生的光散射值成正比，它可作为微生物群体对药物敏感性的特征指数 | 抗菌药物敏感性的快速测定，微生物的快速鉴定 |
| 自动微生物检测仪（Auto Microbic System，即 AMS） | 利用光电扫描装置测量微生物生理生化反应特性和药敏状况。根据数码分类鉴定法的原理，进行计算机处理，迅速全自动打印出检测的结果 | 快速、全自动对微生物同时或分别进行鉴定、计数和药敏试验，而且可以直接用样品检测，不用分离出微生物再用来鉴定。 |

通用的和专用的仪器设备是现代先进技术的汇成，绝大多数仪器设备都装配有计算机加工处理系统，实现了快速、准确、敏感、自动化检测。就快速而论，能在几小时或几分钟，以至几秒钟内获得结果；准确性均可达到常规方法的 95% 以上；敏感性最高可达 pg，约相当于一个细菌或其产物水平；自动化可达到半自动直至全自动的程度，有的仪器从进样、检测、分析，一直到打印出客观性强的准确结果，都是自动操作。有的仪器对微生物的检测，绕过了繁琐费时、费力的分离、纯培养操作，直接用从临床或其他处采取的样品进行鉴定或测量；有的仪器一机多用，具有对微生物鉴定、计数、药敏等功能。

总之，这些仪器各具特色，主要用途有所侧重，而且每种仪器中有多种型号，并且仪器性能在不断完善和改良，一次检测样品的多少、所具备的功能、销售价格等差别也很大，因而要根据使用目的和财力选用。目前自动化程度最高、功能最多的微生物专用检测仪是 Automicrobic(AMS)，在国内、外已广泛使用，但其价格昂贵，所用测试卡的耗费也较大。

**思考题**

1. 作为进化指征，需要具备哪些特点？为什么选用 rRNA 作为进化的指征？
2. 微生物经典鉴定方法具有什么特点？主要包括哪些方法？
3. 微生物现代鉴定方法有哪些？
4. 试比较微生物经典鉴定方法和现代鉴定方法的优缺点。

# 参考文献

[1] 饶贤才,胡福泉. 分子微生物学前沿[M]. 北京:科学出版社,2013.

[2] 刘志恒. 现代微生物学[M]. 2版. 北京:科学出版社,2008.

[3] 江汉湖,董明盛. 食品微生物学[M]. 3版. 北京:中国农业出版社,2010.

[4] 池振明. 现代微生物生态学[M]. 2版. 北京:科学出版社,2010.

[5] 张伟,袁耀武. 现代食品微生物检测技术[M]. 北京:化学工业出版社,2007.

[6] 孙志宏. 自然发酵酸马奶中乳杆菌的DNA多态性研究[M]. 呼和浩特:内蒙古农业大学,2006.

[7] 乌日娜,张和平,孟和毕力格. 酸马奶中乳杆菌 L. casei Zhang,ZL12-1 的16S rDNA 基因序列及聚类分析[J]. 中国乳品工业,2005,33(6):4-9.

[8] 张家超,孙志宏,刘文俊,等. 适用于乳酸菌分类鉴定的分子生物学技术[J]. 乳品科学与技术,2009(2):89-93.

[9] TILSALA T A, ALATOSSAVA T. Development of oligonucleotide primers from the 16S-23S rRNA intergenic sequences for identifying different dairy and probiotic lactic acid bacteria by PCR[J]. International Journal of Food Microbiology, 1997, 35(1):49-56.

[10] BOOYSENA C, DICKS LM, MEIJERING I, et al. Isolation, identification and changes in the composition of lactic acid bacteria during the malting of two different barley cultivars [J]. International Journal of Food Microbiology, 2002, 76(1-2):63-73.

[11] BUSCONI M, REGGI S, FOGHER C. Evaluation of biodiversity of lactic acid bacteria microbiology in the calf intestinal tracts [J]. Antonie van Leeuwenhoek, 2008, 94(2):145-155.

[12] CORSETTI A, LAVERMICOCCA P, MOREA M. Pheno-typic and molecular identification and clustering of lactic acid bacteria and yeasts from wheat (species Triticum durum and Triticumaestivum) sourdoughs of Southern Italy [J]. International Journal of Food Microbiology, 2001, 64:95-104.

[13] GEBERS D, HUYS G, SWINGS J. Applicability of rep-PCR fingerprinting for identification of *Lactobacillus* species [J]. FEMS Microbiology Letters, 2001, 1(27):31-36.

[14] GIRAFFA G, LAZZI C, GATTI M, et al. Molecular typing of Lactobacillus delbrueckii of dairy origin by PCR-RFLP of protein-coding genes [J]. International Journal of Food Microbiology, 2002, 82:163-172.

[15] LOPEZ I, TORRES C, RUIZ L F. Genetic typification by pulsed-field gelelectrophoresis (PFGE) and randomly amplified polymorphic DNA (RAPD) of wild *Lactobacillus plantrarum* and *Oenocuccus oeni* wine strains [J]. European Food Research and Technology, 2008, 227:547-555.

[16] MASCO L, HUYS G, GEVERS D, et al. Identification of bifidobacterium species u-

sing rep – PCR fingerprinting [J]. Systematic and Applied Microbiology, 2003, 26 (4):557-563.

[17] PAROLA P, MAURIN M, ALIMI Y, et al. Use of 16S rRNA gene sequencing to identify *Lactobacillus casei* in septicaemia secondary to a paraprosthetic enteric fistula [J]. European Journal of Clinical Microbiology and Infectious Diseases, 1998, 17(3):203-205.

[18] RANDAZOOC L, TORRIANI S, AKKERMANS ADL. Diversity dynamics and activity of bacterial communities production of an artisanal Sicilian cheese as evaluated by 16 S rRNA analysis [J]. Applied and Environmental Microbiology, 2002, 68: 1882-1892.

[19] SHARPLES G J, LLOYD R G. A novel repeated DNA sequence located in the intergenic regions of bacterial chromosome [J]. Nucleic Acids Research, 1990, 18(22): 6503-6508.

[20] SPANO G, BENEDUCEL L, DEPALMA L, et al. Characterization of wine Lactobacillus plantarum by PCR – DGGE and RAPD – PCR analysis and identification of Lactobacillus plantarum strains able to degrade arginine [J]. World Journal of Microbiology and Biotechnology, 2006, 22: 769-773.

[21] TANNOCK GW, TILSALA – TIMISJ? RVI A, RODTONG S, et al. Identification of lactobacillus isolated from the gastrointestinal tract, silage, and yoghurt by 16S – 23S rRNA gene intergenic spacer region sequence comparisons [J]. Applied and Environmental Microbiology, 1999, 65: 4264-4267.

[22] WHITEHEAD TR, COTTA MA. Sequence analyses of a broad host – range plasmid containing ermT from a tylosin – resistant *Lactobacillus* sp. isolated from Swine Feces [J]. Urrent Microbiology, 2001, 43:17-20.

[23] TORRIANI S, CLEMENTI F, VANCANNEYT M, et al. Differentiation of *Lactobacillus plantarum*, *L. pentosus* and *L. paraplantarum* species by RAPD – PCR and AFLP [J]. Systematic Applied Microbiology, 2001, 24:554-560.

[24] SCHILLINGER U, YOUSIF NMK, SESAR L, et al. Use of group – specific andRAPD – PCR analyses for rapid differentiation of *Lactobacillus* strains from probiotic yogurts [J]. CurrentMicrobiology, 2003, 47: 453-456.

[25] VENTURA M, ZINK R. Specific identification and molecular typing analysis of *Lactobacillus johnsonii* by using PCR – based methods and pulsed – field gel electrophoresis [J]. FEMS Microbiology Letters, 2002, 217:141-154.

# 第六章　微生物菌种选育

**本章引言**　微生物菌种选育是微生物研究的重要课题。为使微生物更好地为人类服务,人们通过多种方式进行菌株的选育与改良。基因突变和遗传重组是导致生物发生遗传变异的主要方式,也是生物进化的原动力。以基因突变为理论基础进行的菌种选育,包括自然选育和诱变选育。前者是微生物在一定的条件下发生自发变异,而后者是利用物理或化学因素处理微生物细胞,使细胞内的遗传物质 DNA 的分子结构发生改变,从而使微生物的遗传性状发生变异,进而从中分离、筛选优良性状的菌株。

基于遗传重组的微生物育种,主要包括杂交育种、原生质体融合育种、基因工程育种等。杂交育种是两种基因型不同的菌株,通过转化、转导、接合、有性杂交及准性生殖等手段,使遗传物质发生重组,从杂交子代中选出优良性状菌株。由于其方法较为复杂,难以推广应用。原生质体融合育种是通过人为的方法,使具有不同遗传性状的两细胞的原生质体发生融合,并进而发生遗传重组以产生同时带有双亲性状的、遗传性稳定的融合子,最终从融合子中筛选获得优良菌株。基因工程育种与前几种育种方法最大的不同是增强了对菌种变异的人为控制。该方法通过体外操作,获得外源基因,之后将含有外源基因的载体导入受体细胞,从而获得新菌种。

**本章要点**　随着分子生物学的发展和基因工程新技术的不断涌现和完善,微生物菌种选育已由自然选育、诱变育种、杂交育种和原生质体融合育种,逐渐向基因工程育种和分子定向育种转变。本章着重阐述当前基因工程育种和分子定向育种的最新发展。

## 第一节　微生物传统选育方法概述

良好的菌种是微生物发酵工业的基础。在应用微生物生产各类食品时,首先是选种的问题,要挑选出符合需要的菌种,一方面可以根据有关信息向菌种保藏机构、工厂或科研单位直接索取;另一方面根据所需菌种的形态、生理、生态和工艺特点的要求,从自然界特定的生态环境中以特定的方法分离筛选出新菌株。其次是育种的工作,根据菌种的遗传特点,改良菌株的生产性能,使产品产量、质量不断提高。再次是当菌种的性能下降时,还要设法使它复壮。最后还要有合适的工艺条件和合理、先进的设备与之配合,这样菌种的优良性能才能充分发挥。

### 一、微生物菌种的自然选育

我国幅员辽阔,各地气候条件、土质条件、植被条件差异很大,这为自然界中各种微生物的存在提供了良好的生存环境。自然界中微生物种类繁多,预计不少于几十万种,但目前已被人类研究及应用的不过千余种。由于微生物到处都有,无孔不入,所以它们在自然界大多是以混杂的形式群居于一起的。而现代发酵工业以纯种培养为基础,故采用各种不同的筛选手段,挑选出性能良好、符合生产需要的纯种是工业育种的关键一步。

在实际工作中,通过以下几种途径进行菌株的收集和筛选:①向权威菌种保藏机构索取有关的菌株,从中筛选所需的菌株;②从自然界中采集样品(如土壤、水、动植物等),从中分离筛选获得菌株;③从一些现有的发酵制品(手工或者工业生产)中分离目标菌株,例如从黄豆酱中分离蛋白酶、纤维素酶产生菌,从酒醅中分离淀粉酶或者糖化酶的产生菌等。这类发酵制品经过了长期自然选择,菌株经过长期的进化,容易从中筛选到优良的菌株。

自然界工业菌种分离筛选的主要步骤是:采样、增殖培养、培养分离和筛选。如果产物与食品制造有关,还需对菌种进行毒性鉴定。

**(一)采样**

微生物分布范围广泛,在土壤、水、大气、动植物体内体表等均含有大量的微生物,种类和数量都极为可观。

土壤具备微生物生长所需的营养条件和理化条件,是微生物最为集中和丰富的地方。因此取样以土壤为主。微生物在土壤中的分布,随着地理条件、养分、水分、土质、季节而有很大变化。一般在有机质较多的肥沃土壤中,微生物的数量最多,中性偏碱的土壤中以细菌和放线菌为主,酸性红土壤及森林土壤中霉菌较多,果园、菜园和野果生长区等富含碳水化合物的土壤和沼泽地中,酵母和霉菌较多。南方土壤比北方土壤中的微生物数量和种类要更丰富,特别是热带和亚热带地区的土壤。主要是因为南方温度高、温暖季节长、雨水多、相对湿度大、植物种类多、植被覆盖面大、土壤有机质丰富,为微生物的生长提供了良好的生长条件。采样应充分考虑采样的季节性和时间因素,冬季温度低,气候干燥,微生物生长缓慢,数量最少,以温度适中,雨量不多的秋初为好。暴雨后土壤中微生物会显著减少。

采样方式是在选好适当地点后,用无菌刮铲、土样采集器等物品采集有代表性的样品,如特定的土样类型和土层、叶子碎屑和腐质、根系及根系周围区域、海底水、泥及沉积物、植物表皮及各部、阴沟污水及污泥、发酵食品等。

采好的样品应及时处理,暂不能处理的也应储存于 4 ℃下,但储存时间不宜过长。这是因为一旦采样结束,试样中的微生物群体就脱离了原来的生态环境,其内部生态环境就会发生变化,微生物群体之间就会出现消长。如果要分离嗜冷菌,则在室温下保存试样会使嗜冷菌数量明显降低。

**(二)增殖培养**

由于通常在样品中目的微生物含量较少,需根据目的微生物的生理特点,设计有利于目的微生物生长的培养条件(适宜的营养条件和培养条件),使其在最适的环境下迅速生长、繁殖,数量快速增加,由在原来自然条件下的劣势菌株变成人工环境下的优势菌株,以利于分离。

1. 控制培养基的营养成分

根据目的微生物的特点,为其提供最适的营养条件。例如,根据微生物利用碳源的特点,选定一种唯一碳源,只有能利用该碳源的微生物,才能大量正常生长,而其他微生物的生长就受到了抑制。在分离细菌时,培养基中添加质量浓度一般为 50 μg/mL 的抗真菌剂(如放线菌酮和制霉素等),可以抑制真菌的生长。

在分离放线菌时,通常于培养基中加入 1~5 mL 天然浸出汁(植物、岩石、有机混合腐质等的浸出汁)。天然浸出汁作为最初分离的促进因子,可以分离出更多不同类型的放线菌类型;在放线菌分离琼脂中通常加入抗真菌剂制霉菌素或放线菌酮,以抑制真菌的繁殖;此外,为了对某些特殊种类的放线菌进行富集和分离,可选择性地添加一些抗生素(如新生霉素)。

在分离真菌时,利用低碳/氮比的培养基可使真菌生长菌落分散,利于计数、分离和鉴定;在分离培养基中加入一定的抗生素(如氯霉素、四环素、卡那霉素、青霉素、链霉素等)即可有效地抑制细菌生长及其菌落形成。

当然,能在这种培养基上生长的微生物并非单一菌株,而是营养类型相同的微生物群,因此富集培养过程中的选择仅仅是相对的。它只是微生物分离中的一个步骤。

2. 控制培养条件

在微生物的筛选过程中,除了需要控制营养成分外,还需要控制微生物的培养条件,如温度、氧气、pH、渗透压等。

### (三)培养分离

通过增殖培养,目的微生物得到了增殖,成为优势菌株,但是样品中的微生物还是处于混杂生长状态。例如,一群以淀粉为碳源的淀粉酶产生菌中,有的是细菌,有的是真菌;即使都是细菌,有的产酶能力强,有的产酶能力弱。因此经过富集培养后的样品,必须进一步分离纯化。

常用的分离方法有稀释分离法、划线分离法和组织分离法。稀释分离法的基本方法是将样品进行适当稀释,然后将稀释液涂布于培养基平板上进行培养,待长出独立的单个菌落,进行挑选分离。划线分离法要首先倒培养基平板,然后用接种针(接种环)挑取样品,在平板上划线。划线方法可用分步划线法或一次划线法。无论用哪种方法,基本原则是确保培养出单个菌落。

组织分离法主要用于食用菌菌种或某些植物病原菌的分离。分离时,首先用质量分数为 10% 的漂白粉或质量分数为 0.1% 的升汞液对植物或器官组织进行表面消毒,用无菌水洗涤数次后,移植到培养皿中的培养基上,于适宜温度培养数天后,可见微生物向组织块周围扩展生长。经菌落特征和细胞特征观察确认后,即可由菌落边缘挑取部分菌种进行移接斜面培养。

另外还有单细胞或单孢子分离方法,这类方法需采用专门仪器设备(如显微操纵装置等),该方法可以达到"菌株纯"或者"细胞纯"的水平。而前面提到的稀释分离法、划线分离法和组织分离法,只能达到"菌落纯"水平。

### (四)筛选

经过分离培养,在平板上出现很多单个菌落,通过菌落形态观察,选出所需菌落,然后取菌落的一半进行菌种鉴定,对于符合目的菌特性的菌落,可将之转移到试管斜面纯培养。这种从自然界中分离得到的纯种称为野生型菌株,它只是筛选的第一步,所得菌种是否具有生产上的实用价值,能否作为生产菌株,还必须采用与生产相近的培养基和培养条件,通过三角瓶的容量进行小型发酵试验,以求得到适合于工业生产用菌种。这一步是采用与生产相近的培养基和培养条件,通过三角瓶的容量进行小型发酵试验,以求得适合于工业生产用菌种。如果此野生型菌株产量偏低,达不到工业生产的要求,可以留下作为菌种选育的出发菌株。

**(五)毒性试验**

自然界的一些微生物在一定条件下将产生毒素,为了保证食品的安全性,凡是与食品工业有关的菌种,除啤酒酵母、黑曲霉、米曲霉和枯草芽孢杆菌无需做毒性试验外,其他微生物均需通过两年以上的毒性试验。

## 二、微生物的诱变育种

从自然界直接分离的菌种,通常其发酵活力往往是比较低的,不能达到工业生产的要求,因此要根据菌种的形态、生理上的特点,改良菌种。以微生物的自然变异为基础的生产选种的概率并不高,因为这种变异率太小,仅为 $10^{-6} \sim 10^{-10}$。为了加大其变异率,采用物理和化学因素促进其诱发突变,这种以诱发突变为基础的育种就是诱变育种,它是国内外提高菌种产量、性能的主要手段。

诱变育种具有极其重要的意义,当今发酵工业所使用的高产菌株,几乎都是通过诱变育种而大大提高了其生产性能。诱变育种不仅能提高菌种的生产性能,而且能改进产品的质量、扩大品种和简化生产工艺等。从方法上讲,它具有方法简便、工作速度快和效果显著等优点。因此,虽然目前在育种方法上,杂交、转化、转导以及基因工程、原生质体融合等方面的研究都在快速地发展,但诱变育种仍为目前比较主要、广泛使用的育种手段。

**(一)诱变育种的步骤**

1. 出发菌株的选择

用来进行诱变或基因重组育种处理的起始菌株称为出发菌株。在诱变育种中,出发菌株的选择直接影响最终诱变效果,因此必须深入了解出发菌株的产量、形态、生理等性状特点,选择对诱变剂敏感性大、变异幅度广、产量高的出发菌株。

常用的出发菌株,主要有3类:①从自然界中分离获得的优良野生型菌株,这类菌株对诱变因素敏感,易发生变异,且易发生正突变;②生产中菌株或自发突变的菌株,这类菌株经过在生产条件下长期驯化或自发突变,适应生产条件且具有良好的性状;③已诱变菌株。

2. 菌悬液的制备

在诱变育种中,处理材料一般采用生理状态一致的单倍体、单核细胞,即菌悬液的细胞应尽可能达到同步生长状态,这称为同步培养。细菌一般要求培养至对数生长期,此时群体生长状态比较同步,容易变异,重复性较好。可以通过调整生理条件,或者采用机械或物理方法,获得同步培养的细胞。

制备一定浓度的分散均匀的单细胞或单孢子悬液需进行细胞培养、菌体收集、过滤或离心、洗涤等步骤。菌悬液一般可用生理盐水或缓冲溶液配制。采用化学诱变剂处理时,因处理时 pH 会变化,必须要用缓冲溶液。除此之外,还应注意细胞的分散度,以保证菌悬液均匀地接触诱变剂,获得较好的诱变效果。通常先用玻璃珠振荡分散,再用脱脂棉或滤纸过滤。处理后分散度可达 90% 以上。一般要求最终获得的菌悬液,霉菌孢子或酵母菌细胞的浓度大约为每毫升 $10^6 \sim 10^7$ 个,放线菌和细菌的浓度大约为每毫升 $10^8$ 个。菌悬液的细胞数量可采用平板计数法、血球计数板法或光密度法测定,其中平板计数法操作相对繁琐,但更为准确。

3. 诱变处理

首先选择合适的诱变剂,然后确定其使用剂量。常用诱变剂有两大类,即物理诱变剂和化学诱变剂。在诱变育种时,有时可根据实际情况,采用多种诱变剂复合处理的办法。复合处理方法主要有 3 类:第一类是两种或多种诱变剂先后使用;第二类是同一种诱变剂的重复使用;第三类是两种或多种诱变剂的同时使用。如果能使用不同作用机制的诱变剂来做复合处理,可能会取得更好的诱变效果。诱变剂的复合处理常呈现一定的协同效应,这对诱变育种具有重要意义。

4. 中间培养

对于刚经诱变剂处理过的菌株,有一个表现迟滞的过程,需 3 代以上的繁殖才能将突变性状表现出来。因此通常变异处理后细胞在液体培养基中培养几小时,使细胞的遗传物质复制,繁殖几代,以得到纯的变异细胞。若不经液体培养基的中间培养,直接在平皿上分离就会出现变异和不变异细胞同时存在于一个菌落内的可能,形成混杂菌落,以致造成筛选结果的不稳定和将来的菌株退化。

5. 分离和筛选

经过上述中间培养,分离出大量的较纯的单个菌落。从中分离筛选获得性能良好的正突变菌株,需要花费大量的人力和物力。因此,需要设计简便的方法来加速筛选工作的进程。如利用形态突变直接淘汰低产变异菌株,或利用平皿反应直接挑取高产变异菌株等。平皿反应是指每个变异菌落产生的代谢产物与培养基内的指示物在培养基平板上作用后表现出一定的生理效应,如变色圈、透明圈、生长圈、抑菌圈等,这些效应的大小表示变异菌株生产活力的高低,以此作为筛选的标志。常用方法有纸片培养显色法、透明圈法等。

在诱变育种工作中,营养缺陷型突变体的筛选及应用具有十分重要的意义。营养缺陷型菌株是指通过诱变而产生的缺乏合成某些营养物质(如氨基酸、维生素、嘌呤和嘧啶碱基等)的能力,必须在基本培养基中加入相应缺陷的营养物质才能正常生长繁殖的变异菌株。其变异前的菌株称为野生菌株。凡是能满足野生菌株正常生长的最低成分的合成培养基,称为基本培养(MM);在基本培养基中加入一些富含氨基酸、维生素及含氮碱基之类的天然有机物质,如蛋白质、酵母膏等,能满足各种营养缺陷型菌株生长繁殖的培养基,称为完全培养基(CM);在基本培养基中仅有针对性地加入某一种或某几种自身不能合成的有机营养成分,以满足相应的营养缺陷型菌株生长的培养基,称为补充培养基(SM)。

营养缺陷型菌株的筛选一般需要经过诱变、淘汰野生型菌株、检出缺陷型和确定生长谱4个环节。采用诱变剂处理时与其他诱变处理基本相同。在诱变处理后的存活个体中,营养缺陷型的比例一般很低,通常只有百分之几至千分之几,采用抗菌素法或菌丝过滤法,可以淘汰为数众多的野生型菌株,从而达到浓缩营养缺陷型的目的。抗生素法是利用野生型菌株能在MM中生长,而缺陷型不能生长,于是将诱变处理液在MM中培养短时让野生型生长,处于活化阶段,而缺陷型无法生长,仍处于"休眠状态",这时,加入一定量的抗生素,结果活化状态的野生型就被杀死,保存了缺陷型。在选择抗生素时,细菌可以用青霉素,酵母可用制霉菌素。菌丝过滤法仅适用于丝状真菌,其原理是在基本培养基中,野生型的孢子能发芽成菌丝,而营养缺陷型则不能。因此将诱变处理后的孢子在基本培养基中培养一段时间后,再进行过滤。如此重复数次后,就可以除去大部分野生型菌株,同样达到"浓缩"营养缺陷型的目的。

营养缺陷型的检出方法主要有影印法、夹层法、逐个检出法、限量补充培养法等4种。影印法是将诱变处理后的细胞涂布在完全培养基表面上,经培养后长出菌落,然后用一小块直径比平皿稍小的圆柱形木块覆盖于灭过菌的丝绒布上作为接种工具,将长出菌落的平皿倒转过来,在丝绒上轻轻按一下,转接到另一基本培养基平板上,经培养后,比较这两个平皿长出的菌落。如果发现前一平板上某一部位长有菌落,而在后一培养基上的相应部位却没有菌落,就说明这是一个营养缺陷型菌落。夹层培养法是先在培养皿上倒一层基本培养基,冷凝后加上一层含菌液的基本培养基,凝固后再浇上一薄层的基本培养基。经培养后,在皿底对首先出现的菌落做标记,然后再倒上一薄层完全培养基(或补充培养基),再培养,这时再出现的新菌落,多数为营养缺陷型。此法的缺点是,结果有时不明确,而且将缺陷型菌落从夹层中挑出并不很容易。逐个检出法是将经过诱变处理的细胞涂布在完全培养基平板上,待长出单个菌落后,用接种针或牙签将这些单个菌落逐个依次地分别接种到基本培养基和另一完全培养基平板上。经培养后,如果在完全培养基上长出菌落,而在基本培养基上却不长菌落,说明这是一个营养缺陷型菌株。限量补充培养法是将诱变处理后的细胞接种在含有微量(质量分数为0.01%以下)蛋白胨的基本培养基上。野生型菌株会迅速生长成较大的菌落,而营养缺陷型菌株却只能形成生长缓慢的微小菌落,因而可以识别检出。如果想得到某一特定缺陷型菌株,则可直接在基本培养基上加入微量的相应物质。

确定生长谱是指采用上法选出的缺陷型菌株经几次验证确定后,还需确定其缺陷的因子是氨基酸缺陷型,还是维生素缺陷型,或是嘌呤、嘧啶缺陷型。生长谱测定可以用两种方法:一种是将缺陷型菌株培养后,收集菌体,洗涤培养基,制备成细胞悬液后,与MM培养基(融化并降温至50 ℃)混合并倾注平皿。待凝固后,分别在平皿的5~6个区间放上不同的营养组合的混合物或吸饱此组织营养物的滤纸圆片,培养后会在组合区长出,就可测得所需营养。另一种方法是以不同组合的营养混合物与融化凉至50 ℃的MM培养基铺成平皿,然后在这些平皿上划线接种各个缺陷型菌株于相应位置,培养后根据在什么组合长出可推知其营养因子。

营养缺陷型菌株在科学实验和生产实践中都具有广泛的用途。利用营养缺陷型菌株定量分析各种生长因素的方法称为微生物分析法。常用于分析食品中氨基酸和维生素的含量,因为在一定浓度范围内,营养缺陷型菌株生长繁殖的数量与其所需维生素和氨基酸的量成正比。这种方法特异性强,灵敏度高,所用样品可以很少而且不需提纯,也不需要复杂的仪器设备。可利用营养缺陷型菌株作为研究转化、转导、接合等遗传规律的标记菌种和微生物杂交育种的标记。由于微生物经杂交育种后形成的杂种在形态上往往与亲本难以区别,因此常常选择不同的营养缺陷型来进行标记,通过测定后代的营养特性,以判断它们杂交的性质。可利用营养缺陷型菌株测定微生物的代谢途径,并通过有意识地控制代谢途径,获得更多的所需要的代谢产物,从而成为发酵生产氨基酸、核苷酸和各种维生素等的生产菌种,例如利用丝氨酸营养缺陷型可以生产更多的赖氨酸,利用腺苷酸营养缺陷型菌株可提高肌苷酸的产量等。

(二)诱变方法

1. 物理诱变

常用的物理诱变剂有紫外线、X 射线、γ 射线(如 $Co^{60}$ 等)、等离子、快中子、α 射线、β 射线、超声波等。

最常用的物理诱变剂是紫外线。由于紫外线不需要特殊贵重设备,只要普通的灭菌紫外灯管即能做到,而且诱变效果也很显著,因此被广泛应用于工业育种。紫外线是波长短于紫色可见光而又紧接紫色光的射线,波长范围为 136~300 nm,紫外线波长范围虽宽,但有效范围仅限于一个小区域,多种微生物最敏感的波长集中在 265 nm 处,对应于功率为 15 W 的紫外灯。它是一种非电离辐射,当物质吸收一定能量的紫外线后,它的某些电子将被提升到较高的能量水平,从而引起分子激发而造成突变;而不吸收紫外线的物质,能量不发生转移,分子也不会激发,不会产生任何化学变化,然而,脱氧核糖核酸能大量吸收紫外线,因此它极容易受紫外线的影响而发生变化。紫外线的诱变作用是由于它引起 DNA 分子结构变化而造成的。这种变化包括 DNA 链的断裂、DNA 分子内和分子间的交连、核酸与蛋白质的交联、嘧啶水合物和嘧啶二聚体的产生等,特别是嘧啶二聚体的产生对于 DNA 的变化起主要作用。

紫外诱变的方法是:将 10 mL 菌悬液放在直径为 9 cm 的培养皿中,液层厚度约为 2 mm,启动磁力搅拌器,使用 15 W 功率紫外灯管,照射距离为 30 cm 左右,照射时间以几秒至数十分钟为宜,具芽孢的菌株需处理 10 min 左右。为准确起见,照射前紫外灯应先预热 20~30 min,然后再进行处理。不同的微生物对于紫外线的敏感程度不同,因此不同的微生物对于诱变所需要的剂量也不同。在紫外灯的功率、照射距离已定的情况下,决定照射剂量的只有照射时间,这样可以设计一个照射不同时间梯度的实验,根据不同时间照射的死亡率,做出照射时间与死亡率的曲线,这样就可以选择适当的照射剂量。一般以照射后微生物的致死率在 90%~99.9% 的剂量为最佳照射剂量,也有倾向于采用杀菌率 70%~75% 甚至更低(30%~70%)的剂量。一般认为,偏低的剂量处理后正突变率较高,而用较高的剂量时则负突变率较高,但高剂量造成损伤大、回复少。目前趋向采用低剂量、长时间处理,尽管致死率较高,但诱变效果较好。实验时,为了避免光复活现象,处理过程应在暗室的红光下操作,处理完毕后,将盛菌悬液的器皿用黑布包起来培养,然后再进行分离筛选。

$Co^{60}$ 属 γ 射线,是一种高能电磁波,其诱发的突变率和射线剂量直接有关,而与时间长短无关。它能产生电离作用,直接和间接改变 DNA 结构。直接的效应是导致碱基的化学键、脱氧核糖的化学键、糖－磷酸相连接的化学键的断裂；间接的效应是电离辐射使水和有机分子产生自由基,自由基作用于 DNA 分子,特别是对嘧啶的作用更强,可引起缺失和损伤,造成基因突变,甚至还能引起染色体断裂,引起倒位、缺失和易位等畸变。不同的微生物对 $CO^{60}$ 的辐射敏感程度差异很大,可以相差几倍,引起最高变异的剂量也随菌种不同而有所不同。一般照射时多采用菌悬液,也可用长了菌落的平皿直接照射。照射剂量在 $4\sim10$ 万伦琴,或者采用能使微生物产生 $90\%\sim99\%$ 死亡率的剂量。电离辐射是造成染色体巨大损伤的最好诱变剂,它能造成不可回复的缺失突变,但可能影响邻近基因的性能。

等离子输入是一种较新的诱变方法,国外自 20 世纪 60 年代中、后期相继开始把等离子注入技术应用于生物学领域的研究,国内将离子束应用于生物等品种改良的研究则是由中国科学院等离子体物理研究所于 1986 年开创的。低能离子束是以具有质量、能量双重诱变效应的特征不同于传统的电磁辐射,它的注入引发的生物效应、机制相当复杂,既有能量的沉积、动量的传递,又有粒子的注入和电荷的交换,可导致细胞表面被刻蚀,引起细胞膜透性和膜电场的改良,与 $\gamma$ 射线、中子束等明显不同。离子束与生物体作用,首先有能量的沉积,即注入离子与生物大分子发生一系列碰撞,生物大分子获得能量时,键断裂,分子击出原位,留下断键或缺陷；同时还有质量沉积,离子束是高 LET 粒子,有 Braag 峰,具有较强的电离作用,还能产生活性高的自由基间接损伤作用,因此它对生物体可导致较高的突变率；另外,由于注入离子的不同电荷数、质量数、能量、剂量的组合,提供了众多的诱变条件,通过这种电、能、质的联合作用,将强烈影响生物细胞的生理生化特性,以引起基因突变,所以变异幅度大,有较高的突变率和较广的突变谱；再者突变体的遗传性能比较稳定,回复突变率低。

2. 化学诱变

化学诱变剂是一类能对 DNA 起作用、改变其结构并引起遗传变异的化学物质。化学诱变剂的种类很多,从无机物到有机物都能引起诱变效应。

根据它们对 DNA 的作用机制,可以分为 3 大类：第一类是烷化剂,这类化学物质带有一个或者多个活性烷基,能与一个或多个核酸碱基起化学变化,进而引起 DNA 复制时碱基配对的转换而发生变异。例如硫酸二乙酯、亚硝酸、甲基磺酸乙酯、N－甲基－N′－亚硝基胍、亚硝基甲基脲等。烷化剂具有很高的活性,且能与水起作用,发生水合作用后,通常形成没有诱变能力的化合物,并且有毒。因此在实际使用烷化剂时,溶液必须现用现配,切勿储藏。第二类是碱基类似物,这类化学物质与 DNA 结构中的 4 种碱基 A,T,G,C 在化学结构上相似,通过代谢作用渗入到 DNA 分子中而引起变异。例如 5－溴尿嘧啶和 5－溴脱氧尿核苷是胸腺嘧啶的结构类似物；2－氨基嘌呤是腺嘌呤的结构类似物。第三类是吖啶类诱变剂,这类化学物质能同 DNA 或 RNA 相互作用引起结构改变,但不形成共价键。吖啶类物质造成 DNA 分子增加或减少一二个碱基,从而引起碱基突变点以下全部遗传密码在转录和翻译时产生错误,引发移码突变。

选择化学诱变剂时还应注意：亚硝胺和烷化剂应用的范围较广,造成的遗传损伤较多,其中亚硝基胍和甲基磺酸乙酯被称为"超诱变剂",甲基磺酸乙酯是毒性最小的诱变剂之一。碱基类似物和羟胺虽然具有很高的特异性,但很少使用,因其回复突变率高,效果不大。

决定化学诱变剂剂量的因素主要包括诱变剂的浓度、作用温度和作用时间。化学诱变剂的处理浓度常用每毫升几微克到几毫克,这个浓度取决于药剂、溶剂及微生物本身的特性,同时受水解产物的浓度、金属离子及某些情况下诱变剂的延迟作用的影响。一般对于一种化学诱变剂,处理浓度对不同微生物有一个大致范围。化学诱变剂与物理诱变剂不同,在处理到确定时间后,要有合适的终止反应方法,一般采用稀释法、解毒剂或改变 pH 等方法来终止反应。

要确定一个合适的剂量,通常需要经过多次试验,就一般微生物而言,诱变频率往往随剂量的增高而增高,但达到一定剂量后,再提高剂量会使诱变频率下降。根据对乙烯亚胺等诱变剂诱变效应的研究,发现正突变较多地出现在较低的剂量中,而负突变则较多地出现在高剂量中,同时还发现经多次诱变而提高产量的菌株中,高剂量更容易出现负突变。因此,在诱变育种工作中,目前较倾向于采用较低剂量。

绝大多数化学诱变剂都具有毒性,其中 90% 以上是致癌物质或极毒药品,使用时要格外小心,避免与皮肤直接接触,不仅要注意自身安全,也要防止污染环境,避免造成公害。

3. 生物诱变剂

20 世纪 40 年代,B. McClintock 对玉米的遗传研究而发现染色体易位,打破了基因是固定在染色体 DNA 上的一些不可移动的核苷酸片段的说法。有些 DNA 片段不但可在染色体上移动,而且还可从一个染色体跳到另一个染色体,从一个质粒跳到另一个质粒或染色体,甚至还可从一个细胞转移到另一个细胞。在这些 DNA 顺序的跳跃过程中,往往导致 DNA 链的断裂或重接,从而产生重组交换或使某些基因启动或关闭,结果导致突变的发生。这似乎就是自然界所固有的"基因工程"。在染色体组中或染色体组间能改变自身位置的一段 DNA 序列被称为转座因子(Transposible element),也称作跳跃基因(Jumping gene)或可移动基因(Movable gene)。

转座因子是实验室中常用的一种诱变因子,它们在基因组的任何部位插入,一旦插入某基因的编码序列,就引起该基因的失活而导致中断突变,而且由于转座因子 Tn,Mu 带有可选择标记(抗生素抗性等),因此可容易地分离到所需的突变基因。

转座因子包括插入序列(Insertion sequences,IS)、转座子(Transposons,TN)和某些病毒如 Mu 噬菌体。这在真核微生物和原核微生物中都有存在。

转座子是能够插入染色体或质粒不同位点的 DNA 序列,大小为几个 kb,具有转座功能,即可移动至不同位点上去,本身也可复制。转座后在原来位置仍保留 1 份拷贝。转座子两末端的 DNA 碱基序列为反向重复序列。转座子上携带有编码某些细菌表型特征的基因,如抗卡那霉素和新霉素的基因,且本身也可自我复制。相对分子质量居中(一般为 2~25 kb)。除了与转座作用有关的基因外,还携带着授予宿主某些遗传特性的基因,主要是一些抗性基因(对抗生素、某些毒物)、乳糖发酵基因等,含有几个至十几个基因。从结构来看,转座子有两种类型,复合转座子(I 型转座子)和复杂转座子(II 型转座子),末端为反向或顺向重复的 IS,抗性基因位于中间,IS 提供转座功能,连同抗性基因一起转座,如 Tn5 转座子。末端为短的反向重复的序列,其长度一般为 30~50 bp,中间为编码转座功能和抗性的基因,如 Tn3 转座子。转座子虽能插到受体 DNA 分子的许多位点上,但并不完全是随机的,某些区域更易插入。

用于诱变的转座子一般是复合型转座子,如 Tn5,Tn9,Tn10 等。其中用得较多的是 Tn5 和 Tn10。它们的转座频率高,对目标序列特异性要求低,而且转座子不需要与细菌的基因组存在同源性等优点,因而被广泛地用于许多革兰氏阴性菌的转座诱变中。

利用转座子可以随机诱变和定位诱变。因为转座子不像质粒那样能独立存在并且自主复制,因此要利用转座子进行诱变时,首先需要将转座子构建在适当的载体上。通常所用的载体主要是质粒。转座子载体应该具有两个功能:能通过转化或者接合作用导入受体菌;在受体菌中不能自我复制,即必须为自杀型质粒载体,从而使转座子存在转座压力,并且保证通过抗性筛选得到的转化子或接合子都是转座子整合在基因组上。在分子生物学的研究中,已经构建了许多自杀型质粒。如 pSUP101,pSUP102 等。随机诱变的具体操作比较简单,只要将含有转座子的自杀型质粒通过接合作用或者转化作用引入目标菌株中,则转座子会随机插入到受体菌的基因组中,然后在抗性平板上筛选所需要的突变菌株。对转座子诱变所获得的突变体,可用 PCR 等分子生物学的方法进行鉴定,也可利用转座子在插入位点形成的重复序列进行鉴定。

定位诱变与随机诱变的原理类似,但是诱变中首先需要将转座子,如 Tn5,整合在基因组中,然后将要诱变的目的基因克隆到质粒如 F 质粒上,接着将含有目的基因的 F' 质粒转入基因组已经整合有 Tn5 的大肠杆菌中,然后与受体菌杂交进行诱变,最后筛选突变接合子。研究者利用转座子 Tn5 诱变冰核细菌丁香假单胞菌(*Pseudomonas syringae*),获得无冰核活性菌株。该研究以大肠杆菌 S-17/pZJ25∷Tn5 作为转座子诱变的供体,使供体菌与受体菌进行接合。由于转座子 Tn5 自身具有卡那霉素(Kan)抗性基因,当它插入到含有抗利福平(Rif)抗性基因的冰核细菌的染色体中时,产生的接合子具有双重表型,既抗卡那霉素又抗利福平(双抗,$Kan^r Rif^r$)。以两种抗生素同时筛选接合子,最终筛选得到 157 株丧失冰核活性的菌株。

转座子 Tn916 具有广泛的寄主范围,可在多种 $G^+$ 和 $G^-$ 细菌间转移,因而其应用范围较广。Tn916 转座是通过一种特殊的插入-切割机制进行,即 Tn916 首先从供体 DNA 切离,形成一个环状中间体,此中间体可以直接插到质粒或染色体上,也可通过接合转移到受体细胞中,再插到受体的质粒或染色体上。由于 Tn916 是携带有四环素(Tet)抗性的接合型转座子,当插入到基因内可以使基因突变并带上 Tet 抗性。将 Tn916 克隆到质粒上,通过接合或转化进入受体菌,可以作为一种有效的诱变手段加以应用。

Mu 噬菌即诱变噬菌体,是 *E. coli* 的一种温和噬菌体,含有噬菌体生长繁殖和转座所必需的基因,其相对分子质量最大(39 kb),含有 20 多个基因,但并没有固定的整合位置。Mu 噬菌体引起的转座可以引起插入突变,其中约有 2% 是营养缺陷型突变。

另外,侵染微生物的某些 DNA 病毒、RNA 病毒和噬菌体能自我复制,也可整合到染色体或质粒上,且可在微生物细胞之间进行转移而可看作为一类微生物染色体外的遗传物质。

## 第二节 原生质体融合育种

### 一、原生质体融合技术的发展

原生质体融合也称细胞杂交、细胞融合或体细胞杂交,是指细胞通过介导和培养,在离体条件下,用人工方法将不同种的细胞通过无性方式融合成一个核或多核的杂合细胞的过程。原生质体(Protoplast)一词最初用来表示植物细胞壁内的原生质,后来扩展用于描述动植物和微生物细胞去除细胞壁以后的一种细胞结构。1953 年,Weibull 首次利用溶菌酶酶解分离获得了巨大芽孢杆菌的原生质体。之后研究者陆续获得了酵母、丝状真菌等微生物的原生质体。1974 年,匈牙利的 Ferenczy 等人成功完成了白地霉(*Geotrichum candidum*)营养缺陷型突变株的原生质体融合,使原生质体融合技术首次应用于微生物中,开启了微生物原生质体融合育种。1978 年第三届国际工业微生物遗传学讨论会上,研究者把原生质体融合作为一种新的基因重组手段提出来,引起了全世界的关注。由于该技术与其他育种技术相比,具有杂交频率高、遗传物质完整等优点,研究者在世界范围内掀起了该技术育种的热潮。酵母菌、霉菌、放线菌以及细菌多种微生物的株内、株间、种间以及属间的融合陆续获得成功,当前该技术已在国内外微生物育种工作中广泛研究和应用。

### 二、原生质体融合育种的特点

原生质体融合是将两个亲株的细胞壁分别通过酶解作用加以剥除,使其在高渗环境中释放出只有原生质膜包被着的球状原生质体,然后将两个亲株的原生质体在高渗条件下混合,由聚乙二醇(PEG)助融,使它们相互凝集,通过细胞质融合,接着发生两套基因组之间的接触、交换,从而发生基因组的遗传重组,就可以在再生细胞中获得重组体。

原生质体融合技术具有以下几方面的优点:

1. 重组频率较高

原生质体没有细胞壁的障碍,并且在原生质体融合时又加入了融合促进剂聚乙二醇(PEG),因此微生物原生质体间的杂交频率明显高于常规杂交方法。实验表明,霉菌融合频率为 $10^{-3} \sim 10^{-1}$,放线菌融合率达到 $10^{-2} \sim 10^{-1}$,细菌与酵母菌的融合频率亦达到 $10^{-6} \sim 10^{-5}$。

2. 受接合型或致育性的限制较小

原生质体进行融合与细胞表面结构无关。由于两亲株中任何一株都可能起受体或供体的作用,因此有利于不同种属间微生物的杂交。当前,已经实现了在酵母中实现了属间原生质体融合,例如酿酒酵母与季也蒙毕赤酵母,热带假丝酵母与饰针覆膜孢酵母等。

3. 重组体种类较多

由于原生质体融合后,两个亲株的整套基因组之间发生相互接触,可以有机会发生多次交换,所以可以产生各种各样的基因组合而得到多种类型的重组体。

### 4. 遗传物质的传递更为完整

由于原生质体融合是两个亲株的细胞质和细胞核进行类似合二为一的过程,因此遗传物质的交换更为完整。原核微生物中可以得到将两个或更多个完整的基因组携带到一起的融合产物,放线菌中甚至能形成短暂或拟双倍体的融合产物,而在真菌中能形成短暂的或稳定的杂合二倍体甚至三倍体或四倍体等多倍体。研究表明,天蓝色链霉菌原生质体融合得到的重组体汇总,多发交换的重组体占20%,高于常规杂交10倍以上。

遗传物质不仅存在于细胞核中,也存在于细胞质中。一般常规的杂交育种往往局限于核 DNA 重组,但原生质体融合还涵盖了两亲本的细胞质的交换。研究者采用枯草芽孢杆菌的溶原性菌株和对噬菌体 Q105 敏感的菌株作为两亲本进行原生质体融合。结果融合子的存活率正常,而采用常规杂交方法,却发现许多代细胞因 Q105 裂解而死亡。其原因是溶原性细菌细胞质中含有某些免疫因子,而在敏感菌株中则不存在此种免疫因子。当两亲本细胞一般结合时,原噬菌体随着溶原菌染色体进入敏感细胞,而敏感细胞因不含免疫因子,而致使敏感菌株细胞裂解。

### 5. 可以获得性状优良的重组体

可以和其他的育种方法相结合,将从其他方法获得的优良性状通过原生质体融合再组合到一个单株中。

### 6. 可以提高育种效率

可以采用温度、药物或紫外线照射等处理方法钝化一方亲株的原生质体,然后再与另一亲株的活原生质体融合,因此就可以在筛选中除去一方亲株,从而提高筛选效率。

### 7. 有可能采用产量性状较高的菌株作为融合亲株

由于遗传标记如缺陷型往往影响工业微生物的某些生物合成能力,而进行一般基因重组时又必须采用较多的遗传标记,因此势必使出发菌株的生产性能下降而影响杂交子代的生产水平。由于原生质体融合频率较高,可以采用较少标记或不带标记的菌株进行融合,这对改良生产菌株性能来说更为有效。

### 8. 有助于建立工业微生物的转化体系

由于原生质体已经失去了细胞壁,因此它比完整细胞更易于进行遗传转化。目前,一些有重要工业价值的微生物如放线菌、酵母菌和霉菌等的转化体系多未建立,如采用原生质体转化,就有可能将这些菌株作为基因工程的受体菌,使工业微生物的育种工作大大地前进一步。

除此以外,原生质体融合技术还具有存在着两株以上亲株同时参与融合以形成融合子的可能,以及提高菌株产量的潜力概率较大等特点,因此,利用原生质体融合来选育新菌株已受到国内外的普遍重视。

## 三、原生质体融合育种步骤

原生质体融合育种一般包括如下步骤:标记菌株的筛选、原生质体的制备、原生质体的再生、原生质体的融合、融合子的选择、目的菌株的筛选。

### (一)标记菌株的筛选

在原生质体融合的过程中,通常所用的亲株均要有一定的遗传标记以便于筛选。当然，所需的目的基因并不一定与标记基因连锁，但它毕竟可以大大减少工作量，提高育种效率。融合亲株获得遗传标记的方法可采用常规的诱变育种方法，一般可以以营养缺陷和抗药性等遗传性状作为标记。在此必须注意的是标记必须稳定。采用抗药性菌株除可以作为标记外，在实验中还可以排除杂菌污染的干扰。

研究者指出，每个亲株都各带有两个隐性性状的营养缺陷标记就可以排除实验结果中获得的原养型融合子是回复突变的可能。因此选择性标记无需过多。若已知融合频率较高，为减少标记对菌株正常代谢的干扰，也可采用一个标记或没有标记的菌株作为融合亲本。当然，最好选择对菌株生产性能没有影响的标记。对于工业生产菌来说，用诱变方法获得标记，往往对该菌株的生产性能影响甚大，因此在选择标记时，尽可能采用该菌株自身已带的各种遗传标记为好。

### (二) 原生质体的制备

获得有活力、去壁较为完全的原生质体是原生质体融合育种技术的先决条件。分别用酶处理两亲本株，使细胞壁完全消化或者使薄弱部分破裂，原生质体即可从细胞内逸出。为了防止原生质体的破裂，要把原生质体释放到高渗缓冲液或培养基中。各种微生物的原生质体制备方法不同。在细菌和放线菌中，制备原生质体主要采用溶菌酶(Lysozyme)；在酵母菌和霉菌中一般可用蜗牛酶和纤维素酶。

#### 1. 菌体培养与收集

为了使菌体细胞易于原生质体化，一般选择对数生长期的菌体。此时细胞生长代谢旺盛，其细胞壁对酶解作用最为敏感。这时制备原生质体，形成率高，再生率亦高。一般来说，对于细菌采用对数生长后期为好；对于放线菌，采用对数生长期到平衡期之间的转换期最为合适。

有些细菌如枯草芽孢杆菌和巨大芽孢杆菌，细胞壁可用单一的溶菌酶进行消化。而有些细菌如大多数革兰氏阴性菌和一些革兰氏阳性菌，细胞壁不易被酶消化，对这些细菌可在含有 EDTA、甘氨酸、青霉素和 D - 环丝氨酸的培养基中进行培养，使菌体的细胞壁对酶的敏感性增加。甘氨酸可以使细菌细胞壁肽聚糖中的 L - 丙氨酸和 D - 丙氨酸残基为甘氨酸所取代，结果干扰了正常的交叉键合。青霉素能干扰甘氨酸交联桥与四肽侧链上的 D - 丙氨酸之间的联结，使细菌不能合成完整的具有空间网络结构的细胞壁，结果使细胞壁结构疏松，便于溶菌酶处理。环丝氨酸的结构与 D - 丙氨酸相似，可竞争性抑制丙氨酸消旋酶的作用，使 L - 丙氨酸不能转变成为 D - 丙氨酸，细菌无法合成 N - 乙酰胞壁酸的五肽，进而无法合成细菌细胞壁的主要成分——肽聚糖。

链霉菌接种到含有甘氨酸(质量分数为 0.8% ~ 3.5%)的培养基中，培养后所得的菌丝对溶菌酶较为敏感。将酵母属的菌株接种于含有质量分数为 0.2% 的巯基乙醇和质量浓度为 0.06 mol/L EDTA 的溶液中，培养后所得的菌体易于制备原生质体。在放线菌的培养液中加入 1% ~ 4% 的甘氨酸可提高其敏感性，利于原生质体的制备。研究者对产谷氨酸棒杆菌原生质体形成模式研究中发现，采用甘氨酸加青霉素作为前处理，然后用溶菌酶酶解细胞壁效果很好，而且再生效果也最好，其原生质体形成模式为海鸥形。

对培养至对数期的微生物细胞，离心收集菌体。一般用缓冲液或生理盐水对收集的菌体进行洗涤。如链霉菌用质量分数为 10.3% 的蔗糖溶液和缓冲液各洗涤 1 次；酵母菌用生理盐水洗涤 2 次,最后离心收集菌体。

### 2. 酶液处理去壁

向菌体中加入酶液,悬浮细胞,于适宜温度下,保温 30~60 min 或更长时间。在保温期间,每间隔 20 min 左右镜检。待 90% 以上的细胞都形成原生质体后,离心去除酶液,将原生质体悬浮在高渗缓冲液中,备用。

对于不同种属的微生物,不仅对酶的种类要求不同,对酶的浓度要求也有差异。一般来说,酶浓度增加,原生质体的形成率亦增大,超过一定范围,则原生质体形成率的提高不明显。酶浓度过低,则不利于原生质体的形成;酶浓度过高,则导致原生质体再生率的降低。由于影响原生质体形成和再生的因素相互有关,若原生质体形成率很高而其后的再生率很低,不利于原生质体融合育种。因此,有人建议以使原生质体形成率和再生率之积达到最大时的酶浓度作为最佳酶浓度。

在制备大肠杆菌原生质体时,溶菌酶的质量浓度介于 20~500 μg/mL 之间,过高或过低都会降低原生质体的形成率。制备枯草芽孢杆菌原生质体时,研究者多采用 100 μg/mL 的溶菌酶质量浓度。同时,最佳酶浓度还随不同的生长期而变化,例如对数期的大肠杆菌的酶的质量浓度以 100 μg/mL 为宜,而当大肠杆菌处于饥饿条件下时,酶的质量浓度需要 250 μg/mL。

温度对酶解作用有双重影响:一方面随着温度的提高,酶解反应速度加快;另一方面,随着温度的增加,酶蛋白逐渐变性而使酶失活,同时酶解温度对原生质体的再生影响很大。因此,在选择最佳酶解温度时,除了考虑酶的最适温度外,还应以原生质体再生率加以校正。一般来说,酶解温度应控制在 20~40 ℃。例如,制备枯草芽孢杆菌原生质体时,温度在 25~40 ℃ 范围内,完全去壁的时间随着温度上升而缩短。但是从易于控制破壁程度以及避免原生质体因温度损伤的角度,可采用 35 ℃ 左右的温度。

随着酶解时间延长,菌体去壁程度越完全。当酶解进行一定时间后,绝大多数的菌体细胞均已形成原生质体,如再持续进行酶解作用,细胞质膜会受到损伤,造成大量原生质体的破裂,从而使原生质体失活,表现为原生质体再生率急剧降低。因此原生质体的质量与酶解时间密切相关,酶解时间过短,原生质体形成不完全;酶解时间过长,原生质体脱壁太完全,原生质体的质膜亦易受到损伤,从而影响原生质体的再生。因此,必须选择合适的酶解时间。

等渗透压在原生质体制备中,在保护原生质体免于膨胀作用的同时,还有助于酶与底物的结合。渗透压稳定剂多采用 KCl,NaCl 等无机物和甘露醇、山梨醇、蔗糖、丁二酸钠等有机物。菌株不同,最佳稳定剂亦有差异。在细菌中多用蔗糖、丁二酸钠、NaCl 等,在酵母菌中多用山梨醇、甘露醇等,在霉菌中多用 KCl 和 NaCl 等。稳定剂的使用质量浓度一般在 0.3~0.8 mol/L 之间。

除此酶类型、酶解时间、温度以外,破壁时的 pH、培养基成分、培养方式、离子强度和种类等对原生质体的形成亦有一定的影响。

细胞壁溶解后,原生质体即以球状体的形态开始释放。杆状细菌的原生质体释放一般是从杆菌的一端进行的;棒状杆菌的八字形排列的细胞的原生质体释放是从棒状杆菌裂殖断裂的一端开始,此时原细胞鞘与原生质体一起构成海鸥状。

由于原生质体对渗透压较细胞敏感得多,所以在蒸馏水这样的低渗溶液中可立即破裂,在一般固体培养基中也无法形成菌落。因此可以分别用血球计数来比较低渗溶液处理前后的被处理细胞加原生质体总数量,或在平板上的菌落数以求得原生质体形成率。

原生质体形成率 = 原生质体数/(原生质体数 + 完整细胞数) × 100%

丝状菌因形成凝集块和菌丝状,无法直接观察计数。这时可将进行酶解的菌体混合液分别等量悬浮于低渗和高渗的溶液中,然后将它们分别于高渗的再生培养基上涂布分离计数,还可以将高渗液中的菌体涂布于普通固体培养基和再生培养基上分别计数,大体求得原生质体形成率。

### (三) 原生质体的再生

酶解去壁后得到的原生质体应具备再生能力,即能重建细胞壁,恢复细胞完整形态并能生长、分裂,这是原生质体融合育种的必要条件。由于原生质体已经失去了坚韧的细胞壁外层,仅有一层细胞质膜,是失去了原有细胞形态的球状体。因此,尽管它具有生物活性,但毕竟不是一种正常的细胞,在普通培养基平板上也不能正常地生长、繁殖。为此,必须设法使其细胞壁再生长出来,以恢复细胞原有形态和功能。

仅有细胞质膜的原生质体对渗透压很敏感,很容易破裂致使原生质外流而使细胞死亡,因此再生培养基必须与原生质体内的渗透压相等。这就需要在再生培养基中加入具有一定渗透压的基质即渗透压稳定剂,这与原生质体制备时是一样的。对于不同的微生物来说,其原生质体的高渗再生培养基的主要成分是不同的。

原生质体的再生是一个十分复杂的过程,至今了解不多。一些学者研究认为,若原生质体的细胞壁剥去得不太彻底,则有助于细胞壁的再生,该残留的细胞壁尤如结晶时的"晶种"一样,大量实验亦证明,破壁太彻底往往会引起原生质体再生率的大大降低。影响原生质体再生的因素主要有菌种本身的再生特性、原生质体制备条件、再生培养基成分、再生培养条件等。

一般在进行融合实验前首先要对原生质体再生率进行测定,否则就很难确定不能融合或融合频率低是由于双亲原生质体本来就没有活性或再生率很低,还是由于融合条件不适合所致。因此,测定原生质体形成率和再生率不仅是检查、改善原生质体形成和再生条件的指标,也是分析融合实验结果、改善融合条件的一个重要指标。原生质体再生率可用下式进行计算:

原生质体再生率 = (再生菌数 − 剩余菌数)/(破壁前菌数 − 剩余菌数) × 100%

一般来说,原生质体再生率常常在百分之零点几到百分之几十,有的甚至可达 100%。

### (四) 原生质体的融合

仅仅将原生质体等量地混合在一起,融合率仍然很低,只有加入表面活性剂聚乙二醇(PEG)或者电场诱导下,融合频率才会出现突破性的提高。融合促进剂 PEG 具有强制性地促进原生质体融合的作用,其相对分子质量有多种,从 1 000 ~ 12 000,在微生物原生质体融合时多用相对分子质量为 1 000 ~ 6 000 的 PEG,特别是 4 000 和 6 000 两种。在原生质体融合过程中,除了需要加入 PEG 外,还需要加入 $Ca^{2+}$,$Mg^{2+}$ 等阳离子,它们对融合亦有促进作用。

关于 PEG 诱导融合的机制,研究者认为,PEG 可以使原生质体的膜电位下降,然后原生质体通过 $Ca^{2+}$ 离子交联而促进凝集。另外,由于 PEG 渗透压的脱水作用,扰乱了分散在原生质膜表面的蛋白质和脂质的排列,提高了脂质胶粒的流动性,从而促进了原地质体的相互融合。

人们通过对植物原生质体融合的研究发现,融合的过程开始是由于强烈脱水而引起原生质体的黏合,不同程度地形成聚集场,原生质体收缩并高度变形,大量黏着的原生质体形成非常紧密的接触。接着,接触处的膜间蛋白颗粒发生转位和聚集,然后邻近的脂质分子发生相互反应。由于 $Ca^{2+}$ 等强烈地促进脂质分子的扰动和重新组合,结果接触处的膜形成小区域的融合,产生小的原生质桥。原生质桥逐渐增大,直至两个原生质体的融合,但是原生质体融合的具体机制尚不清楚。

影响原生质体融合的因素很多,包括融合剂浓度、作用时间、阳离子浓度、pH 等,更为重要的是亲株本身特性的选择以及尽可能制备具有活力的原生质体。据报道,PEG 的相对分子质量以 4 000~6 000 为好,由于 PEG 既是融合剂又是渗透压稳定剂,质量分数低于 20% 会使原生质体破裂而失去稳定性,质量分数过高又会引起原生质体收缩而降低融合频率。因此,融合时 PEG 的最终质量分数常采用 30%~40%。由于 PEG 一加入,原生质体间的黏着即强烈地发生,融合就能较长时间有效地进行,因此 PEG 的处理时间不需太长。此外,PEG 在高浓度下有毒,因此也要求融合时间不宜过长。阳离子浓度对融合频率亦有很大的影响,已知融合时 $Ca^{2+}$ 离子的质量浓度以 0.01 mol/L 为最佳,而 $K^+$,$Na^+$ 离子会降低融合频率。这是因为 $K^+$,$Na^+$ 可优先结合到质膜上,从而降低了 $Ca^{2+}$ 离子的刺激作用。人们发现在有 $Ca^{2+}$ 的存在条件下,pH 为碱性条件时,能提高融合效率。这是因为融合时的 pH 能够改变体系的电性状态,从而影响原生质体的融合。

目前,电诱导方法已广泛应用于动植物和微生物的原生质体融合育种中。电融合的基本原理是将两个靠近的细胞在电脉冲作用下,两者发生质膜的融合。影响原生质体电融合的因素很多,在实验中必须考虑电场梯度、溶液电导率、交流电场的频率和强度等。此外,融合过程仅发生于两电极之间,由于受到两电极间距离的限制,参与融合的细胞数目较少,因此融合频率也较低。为了解决这一问题,有人采用低浓度的 PEG 聚合细胞,在一密闭小罐中用高压电脉冲直接诱导原生质体的融合的方法。

### (五) 融合子的选择

可通过选择性遗传标记,在选择培养基上挑出融合子。营养缺陷型标记是常规选择手段。原生质体融合后会产生两种情况:一种是真正的融合,即产生杂合二倍体或单倍重组体;另一种是暂时的融合,形成异核体。两者均可以在选择培养基上生长,一般前者较稳定,而后者则不稳定,会分离成亲本类型,有的甚至以异核状态移接几代。因此,要获得真正融合子,必须在融合原生质体再生后进行几代自然分离、选择,才能确定。

为了提高融合子中基因重组的频率,可以将 PEG 处理的原生质体悬液直接培养于高渗选择培养基上,而不采用先培养于高渗培养基上然后再转接到选择培养基上的方法。这是因为,若早期就在完全培养基上再生,二倍体细胞于两条染色体复制之前就会发生分裂,导致重组概率下降。因此,为了获得较多的重组体,有些学者建议选择性地调节重组体再生的环境,这样可以稳定杂合子的形成和增加下一步的遗传重组能力。

除用营养缺陷型互补法来筛选融合子外,还可通过对亲本和融合子的各种生理特性进行比较,对亲本和融合子的细胞核、DNA 含量、基因型进行比较和鉴定。

不同种类细胞含有的蛋白质、DNA 不同,这些特异分子就可以作为菌株的分子标记,利用这些特性分子标记来检测融合子。Chen 等人在变形梭杆菌与粪肠球菌的融合中,将亲株和融合子间进行 Southern 斑点杂交,证明两亲株与融合子有明显的同源性,而两亲株之间则没有同源性。

### (六) 目的菌株的筛选

微生物原生质体融合是一种新的基因重组技术,它具有定向育种的含义。但是,融合后所产生的融合子类型多样,性能、产量存在差异。因此,人为定向筛选融合子是整个原生质体融合育种的重要环节。

### 四、原生质体融合育种的应用

随着原生质体融合育种技术的发展和不断完善,已成为微生物遗传育种的有效工具,育种成果不断涌现。Furukawa 等人等利用原生质体融合技术,将产 L-异亮氨酸的谷氨酸棒杆菌 R-18 菌株与产 L-赖氨酸的 S-37 菌株融合,得到的融合子 F-28 L,其异亮氨酸的产量是亲本菌株 R-18 的 2.4 倍。张婧芳等人以谷氨酸棒杆菌 $S_{9114}$ 为出发菌株,经紫外线与氯化锂复合诱变以及氟乙酸、谷氨酰胺复合抗性平板初筛,选育出一株谷氨酸高产菌 HG-G7,将其与谷氨酸棒杆菌 HG106-17 分别制备原生质体,二者经过原生质体融合,最终筛选获得了 L-鸟氨酸积累量达到 19.31 g/L 的融合子 RH169。

近来 Deng 等人将具有不同的金属抗性的内生真菌制备原生质体,并进行种间原生质体融合,旨在提高污染土壤的生物修复能力。研究者利用抗 Cd 的 *Mucor* sp. CBRF59 和抗锌的 *Fusarium* sp. CBRF14 制备原生质体,经过种间融合,获得 3 个稳定的融合子 F1,F2,F3。融合子增加了水溶性镉、铅和锌的浓度,在土壤中促进油菜的生长,增加了油菜中的重金属含量,提高了土壤的可萃取性金属的量。特别是,融合子与两亲本相比,具有对土壤多金属污染更高的提取效果。

## 第三节  基因工程育种

基因工程又称遗传工程、DNA 重组技术、基因克隆,是现代生物工程的重要组成部分。基因工程(Gene engineering 或 Genetic engineering)或重组 DNA 技术(Recombinant DNA technology)是指人为地在基因水平对遗传信息进行分子操作,使生物表现新的性状,其核心是构建重组体 DNA 的技术。微生物基因工程是指对微生物在基因水平上进行遗传改造。

基因工程是一门开创性生物技术。它的出现标志着人类已经能够按照自己的意愿进行各种基因操作,大规模生产基因产物,并可设计和创建新的蛋白质和新的生物物种。这是当今新技术革命的重要组成部分。基因工程是在现代生物学、生物化学和化学工程学以及其他数理科学的基础上产生和发展起来的,并有赖于微生物学的理论和技术的发

## 一、基因工程要素

微生物基因工程包括 4 大要素,即宿主受体细胞、克隆载体、工具酶和外源目的基因。

### (一)宿主细胞

外源 DNA 对野生型细菌的转化效率较低,需要进行遗传改造。野生型细菌具有针对外源 DNA 的限制和修饰系统,能降解外源 DNA,因此转化效率很低。大肠杆菌的限制修饰系统主要由 hsdR 基因编码,许多经过改造的大肠杆菌宿主菌为 hsdR$^-$,转化效率大大高于野生型大肠杆菌。

以外源基因克隆和重组为目的的基因工程实验需要重组载体在宿主菌中自主复制,在野生型细菌中存在的 rec 基因家族的编码产物使外源基因能与染色体发生同源重组。在野生型大肠杆菌中,存在着两条体内同源重组的途径,即 RecBCD 途径和 RecEF 途径,两条途径均需要 RecA 重组蛋白的参与,RecA 是同源重组所必需的。recA$^-$ 型大肠杆菌菌体内的遗传重组率会降低 $10^6$ 倍。常用的大肠杆菌宿主菌常常是,recA$^-$,recB$^-$ 或者 recC$^-$,有些宿主则是 3 个基因均被灭活。

为提高宿主菌的转化率,有时还通过遗传改造提高细胞壁的通透性。目前基因工程实验中常用的宿主大肠杆菌菌株有 JM109,DH5α,TG1 等,这些菌株经过复杂的遗传改造,除具有很高的转化效率和很低的重组率外,还具有一些其他的特性便于重组质粒的筛选。另一些大肠杆菌宿主如 JM101 等保持了较完整的限制修饰系统或遗传重组系统,这些菌株的转化率要低一些,常用作一些穿梭载体的宿主,有时从这些宿主菌种提取的质粒用于转化野生型宿主时能获得较高的转化率,因此在工业微生物的改造中很有价值。

### (二)载体

外源基因导入受体细胞一般都要借助载体。

1. 载体一般含有的几个基本元件

(1)复制原点。载体在宿主细胞中要独立存在则应具有独立复制的能力,复制原点又称为复制起始位点(Origin,简称 ori),控制载体的复制。不同生物的载体复制原点不同,同一生物的不同载体拷贝数和稳定性有很大差别,这主要取决于载体复制原点的性质。如常用的 pUC 系列载体的复制原点是 pAM1 的一个突变体,在适宜的大肠杆菌宿主细胞中(如大肠杆菌 JM109 菌株),拷贝数可达到 500。整合型载体的复制原点被整合位点的同源序列替代。

(2)筛选标记。通常在载体上,具有一段编码酶的基因,能赋予转化子新的性状,便于转化子的筛选。抗药性是细菌载体中最常见的筛选标记。载体 pUC19/18 的筛选标记是 β-内酰胺酶基因(简写为 bla 或者 Amp$^r$),能分解氨苄青霉素中的 β-内酰胺环使其失活。因此在含氨苄青霉素的平板上,只有含质粒的转化子能生长,而不含质粒的宿主细胞不能生长。除了氨苄青霉素外,卡那霉素、氯霉素、四环素、红霉素等抗性也是载体的常用选择标记。另一类常用的标记是营养缺陷型互补标记,在真核生物载体中更为常用。近年来,在乳酸菌中构建了一系列营养缺陷型互补标记的载体。

(3)多克隆位点。载体中用于插入外源基因的区域,往往是一段人工合成的序列,这一序列中含有多种限制性核酸内切酶的识别位点,即为多克隆位点(Multi cloning site, MCS)。经酶切后,载体的多克隆位点的相应识别位点将产生相应的黏性末端或者平末端,利于外源 DNA 片段插入载体。

2. 常见载体

基因工程中最常见的载体为质粒载体。质粒通常是指细菌细胞中独立于细菌染色体之外的能自助复制的遗传单位。与病毒、噬菌体不同,质粒对宿主细胞没有干扰,当细胞分裂时,它将其拷贝数精确地分配给每个细胞。在基因工程最早用的克隆载体的质粒 pSC101,pColE1,pRDF2142 等都是天然质粒,在用途上有局限性,或复制效率低、或带有不合适的选择标记。

为了改变质粒的大小,引入适当的选择标记,改变质粒上限制性内切酶的切割位点,适当增加单一酶切位点,或者增加测序和表达的必要元件,研究者应用 DNA 重组技术对已知质粒进行了改造,构建了一些更为优良的克隆载体。

除了质粒载体外,Cosmid、细菌人工染色体(BAC)、酵母人工染色体(Yeast artificial chromosome, YAC),这些载体适用于插入长片段的外源 DNA,主要在构建基因库时使用。

(三)DNA 重组相关酶

DNA 重组过程最常用的酶是限制性核酸内切酶和连接酶,这两种酶几乎应用于 DNA 重组的所有实验中。

1. 限制性核酸内切酶

限制性内切酶(Restriction endonuclease)是一类在许多细菌中存在的特殊 DNA 剪切酶。该酶于 1970 年首次被成功分离,目前已发现的限制性核酸内切酶有 1 800 多种,根据性质不同分为 3 类,基因工程中常用的是 II 类酶,这类酶有比较专一的识别和切割位点,通常专一性地识别 DNA 序列中 4~6 个碱基的回文序列。

2. 连接酶 DNA

连接酶催化的基本反应是将 DNA 双链上 $3'$ - 羟基和 $5'$ - 磷酸基共价结合形成 $3', 5'$ - 磷酸二酯键。

DNA 重组实验中,最常见的反应是将外源 DNA 片段和载体用相同的核酸内切酶切开,使外源 DNA 片段和载体带有相同的黏性末端,两者混合后迅速降温至 14~20 ℃,通常在 16 ℃下进行连接。由于带有相同的黏性末端,一部分外源片段和载体互相退火,形成带切口(Nick)的双链环状重组质粒,在连接酶的作用下切口被修复,形成完整的闭合环状重组质粒。

## 二、基因工程的基本步骤

基因工程主要步骤为:①目的基因的获得;②体外重组将外源基因插入载体;③重组

DNA 导入受体细胞;④重组子筛选与鉴定。

### (一) 目的基因的获得

**1. 通过构建基因文库分离目的基因**

首先,构建基因文库。然后,基因文库中筛选目的基因的重组克隆。筛选的方法很多,例如菌落原位杂交法、PCR 法、检测产物法等。

**2. 利用 PCR 技术从基因组中扩增出目的基因**

PCR 法是最常用的方法。其基本原理在第一章已经详细介绍。

**3. DNA 的人工合成**

人们已经发明出合成特定序列短片段 DNA 的技术。合成 DNA 可用于基因工程的多种目的,例如作为核酸分子杂交的探针、作为 PCR 扩增反应的引物、作为核苷酸序列分析的引物等。合成 DNA 的过程可以是完全自动的,可以合成超过 100 个碱基的寡核苷酸。如需要合成较长的核苷酸,可用 DNA 连接酶连接起多个寡核苷酸片段。

### (二) 体外重组将外源基因插入载体

为了便于目的基因 DNA 片段能顺利组入到载体中,通常在最初实验设计时,选择合适的限制性酶切位点,以便分别消化载体和目的基因片段。之后利用 DNA 连接酶连接载体和目的基因片段,进而得到重组 DNA 分子。

### (三) 重组 DNA 分子导入宿主细胞

**1. 转化途径**

携带基因的外源 DNA 分子通过与膜结合进入受体细胞,并在其中稳定维持和表达的过程称为转化。转化是指外源 DNA 引入受体细胞,使之获得新的遗传性状的一种手段。它是微生物遗传、分子遗传、基因工程等研究领域的基本实验技术。

细菌处于容易吸收外源 DNA 的状态称为感受态。用理化方法可以诱导细胞进入感受态,如 $CaCl_2$ 法和电转化法。$CaCl_2$ 法是目前实验室常用的制备感受态细胞的方法,其原理是使细菌处于 0 ℃、$CaCl_2$ 低渗溶液中,细胞膨胀成球形,细胞膜的通透性发生改变,外源 DNA 附着于细胞膜表面,经 42 ℃ 短时间热冲击处理,促进细胞吸收 DNA 复合物。

电转化法原理是:受体细胞在电刺激作用下,细胞膜的通透性发生了暂时性的改变,出现缝隙,允许外源 DNA 进入受体细胞中,从而使受体细胞获得新的遗传性状。电转化法需要专门的电转化仪进行转化操作。电转化效率受多种因素影响,其中主要因素包括宿主细胞的生长状态、培养条件、质粒浓度、电击参数等。同时电转化效率具有很高的菌株依赖性。同一优化方案对同种菌的不同菌株的转化效率存在很大差异。崔艳华等人从德氏乳杆菌保加利亚亚种 CH3 菌株的生长时期、外源质粒浓度和电转化参数等几个因素研究,优化该菌的电转化操作,建立了最佳的电转化平台。该菌株最佳的电转化条件为:对数初期的细胞,质粒浓度为 100 ng 加入到 50 μL $OD_{600}$ 为 45 的样品中,在 10 kV/cm 电场强度下电转化,转化效率可达 $2.6 \times 10^3$ CFU/μg DNA。

**2. 转导途径**

转导是以噬菌体为媒介,把 DNA 导入被感染的受体细胞。

### 3. 三亲杂交

重组 DNA 分子通过 3 亲本杂交转化到受体菌中。被转化的受体菌、含重组 DNA 分子的供体菌和含有广泛宿主辅助质粒的辅助菌 3 者进行培养,在辅助质粒的作用下,重组 DNA 分子被转移到受体细胞内,按照重组 DNA 分子携带的选择标记筛选克隆子。

### (四)重组子的筛选和鉴定

#### 1. 重组子的初步筛选

(1)利用抗生素抗性基因进行筛选。宿主细胞一般是限制性修饰系统缺陷的变异株,即不含限制性内切酶和甲基化酶的突变株,而载体携带有某一抗生素抗性基因,如抗氨苄青霉素的基因($Amp^+$)。若将转化的细胞涂布于含氨苄青霉素的平板上,则只有那些含有质粒的细胞才能生存并生长增殖。筛选获得菌株中,可能含有无目的基因的空载体,需要再利用其他的方法进一步鉴定。

(2)利用抗药性标记插入失活筛选。外源 DNA 插入到载体 DNA 的某一抗药性基因内的某些限制性内切酶位点内,引起这一抗药性基因的失活,可根据抗药性的变化在平板上初步筛选,例如 pBR322 的 *Pst* I 位点插入外源 DNA,引起抗氨苄青霉素失活;从 *Hind* III、*Bam* HI、*Sal* I 限制性内切酶位点插入外源 DNA,引起抗四环素能力丧失。

(3)利用乳糖操纵子基因筛选重组子。有的载体上带有 β-半乳糖苷酶基因(*lacZ*)的调控序列和 β-半乳糖苷酶 N 端 146 个氨基酸的编码序列,*E. coli* JM109 菌株带有 β-半乳糖苷酶 C 端部分序列的编码信息。单独时,*lacZ* 基因不表达。二者融合时,*lacZ* 基因表达,称为 α-互补。α-互补产生的 $Lac^+$ 细菌在异丙基硫代半乳糖苷(IPTG)的诱导下,可以产生 β-半乳糖苷酶,进而使 5-溴-4-氯-3-吲哚-β-D-半乳糖苷(X-gal)水解变蓝。当外源片段插入到载体的多克隆位点上后,导致失去 α-互补能力,在 IPTG 的诱导下,不能使 X-gal 变蓝,菌落呈白色。因此对利用此类载体构建的重组质粒,可采用 α-互补的方法检测和筛选。此类载体如 pUC18。

(4)利用报告基因筛选重组子。在最初实验设计时,为了便于后期筛选,可在目的基因上游或者下游连接一个报告基因。常用的报告基因有绿色荧光蛋白基因、葡萄糖甘酸酶基因和荧光素酶基因等。

(5)互补作用筛选。营养缺陷可通过互补作用来筛选重组体 DNA。利用适当的营养缺陷型作为转化的受体,通过将构建在质粒上的基因文库转化受体菌,可直接筛选出携带目的基因的重组质粒,这种方法被称为互补作用克隆技术。例如,受体菌大肠杆菌是一种亮氨酸缺陷型,在缺乏亮氨酸的培养基上不能生长;当一个重组体含有正常的这种基因,转入该受体菌后,该受体菌在缺乏亮氨酸的培养基上能生长,就可初步判断该重组质粒是携带有编码亮氨酸的酶基因。

#### 2. 重组子的进一步鉴定

以上方法获得的重组子,难免得到一些假阳性的重组子。可以采用以下方法,对重组子进一步鉴定。

(1)限制性内切酶分析法。提取重组子的质粒 DNA,凝胶电泳检测。与原始的空载体进行对照,初步判断是否含有目标基因。之后,选取适当的限制性内切酶切割疑似重组质粒,电泳检测是否含有目的基因大小的片段。

(2) 分子杂交法。根据目的基因设计探针，采用 Southern blotting，重组子与探针杂交，进行鉴定。可以采用原位菌落杂交：把含有重组 DNA 的转化子菌落或噬菌斑转移到硝酸纤维素膜上，用碱处理膜上的菌落或噬菌斑，使细胞裂解，DNA 变性成为单链，待变性 DNA 固定在滤膜上以后，洗去细胞碎屑。用 $^{32}P$ 标记的特异性 DNA 探针杂交，通过放射自显影找出与探针杂交的菌落或噬菌斑。该菌落或噬菌斑的细胞中所含的重组 DNA 上便携带有目的基因。

(3) DNA 测序法。提取重组子的质粒 DNA 进行测序，查看测序结果，检测是否含有目的基因。

(4) 目的基因产物检测。可检测目的基因的最终产物蛋白质，如采取 Western blotting 方法检测。

## 三、基因工程育种的实例

### （一）利用基因工程技术改良工业酶的生产菌株

大部分工业用酶如 α-淀粉酶、蛋白酶、青霉素酰化酶、纤维素酶、葡萄糖淀粉酶等进行了基因克隆和表达研究。关于 α-淀粉酶，自 1981 年起，已先后从枯草芽孢杆菌、淀粉液化芽孢杆菌、凝结芽孢杆菌、地衣芽孢杆菌、嗜热脂肪芽孢杆菌等中克隆了 α-淀粉酶基因，并使之在枯草芽孢杆菌或大肠杆菌中表达，酶的表达水平大多比相应的野生株高，最高的可达 30 倍。当前美国已用基因工程菌生产 α-淀粉酶。

谷氨酰胺转氨酶（Protein-glutamine：amine γ-glutamyltransferase，简称 TGase，EC 2.3.2.13）是一种催化酰基转移反应的酶，它能催化谷氨酰胺残基的 γ-羧酰胺基（氨基受体）和赖氨酸残基的 ε-氨基或其他伯胺基（氨基供体）之间的酰基转移反应。TGase 的这种催化作用改变了蛋白质的构象，实现了蛋白质分子内、分子间的交联，从而改善了蛋白质的功能性质，被称为 21 世纪蛋白质的"胶黏剂"。近年来，Li 等人分别利用大肠杆菌、毕赤酵母表达系统表达黏玉米来源 TGase（TGZ），同时利用重叠区扩增基因拼接法对 *tgz* 基因进行密码子优化，从而达到 TGZ 的高效表达。

### （二）利用基因工程技术生产抗生素

碳青霉烯类抗生素（Carbapenems）是一种非典型 β-内酰胺抗生素，对革兰氏阳性菌以及多重耐药或产 β-内酰胺酶的细菌均有很强的抗菌活性，因其抗菌谱广，抗菌活性较强而得到广泛应用。与其他内酰胺类抗生素相比，临床主要致病菌对碳青霉烯类的耐药性明显低于其他抗生素。因此，耐受性好、副作用小的碳青霉烯类抗生素已成为当前治疗严重感染等疾病的首选药物。硫霉素是最早发现的碳青霉烯类抗生素，分离自淡紫色链霉菌 *Streptomyces cattleya* 发酵液。赵倩玉等人通过 ET 同源重组对硫霉素生物合成基因簇进行改造，将强启动子序列 ermEp* 整合到硫霉素生物合成基因簇中，期望能高效启动硫霉素的生物合成，并能在变铅青链霉菌 *Streptomyces lividarns* K4 中异源表达。

必特螺旋霉素是由生物工程菌 *Streptomyces spiramyceticus* WSJ-1 产生的一组 4″-异戊酰化的螺旋霉素。它是由 4″-异戊酰基转移酶（*ist*）催化螺旋霉素 4″羟基，使之异戊酰基化而生成以 4″-异戊酰基螺旋霉素为主组分的新抗生素。目前，必特螺旋霉素临床试验 III 期已完成,且显示出优于阳性对照药物阿齐霉素的疗效。为了提高螺旋霉素生物转化为 4″-异戊酰螺旋霉素的水平,杨永红构建了两个重组质粒,一组是 pKC-e-ist-ist 和 pKC-ist-ist,它们分别含有 5′-上游插入红霉素抗性基因强启动子 $PermE^*$ 的 4″-异戊酰基转移酶基因串联双拷贝,以及仅含有 4″-异戊酰转移酶基因串联双拷贝;将它们分别导入到变铅青链霉菌 TK24 中,比较它们对螺旋霉素的 4″-异戊酰化能力。HPLC 结果显示,插入强启动子 $PermE^*$ 的 S. lividans TK24 [pKC-e-ist-ist] 比没有插入强启动子的 S. lividans TK24 [pKC-ist-ist] 的 4″-异戊酰化水平提高近 4 倍。另一组是 pSET-e-ist-ist 和 pSET-e-ist,它们分别含有 5′-上游插入红霉素抗性基因强启动子 $PennE^*$ 的 4″-异戊酰基转移酶基因串联拷贝,以及仅含有 5′-上游插入红霉素抗性基因强启动子 $PennE^*$ 的 4″-异戊酰基转移酶基因单拷贝;同样将它们转化到变铅青链霉菌 TK24 中进行生物转化螺旋霉素,HPLC 结果显示含双拷贝 ist 基因的 S. lividans TK24 [pSET-e-ist-ist] 比单拷贝的 S. lividans TK24 [pSET-e-ist] 对螺旋霉素的 4″-异戊酰化水平提高近 1 倍。

## 第四节　分子定向进化育种

自然界中存在着至少 7 000 多种天然酶,目前已经鉴定的酶有 3 000 多种。由于天然酶产量少,且大多数天然酶的活性受多种因素制约而难以在实际中广泛应用。近年来,基因操作技术的迅速发展及生物信息学研究相关软件的出现,使研究者能够通过理性和非理性的方法对酶分子的结构进行有效的改造,进而获得具有理想的特性和功能的酶分子。这一研究方向的发展,也促成了分子酶工程学的飞速发展。分子酶工程学采用基因工程和蛋白质工程的相关研究方法和技术,研究酶的基因克隆和表达、酶蛋白的结构和功能的关系,以及对酶进行再设计和定向加工,进而获得性能优良的酶或者具有新功能的酶。当前分子酶工程学对酶蛋白的改造方法主要分为两大类,即分为理性设计和非理性设计(又称定向进化)。这两类方法主要通过基因定点突变技术或者体外分子定向进化技术对酶分子进行改造,把酶分子改造后的信息储存在 DNA 中,经过基因的克隆和表达,以生物合成的方法不断获得具有新特性和新功能的酶。相对于通过酶化学修饰和固定化等方法的传统酶工程而言,分子酶工程学研究改造酶所需的时间较短,并且具有更明确的目的性和方向性,同时能有效研究酶结构与其功能的关系。

### 一、理性设计

在理性蛋白设计中,需要掌握目标蛋白质的编码序列以及对应的空间结构、功能和机制等详细信息。根据相应的催化机理,推测催化部位和催化位点,通过取代、插入或缺失核苷酸序列等方法来改变蛋白质中重要的氨基酸位点(如催化位点),从而获得酶的关键位点和活性位点。

理性设计具体表现形式为定点突变(Site-directed mutagenesis)或区域性突变,其主要方法有寡核苷酸引物介导的定点突变、PCR 介导的定点突变、盒式突变法和化学合成法。与化学、物理和自然因素导致突变的方法相比,理性设计具有目的性明确、突变效率高、简单易行、重复性好的特点。近年来,随着结构生物学和生物信息学的发展,这些技术在优化酶特性方面占据重要的地位。

(一)寡核苷酸引物介导的定点突变

1. 寡核苷酸引物介导的定点突变原理和方法

以寡核苷酸作为诱变引物,使基因的特定位点的碱基发生变化的诱变作用称为寡核苷酸引物诱变或定位诱变。该方法利用合成的含有突变碱基的寡聚核苷酸片段作为引物,启动单链 DNA 分子进行复制,该寡聚核苷酸引物作为新合成 DNA 子链的一部分,所产生的新链含有突变的碱基序列。

主要过程包括:①将带突变的目的基因克隆到突变载体上,如 M13 噬菌体。②制备含有待突变基因的单链 DNA 模板。③突变引物的合成:为了使目的基因的特定位点发生突变,对突变引物的要求除了含有突变的碱基外,其余的碱基与模板完全互补配对。采用化学法合成 18~30 个碱基长的寡聚核苷酸引物链,它们应与待突变的区域互补,但其中有 1~2 个碱基的错误配对。突变碱基应设计在寡核苷酸引物的中央部位。④异源双链 DNA 分子的制备:引物与模板发生退火,5′端磷酸化的突变寡聚核苷酸引物,与待突变的模板形成一小段碱基错配的异源双链 DNA。在 DNA 聚合酶的催化下,引物以单链 DNA 为模板合成全长的互补链,然后由连接酶封闭缺口,产生闭环的异源双链的 DNA 分子。⑤转化与突变基因的初步筛选:将这些体外合成的闭环的异源双链 DNA 分子转化到大肠杆菌,产生野生型、突变型的同源双链 DNA 分子。利用限制性酶切法、分子杂交法或用其他生物学方法来初步筛选突变的基因。⑥对突变体进行 DNA 测序分析与鉴定。

2. 改良后寡核苷酸引物所介导的定点突变方法

传统的寡核苷酸引物所介导的定点突变方法,常常产生突变效率低的现象,其主要原因是大肠杆菌中存在着甲基介导的错配修复系统,将细胞中那些尚未被甲基化的新合成的 DNA 链错配的碱基修复,从而阻止了突变的产生,降低了定点突变率。

研究者采取了多种策略来解决这一问题:①采用甲基修复酶缺失的菌株作为受体菌,大大降低了菌株的突变修复能力。②采用改进后的质粒为模板,省去了制备单链模板的烦琐步骤,并改进引物的设计条件。③增加了多个抗生素筛选标记和相对应的多对敲除/修复引物,可在该质粒上进行连续多次的突变反应,进而加速了突变反应。④在新合成 DNA 中,引入少量的尿嘧啶代替胸腺嘧啶,降低突变体的修复作用,提高突变效率。⑤采用多轮热循环 PCR 扩增,将全长双链质粒 DNA 以线性形式扩增,产生一种 DNA 双链上带交错缺口的突变质粒。

目前,简易定点突变技术为国内外研究者普遍使用。技术主要过程包括 4 个步骤:①将待突变的目的基因连接到表达质粒中,构建模板质粒;②加入所设计的含突变位点的 PCR 引物,进行 PCR 反应;③反应完毕后,加入 $Dpn$I 酶消化未突变的野生型模板。$Dpn$I 酶能特异性地消化完全甲基化的序列 $G^{me6}ATC$,而大部分克隆用的大肠杆菌菌株可以将 DNA 甲基化,而体外合成 DNA 则是未甲基化的,所以可选择性地消化甲基化的 DNA,而体外的合成 DNA 则不受影响;④将经 $Dpn$I 酶处理的质粒进行生物转化,通过筛选带有抗生素抗性的大肠杆菌来提取其质粒进行测序验证,再转化至表达宿主中。

该方法优点在于：①操作简单，任何质粒 DNA 均可作为模板，而不需要把目的基因克隆到 M13 噬菌体产生的单链 DNA 载体内，省去制备单链 DNA 模板；不需要特殊的克隆载体和特殊的限制性酶切位点；不需要进行连接反应，可直接将带有缺口的 PCR 产物转化到宿主细胞，即可得到突变克隆，且不必多次转化及进一步的亚克隆。②快速，突变反应只需数小时，整个突变过程只需 1～2 d 就可以完成。③高效，该方法的突变效率一般大于 90%，可以直接用测序来筛选阳性克隆，其成功的关键取决于引物设计和选择恰当的热稳定性 DNA 聚合酶。

### （二）PCR 介导的定点突变

聚合酶链反应技术的出现，推动了定点突变研究的发展，为修饰和改造基因提供了重要途径。通过在引物设计时，引入突变位点，经过 PCR 反应，最终将获得改变或修饰的基因序列。PCR 技术为有目的地改造基因序列、研究蛋白质的构效关系奠定了基础。

1. 重叠区扩增基因拼接法（Gene splicing by overlap extension，SOEing）

重叠区扩增基因拼接法又称 SOEing–PCR 法，常用于不同基因片段间的融合或基因的定点突变。由于在 PCR 扩增过程中，引物的 5′端不必与模板完全互补，所以在设计引物过程中可以在 5′端添加酶切位点或短的标签，以便后期克隆和应用。SOEing–PCR 法利用引物 5′端与模板间的低特异性，在两个不同的基因间加入一段新的序列，使这两个独立基因间出现一个重叠区，而 3′端的特异性结合实现了不同基因间的融合或基因的定点突变。SOEing–PCR 法简便、快捷，同时不需要内切酶和连接酶的处理。

在优化合成过程中，设计的引物长度为 50 bp 左右，相应互补的引物之间有 20 bp 的重复序列。同时引物的退火温度也是决定成败的关键因素。相应引物间的退火温度应尽量接近，从而增加相互扩增的概率。为保证合成核苷酸序列的准确性，在合成过程中应使用高保真的 PCR 聚合酶。李洪波利用该方法，成功地合成了谷氨酰胺转氨酶 *tgzo* 基因，并在毕赤酵母中成功表达。

2. 大引物 PCR 法（The megaprimer PCR method）

大引物 PCR 法是 1989 年 Kammann 建立的。该方法需要 3 条寡核苷酸引物（即 2 条外侧正向和反向引物以及内部诱变引物），模板通常由克隆到载体中的野生型目的基因充当。先由内部诱变引物和相对应的外侧引物进行第 1 轮的 PCR 扩增，获得含点突变的 PCR 产物。PCR 产物纯化后作为引物与另一外侧引物进行第 2 轮的 PCR 反应。然后再以所得产物为模板进一步扩增，以提高突变基因的得率。

研究者不断对该方法进行改进。后来建立了单管大引物 PCR（Single tube megaprimer PCR）。单管大引物法省去第 1 轮 PCR 产物的纯化过程，实现在同一管中先后进行 2 轮 PCR 反应。单管大引物法，需设计 $T_m$ 值不同的 2 个侧引物，第 1 轮 PCR 反应用低 $T_m$ 值的侧引物（F1）和诱变引物，用较低的退火温度，扩增反应产生大引物。然后再加入高 $T_m$ 值的侧引物（F2）在较高的退火温度下进行第 2 轮的反应，扩增出全长的含突变位点的 DNA 产物。同时可通过以下两条措施，增加最终 PCR 产物的纯度和产量：①在第 1 轮的 PCR 反应中诱变引物的浓度仅为侧引物的 1%，以减少诱变引物在第 2 轮 PCR 反应中的干扰作用；②在第 1 轮 PCR 反应后，第 2 轮 PCR 反应前增加 5 个循环的不对称扩增，将有利于提高后续的扩增效率。

### (三) 盒式突变

限制性核酸内切酶的限制位点可以用来克隆外源 DNA 片段。只要有两个限制位点比较靠近，那么两者之间的 DNA 序列就可以被移去，并由一段新合成的双链 DNA 所取代。盒式突变(Cassette mutagenesis)是指利用一段人工合成的含有突变序列的寡核苷酸片段(这段合成的片段被称为盒)，取代野生型基因中的目标序列。

突变的寡核苷酸片段是由两条寡核苷酸组成，当它们退火后，会按照设计的要求产生克隆所需要的限制性内切酶黏性末端，这样就会取代野生型目标序列上相同酶切位点的片段。由于不存在异源双链的中间体，因此重组的质粒全部都是突变体，大大减少突变所需要的次数。当以盒取代基因片段时，通常盒的大小与所取代片段的大小相同。将一个盒从基因内部的某一位点插入，同样会导致插入突变，而用于插入突变的盒可以是任意大小，甚至是一个完整的基因。实际上，常使用抗药性基因的盒，以便使宿主产生相应的表型。如带有卡那霉素抗性基因的片段称为 Kan 盒，将 Kan 盒插入基因内部后，会引起基因的突变。该方法对于确定蛋白质分子中不同位点氨基酸的功能是很有效的。

研究者利用定点突变技术对天然酶进行改造，突变酶在催化活性、热稳定性、底物特异性、表达量等性能上有了很好的改善。李春梅等人对来源于黑曲霉 N25 的植酸酶 phy-Am 基因进行定点突变，即将植酸酶 44 位的异亮氨酸(ATC)替换为谷氨酸(GAA)(I44E)，将 252 位的苏氨酸(ACC)替换为精氨酸(AGA)(T252R)，I44E，T252R 密码子替换均选用毕赤酵母偏爱密码子，并构建了 3 个重组质粒 pPIC9k - phyA44，pPIC9k - phyA252 及 pPIC9k - phyA44 - 252。将重组质粒线性化后电击转化巴斯德毕赤酵母，经筛选获得了突变植酸酶毕赤酵母基因工程菌株 PP - NPm - 44，PP - NPm - 252 及 PP - NPm - 44 - 252。研究表明 3 个突变体的热稳定性均有所提高，且突变体 PP - NPm - 44 - 252 具有最好的热稳定性，分别在 80 ℃ 和 90 ℃ 处理 10 min 后，突变植酸酶的剩余酶活力比未突变植酸酶提高了约 36% 和 47%，酶蛋白解链温度提高了 1.2 ℃。

## 二、非理性设计——蛋白质(酶)分子定向进化技术

定点突变目的性强，不需要进行大量的筛选工作，但是前期的分析工作很重要，往往需要积累很多的知识以及在大量的前期研究基础之上才能很好地实施。因为设计的突变位点不合适的话，不仅不能达到改善的目的，而且还可能起到相反的效果。

在未获得酶的结构与功能、催化机理等背景知识的情况下，在使用定点突变时感到无从下手。在上述情况下，需采取非理性设计(Directed evolution)，即通过对酶基因的随机突变和基因片段的重组等方法来构建酶的突变库，然后通过高通量筛选来获得有益突变。

酶分子定向进化技术(Molecular directed evolution of enzyme)属于蛋白质非理性设计，不需要事先了解酶的结构、催化机理、活性位点等因素，是在实验室人为创造进化条件，模拟自然进化机制(随机突变、基因重组和自然选择)，在体外进行酶基因改造，使目标酶蛋白在短时间内完成在自然界需要成千上万年才能完成的进化过程，得到多样性的突变体库，然后通过定向筛选，得到有预期性质的酶。酶分子定向进化的实质就是达尔文的进化论思想在 DNA 分子水平上的延伸和应用。

定向进化主要包括两部分工作:一是突变体库的构建,突变体库的质量直接关系到实验结果;二是定向筛选,即从构建好的突变体库中筛选具有优良性质的酶。为了保证突变体库中包含足够量的突变体分子,库容量一般会比较大,所以在进行定向进化研究时,必须要设计合适的筛选策略,以尽量减轻繁重的工作量,加快筛选速度。

**(一)蛋白质(酶)分子定向进化策略**

近年来,研究者创建了多种分子定向进化的新途径和新方法,如外显子改组、家族改组、体外随机引发重组、交错延伸改组等。这些新方法的建立,可以在较小的同源基因库中形成序列信息的多样性和快速产生有益的突变,这在改善酶的性能、优化代谢途径和提高酶的产量等方面具有重大的意义。

1. 易错 PCR 技术

易错 PCR 技术由 Leung 等人于 1989 年首次设计并报道。该技术操作简单、快速,且价格低廉。在 PCR 反应中,由于普通的 Taq DNA 聚合酶不具有 3′→5′外切酶活力,在扩增过程中不可避免地发生一些碱基的错配。在扩增体系因素发生改变,如改变 $Mg^{2+}$ 浓度或使用 $Mn^{2+}$ 代替了 $Mg^{2+}$ 作为 DNA 合成酶的激活剂时可以使错配率提高。易错 PCR 技术利用上述特点,在体外扩增目的基因时,利用 Taq 酶的低保真度,并调整反应条件,例如提高镁离子浓度、加入锰离子、改变 dNTPs 的比例浓度、降低一种 dNTP 的量(降至 5%~10%)、以 dITP(2′-脱氧肌苷-5′-三磷酸)代替 dNTP 等方法,使碱基在一定程度上随机错配而引入多点突变,进而建立目的基因的随机突变文库,从中选择或筛选出需要的突变体。

该技术的关键是控制目的基因的突变频率。如果 DNA 突变频率过高,很多酶将失去活性;但是如果突变频率太低,野生型的基因背景高,基因的突变库容量就太小,获得的中性突变太多。对于一般 1 000 bp 左右的 DNA 序列来说,合适的碱基突变数是 2~5 个。理想的碱基突变率和易错 PCR 条件,则依赖于随机突变的目的基因序列大小。

一般情况下,一次易错 PCR 获得的突变基因很难达到满意的结果,由此发展了连续易错 PCR(Sequential error-prone PCR)。该技术将一轮易错 PCR 扩增获得有益突变基因作为下一轮 PCR 的模板,连续多代地进行随机突变,进而将每次易错 PCR 出现的小突变快速积累而产生重要的有益突变,从而获得酶活性质改良的突变体。

Zhao 等人应用连续易错 PCR 技术,对枯草杆菌蛋白酶 E 进行系列体外进化研究,旨在提高该酶在有机溶剂二甲基甲酰胺(DMF)中的活性。通过连续多轮突变后,所获得的突变体 PC3 与野生酶相比,在质量分数为 60% 的二甲基甲酰胺溶液中,对多肽底物的水解效率提高了 256 倍。将 PC3 再进行 2 轮的随机突变,产生的突变体 13M 在 60% 的 DMF 溶液中的催化效率比 PC3 高 3 倍,与野生酶相比,酶活性提高了 471 倍。研究者采用易错 PCR 技术建立了大肠杆菌的植酸酶 AppA2 的突变体库,筛选获得了 K46E 和 K65E/K97M/S209G 两个正向突变体,酶的热稳定性提高了 20%,$T_m$ 值提高 7 ℃,在 pH 为 3.5 的条件下催化效率比野生型分别提高了 56% 和 152%。Axarli 等人定向进化细胞色素 P450 CYP102A2,为改变其催化活性,应用易错 PCR 方法进行突变,建立突变体库,通过活力测定筛选突变体。得到的 CYP102A2 突变体(Pro15Ser),活性明显加强。

易错 PCR 技术中,遗传变化只发生在单一 DNA 分子内部,属于无性进化(Asexual

evolution),造成突变库中所含的突变体数量少。同时使用该方法易出现同型碱基转换,即产生大量的中性突变,从而导致了大量、烦琐的定向筛选和选择过程。因此该技术一般适用于较小的基因片断(<800 bp)的定向进化。由于其存在明显的局限性,当前已经很少单独采用该技术。

2. DNA 改组技术

由于易错 PCR 技术存在有益突变率低,只能发生点突变而不能进行序列小片段之间交换,定向筛选工作量大且烦琐等缺点,该技术应用受到了限制。1994 年,一种崭新的定向分子进化新技术——DNA 改组(DNA shuffling)在美国 Affymax 研究所的 Stemmer 实验室悄然出现。DNA 改组技术又称为有性 PCR 技术(Sexual PCR),是 DNA 分子的体外重组,是基因在分子水平上进行有性重组(Sexual recombination)。该技术通过改变单个基因(或基因家族,Gene family)原有的核苷酸序列,创造新基因,并赋予表达产物以新功能。该技术结合了 PCR 技术、突变和随机片段同源重组技术,开辟了分子定向进化的新篇章。

该方法是将某一基因的 DNA 片段,采用超声波破碎处理或者利用 DNase I 消化产生一系列随机切割的 DNA 小片段。由于这些片段之间存在部分同源序列,因此在不加引物的情况下,这些片段可以互为模板和引物进行 PCR 扩增。随着 PCR 循环数的增加,PCR 产物越来越接近切割前目的基因的长度。加入基因两侧的引物进行 PCR,获得全长基因序列。由此,原本存在于不同小片段上的正向突变,重组到同一 DNA 链上,正向突变得到了积累。同时在 DNA 改组过程中,能以较低的和可控制的几率引入点突变,同时它允许发生单一突变和较大的 DNA 片段的突变。

和传统的突变技术相比,DNA 改组技术具有诸多优点:①高通量的突变、筛选技术。利用该技术所建立的突变文库容量大、多样性好,为得到理想的突变体,一般要对上万个克隆进行筛选。②可以进行反复筛选。通过选择压力的递增,积累有益突变,以寻求最佳候选分子。

Stemmer 在 1994 年首先采用 DNA 改组技术对 β-内酰胺酶进行定向进化,经随机突变获得 β-内酰胺酶基因的突变库,然后再进行 3 轮 DNA 改组和两轮的亲本回交,筛选出一株比野生型抗性提高 32 000 倍的突变体。研究者利用 DNA 改组技术对天门冬氨酸氨基转移酶进行改造,结果表明其中 6 个氨基酸对保持酶活是必须的,但是仅有一个位于酶的活性中心。利用同种方法对水母的绿荧光蛋白进行定向进化,在三轮的改组循环后,得到突变蛋白的荧光信号强度提高 45 倍的突变体。Yu 等人使用 DNA 改组提高了可溶性 DCase 酶 7 ℃ 的热稳定性。Cho 等人通过 DNA-shuffling 的方法构建突变体库,筛选到的有机磷水解酶突变体对氯蜡硫磷和对氧磷的水解活性比野生酶活性分别提高 725 和 39 倍。同时其动力性能和高溶解度并没有受到影响。DNA 改组技术快速发展,已经成功运用于酶分子改造、药物蛋白、小分子药物、基因治疗等领域。

在 DNA 改组技术的使用中,发现改组过程中伴随较高的点突变效率会阻碍突变库中已经存在的正向突变组合。由于绝大多数的突变是有害的,有利突变组合和稀少的有利突变点会被有害突变所掩盖。于是研究者利用高保真酶 pfu 代替 Taq 聚合酶,并利用 $Mn^{2+}$ 代替 $Mg^{2+}$ 进行 DNA 改组,其所伴随的点突变效率仅为 0.05%。

在单基因改组的基础上,1998年由Crameri等人提出了家族改组(Family shuffling)技术。该技术的改组对象扩展到一组天然存在的同源基因、不同种的同一基因或者是同种内的同源基因,这种方法能够综合亲本优势基因,获得更多的有益突变。

被改组的DNA基因可以来自不同种、属,但该技术要求被改组的DNA基因之间必须存在一定程度的同源性,以保证基因间能进行有性PCR反应。具体表现为:在有性PCR过程中,在不断地变性、复性反应中能在不同模板上随机互补结合并进一步延伸。但当基因的同源性过高时,由于母本背景太高,导致重组子产率很低。而同源性过低(<70%)又难以发生重组。为提高重组率,研究者采用多种措施,如使用限制性内切酶代替DNase I处理DNA片段,采用单链DNA(ssDNA)来代替双链DNA(dsDNA)进行片段化等。以上措施,降低同源复合体的形成,大大提高了重组率。

家族改组是各种来源的同源基因重组的首选技术,已经广泛用于酶的定向进化研究,并取得较好效果。例如,欧阳凤菊将易错PCR和家族改组技术相结合,对枯草芽孢杆菌属漆酶基因进行定向改造,构建随机突变库,最终获得3个酶活性和热稳定均提高的突变漆酶(CotA-46,CotA-120和CotA-183)。其中CotA-46的比酶活7.49 U/mg,比野生型提高5倍;其最适反应温度为70℃比野生型提高10℃,同时表现出较好的热稳定性、较高的催化效率及较强的底物亲和力。

3. 随机引导重组

随机引导重组(Random-priming recombination,RPR)系Shao等人于1998年提出的一种DNA重组新方法。

其原理是:以单链DNA为PCR模板,利用一套随机序列引物产生大量互补于不同部分模板序列的DNA短片段。由于碱基的错误掺入或错误引导,这些DNA小片段中也会有少量的点突变。在随后的PCR循环中,DNA小片段可以互为引物和模板,它们相互同源引导和扩增,进行DNA重组,直至组合成完整的全长基因序列。再经过常规PCR进一步扩增基因序列,克隆至适当的载体上表达并通过适当的筛选系统加以选择。如需要,可反复进行上述过程,以期获得满意的基因。

与DNA改组相比,RPR的特点如下:①RPR可以单链DNA,mRNA或者cDNA为模板,而DNA改组多用双链DNA为模板,前者所需亲代DNA的量为后者的1/20~1/10;②进行常规DNA改组时,在基因重组前必须将残留的DNase I去除干净,但RPR不需要这个过程,可直接进行基因序列重组;③DNase I对模板DNA的切割具有一定的序列偏向性(偏向嘧啶核苷酸),而RPR技术采用的随机引物长度一致,不会产生序列顺序的偏向性,使得模板上的碱基发生突变和重组的随机性增强。

Shao等利用此技术获得了热稳定性枯草芽孢杆菌蛋白酶E突变株。$rc1$和$rc2$是编码枯草杆菌蛋白酶的两个基因,通过RPR技术分别引起$rc1$的1107位点和$rc2$的995位点突变,从而造成Asn218→Ser(N218S),Asn181→Asp(N181D)的改变。在65℃下,突变株N181D和N218S编码得到的枯草杆菌蛋白酶半衰期比野生菌株分别延长了2倍和3倍。

4. 交错延伸重组

交错延伸过程(Staggered extension process,StEP)是在DNA改组的基础上发展起来

的重组技术,是一种简化的 DNA 改组方法。StEP 不是由短片段组合成全长基因,而是在 PCR 样反应中,将含有不同点突变的模板混合,短暂地进行退火(Annealing)及延伸反应,极度缩短其反应时间(s),这样只能合成非常短的新生 DNA 片段;在每一轮中,那些部分延伸的片段根据序列的互补性与不同模板退火并进一步延伸,此过程反复进行,直至获得完整的全长基因片段序列。由于在 PCR 循环过程中,模板不断转换,多数扩增获得的 DNA 都含有来自不同亲本的序列信息,从而实现不同模板间 DNA 片段的重组。

Zhao 等人利用连续易错 PCR 技术获得随机突变点,再利用交错延伸重组 DNA 筛选热稳定性高的枯草芽孢杆菌蛋白酶,采用连续提高培养温度的方法进行突变菌株的筛选,最终获得了一株最适反应温度提高 17 ℃,在 65 ℃半衰期延长 200 倍的突变株。

**5. 递增截短法**

DNA 改组技术的建立源于同源序列间的重排,研究者对此进行了改进,建立了蛋白质的新组合方法——递增截短法(Incremental truncation)。并将其用于建立大肠杆菌甘氨酰胺核糖核苷酸甲酰基转移酶(Glycinamide ribonucleotide formyl-transferase,GART)的 N 端与人甘氨酰胺核糖核苷酸甲酰基转移酶(hGART)的 N 端进行融合的递增截短库,随后在大肠杆菌营养缺陷型菌株中进行了杂合酶的功能测试——非同源基因的重组(Homology-independent gene recombination)。

该方法的扩展形式是利用递增截短法产生杂合酶(Incremental truncation for creation of hybrid enzymes,ITCHY),常用于产生种间杂合酶,从而使非同源序列间也可发生重组。ITCHY 是不依赖 DNA 序列间的同源性而创造杂合酶的一种新技术,其核心是:以核酸外切酶Ⅲ代替 DNase I 对靶序列进行切割,由于其 $5'→3'$ 外切核酸酶的作用,因此得到的递增截短片段库(Incremental truncation libraries,ITLS)理论上包括了靶序列 DNA 单碱基对删除的各种情况,使得在较低的复性温度下,可实现非同源区的融合。

**6. 酶法体外随机-定位诱变**

研究者为了解决空间结构未知酶的蛋白质改造问题,建立了一种酶分子体外定向改造的新途径,即酶法体外随机-定位诱变(random and extensive mutagenesis,REM)。

该方法与一般酶的体外定向进化方法类似,对目的基因采用随机突变引入突变位点,以快速产生一个突变库。但是其产生的突变点却是受到一定限制,这样可减少筛选突变体的工作量。具体通过对 DNA 合成底物种类和浓度比例的控制,来实现碱基的错配,向目的基因引物突变。该法把传统的随机诱变和现代的定位诱变融合起来,可灵活控制基因突变的随机性和定位性。研究者用双脱氧末端终止法测定了 3 个突变株的结果证实了该法的合理性和可行性,最终利用该技术成功提高了人参多肽基因和天冬氨酸酶基因的酶活力。

**7. 合成改组**

2002 年,Ness 等人提出了合成改组(Synthetic shuffling)的策略,提供了一条从序列数据库到功能库的直线路径。该技术允许来自母本的每个氨基酸与其他氨基酸任意组合,因此带来了合成基因的丰富多样性,且不受亲本基因的同源性限制。首先,根据宿主细胞密码子的偏爱性和同源基因的序列一致性,并尽量反映出同源基因中心区的多样性,设计组合成一系列简并寡核苷酸。采用人工化学合成这些简并寡核苷酸。不添加引物,这些简并寡核苷酸互为引物和模板,多次 PCR 循环后,将简并寡核苷酸装配成全长的目的基因。从中筛选获得优势酶。通常约 20% 的突变体具有酶活性。

(二)定向进化文库的筛选方法

通过上述不同的分子进化策略,构建了突变体库。确定适合的定向筛选方法至关重要。

1. 表型筛选方法

蛋白质突变文库的常规的筛选方法是通过突变体赋予宿主细胞或者菌落的特殊表型来筛选。琼脂平板法是其中最为传统的筛选方法,可利用营养缺陷型或添加抗生素的培养基、高温、酸碱性环境等特殊条件筛选突变株。通过宿主菌的生长与不生长、培养基颜色变化、特定反应的出现、酶活性的变化等,进而从中筛选有益突变株。例如,当筛选蛋白酶突变株时,可将菌株涂布于相应的蛋白酶检测培养基,观察其产生的透明圈的大小,从中筛选获得透明圈大的菌株,进而获得酶水解能力强的突变株。

以往的筛选工作都是在滤膜、琼脂平板上进行筛选,方法简便易行,可以较快获得正突变的优良突变株,但是不能到达定量,无法检测到蛋白质特性的微小变化,因此不能用于筛选变化小的突变株。近年来数字影像分光光度计(Digital imaging spectroscopy)等应用于筛选工作中,大大提高了筛选的速度,并且可以定量筛选突变体产生的信号,提高筛选的灵敏度。

2. 微孔板悬浮筛选法

微孔板悬浮法也被广泛使用于突变体筛选,并且已经从最初的 96 孔发展至 384 孔,甚至更多,具有更强的高通量筛选能力。此方法操作简便,首先挑取具有活性的克隆接种于微孔板内,加入 pH 指示剂、对硝基苯酚或伞形酮衍生物等显色底物,之后采用酶标仪检测酶活性。96 孔板微量滴定法是液态酶活测定最常用的方法之一,该方法与机器手臂、液体处理系统、读板仪等最兼容性,最适于自动化、高通量的筛选。该方法优点是比较灵敏,测定酶活性所需体积较少,并能够区分出低浓度、弱活性酶的表达克隆。1536 孔板、3456 孔板及多通道多波长检测仪的出现、每秒钟分配几千滴样品(pL 级)的非接触式点样仪的问世,大幅度提高了样品处理速度,增加了筛选通量,节约筛选时间。这种方法的缺点是细胞微量培养及处理存在误差,受限于流体分配技术,且在开放体系中随着比表面积的增高,会导致蒸发作用和毛细现象等。

3. 流式细胞计数法

流式细胞计数法是将细胞荧光染色,通过高速流动系统,排成单行的细胞逐个流经检测区进行测定。通过流式细胞计数仪,能够在一天之内对高达 $10^9$ 的突变文库进行筛选,并可以对选择的阈值和富集进行精细的调节同时施加阳性选择压力,准确快速、保持细胞活力和可在无菌条件下进行。

4. 展示技术

展示技术是将目的基因克隆到特定表达载体中,使其表达产物多肽片段或蛋白质,并以融合蛋白的形式将肽段和蛋白质展示于活的噬菌体或细胞表面,进而通过亲和富集法筛选表达有特异肽或蛋白质的个体,从而将含有所需性质的多肽的个体从大量突变体中分离出来的筛选技术。展示技术包括噬菌体、细胞表面和 mRNA 展示技术等。

噬菌体表面展示技术(Phage display)是一种将外源蛋白与噬菌体表面特定蛋白质融合并展示于其表面,构建蛋白质库,并从中筛选特异蛋白质的基因工程技术。该技术结合体外筛选,实现了对于蛋白质结构及性质高效率的识别和优化,从而提供了高通量高效率的筛选系统。

该技术包括构建噬菌体展示库和筛选两部分。首先将待筛选的外源核酸片段整合于噬菌体基因组中,并使外源基因所编码的氨基酸序列与噬菌体的衣壳蛋白融合表达,通过融合蛋白表达使核酸片段相应的多肽展示于噬菌体表面,从而形成噬菌体展示库。后期筛选主要是通过亲和作用来实现。色谱柱中预先装有带有特异性筛选基团的固定相,将展示文库作为流动相,通过色谱柱进行筛选分离,与固定相结合的噬菌体被保留下来,从中筛选获得特异性蛋白。目前,噬菌体展示系统中应用较多的对象是丝状噬菌体、λ噬菌体、T4噬菌体和T7噬菌体。

由于噬菌体表面展示系统在应用中存在一定的局限性,例如该系统对于所展示外源蛋白质的分子大小有局限性,外源蛋白太大将影响噬菌体的装配和感染能力等,细胞表面展示技术应运而生。

细胞表面展示技术(Surface display on cell)是把外源基因与细胞表面结构蛋白基因融合,使目的蛋白锚定于细胞表面并获得活性表达的一种技术。细胞表面展示技术根据宿主的不同,可分为革兰氏阴性菌表面展示技术、革兰氏阳性菌表面展示技术和酵母表面展示技术。

细胞表面展示体系包括运载蛋白、乘客蛋白和宿主菌3部分。运载蛋白的选择是成功与否的关键,运载蛋白应具备4个条件:①具有信号肽或转运信号,能够引导融合蛋白穿过细胞膜;②含有很稳定的锚定蛋白使融合蛋白固定于细胞表面;③与乘客蛋白构成融合蛋白后,性质稳定且其定位特性不会改变;④能够耐受细胞内外(如细胞周质空间或培养基中)的蛋白酶。同时,运载蛋白上用于与乘客蛋白融合的位点非常重要,该位点会影响运载蛋白的定位、稳定性等。

细胞表面展示技术对宿主要求较高。宿主应具备易于培养,不易裂解,且对表面展示的融合蛋白具有兼容性和较低的蛋白酶降解活性。革兰氏阴性菌展示系统的宿主细胞主要包括大肠杆菌、恶臭假单胞菌、沙门氏菌属等;革兰氏阴性菌展示系统的宿主细胞主要有乳酸乳球菌、苏云金芽孢杆菌、葡萄球菌属、球形杆菌等。

酵母细胞表面展示技术是一种真核蛋白表达系统。其基本原理是将外源靶蛋白基因与特定的载体基因序列融合后导入酵母细胞,融合蛋白诱导表达后,信号肽引导融合蛋白向细胞外分泌。由于融合蛋白含有锚定酵母细胞壁的结构,可将融合蛋白锚定在酵母细胞壁中,从而将外源蛋白分子固定化表达在酵母细胞表面。酵母表面展示系统以酿酒酵母展示系统发展较为完善。根据外源目的蛋白与酵母细胞壁蛋白的融合部位不同,酿酒酵母表面展示系统主要分为凝集素系统(Agglutinin system)和絮凝素系统(Flocculin system),前者可分为α型-凝集素系统和a-型凝集素系统,后者又分为絮凝结构域锚定系统和糖基磷脂酰肌醇锚定系统。由于酵母具有内质网、分子伴侣和较多的折叠酶,有助于二硫键的形成,帮助折叠等蛋白修饰过程,使外源蛋白得到正确的表达且表达偏差小。同时酵母细胞颗粒大,可以用流式细胞仪进行筛选和分离。酵母的蛋白质折叠和分泌机制与哺乳动物非常相似,对真核生物的蛋白质表达和展示具有很大的优越性。

各种展示技术由于适用于高通量筛选,已经在酶突变体筛选、药物筛选等方面得到了广泛应用。

**思考题**

1. 简述基因工程育种的四大要素。
2. 简述基因工程育种中载体和宿主细胞的要求。
3. 简述原生质体育种的优势。
4. 简述在分子定向育种中,理性设计与非理性设计的差异。
5. 简述传统自然选育的优缺点和其长期存在的原因。
6. 简述分子定向育种的筛选策略。

# 参考文献

[1] 施巧芹,吴松刚. 工业微生物育种学[M]. 4版. 北京:科学出版社,2013.
[2] 陈三凤,刘德虎. 现代微生物遗传学[M]. 2版. 北京:化学工业出版社,2011.
[3] 刘志恒. 现代微生物学[M]. 2版. 北京:科学出版社,2008.
[4] 诸葛健,李华钟. 微生物学[M]. 2版. 北京:科学出版社,2009.
[5] 诸葛健. 工业微生物育种学[M]. 北京:化学工业出版社,2006.
[6] 储炬,李友荣. 现代工业发酵调控学[M]. 2版. 北京:化学工业出版社,2006.
[7] 岑沛霖,蔡谨. 工业微生物学[M]. 2版. 北京:化学工业出版社,2008.
[8] 饶贤才,胡福泉. 分子微生物学前沿[M]. 北京:科学出版社,2013.
[9] 张今,李正强,张红缨. 人参多肽基因的酶法体外随机-定位诱变[J]. 生物化学杂志,1992,8(1):115-119.
[10] 赵倩玉. 硫霉素生物合成基因簇的异源表达及其改造[D]. 南京:南京师范大学,2011.
[11] 杨永红. 两种抗生素合成基因在变铅青链霉菌 TK24 中的异源表达[D]. 武汉:华中师范大学,2010.
[12] 李春梅. 定点突变技术提高黑曲霉 N25 植酸酶热稳定性的研究[D]. 雅安:四川农业大学,2011.
[13] 张婧芳. L-鸟氨酸产生菌的原生质体融合育种及发酵条件研究[D]. 武汉:湖北工业大学,2009.
[14] 崔艳华,张旭,张兰威. 德氏乳酸菌保加利亚亚种电转化平台的构建和优化[J]. 生物信息学,2010,8(3):267-270.
[15] AXARLI I, PRIGIPAKI A, LABROU N E. Engineering the substrate specificity of cytochrome P450 CYP102A2 by directed evolution: production of an efficient enzyme for bioconversion of fine chemicals[J]. Biomolecular Engineering, 2005(22):81-82.
[16] BEHRENDOFF J B, JOHNSTON W A, GILLAM E M. Restriction enzyme-mediated DNA family shuffling[J]. Methods in Molecular Biology, 2014, 1179:175-187.

[17] CHEN W, OHMIYA K, SHIMIZU S. Intergeneric protoplast fusion between *Fusobacterium varium* and *Enterococcus faecium* for enhancing dehydrodivanillin degradation[J]. Applied and Environmental Microbiology, 1987, 53(3): 542-548.

[18] CHO C M, MULCHANDARI A, CHEU W. Altering the substrate specificity of organophosphorus hydrolase for enhanced hydrolysis of chlorpyrifos[J]. Applied and Environmental Microbiology, 2004, 70(8):4681-4685.

[19] DENG Z J, CAO L X, ZHANG R D, et al. Enhanced phytoremediation of multi-metal contaminated soils by interspecfic fusion between the protoplasts of endophytic *Mucor* sp. CBRF59 and *Fusarium* sp. CBRF14[J]. Soil Biology and Biochemistry, 2014, 77, 31-40.

[20] FURUKAWA S, AZUMA T, NAKANISHI T, et al. Breeding an L-isoleucine producer by protoplast fusion of *Corynebacwrium glutamicum*[J]. Applied Microbiology and Biotechnology, 1988, 29: 248-252.

[21] LI H B, CUI Y H, ZHANG L W, et al. Heterologous expression and purification of *Zea mays* transglutaminase in *Pichia pastoris*[J]. Food Science and Biotechnology, 2014, 23(5): 1507-1513.

[22] LI H B, CUI Y H, ZHANG L W, et al. Production of a transglutaminase from *Zea mays* in *Escherichia coli* and its impact on yoghurt properties[J]. International Journal of Dairy Technology, 2015, 68(1):54-61.

[23] JAEGER K E, EGGERT T, EIPPER A, et al. Directed evolution and the creation of enantio selective biocatalysts[J]. Applied Microbiology and Biotechnology, 2001, 55(5):519-530.

[24] KAMMANN M, LAUFS J, SCHELL J. Rapid insertional mutagenesis of DNA by polymerise chain reaction(PCR)[J]. Nucleic Acids Research, 1989,17(13):5404-5411.

[25] KIM M S, LEI X G. Enhancing thermostability of *Escherichia coli* phytase AppA2 by error-prone PCR[J]. Applied Microbiology and Biotechnology, 2008, 79(1): 69-75.

[26] LABROU N E. Random mutagenesis methods for in vitro directed enzyme evolution[J]. Current Protein and Peptide Science, 2010, 11(1):91-100.

[27] LEUNG D W, CHEN E, GOEDDEL D V. A method for random mutagenesis of a defined DNA segment using a modified polymerase chain reaction[J]. Technique, 1989(1): 11-15.

[28] OSTERMEIER M, NIXON A E, BENKOVIC S J. Incremental truncation as a strategy in the engineering of novel biocatalysts[J]. Bioorganic and Medicinal Chemistry, 1999, 7(10):2139-2144.

[29] SEN S, VENKATA D V, MANDAL B. Developments in directed evolution for improving enzyme functions[J]. Applied Biochemistry and Biotechnology, 2007, 143(3): 212-223.

[30] SHAO Z, ZHAO H, ARNOLD F H. Random-priming in vitro recombination: an effective tool for directed evolution[J]. Nucleic Acid Research, 1998, 26, 681-683.

[31] STEMMER W P. Rapid evolution of a protein in vitro by DNA shuffling[J]. Nature,

1994, 370, 389-391.

[32] TEE K L, WONG T S. Polishing the craft of genetic diversity creation in directed evolution[J]. Biotechnology Advances, 2013, 31(8):1707-1721.

[33] YU H, LI J, ZHANG D, et al. Improving the thermostability of N – carbamyl – D – amino acid amidohydrolase by error-prone PCR[J]. Applied Microbiology and Biotechnology, 2009, 82(2):279-285.

[34] ZHAO H, GIVER L, SHAO Z, et al. Molecular evolution by Staggered extension process (StEP) in vitro recombination[J]. Nature Biotechnology, 1998, 16(3):258-261.

[35] CRAMERI A, RAILLARD SA, BERMUDEZ E, et al. DNA shuffling of a family of genes from diverse species accelerates directed evolution [J]. Nature, 1998, 391(6664):288-291.

[36] FERENCZY L, KEVEI F, ZSOLT J. Fusion of fungal protoplasts [J]. Nature, 1974, 248:793-794.

[37] NESS JE, KIM S, GOTTMAN A, et al. Synthetic shuffling expands functional protein diversity by allowing amino acids to recombine independently [J]. Nature Biotechnology, 2002, 20(12):1251-1255.

[38] WEIBULL C. The isolation of protoplasts from Bacillus megaterium by controlled treatment with lysozyme [J]. Journal of Bacteriology, 1953, 66:688-695.

[39] 欧阳凤菊. 芽孢杆菌漆酶基因的克隆表达与分子定向进化[D]. 哈尔滨:东北林业大学, 2014.

# 附 录

## 附录1 菌种保存中心

1. 中国工业微生物菌种保藏管理中心（China Center of Industrial Culture Collection, CICC, http://www.china-cicc.org/）

2. 中国典型培养物保藏中心（China Center for Type Culture Collection, CCTCC, http://www.cctcc.org/）

3. 中国普通微生物菌种保藏管理中心（China General Microbiological Culture Collection Center, CGMCC, http://www.cgmcc.net/）

4. 中国农业微生物菌种保藏管理中心（Agricultural Culture Collection of China, ACCC, http://www.accc.org.cn/）

5. 中国海洋微生物菌种保藏管理中心（Marine Culture Collection of China, MCCC, http://www.mccc.org.cn/）

6. 中国医学细菌保藏管理中心（National Center for Medical Culture Collections, CMCC, http://www.cmccb.org.cn/cmccbnew/）

7. 中国林业微生物菌种保藏管理中心（China Forestry Culture Collection Center, CFCC, http://www.cfcc-caf.org.cn/）

8. 中国兽医微生物菌种保藏管理中心（China Veterinary Culture Collection Center, CVCC, http://www.cvcc.org.cn/）

9. 中国药学微生物菌种保藏管理中心（National Pharmaceutical Culture Collection, CPCC, http://www.cpcc.ac.cn/）

10. 美国标准菌种保藏中心（American Type Culture Collection, ATCC, http://www.atcc.org/）

11. 美国农业研究服务部保藏中心（Agricultural Research Service Culture Collection, NRRL, http://nrrl.ncaur.usda.gov/）

12. 美国冷泉港实验室菌种保藏中心（Cold Spring Harbor Laboratory, CSHL, http://www.cshl.edu/）

13. 德国微生物菌种保藏中心（German Collection of Microorganisms and Cell Cultures, DSMZ, https://www.dsmz.de/）

14. 日本微生物菌种保藏中心（Japan Collection for Microorganisms, JCM, http://jcm.brc.riken.jp/en/）

15. 日本技术评价研究所生物资源中心（National Institute of Technology and Evalua-

tion, NITE, http://www.nbrc.nite.go.jp/)

16. 瑞典哥德堡大学保藏中心(Culture Collection University of Göteborg, CCUG, http://www.ccug.se/)

17. 韩国典型培养物保藏中心(Korean Collection for Type Cultures, KCTC, http://kctc.kribb.re.kr/kctc.aspx)

18. 比利时微生物菌种保藏中心(Belgian Co-ordinated Collections of Microorganisms, BCCM, http://bccm.belspo.be/)

19. 西班牙典型培养物保藏中心(Spanish Type Culture Collection, CECT, http://www.uv.es/cect)

20. 荷兰真菌保藏中心(CBS-KNAW Fungal Biodiversity Centre, http://www.cbs.knaw.nl/)

21. 捷克微生物菌种保藏中心(Czech Collection of Microorganisms, CCM, http://www.sci.muni.cz/ccm/)

22. 英国典型培养物保存中心(National Collection of Type Cultures, NCTC, http://www.phe-culturecollections.org.uk/collections/nctc.jsp)

23. 俄罗斯微生物菌种保藏中心(All-Russian of Collection of Microorganisms, VKM, http://www.vkm.ru/)

24. 世界菌种保藏联合会(World Federation for Culture Collections, WFCC, http://www.wfcc.info/collections)

## 附录2　微生物学实验常用染色液的配制

### 1. 齐氏(Ziehl)石炭酸复红染液

A液：碱性复红 0.3 g，质量分数为95%（书中以下涉及此类问题，若无特殊说明，均为质量分数）乙醇 10 mL。

B液：石炭酸 5.0 g，蒸馏水 95 mL。

将碱性复红在研钵中研磨后，逐渐加入95%酒精，继续研磨使其溶解，配成A液。将石炭酸溶解于水中，配成B液。混合A液及B液即成。通常可将此混合液稀释5～10倍使用，稀释液易变质失效，一次不宜多配。

### 2. 吕氏(Loeffler)美蓝液

A液：美蓝 0.3 g，95%乙醇 30 mL。

B液：0.01% KOH 100 mL。

将A，B两液混合摇匀即成。

### 3. 革兰氏(Gram)染色液

(1)草酸铵结晶紫液。

A液：结晶紫 2 g，95%乙醇 20 mL。

B液：草酸铵 0.8 g，蒸馏水 80 mL。

将A，B液充分溶解后混合静置48 h过滤使用。

(2)卢戈氏(Lugol)碘液。

碘 1.0 g,碘化钾 2.0 g,蒸馏水 300 mL。

先将碘化钾溶解于少量水中,再将碘溶解在碘化钾溶液中,待碘全溶后,加水至 300 mL。

(3)脱色液。

95%乙醇溶液。

(4)番红溶液。

番红 2.5 g 溶解于 100 mL 的 95%酒精中,配制成 2.5%番红溶液母液,保存于密封的棕色瓶中。使用时,取母液 20 mL 与 80 mL 蒸馏水混匀即成。

### 4. 芽孢染色液

(1)5%孔雀绿染液。

孔雀绿 5 g,加蒸馏水,定容至 100 mL。

(2)番红水溶液

同革兰氏染色液中番红溶液。

(3)苯酚品红溶液。

碱性品红 11 g,加无水酒精定容至 100 mL。

制法取上述溶液 10 mL 与 100 mL 5%的苯酚溶液混合,过滤备用。

(4)黑色素溶液。

水溶性黑色素 10 g,蒸馏水 100 mL

称取 10 g 黑色素溶于 100 mL 蒸馏水中,置沸水浴中 30 min 后,滤纸过滤两次,补加水到 100 mL,加 0.5 mL 甲醛,备用。

### 5. 荚膜染色液

(1)黑色素水溶液。

黑色素 5 g,蒸馏水 100 mL,福尔马林(40%甲醛)0.5 mL。

将黑色素在蒸馏水中煮沸 5 min,然后加入福尔马林做防腐剂,用玻璃棉过滤。

(2)1%结晶紫水溶液。

称取 1 g 结晶紫溶解于 100 mL 蒸馏水中。

(3)20%硫酸铜水溶液。

称取 20 g 硫酸铜溶解于 100 mL 蒸馏水中。

(4)6%葡萄糖水溶液。

称取 6 g 葡萄糖溶解于 100 mL 蒸馏水中。

(5)1%甲基紫水溶液。

称取 1 g 甲基紫溶解于 100 mL 蒸馏水中。

### 6. 鞭毛染色液

(1)硝酸银鞭毛染色液。

A 液:单宁酸 5 g,$FeCl_3$ 1.5 g,福尔马林(15%)2.0 mL,NaOH(1%)1.0 mL,蒸馏水 100 mL。配好后,当日使用,次日效果差,第三日则不宜使用。

B 液:$AgNO_3$ 2 g,加蒸馏水定容至 100 mL。

待 $AgNO_3$ 溶解后,取出 10 mL 备用,向其余的 90 mL $AgNO_3$ 溶液中滴入浓 $NH_4OH$,

使之成为很浓厚的悬浮液,再继续滴加 $NH_4OH$,直到新形成的沉淀又重新刚刚溶解为止。再将备用的 10 mL $AgNO_3$ 慢慢滴入,则出现薄雾,但轻轻摇动后,薄雾状沉淀又消失,再滴入 $AgNO_3$,直到摇动后仍呈现轻微而稳定的薄雾状沉淀为止。如所呈雾不重,此染剂可使用一周,如雾重,则表明出现银盐沉淀,不宜使用。

(2)改良利夫森(Leifson's)鞭毛染色液。

A 液:20%单宁(鞣酸)2.0 mL。

B 液:饱和钾明矾液(20%)2.0 mL。

C 液:5%石炭酸 2.0 mL。

D:碱性复红酒精(95%)饱和液 1.5 mL。

将以上各液于染色前 1~3 d,按 B 加到 A 中,C 加到 A,B 混合液中,D 加到 A,B,C 混合液中的顺序,混合均匀,马上过滤 15~20 次,2~3 d 内使用效果较好。

### 7. 乳酸石炭酸棉蓝染色液(用于霉菌固定和染色)

石炭酸 10 g,乳酸(比重 1.21)10 mL,甘油 20 mL,棉蓝 0.02 g,蒸馏水 10 mL。

将石炭酸加在蒸馏水中加热溶解,然后加入乳酸和甘油,最后加入棉蓝,使其溶解即成。

### 8. 阿氏(Albert)异染粒染色液

A 液:甲苯胺蓝 0.15 g,孔雀绿 0.2 g,冰醋酸 1 mL,95%乙醇 2 mL,蒸馏水 100 mL。

B 液:碘 2 g,碘化钾 3 g,蒸馏水 300 mL。

### 9. 抗酸染色液

A 液(石炭酸复红液):3%碱性复红酒精溶液 10 mL,5%石炭酸水溶液 90 mL。

B 液(盐酸酒精溶液):浓盐酸 3 mL,95%酒精溶液 97 mL。

### 10. 瑞氏染色液

瑞氏染料粉 0.1 g,纯甘油 1.0 mL,中性甲醇 60 mL。

置染料粉于乳钵中,加入甘油,充分研磨,再徐徐加入甲醇,边研磨边搅拌,促其溶解,然后盛于棕色瓶中,置暗处过夜,次日以滤纸滤过后,仍盛于棕色瓶中,保存于暗处备用。

### 11. 姬姆萨氏(Giemsa)染色液

储存液:称取姬姆萨氏染料粉 0.5 g,甘油 33 mL,甲醇 33 mL。先将姬姆萨氏染料粉研细,再逐滴加入甘油,继续研磨最后加入甲醇,在 56 ℃放置 1~24 h 后即可使用。

Giemsa 应用液:取 1 mL 储存液加 19 mL pH 为 7.4 的磷酸盐缓冲液即可。

### 12. 酵母细胞染色液

美蓝 0.1 g,蒸馏水 100 mL。

### 13. 液泡染液

0.1%中性红水溶液(用自来水配制)。

### 14. 肝糖粒染液

碘液:碘化钾 3 g 溶解于 100 mL 蒸馏水中,加入 1 g 碘,完全溶解后备用,棕色瓶中密封储存。

## 15. 脂肪粒染液

苏丹黑 B 液：苏丹黑 B 0.5 g，70% 酒精 100 mL。

## 16. 细胞核染色液

（1）氯化汞固定液。

饱和氯化汞酒精液约 95 mL，5% 冰醋酸约 5 mL。混合比例须先做实验。但为了避免氯化汞收缩作用，必须加足量的醋酸。

（2）0.5% 的碱性复红。

碱性复红 0.5 g，95% 酒精 100 mL。

# 附录 3　微生物培养常用培养基配方

### 1. 牛肉膏蛋白胨培养基（用于细菌培养）

成分：牛肉膏 3 g，蛋白胨 10 g，NaCl 5 g，去离子水 1 000 mL。

制法：用小烧杯称取牛肉膏和蛋白胨，用去离子水洗入大烧杯内，稍加温融解，然后称取琼脂，用冷水洗净，加入上述溶解液中加温使琼脂溶解，矫正 pH 至 7.4～7.6，用纱布包脱脂棉过滤至透明至无杂质为止，趁热分装于试管等容器内。121℃ 高压蒸汽灭菌 20 min。

### 2. LB（Luria – Bertani）培养基（细菌培养）

成分：胰蛋白胨 10 g，酵母提取物 5 g，NaCl 10 g，去离子水 1 000 mL。

制法：去离子水 950 mL，加入药品，1 mol/L NaOH（约 1 mL）调节 pH 值至 7.0，加去离子水至总体积为 1 000 mL，121 ℃ 湿热灭菌 30 min。

### 3. 高氏 1 号培养基（淀粉琼脂培养基，用于放线菌培养）

成分：20 g 可溶性淀粉，1 g $KNO_3$，0.5 g $K_2HPO_4$，0.5 g $MgSO_4 \cdot 7H_2O$，0.01 g $FeSO_4 \cdot 7H_2O$，加去离子水定容至 1 000 mL。

制法：因配方中含有淀粉，将淀粉置于少量冷水中调成糊状，并在火上加热搅拌，待其溶解，然后依次加入药品，待药品完全溶解后，补足所失水分，调整 pH 为 7.4，过滤，高压蒸汽灭菌 121 ℃，15 min 备用。

### 4. 马铃薯培养基（PDA，用于霉菌或酵母菌培养）

成分：马铃薯（去皮）200 g，蔗糖（或葡萄糖）20 g，水 1 000 mL。

制法：将马铃薯去皮，切成小块，放入 1 500 mL 的烧杯中，加水 1 000 mL，煮沸 30 min，注意用玻璃棒搅拌以防糊底，然后用双层纱布过滤，补足失水。在上述滤汁中加入 20 g 蔗糖或葡萄糖，加热使琼脂熔化。分装后，高压蒸汽灭菌。培养霉菌用蔗糖，培养酵母菌用葡萄糖。

### 5. 麦芽汁培养基（用于酵母菌及霉菌培养）

成分：大麦或小麦，鸡蛋清，琼脂，去离子水。

制法：①将洗净的大麦（或小麦）用水浸泡 6～12 h 置于 15 ℃ 阴暗发芽，上盖纱布，每日早、午、晚各淋水一次，待麦根伸长至麦粒两倍时，让其停止发芽，晒干或烘干，储存。②将干麦芽磨碎，一份麦芽加 4 份水，在 65 ℃ 水浴锅糖化 3～4 h（用点滴定法检验糖化程度)。③用 4~6 层纱布过滤糖化液,滤液如混浊可用鸡蛋清澄清(将一个鸡蛋清加水约 20 mL,调均至生成泡沫为止,然后倒在糖化液中搅拌煮沸后再过滤),121 ℃高压蒸汽灭菌 20 min 备用。④配制固体培养基时,将滤液稀释到 10~12 倍,pH 约为 6.4,加入 2% 琼脂即可。

**6. 察氏培养基(又名蔗糖硝酸钠培养基,用于霉菌培养)**

成分:蔗糖 30 g,$NaNO_3$ 2 g,$K_2HPO_4$ 1 g,$MgSO_4 \cdot 7H_2O$ 0.5 g,KCl 0.5 g,$FeSO_4 \cdot 7H_2O$ 0.1 g,去离子水 1 000 mL。

制法:将各种成分溶解于去离子水中,调 pH 为 7.0~7.2。分装灭菌。

**7. 马丁氏(Martin)培养基(用于土壤中分离真菌)**

成分:$K_2HPO_4$ 1 g,$MgSO_4 \cdot 7H_2O$ 0.5 g,蛋白胨 5 g,葡萄糖 10 g,1/3 000 孟加拉红水溶液 100 mL,去离子水 900 mL。

制法:将各种成分溶解于去离子水中,自然 pH,121 ℃湿热灭菌 30 min。待培养基冷却 55~60 ℃时加入链霉素(链霉素含量为 30 μg/mL)。

**8. RCM 培养基(强化梭菌培养基,用于厌氧菌培养)**

成分:酵母膏 3 g,牛肉膏 10 g,蛋白胨 10 g,可溶性淀粉 1 g,葡萄糖 5 g,半胱氨酸盐酸盐 0.5 g,NaCl 3 g,NaAc 3 g,去离子水 1 000 mL。

制法:将各种成分溶解于去离子水中,pH 为 8.5,刃天青 3 mg/L,121 ℃湿热灭菌 30 min。

**9. TYA 培养基(用于厌氧菌培养)**

成分:葡萄糖 40 g,牛肉膏 2 g,酵母膏 2 g,胰蛋白胨 6 g,醋酸铵 3 g,$KH_2PO_4$ 0.5 g,$MgSO_4 \cdot 7H_2O$ 0.2 g,$FeSO_4 \cdot 7H_2O$ 0.01 g,水 1 000 mL。

制法:将各种成分溶解于去离子水中,调 pH 为 6.5,121 ℃湿热灭菌 30 min。

**10. 玉米醪培养基(用于厌氧菌培养)**

成分:玉米粉 65 g,自来水 1 000 mL。

制法:混匀,煮 10 min 成糊状,自然 pH,121 ℃湿热灭菌 30 min。

**11. 中性红培养基(用于厌氧菌培养)**

成分:葡萄糖 40 g,胰蛋白胨 6 g,酵母膏 2 g,牛肉膏 2 g,醋酸铵 3 g,$KH_2PO_4$ 5 g,中性红 0.2 g,$MgSO_4 \cdot 7H_2O$ 0.2 g,$FeSO_4 \cdot 7H_2O$ 0.01 g,水 1 000 mL。

制法:调节 pH 至 6.2,121 ℃湿热灭菌 30 min。

**12. $CaCO_3$ 明胶麦芽汁培养基(用于厌氧菌培养)**

成分:麦芽汁 1 000 mL,水 1 000 mL,$CaCO_3$ 10 g,明胶 10 g。

制法:pH 为 6.8,121 ℃湿热灭菌 30 min。

**13. 固体淀粉培养基**

成分:蛋白胨 1 g,NaCl 0.5 g,牛肉膏 0.5 g,可溶性淀粉 0.2 g,琼脂 1.5~2 g,去离子水 100 mL。

制法:配制时,应先把淀粉用少量去离子水调成糊状,再加入到融化好的培养基中,调 pH 为 7.2。121 ℃蒸气灭菌 20 min。

### 14. 固体油脂培养基

成分:蛋白胨 1 g,NaCl 0.5 g,牛肉膏 0.5 g,香油或花生油 1 g,中性红(1.6%水溶液)约 0.1 mL,琼脂 1.5~2 g,去离子水 100 mL。

制法:将各种成分加入去离子水中,调 pH 为 7.2,121 ℃蒸气灭菌 20 min。配制时的注意事项:①不能使用变质油;②油和琼脂及水先加热;③调 pH 后,再加入中性红使培养基成红色为止;④分装培养基时,需不断搅拌使油脂均匀分布于培养基中。

### 15. 明胶培养基(用于明胶穿刺试验)

成分:蛋白胨 5 g,明胶 120 g(100~150 g),去离子水 1 000 mL,pH 为 7.2~7.4。

制法:分装试管,培养基高度 4~5 cm,灭菌。

### 16. 石蕊牛奶培养基

成分:2.5%石蕊水溶液 4 mL,100 mL 脱脂牛奶。

制法:将 100 mL 脱脂牛奶中加 2.5%石蕊水溶液 4 mL,分装试管灭菌后接种。

### 17. 糖发酵培养基(作为细菌发酵试验用)

成分:蛋白胨 2 g,NaCl 5 g,$K_2HPO_4$ 0.2 g,1%溴麝香草酚蓝水溶液 3 mL,待测糖 10 g(一般糖或醇按 1%的量加入,而乳糖、半乳糖则按 1.5%的量加入),蒸馏水 1 000 mL,pH 为 7.0~7.4。

制法:①溴麝香草酚蓝先用少量95%乙醇溶解,再加水配制成1%水溶液。②配制液体培养基。调 pH 后,分装试管。装量一般达到 4~5 cm 高度,然后内放一个杜氏小管,注意应将管口向下。在 121 ℃下加压灭菌 20 min 后备用。灭菌时,务必驱尽锅内空气,否则杜氏小管内会有气泡残留,影响实验结果的观察判断。③配制半固体培养基。在上述糖发酵培养液中加入 5~6 g 水洗琼脂后灭菌即成,呈蓝绿色。

### 18. 蛋白胨液体培养基(又称蛋白胨水培养基,做吲哚试验用)

成分:蛋白胨 10 g,NaCl 5 g,蒸馏水 1 000 mL,pH 为 7.2~7.4。

制法:调整 pH,高压蒸汽灭菌 121 ℃,20 min。

### 19. 葡萄糖蛋白胨水培养基(用于甲基红实验和甲基乙酰甲醇实验)

成分:蛋白胨 5 g,葡萄糖 5 g,NaCl(或 $K_2HPO_4$)5 g,蒸馏水 1 000 mL,pH 为 7.0~7.2。

制法:每管分装约 4~5 mL,灭菌后备用(115 ℃,灭菌 30 min)。

### 20. 西蒙斯氏(Simons)柠檬酸盐培养基(供柠檬酸盐利用试验用)

成分:柠檬酸钠 2 g;NaCl 5 g,$MgSO_4 \cdot 7H_2O$ 0.2 g,$K_2HPO_4 \cdot 3H_2O$ 1 g;$(NH_4)_2HPO_4$ 1 g,1%溴麝香草酚蓝水溶液 10 mL,水洗琼脂 15~20 g,去离子水 1 000 mL。

制法:将以上成分(除指示剂外)加热溶解,调 pH 为 7.0 后,再加入指示剂充分混匀,使呈淡绿色,再分装试管,分装量以能摆斜面为宜。121 ℃蒸气灭菌 20 min,并摆成斜面。

### 21. 柠檬酸盐铁铵培养基(供细菌产 $H_2S$ 试验用)

成分:柠檬酸盐铁铵(棕色)0.5 g,硫代硫酸钠 0.5 g,蛋白胨 20 g,NaCl 5 g,琼脂 5~8 g,去离子水 1 000 mL,pH 为 7.4。

制法:121 ℃蒸气灭菌 20 min,放置为斜面备用。

### 22. BCG 牛乳培养基(用于乳酸发酵)

成分:A 溶液:脱脂乳粉 100 g,水 500 mL,加入 1.6%溴甲酚绿(B.C.G)乙醇溶液

1 mL，80 ℃灭菌 20 min，B 溶液：酵母膏 10 g，水 500 mL，琼脂 20 g，pH 为 6.8，121 ℃湿热灭菌 20 min。

制法：以无菌操作趁热将 A 和 B 溶液混合均匀后倒平板。

**23. 乳酸菌培养基（用于乳酸发酵）**

成分：牛肉膏 5 g，酵母膏 5 g，蛋白胨 10 g，葡萄糖 10 g，乳糖 5 g，NaCl 5 g，水 1 000 mL。

制法：pH 为 6.8，121 ℃湿热灭菌 20 min。

**24. 酒精发酵培养基（用于酒精发酵）**

成分：蔗糖 10 g，$MgSO_4 \cdot 7H_2O$ 0.5 g，$NH_4NO_3$ 0.5 g，20%豆芽汁 2 mL，$KH_2PO_4$ 0.5 g，水 100 mL，自然 pH。

制法：121 ℃湿热灭菌 20 min。

**25. 复红亚硫酸钠培养基（远藤氏培养基）（用于水体中大肠菌群测定）**

成分：蛋白胨 10 g，牛肉浸膏 5 g，酵母浸膏 5 g，琼脂 20 g，乳糖 10 g，$K_2HPO_4$ 0.5 g，无水亚硫酸钠 5 g，5%碱性复红乙醇溶液 20 mL，去离子水 1 000 mL。

制法：先将蛋白胨、牛肉浸膏、酵母浸膏和琼脂加入到 900 mL 水中，加热溶解，再加 $K_2HPO_4$，溶解后补充水至 1 000 mL，调 pH 至 7.2~7.4。随后加入乳糖，混匀溶解后，于 115 ℃湿热灭菌 20 min。再称取亚硫酸钠至一无菌空试管中，用少许无菌水使其溶解，在水浴中煮沸 10 min 后，立即滴加于 20 mL 5%碱性复红乙醇溶液中，直至深红色转变为淡粉红色为止。将此混合液全部加入到上述已灭菌的并仍保持融化状态的培养基中，混匀后立即倒平板，待凝固后存放冰箱备用，若颜色由淡红变为深红，则不能再用。

**26. 乳糖蛋白胨半固体培养基（用于水体中大肠菌群测定）**

成分：蛋白胨 10 g，牛肉浸膏 5 g，酵母膏 5 g，乳糖 10 g，琼脂 5 g，去离子水 1 000 mL，pH 为 7.2~7.4。

制法：分装试管（10 毫升/管），115 ℃湿热灭菌 20 min。

**27. 乳糖蛋白胨培养液（用于多管发酵法检测水体中大肠菌群）**

成分：蛋白胨 10 g，牛肉膏 3 g，乳糖 5 g，NaCl 5 g，去离子水 1 000 mL，1.6%溴甲酚紫乙醇溶液 1 mL。

制法：调 pH 至 7.2，分装试管（10 毫升/管），并放入倒置杜氏小管，115 ℃湿热灭菌 20 min。

**28. 三倍浓乳糖蛋白胨培养液（用于水体中大肠菌群测定）**

成分：将乳糖蛋白胨培养液中各营养成分以扩大 3 倍加入到 1 000 mL 水中。

制法：分装于放有倒置杜氏小管的试管中，每管 5 mL，115 ℃湿热灭菌 20 min。

**29. 伊红美蓝培养基（EMB 培养基）（用于水体中大肠菌群测定和细菌转导）**

成分：乳糖 10 g，蛋白胨 5 g，NaCl 5 g，$K_2HPO_4$ 2 g，2%伊红水溶液 20 mL，0.35%美蓝水溶液 20 mL，琼脂 20 g，水 1 000 mL，pH 为 7.2。

制法：先将蛋白胨、乳糖、$K_2HPO_4$ 和琼脂混匀，加热溶解后，调 pH 至 7.2，115 ℃湿热灭菌 20 min，然后加入已分别灭菌的伊红液和美蓝液，充分混匀，防止产生气泡。待培养基冷却到 50 ℃左右倒平皿。如培养基太热会产生过多的凝集水，可在平板凝固后倒置存于冰箱备用。在细菌转导实验中用半乳糖代替乳糖，其余成分不变。

### 30. 加倍肉汤培养基(用于细菌转导)

成分:牛肉膏 6 g,蛋白胨 20 g,NaCL 10 g,水 1 000 mL。

制法:pH 为 7.4~7.6。

### 31. 半固体素琼脂(用于细菌转导)

成分:琼脂 1 g,水 100 mL。

制法:121 ℃ 湿热灭菌 30 min。

### 32. 酪素培养基(用于蛋白酶菌株筛选)

成分:A 液:称取 $Na_2HPO_4 \cdot 7H_2O$ 1.07 g,干酪素 4 g,加适量去离子水,并加热溶解;B 液:称取 $KH_2PO_4$ 0.36 g,加水溶解。

酪素水解液的配制:1 g 酪蛋白溶于碱性缓冲液中,加入 1% 的枯草芽孢杆菌蛋白酶 25 mL 加水至 100 mL,30 ℃ 水解 1 h。用于配制培养基时,其用量为 1 000 mL 培养基中加入 100 mL 以上水解液。

制法:A,B 液混合后,加入酪素水解液 0.3 mL,加琼脂 20 g,最后用去离子水定容至 1 000 mL。

### 33. 细菌基本培养基(用于筛选营养缺陷型)

成分:$Na_2HPO_4 \cdot 7H_2O$ 1 g,$MgSO_4 \cdot 7H_2O$ 0.2 g,葡萄糖 5 g,NaCl 5 g,$K_2HPO_4$ 1 g,水 1 000 mL。

制法:pH 为 7.0,115 ℃ 湿热灭菌 30 min。

### 34. YEPD 培养基(用于酵母原生质体融合)

成分:酵母粉 10 g,蛋白胨 20 g,葡萄糖 20 g,去离子水 1 000 mL。

制法:pH 为 6.0,115 ℃ 湿热灭菌 20 min。

### 35. YEPD 高渗培养基(用于酵母原生质体融合)

成分:在 YEPD 培养基中加入 0.6 mol/L 的 NaCl,3% 琼脂。

制法:pH 为 6.0,115 ℃ 湿热灭菌 20 min。

### 36. YNB 基本培养基(用于酵母原生质体融合)

成分:0.67% 酵母氮碱基(YNB,不含氨基酸,Difco),2% 葡萄糖,3% 琼脂。

制法:pH 为 6.2,115 ℃ 湿热灭菌 20 min。

### 37. YNB 高渗基本培养基(用于原生质体融合)

成分:在 YNB 基本培养基中加入 0.6 mol/L NaCl。

制法:pH 为 6.2,115 ℃ 湿热灭菌 20 min。

### 38. MRS 培养基(用于乳酸菌培养)

成分:蛋白胨 10 g,牛肉膏 10 g,酵母提取物 5 g,$K_2HPO_4$ 2 g,柠檬酸三钠 5 g,乙酸钠 5 g,葡萄糖 20 g,$KH_2PO_4$ 2 g,$MgSO_4 \cdot 7H_2O$ 0.58 g,$MnSO_4 \cdot 4H_2O$ 0.25 g,吐温 80 1 mL,加入 900 mL 水。

制法:乳酸调节 pH 至 6.5,加水定容,至 1 000 mL,搅拌混匀后,115 ℃ 湿热灭菌 20 min。

### 39. 脱脂牛奶培养基(Skim milk medium,用于乳酸菌的培养)

成分:脱脂牛奶 100 g,去离子水 1 000 mL。

40. YPD 培养基(用于酵母的培养)

成分:胰蛋白胨 20 g,酵母提取物 10 g,加去离子水定容至 950 mL。

制法:pH 为 5.8,121 ℃ 灭菌 30 min。使用前加入无菌的 40% 葡萄糖溶液 50 mL。

41. SOC 培养基(用于细菌转化细胞的复壮培养)

成分:胰蛋白胨 20 g,酵母提取物 5 g,NaCl 0.5 g,250 mol/L KCl 溶液 10 mL,定容至 985 mL。

制法:pH 为 7.0,121 ℃ 灭菌 30 min。灭菌后,加入预先分别灭菌的 2 mol/L $MgCl_2$ 溶液 5 mL 和 2 mol/L 葡萄糖溶液 10 mL。

42. 无盐 LB(Luria - Bertani)培养基(用于大肠杆菌感受态的制备)

成分:胰蛋白胨 8 g,酵母提取物 7.5 g,去离子水 1 000 mL。

制法:去离子水 950 mL,加入药品,1 mol/L NaOH(约 1 mL)调节 pH 至 7.0,加去离子水至总体积为 1 000 mL,121 ℃ 湿热灭菌 30 min。

43. LD 培养基(用于固氮菌的培养)

成分:胰蛋白胨 10 g,酵母提取物 5 g,NaCl 2.5 g,去离子水 1 000 mL。

制法:去离子水 950 mL,加入药品,1 mol/L NaOH(约 1 mL)调节 pH 至 6.8,加去离子水至总体积为 1 000 mL,121 ℃ 湿热灭菌 30 min。